复杂系统管理自主知识体系文库

复杂系统管理理论纲要

——基于中国哲学概观

盛昭瀚 著

南京大学出版社

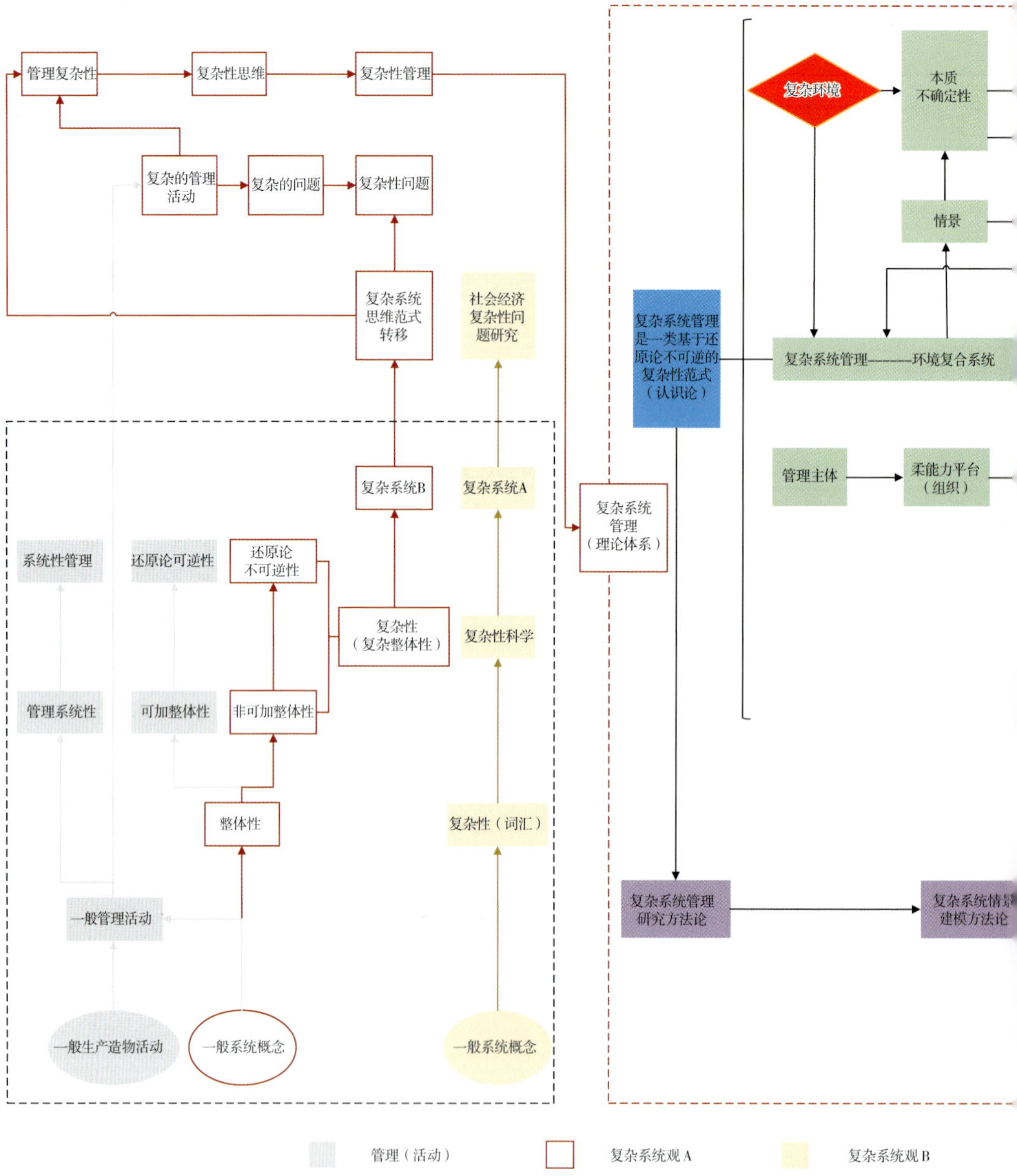
管理复杂性
复杂性思维
复杂性管理
复杂的管理活动
复杂的问题
复杂性问题
复杂系统思维范式转移
社会经济复杂性问题研究
复杂系统B
复杂系统A
系统性管理
还原论可逆性
还原论不可逆性
复杂性（复杂整体性）
复杂性科学
管理系统性
可加整体性
非可加整体性
整体性
复杂性（词汇）
一般管理活动
一般生产造物活动
一般系统概念
一般系统概念
复杂系统管理（理论体系）
复杂系统管理是一类基于还原论不可逆的复杂性范式（认识论）
复杂环境
本质不确定性
情景
复杂系统管理——环境复合系统
管理主体
柔能力平台（组织）
复杂系统管理研究方法论
复杂系统情景建模方法论
管理（活动）
复杂系统观A
复杂系统观B

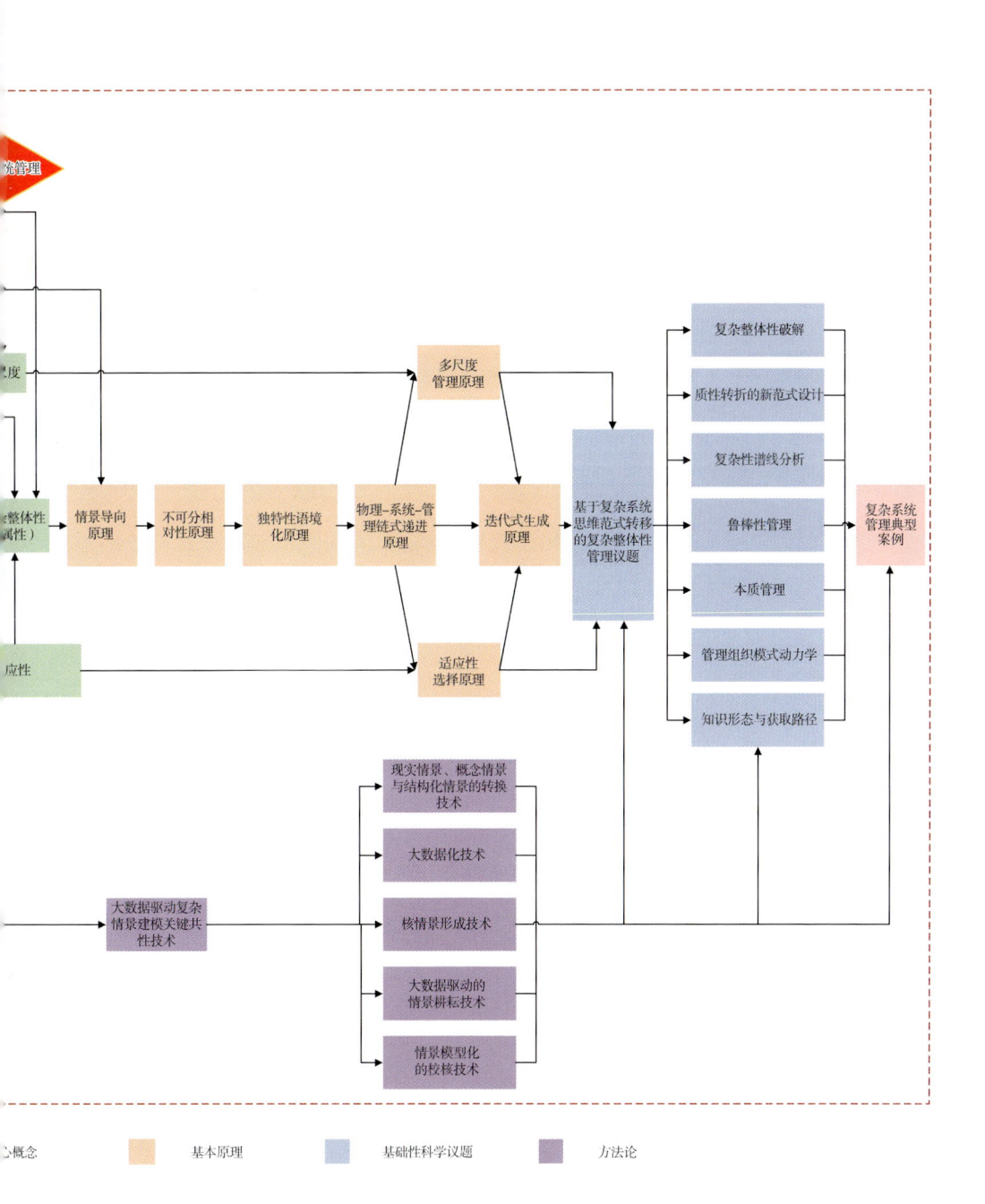

复杂系统管理自主知识体系学理逻辑图

序言

> 只有清晰的理论分析才能在错综复杂的事实中指明正确的道路。
>
> ——恩格斯

人们很久之前就发现和感知到了物理世界的"复杂",并用"复杂性"这个概念作为各种复杂物理现象的称谓,由此创造了许多"复杂性词汇"来表述不同的复杂物理现象。

在此基础上,人们进一步用"复杂系统"这一思辨性的概念作为产生各类复杂现象的"母体",期盼以此厘清大量"复杂性词汇"的不同含义并探索复杂现象(复杂性)共同的本源,这些科学探索极大地推动了近几十年来世界科学技术的发展与进步,是件了不起的成就。

二十世纪七八十年代,中国著名系统科学家钱学森综合现代自然科学研究成果与中国哲学天人合一、知行合一的哲学理念,深入探讨人类社会经济领域中作为现象实体的复杂的系统存在的自因和本原,即复杂的系统现实存在的本体属性,并以"还原论不可逆"为内核的"复杂性"概念作为这一属性的抽象,即"还原论不可逆"(复杂性)是社会经济领域中复杂的系统现象实体的本质。

进一步讲,如果系统具有"还原论不可逆"属性,标志着这类系统具有复杂的现象存在的本原与自根性,这表明,这类所谓的复杂系统之本体属性与"复杂性"在学理上就是同一的,既蕴含着复杂存在的实体性,又蕴含着复杂存在的本质性,因此,复杂系统可以作为表征复杂的系统本体属性的学术符号。

由此可见,在钱学森的哲学思维下,社会经济领域中的"复杂性""复杂系统"与物理世界中的"复杂性""复杂系统"有着各自完全不同的本义。

钱学森这一学术思想为复杂系统思维进一步向管理学领域拓展、引导最近几十年中国学者探索复杂系统管理体系提供了"压舱石",具有鲜明的中国特色。

钱学森的这一自主独创性学术思维,不仅在管理学领域从学理上解决了运用复杂系统范式的适用性与逻辑性,而且通过复杂系统思维范式转移,能够构建一类基于复杂系统范式的管理学术与理论体系,这就是社会经济领域的复杂系统管理。

复杂系统管理以系统科学领域的"复杂系统"表征社会经济领域复杂的管理活动之本质,已经成为当今管理学领域一个重要的组成部分。管理学学术领域的这一新进展突破了长期以来一直占据管理哲学思维主导地位的机械论世界观与还原论方法论。为管理活动与行为应对当今人类新的科技革命及社会变革复杂性挑战提供了新的范式。

一般地,可以把复杂系统管理看作系统科学与管理科学的交叉,但更宜认为它是当前传统的管理思维与范式普遍遭遇到各类复杂的问题挑战而力不从心时,通过现代科学技术与中国哲学概观、文化感悟与认知智慧的融合,形成的新的管理范式。复杂系统管理还赋予管理科学与现代系统科学共生进化的新的动能,推动了当代管理思想与管理能力的现代化。

中国学者这一自主原创性研究工作的学术价值是:在普适性意义上将系统科学的复杂系统理论思维转化为管理科学的复杂系统管理实践思维;将人们关于"复杂"怎么看拓展为关于"复杂"怎么干,实现了管理学对"复杂"既有想法又有看法还有办法。因此,在一定意义上,复杂系统管理不只是探索认识、分析与解决社会经济领域复杂性管理问题的能力,而且是着重探索如何获得认识、分析与解决社会经济领域复杂性管理问题能力的能力,体现出赋能平台的属性。

中国学者遵循钱学森先生复杂系统思维,从系统科学复杂系统拓展到管理科学复杂系统管理跨出的这一步,初步建构了具有中国特色和基于中国哲学思维概观的复杂系统管理自主知识体系,体现了中国人根据自己的哲学思辨与文化感悟总结源于当代中国实践的管理经验,开展理论反思和如何解决现实问题的探索,并以自主知识体系与话语体系的建构融入世界管理文明之中。

这一体系鲜明地体现了当今"大科学"时代管理科学跨领域、跨学科的高度开放以及多领域知识与技术融合的特点,特别是人类如何以哲学、自然科学、社会科学与人文科学一体化的综合集成应对社会经济各个领域普遍存在的复杂性管理问题。

关于"复杂":从怎么看到怎么干

一

人们在很久以前就发现和感知到了"复杂"。

什么是复杂,复即多,杂为乱。明胡应麟《诗薮·古体上》:"骚与赋句语无甚相远,体裁则大不同:骚复杂无伦,赋整蔚有序。"

人类早就在各类管理实践中发现和感受到各式各样"复杂的"管理现象与问题。例如,人们常用"说不清、道不明""预测不准确""决策常失误""不易表述清楚""难以分析透彻"这类"大白话"来表述对"复杂的管理"现象与问题的生动直观感知。

随着人类社会的不断发展,管理活动与问题普遍地越来越从简单趋于复杂,人们不仅要在管理实践中实实在在地应对"复杂"和总结应对"复杂"的经验,而且开始在理论层面上研究关于复杂的管理的理论。

本书是一本主要研究复杂的管理理论的书。在一般意义上,既然研究对象是"复杂的管理",那干脆写本《复杂的管理》岂不更直白,更开门见山?如果是这样,那写作的基本路径大体上是搜集一些比较典型的复杂的管理问题,根据人们是怎样看它们、分析它们和解决它们的,把相关的思维、方法与技术梳理清楚,总结一些经验、体会,再说几条教训作为反思,也就基本成型。

这样做,当作关于复杂的管理的实践总结或者典型案例分析没有什么问题。但是,如果当作关于复杂的管理理论,则存在如下问题:首先什么是"复杂的管理"?就一般常识而言,"复杂的"是人们对一个事物的直观感知,即指人们通过直接接触某个事物而获得的对该事物多而杂的生动感觉的直观反应。这样,"复杂的"这样的直观感知就必然会因人而异或者因时而异。同一个事物,A感觉是"复杂的",B可能认为并"不复杂";即使同一个人,他对一个事物的感知是不是"复杂的"也会随着他的水平的高低变化而不同,就像一道初中水平的数学题,某人为小学生时认为它是"复杂的",为初中生时,会认为它并"不那么复杂",到了高中,则会认为它是"不复杂的"。

这样，如果写本研究复杂的管理理论的书，选择哪些"复杂的"问题作为研究对象就会让人犯难，因为不同的个体水平不同、直观感知不同，自然对同一个问题是不是"复杂的"会产生异议；进一步还会对相应的研究能不能称得上是关于"复杂的管理"理论产生异议。造成这一思想混乱的原因就在于"复杂的"往往属于个体感性认知，而理论属于理性认知，我们不能仅仅在感性认知层面上完成理性认知层面上的任务。

任何管理理论都属于主观的存在，它来自人类管理思维对于管理活动与现象世界原因解释的理性构造。在一般意义上，管理理论是人们在管理实践活动与思维活动中，依据一定的哲学思维建立起来的系统化与逻辑化的知识体系。因此，如果我们要写一本关于复杂的管理理论的著作，需要遵循以下基本原则：

1. 要以社会、经济、科技与工程等人类广阔的管理实践领域中涌现出来的大量、具体、实实在在的复杂的管理活动与问题为背景和导向。

2. 从这些活动与问题中，凝练和抽象出其中普适性与规律性的本质属性并以这一本质属性为理论研究的对象。

3. 管理理论要有明确的哲学思维，并以此确立理论研究的逻辑起点，成为理论的内核与底蕴。

4. 管理理论对管理学术与管理实践的贡献表现为提供的管理道理，道理需要知识化，即以管理知识作为管理道理的现实载体。知识化自上而下要遵循哲学思维，自下而上要保证系统性与逻辑性，综合起来，成为一个管理知识体系。管理知识体系要有稳定完整的学理链，才能够体现理论研究的系统性、逻辑性、拓展性与自洽性，还要体现认识论与方法论的统一，即包括相应的方法论与关键方法体系。

科学发展史告诉我们，人们在很久以前就在不同领域发现并且直观感知到了各种复杂的现象与问题，但是，要研究关于"复杂的"管理理论，根据上文所述，就要将各式各样关于"复杂的"感知向理性层面凝练与提升，并形成对"复杂的"本质属性的表征。

事实证明，这件事情并不简单，这主要是因为"复杂的"现实形态多种多样、千姿百态，难以凝练；而要提升，更需要超越各个具体领域、具体表象，在更高的哲学思维层面上进行思考，并且要发挥人们的智慧才能完成。在这一问题上，人们用了几十年时间，才对如何表征"复杂的"本质属性有所进展，而没有这一步，研究"复杂的管理"理论必然会缺乏关于"复杂的"理性思维这一核心，写一本"复杂的管理"理论著作当然也是困难的。

这样，至少让我们明白了，在当今人类管理活动实践中，人们常常用"复杂的"这个形容词来表述各人感知到的那一类"多而杂"的管理现象和问题；而要研究"复杂的管理"理论则要对"复杂的"这一表面与外在的直观感知进行本质内涵的凝练和抽象，提炼出"复杂的"本质属性，这才能够使该理论研究具有基础性、自洽性与拓展性。

当然，到目前为止，我们还不知道"复杂的"本质属性究竟是什么，甚至还不知道作为这一本质属性的语言符号是什么。在学术话语体系中，作为这一本质属性的语言符号不可理解成就是创造一个在学理上无根无源的新名词，而必须要提出既具有表征"复杂的"本质属性的学理逻辑，又具有知识体系标识性的价值和意义的学术符号。

由此可见，管理学领域"复杂的"本质属性以及关于这一本质属性的标识性概念是关于复杂的管理理论的逻辑起点和内核。

二

管理学理论的发展路径往往表现为蕴含着某种必然性的偶然性，就一个具体事件而言，其发展路径可能比较平坦，而另一个具体事件则比较曲折。复杂的管理理论的形成路径作为一个事件是比较曲折的。

在人类的科学发展进程中，自然科学领域，如物理、化学、生物、数学甚至气象学等领域中的复杂现象与问题研究，比管理学领域要早很多、成熟很多。一百年前，科学家们就发现并开始深入研究不同自然学科领域内"复杂的"现象，并且有了许多理论研究成果和科学进展。这对当今管理学作为"后来者"在思考复杂的管理理论时，既有许多启发和借鉴，又必然要按照"先来后到"的规矩，尊重人类科学发展史上围绕"复杂的"理论研究所发生的历史事实、形成的科学共识与基本结论。

出于上述考虑，我们先要简要介绍人类关于"复杂的"科学研究史中的一些重要事实，这对我们理解本书内容的历史逻辑有着重要的意义。

从20世纪初起，欧美科学家们在物理、化学等领域的实验研究中，陆续发现了一些有悖于传统科学常识的新的复杂现象，例如，没有生命的物质分子在一定条件下，像听到一个指挥者的号令那样，形成规整的排列。特别是，物理、化学、气象等自然学科中先后都发现了多种这类现象，科学家们一方面直观感知到这是何等的复杂和不可思议，另一方面又一时不知就里，只好把这类复杂现象统称为复杂性（请注意：这里的"复杂性"实际上是作为多个自然科学领域复杂的现象统称的一种语言符号！），同时，又根据各自学科领域的专业知识创造出某个新概念(即复杂性词汇)来尽可能形象地表征各自的复杂现象的独特形态。几十年过去了,这样的"复杂性词汇"如同百花齐放,有几十个,但科学家们仍然没有整合出一个关于"复杂现象"的统一的、共识性的概念。之所以如此,只能说明,对各种自然科学领域复杂现象背后机理的凝练是复杂的,或者说,要挖掘出多个自然科学领域复杂现象共同的本质属性实在困难,于是,科学家们只好先把所有围绕着复杂性词汇的科学研究统称为"复杂性科学"。

科学家们坚持不懈地开展对自然科学领域复杂性的探索,并不时改变思路,例如,他们不再只对复杂性词汇进行多学科的横向扩充,而是从纵向思考这么多复杂性现象究竟来自何处。科学家在哲学思辨层面上设想存在一类能够产生复杂性(复杂现象)的"母体",并称其为复杂系统。

美国《科学》杂志1999年4月出版了一个关于复杂系统的专辑,编者明确指出,既然研究复杂性,为什么还要采用复杂系统这一名称,主要是不想再使用复杂性这个让人产生歧义或纠缠不清的词,希望在复杂性一词之外,增加复杂系统这个词,在研究具体领域复杂现象时,用某种隐含着复杂性但又不统一的复杂性词汇;而在研究多个具体领域更具抽象性的复杂现象时,则用"复杂系统"。应该指出,当时虽然提出了复杂系统这一概念,但是这里的复杂系统并不是一个现实的系统实体,而是一个基于复杂性直接来源的思辨性概念,因此缺乏本体性内涵。正因为如此,一旦涉及某个具体的复杂现象,还得用某个领域的复杂性词汇来诠释复杂系统,赋予复杂系统某种特征与属性,即给复杂系统"戴上"一顶顶独特性的帽子,于是,在一段时间内,在系统科学内,出现了如随机系统、自组织系统、非线性系统、适应性系统等等对复杂系统独特的称谓,使它们能够增加对出现某种复杂现象的直接和直观的可说明性。

必须指出,上述复杂系统观以及对复杂系统的深入研究对近几十年人类现代科学的发展发挥了极大的推动作用。从宏观上讲,在这一时期取得重大发展的非线性系统理论、耗散结构理论(普利高津)、协同学(哈肯)、突变理论(雷内托姆)、分形理论(曼德勃罗)、混沌理论(洛伦兹)、适应性系统理论(霍兰德)、复杂网络等构成了20世纪下半叶以来人类科学思维新范式与新的学科诞生、发展的宝贵源泉。例如,从微观上讲,这一时期提出的遗传算法、演化算法,开发的Swarm软件平台、基于Agent的系统建模,用Agent描述的人工生命、人工社会等等极大地提高、深化了人类对自然系统复杂现象的认识与分析能力;又如,2021年诺贝尔物理学奖颁给了来自美国、德国与意大利的三位科学家,他们"为地球的气候进行物理建模,量化其可变性并可靠地预测全球变暖"以及"发现从原子到行星尺度的物理系统内的无序和波动的相互作用"有助于我们更深入地了解复杂物理系统的性质与演化。

不难看出,由于这里的复杂性概念基本上都源于物理、化学等自然科学领域科学实验中发现的复杂现象,复杂系统概念也要从复杂性来理解。这表明,这里的复杂性与复杂系统内涵对于物质型本体的感知有着极大的依赖,即基于现象论、强调实证主义以及被实验证明的事实的哲学思维对于这种复杂性与复杂系统观有着极大的影响。

总结起来,在过去近百年里,在多个自然科学领域逐渐发展起来的复杂性科学与复杂系统理论取得了许多重大的科学成果,对推动人类现代科学的发展发挥了极大的作用;同时,在过去几十年里,科学界也积极探索和尝试运用"复杂性词汇"与复杂性(复杂系统)科学来研究人类社会经济系统的复杂管理问题,以深化人类对社会经济复杂现象的认识与分析能力,这在不同层次给了管理学界许多新的启发与想象力,但是,应该看到,这方面的探索未能在管理学领域出现整体性的范式突破,这在本书后面有所介绍。

二

人类的科学探索道路从来都不是唯一的,在欧美科学家们对复杂性科学与复杂系统研究取得重要成果的同时,中国系统科学家钱学森以其丰富的系统工程实践逻辑、中华哲学思维逻辑与自主性的系统科学体系建构理论开辟了一条认识"复杂的"本质属性与复杂系统的新路径。重要的是,这一路径为人们以新的思维范式认知社会经济领域管理"复杂的"本质属性打开了一扇新的"窗户"。

钱学森首先主张不宜把人类社会经济领域的"复杂性"与"复杂系统"作为一种思辨性的定义,而要从人类认识事物客观规律的感知出发,捕捉"复杂的"本质内涵和让复杂性更紧密地与人们的社会实践活动联系在一起。他从"复杂"的对立面为"简单"、"整体"的对立面是"局部"人类最基本的这些认知起点出发,认为系统的本质是整体,整体和局部相比,"整体"相对复杂,"局部"相对简单,因此,系统的整体一定比系统任何局部都复杂。如果一个系统的局部是复杂的,那么,作为整体的系统必然是复杂的;反之,一个系统整体是复杂的,它的局部可能是简单的,即使也是复杂的,复杂程度也一定会有所降低,这是系统—局部复杂程度自上而下逐渐递减的基本规律。

虽然这一"整体复杂大于局部复杂"的逻辑很简单、很直观,但有着十分重要的理论意义:如果一个系统在整体感知上是复杂的,我们可以试着把这个系统分解成若干局部,各个局部相对来说自然会简单(不复杂)些,研究起来也就方便许多;如果这时还认为对局部的研究是复杂的,可以再继续往下分解,直到每个局部都认为不再复杂为止;这时,如果能够从最底层开始将对各局部(包括局部的局部)的认知逐一汇总和逐层向上集成,成为对系统整体的认知,那自然可以认为,原来被认为复杂的整体系统并不是"真正的"复杂,因为它的"复杂"可以通过自上而下的分解与自下而上的可逆性集成被消弭掉。

这就在认识论与方法论的一致上启发了我们:可以在整体感知上认为有些所谓的复杂的系统,其实可以用一种称为还原论,即自上而下的分解与自下而上的集成的方法论来降解并消弭其复杂,从而认为这类系统本质上并不是复杂的;反之,如果一个系统的复杂属性不能由自上而下的分解与自下而上的可逆性集成被消弭掉,即还原论对其"不可分"或"不宜分",则表明这个系统自身确实存在着一种本质性的(深刻的、真正的、挥之不去的)复杂,正是这一复杂本质性内涵在根本上把它与上述所谓的非真正的复杂的系统区分开来。

这样,钱学森通过一个新的思维窗口为我们提供了一块凝练和抽象"复杂的"本质属性的试金石:只要一类事物自身具有"还原论不可逆"属性,这类事物就从本质上与另一类貌似复杂但最终可运用还原论将复杂转化为简单的事物区别开来。

钱学森基于此思想进一步指出,如果一个系统具有"还原论不可逆"现象或问题,那我们称这一系统具有"还原论不可逆"属性,并称此类系统为复杂系统。这样,原本系统概念中的整体性可分为两类,一类为简单可叠加的整体性,简称为可加(简单)整体性,还有一类为非简单叠加整体性,简称为非可加(复杂)整体性。实际上,这类"还原论不可逆性",也是对系统中"复杂的"本质属性的凝练与抽象,简称为复杂性。

回到复杂性这个科学术语或者语言符号上,这里,我们依据钱学森关于复杂性与复杂系统的科学思维,并且按照上述学理逻辑的连贯性,可以明确地说,复杂性、复杂整体性、还原论不可逆性在学理上是同一的,都是一类复杂系统的属性和在系统意义下"复杂的"本质属性的表征。可以认为,它就是"复杂的"本质属性的标识性概念和语言符号。

先前,在自然科学领域,科学家们笼统地把各种复杂现象定义为复杂性,并且以复杂系统作为产生复杂性(复杂现象)的母体,而在这里,我们规定了"复杂性"作为"复杂的"事物本质属性以及一类复杂系统属性的表征,从而看出,这两者在认识论与认知思维范式方面存在着极大的差别,因此,在许多严谨的理论研究场合中,需要在同一个名词下说清楚它们不同的学理内涵,而不宜简单地望文生义,使基本概念语义含糊不清。

综上所述,钱学森在对待复杂性与复杂系统等哲学思维问题上,通过将现代科学的最新实证成果与中华哲学本体认知中人的理性精神相结合,探索人类社会经济领域作为现象实体的复杂的系统的本质属性,构成了现代科学文明与传统中华文化文明融为一体的关于复杂性与复杂系统理性思维的新的"窗口"。这一新的思维范式有别于源于自然科学领域的"复杂性词汇",揭示了人类社会经济领域"复杂的"管理现象与问题的普适性属性本质。

（四）

在前文中我们对科学界几十年来关于复杂性与复杂系统观所形成的两条不同的主要认知路径进行了介绍与诠释。今天,我们的任务是探索以"复杂的"本质属性作为主要研究对象的复杂的管理理论,那我们必然要确定选择上述两种复杂性与复杂系统观中哪一种更恰当。

这里所谓恰当,主要是指哪一种复杂性与复杂系统观更能够契合管理学领域的现实本真性、管理场景适用性、管理问题导向性以及管理研究规范性。当然,随着科学的发展,如果我们在上述两种复杂系统观之外,又发现了新的"复杂的"本质内涵与复杂系统观,那我们应该与时俱进地提出更恰当的创新思维。因此,我们这里对复杂性和复杂系统观的选择是建立在当前人们关于复杂性与复杂系统研究成果相对有限的基础上,同时随时需要与时俱进,做出新的学术创新与知识变革。

总体来说,复杂性与复杂系统上述两条不同的认知路径中,前一条主要是基于自然科学实验与实证形成的复杂性、复杂性词汇与复杂系统观,它更贴近相应学科中的自然原理与自然定律,因此,在揭示自然科学领域复杂现象与复杂系统规律方面,这一条路径更适用、更贴切,也更表现出高超的得心应手能力。事实上,近几十年来,这条路径的确取得了一系列突破性的科学研究成果,极大地推动了自然科学多个领域的发展,并且将持续表现出强大的科学力量。同时,这一复杂性与复杂系统观也被运用到研究社会经济领域的复杂管理现象与问题中,给了许多管理复杂现象与问题以多视角的诠释与隐喻,得到不少新颖的结果,丰富了我们对社会经济复杂系统的认知、联想与启发。但是,现实中的社会经济管理系统比物理、化学等自然系统要复杂许多,复杂性词汇源于各种自然学科的专业知识,因此往往难以包容和覆盖现实中的社会经济管理系统的复杂现象与内涵,也难以做到以社会经济管理系统的现实问题为导向,精准揭示问题背后的深层次的管理现象与行为规律。特别是,我们不仅难以依据复杂性词汇描述社会经济管理现实中的各种各样的复杂而独特的场景,使复杂性词汇与现实复杂管理情景紧密契合,而且由于复杂性词汇常常会强制性"捆绑"住现实管理情景与行为的"手脚",原本生动的复杂管理问题变得缺乏管理"烟火气"。

而后一种钱学森基于还原论不可逆性的复杂性与复杂系统观主要源于在哲学思维层面上确立的对复杂的现实问题本质属性的认知,这不仅避免了自然科学领域复杂性词汇的限制性带来的思维破碎化倾向和由此造成的理论思维的歧义性,而且还避免了复杂系统观陷入强行被特征化和被肢解的困境之中。特别是,"还原论不可逆性"或者"复杂整体性"属于哲学思维层面上的认知,这就使该复杂系统观在理论研究中,为今天管理领域中各类丰富多彩的复杂的管理现实形态预留了极大的可拓展空间,这正是我们研究复杂的管理最需要的,因为我们需要在留给我们的极大的自由空间里,充分补充进现实管理活动各种丰富的社会、人文要素与现实场景,没有这些内涵与场景,管理将是"死气沉沉"和"冷冰冰"的。正是在这一重要点上,后一条认知路径具备了人们所期望的管理哲学思维和推动管理理论发展的基本品质,也使我们能够进一步理解钱学森的复杂性与复杂系统观对管理学应对各式各样复杂的管理挑战的哲学和理论的引导性意义。

需要指出,上述比较仅仅是就哪一种复杂性与复杂系统观更契合社会经济领域管理实践活动特征与构建管理学研究范式而言的,不是在纯粹的思维对立面上比较上述两种复杂性与复杂系统观自身的科学意义,更不是以其中某一个来否定另一个;相反,既然两者都有着探索复杂性与复杂系统内涵的初衷,从学理上讲,就应该在分辨清楚不同语境的前提下,使两者之长相互补充,各尽其用。

为什么我们要用如此长的篇幅,细致而不厌其烦地论述科学界对复杂性和复杂系统观的不同理解与认知,以及不同的复杂系统观的特征与适用范围呢?这主要是因为,几十年来,科学界客观上存在着差异性较大的关于复杂性与复杂系统的思维和认知路径,而本书又聚焦于"复杂系统管理"理论研究,即使我们尚未深入理解"复杂系统管理"这一概念的科学内涵,但"复杂系统管理"这一新的科学术语中明确有着"复杂系统"这一概念,所以,我们应该尊重前人探索复杂系统的历程,尊重前人关于复杂系统形成的学术逻辑与基本共识。

特别是,由于前人的两种复杂性与复杂系统的认知与形成路径起初都与管理学没有直接的关联,在这样的背景下,"复杂系统管理"明确由系统科学范畴的"复杂系统"与管理科学范畴的"管理"融合而成,那这样的融合与前人的两类复杂系统有没有关系?如果有,是指哪一种复杂系统?如果没有,又是指什么样新内涵的"复杂系统"?这一问题必须解释清楚,否则无法在学理上说清楚"复杂系统管理"概念的合理性和自洽性。

当然,这样严谨地辨识并选择一个概念在有些时候和有些场合中并没有必要。例如,一个大学生将"复杂系统管理"理解成了"复杂的系统管理",甚至把"复杂系统管理"与"复杂管理系统"混为一谈了,我们可以不对其苛求;但是,如果是学术界开展关于复杂的管理理论研究,或者在"复杂系统管理"理论著作中,也犯这样的概念模糊的错误,那一定是不应该的。这就是我们为什么在本书前面部分花了较多篇幅仔细解释和分析科学界对复杂系统认知的历程和各自的科学内涵,并且明确论述管理学领域的复杂系统管理是指哪一种复杂系统观的原因。

五

世界上凡有旺盛生命力的管理理论研究的出发点与归宿都是回答和解决人类社会面临的重大管理实践问题,它们体现出鲜明的时代导向性。而当今时代,人类各个领域的实践普遍提出了研究复杂性问题的需求,即研究本质属性是复杂整体性的"复杂的问题"需求。这样,当今新的前沿性管理理论研究必然普遍会以复杂性问题为导向,发现问题、应对问题、科学剖析问题和提出解决问题的认识路线、研究路线与技术路线。如果这仅仅是某个专题、某个局部、某个层次的事情,那我们可以通过已有成熟理论或者借鉴其他学科理论,在方法层面,可以通过整合已有方法与技巧来完成。但是,当今管理领域的复杂性问题实践之厚实、内容之丰富、学理之深刻已经需要在全局性的学科体系、学术体系与话语体系内构建新的完整的学理链。

正因为如此,不要以为,当我们把"复杂系统管理"中的"复杂系统"内涵搞清楚以后,似乎"复杂系统管理"就完全清楚了,事情并非如此。前面我们仅仅是对"复杂系统管理"基本语义给予了诠释,也就是说,我们只是对"复杂系统管理"中的"复杂系统"进行界定;而"复杂系统管理"作为一个完整的融为一体的科学概念不能简单理解为复杂系统与管理的简单叠加与交叉。这说明,我们还没有揭示"复杂系统管理"的本质内涵。

现在让我们再回顾一下上述两类复杂系统观的形成脉络:第一类为各类复杂物理现象—复杂性—复杂性词汇—复杂性科学—复杂系统;第二类为复杂的现象—复杂的本质—复杂性—复杂系统。由此可见,这里,作为形容词"复杂的"本质内涵"复杂性"是个名词,并且比"复杂系统"概念早出现并引导了"复杂系统"概念的形成。所以,如果我们是在探讨这样一件事情:在管理实践活动中出现了"生动直观的"复杂的问题,复杂的问题的本质内涵称为复杂性,在理性思维层面上研究复杂的问题,那就要研究这类问题的本质属性,即复杂性。依据钱学森提出的复杂系统概念,社会经济系统中存在的复杂性问题就是存在于一类复杂系统中的复杂性(复杂整体性或者还原论不可逆性)问题,由此可见,在管理实践活动中,比复杂系统概念更本质、更深刻的应该是复杂性(复杂整体性、还原论不可逆性)问题,因此,如果我们开拓出管理学一类研究复杂整体性问题的新领域,那最自然、最有本质性和逻辑性的部分应该被称为"复杂性管理"或者"复杂整体性管理"。

为什么会将本质上的复杂性管理称为复杂系统管理呢?一定程度上,这一现象既有其既定的科学内在性,又有其约定俗成的外在性。具体地说,在过去的几十年内,复杂系统概念因为比复杂性更让人有本体感、实体感和载体感,加之"复杂系统"又是产生"复杂性"的母体这一初始假定,相对较实在;而管理作为实践活动,管理对象最好尽可能实体化。在这一点上,作为一类管理对象,复杂系统比复杂性更让人感到实在、充实,也更便于交流传播和被人接受,因此,人们在用词现象上出现了把针对一类复杂性(复杂整体性、还原论不可逆性)问题的管理活动称为复杂系统管理的倾向。另外,当一个新的科学概念并非源于某个严格的学术起点,同时又存在不止一种能够被大家意会和接受的可能性时,某种更有利于意会的表述就可能是一个新概念形成的逻辑起点,相比"复杂性管理","复杂系统管理"被当今学术界更普遍使用和"相沿成习",其原因大体如此。

六

从一般简单的管理、复杂的管理到复杂性管理(复杂系统管理),意味着在当今人类管理活动中,管理对象的属性特征、主体对管理对象的认知、研究方法论及方法等都一步步发生着重要变化,因此,复杂系统管理需要适应性地确立新的思维范式。具体地说,当我们确立了复杂性、复杂整体性与复杂性管理等新的认知之后,必须在哲学思维高度上,整体性地开展如何实现对这一新的管理领域的认知与方法论,这在科学哲学范畴称为思维范式转移。

思维范式转移是科学范式转移在思维层面、思维阶段的体现,复杂系统思维范式转移的根本目的是运用复杂系统认识论与方法论、知识框架与话语体系揭示、分析和确立复杂系统管理活动中关于复杂整体性问题与管理的基本特征、基本规律、基本原理,提供相应的方法体系,提升解决复杂整体性问题的能力。例如,在管理学领域,因为复杂整体性属性的出现,越来越多的问题无法通过笛卡尔提出的传统的还原论范式解决，因此，对付还原论不可逆性问题必须创造新的方法，这样，变革笛卡尔还原论思维范式就成为复杂系统思维范式转移的起点之一。

关于复杂性管理的复杂系统思维范式转移有着一系列要点，都是基于对复杂整体性问题怎么看和怎么办的认知原则与基本行为准则。确立了复杂系统思维范式转移的基本要点后，可以进一步通过具体的复杂系统情景的独特性场景或者语境补充更多的管理细节，这不仅是我们分析现实复杂系统管理活动中的复杂整体性和驾驭这类复杂整体性的核心能力之一，而且能够使我们通过这一能力将传统管理学术理念进一步整体升华为"复杂性管理"理论新认知。

在复杂系统思维范式转移之下，"复杂性"作为一个核心概念具有特别旺盛的生命力，在复杂性问题的管理实践或者管理思维的特定语境中，让"复杂性"与其他话语组合在一起，能够进一步表达出关于复杂整体性管理活动和行为的丰富内涵。例如，管理主体首先对管理活动中一类难以表述清楚、分析透彻、预测准确，以至不易找出原因、做出决策、拿出办法、提出方案的实际问题有了复杂的直觉感受；在此基础上以还原论不可逆性作为对这类问题的本质属性的提炼，从而在理性认知层面将复杂的问题抽象为复杂性问题；复杂性问题的新内涵需要主体在整个管理过程中采用复杂系统思维范式即为复杂性思维；这样，相应的管理活动中由于存在复杂性问题而蕴含的各种形态的复杂性（复杂整体性）即为管理复杂性；对应的基于复杂性思维的管理模式即为复杂性管理，它是集复杂性问题、复杂性思维、管理复杂性于一体的整体性概念。

本书介绍的复杂系统管理就是一类有着具体独特规定性的复杂性管理。

由上可以看出，随着人们对管理活动与问题本质属性认知的不断升华，管理思维、管理模式与管理方法论都在不断发展与丰富，并以新的思维范式转移不断提升对管理对象复杂性的分析和驾驭能力，这是人类管理认知与实践能力发展进程的基本现象与规律。

✚

任何科学概念都要有学理自洽性与逻辑融通性。在管理学领域，由"复杂系统"与"管理"两个词融合而成"复杂系统管理"，切不可望文生义地理解为"复杂的系统管理"，也不是"管理复杂的系统"，更不是"复杂的管理系统"等等。它不是简单地在复杂系统中增添了一些管理的内容或者在管理中运用了一些复杂系统思想，而是由于当今社会经济领域管理活动发生了复杂性的本质变革，从而需要在管理活动中融入复杂系统范式,形成一类有着具体独特规定性的复杂性管理。

因此,根据上述对复杂系统观的分析,本书"复杂系统管理"是以钱学森还原论不可逆性复杂系统思维为底蕴,并充分汲取其他复杂系统学术思想形成的一种复杂性管理范式;在思维哲学上,钱学森复杂系统思维范式构成了复杂系统管理的内核,在实践上,它主要是对复杂的社会经济工程管理系统中一类"复杂整体性"问题的管理活动和过程;在学术上,它是复杂性管理类中一种基于新的方法论驱动的学术研究范式。

复杂系统原本是系统科学领域的概念,它出现在"复杂系统管理"这个新的整体性概念之中,主要意义是以其自身具有的哲学思维特质,在认识论与方法论层面为复杂整体性问题的管理提供一类思维原则与逻辑起点。在这个意义上,我们不妨把复杂系统观作为一种哲学观、一种探索复杂性管理范式的导航仪,于是,当人们面对各类复杂性问题的挑战并感到自身认知、分析、驾驭能力不足时,亟须一种新的更高层次的思维哲学给予精准有力的指导与支撑。此时,钱学森复杂系统观提供了一种强大的思想力量推动人们通过管理思想、理论、技术与方法论的变革性创新形成新的驾驭复杂性管理问题的能力。

所以,从哲学思维上讲,与其说复杂系统管理是复杂系统与管理两类学科的交叉,不如将其理解为当传统管理思维面对复杂整体性问题而遇到严重挑战时,在复杂系统哲学观指导下,管理范式的一次整体性变革与升华。复杂系统管理是管理哲学对管理范式转移的一次援助,也是管理哲学力量的一次显示,这是复杂系统+管理=复杂系统管理深刻的哲学逻辑与本真品质。

八

管理学是人类管理实践在科学层面上形成的理论、方法与应用体系,管理学体系内部,又因为管理思想、范式、主题、内涵、方法论不同而形成一个个相对稳定、特征鲜明的领域,每个领域都具有自身能够区别于其他领域的、标志性的独特属性与具体内容。

在这个意义上,复杂系统管理因为已经具有自身基本的学理逻辑、思维原则、实践思维、基本范式、基本内涵、方法论与方法体系,即具备了一个学科领域自我成长的逻辑起点、生态环境与内生动能,因此,复杂系统管理已经初步形成了管理学一个新的领域的基本雏形。

当然,虽然如此,如何深化与完备化该领域的学科体系、学术体系与话语体系建设;如何把"三个体系"融合成一个相互关联、相互促进的整体;如何实现复杂系统科学与管理科学相互融合,保证在管理学意义下复杂系统范式的适用性,从而使复杂系统管理跨学科研究方法论具有必要的逻辑前提;特别是,如何根据当前现实情况,让复杂系统管理植根于管理学学术生态中,仍然是一个需要不断深刻思考的问题,因此,在上述各点尚没有基本建构完整的状态下,远不能认为复杂系统管理已经是管理学范畴的一个成熟领域;相反,若要它强烈表现出作为管理学一个新的领域的变革性内涵与发展要旨,需要做大量的原创性、体系性知识创新与学术变革工作。

不言而喻,在上述这么多的学术体系建设任务中,最重要和最具全局性的是要遵循理论形成的基本规律和范式,建构复杂系统管理理论体系。复杂系统管理理论是人们在复杂系统管理实践活动与思维活动中建立起来的以知识为基本要素的系统化与逻辑化体系。由于该体系已经被赋予了系统化与逻辑化的关于对象本质属性的品质,因此,这一体系的支撑便于人们有条理地描述和分析复杂系统管理实践活动中的各种现象与场景,也便于人们深刻揭示管理问题与行为的本质特征和一般规律。

作为管理学的一个新领域,复杂系统管理理论的形成过程必然要沿着"思维原则—核心概念—基本原理—科学议题—方法体系"这一完整的理论学理链进行,其中,思维原则在前面已经通过复杂系统思维范式转移而确定,需要逐步完整化的是"核心概念—基本原理—科学议题—方法体系"链条的整体设计与落实。

在核心概念部分,本书所列的核心概念都是对复杂系统管理活动重要环节与要素的复杂整体性属性的提炼与抽象,即使有些概念的科学术语,如多尺度、情景等在其他学科中也有使用,但在这里都进行了概念内涵的拓展与重构,不仅嵌入了复杂系统管理活动复杂整体性属性,而且注入了复杂系统管理独特性行为特征。

由于复杂系统管理理论是对包括管理环境、主体、客体、目标、行为等基本要素的管理活动和问题的本质与规律的整体性理性认知,也就是说,作为理论的核心概念不能"孤立化"或者"破碎化",它们不仅要能够对复杂系统管理活动与问题有较好的整体覆盖,而且彼此之间还要有较紧密的逻辑关联。即在理论中,核心概念除了在内涵上要充分保证源于复杂系统管理活动实践,还要充分体现概念之间的逻辑关联;否则,人们无法以概念为基础,并通过概念与概念的组合,形成理论中的基本原理与科学议题。

在基本原理部分,复杂系统管理原理必须围绕着管理主体与复杂整体性这两个最根本、最普遍的构成要素,充分揭示复杂系统管理活动中主体行为与对象的基本规律。能否做到这一点,是衡量复杂系统管理理论中基本原理的学术质量的主要标准。本书提出的基本原理均源于复杂系统管理实践,并紧密围绕着主体与复杂整体性这两个根本性的管理要素,充分揭示复杂系统管理活动与主体行为之间的逻辑关系、因果关系、相关关系以及主体行为基本准则。

管理学术研究一般都要以科学问题为导向,那为什么本书不列举复杂系统管理若干典型的科学问题,而是列举基础性科学议题呢?这主要是因为一个议题可能是一类具有相同或近似属性或特征的问题。提出科学议题不是一定要得到对一个议题具体的求解答案,而更多的时候,是希望引起学术界对一类共同或者近似问题的关注和研究兴趣。这一点对于复杂系统管理这样一个通过复杂系统思维范式转移而初步形成的新领域来说,更体现了人们关于复杂系统管理研究的"摸着石头过河"探索模式,当我们没有足够的本领做到每一步都能精准地踩在"某个"石头上时,探索和确认"某类"石头是可以"踩"的也是很重要和必要的。

提出科学议题往往需要站在比具体的科学问题更高的思维层面上,如本书提出的复杂系统管理知识形态的话语体系建设、本质管理或者鲁棒性管理等都是具有一定思维原则与方法论意义的议题。不论怎么说,在刚刚构建复杂系统管理理论体系之时,提出的任何科学议题都具有强烈的基础性与探索性色彩,随着理论的逐渐完善,科学议题也会越来越成熟和丰富。

九

复杂系统管理中的一类复杂整体性问题,即还原论不可逆性问题将导致相应的管理技术发生重要变革,因此,需要在复杂系统管理方法论与方法体系方面有适应性的应对。考虑到问题的复杂整体性,复杂系统管理活动中使用的方法与技术必然表现出鲜明的跨领域、跨学科特点,呈现出极其丰富的多样性与融通性,因此,我们不能也没有必要一一罗列众多的对复杂系统管理来说具有使用价值的具体方法与技术,因为这类方法与技术的数量过于庞大,举不胜举。但是,可以想见,在众多的方法与技术中,一定有充分体现应对复杂整体性的新的关键方法和技术。

例如,在复杂系统管理方法和技术体系中,需要有对复杂整体性进行抽象表示与描述的方法与技术,这就是所谓对复杂整体性情景的建模技术。由于复杂整体性是一种抽象属性,而在复杂系统管理中,最能够充分表征这一属性的现实载体就是管理问题或者管理活动情景。这样,对复杂整体性的建模就转换为对情景的建模。

复杂系统管理中的情景建模的重要性不仅仅表现为上述基本学理逻辑,在整个复杂系统管理理论中,我们在不同的层次和议题中会多次看到"情景"的身影。例如,情景是复杂系统管理复杂整体性的现实载体,也是理论体系中的一个核心概念;在基本原理中,就有情景导向与独特性情景语境化两个以情景为基础的原理;在基础性科学议题中,又有本质管理与基于情景的鲁棒性管理和关于情景独特性知识的获取路径等,让我们一次又一次体会到了情景与情景建模技术在复杂系统管理学术体系中的重要性。因此,将复杂系统情景建模技术作为复杂系统管理标志性技术是非常恰当的。

具体地说,复杂系统情景建模的内涵是对一个被完整、清晰界定的情景运用何时、何地、何人、何事、何因、何果、为何、将如何等情景性语言和建模符号进行整体性描述并成为该情景要素、结构及动力学的一个抽象表示。

情景模型化的学术内涵可以进一步简约表述为:建模主体通过聚焦复杂系统管理活动中某一时空范围内的情景及演化进行抽象表示与描述,这相当于建模主体在不同的关键时空点上,获得情景复杂整体性的定格"切片"采样,再进一步运用基于情景演化的基本动力学原理或动态演化规则获得由情景"切片"组成的整体有序"切片流",以此逼近某一特定时空段的全景式情景。

那么,究竟设计什么样的技术路径和操作流程能够将情景模型化呢?这就要从人们对情景最初的感知说起。复杂系统情景是人的复杂性管理活动与过程在现实世界空间中的所有细节的整体形态,这些细节的信息(数据)就是复杂性管理活动与过程情景形态与演化过程的痕迹和踪迹。情景痕迹及踪迹在当今信息技术条件下可以被追踪、观测、描述、度量并进一步量化成复杂性管理活动与过程在数据空间中的映射或者投影(踪迹成为数据)。情景的这一信息(数据)具有复杂整体性、信息"无穷多"、异质性等特征,这与大数据的巨量性、实时性、多样性、深度性特征之间有着紧密的学理同一性。于是,可以认为,大数据驱动方法论适宜运用于情景模型化研究,特别适合如三度(维度、尺度、粒度)缩放、跨界关联、全息情景、场景导向等情景模型化研究。

这就为我们提供了情景模型化的大数据观,即通过对情景复杂整体性的感知、认知、联想、假设、猜测等,多渠道采集数据并将其大数据化;根据情景可计算性原理,利用对情景关联要素数据序列进行独立性检验等手段,形成某些动力学机理下的情景核要素集;接着,以大数据为基础,运用空间网络、事件时序与情景空间异构数据融合技术及情景时空状态描述、情景演化动力学机理分析等手段,利用机器的无限运算及其他统计分析能力,完成数据模型化分析与情景价值发现;最终在情景空间中,实现不同时态的复杂系统情景的历史重现、现实再现或者未来发现,以开展对复杂系统管理活动与行为的过去反思、当下仿真与将来预测。

这就让我们找到了一条可操作的技术路径,即通过大数据驱动实现复杂系统管理情景建模,以下是本书设计的大数据驱动情景建模技术的基本思想与技术要点:

大数据驱动情景建模的学理逻辑首先源于大数据与情景属性的同一性,即大数据与情景两者具有共同的本质特征和逻辑起点,这一点明晰了以情景建模为目标,通过一定的范式实现大数据情景价值"外部化"的学理逻辑。

在还原论意义下,情景可分解为离散化情景要素(信息)集,这样,源于现实情景要素的信息及数据集在一定意义上就是情景"支离破碎"信息集的表征,内涵越丰富、越完整的情景信息数据集越能够整全化后表征情景。虽然情景数据集与情景之间不是一一对应的,但是,经过对数据集处理获得的大数据集中蕴含着丰富的整全性情景价值是毋庸置疑的。

在此学术思想下,大数据驱动情景建模的基本思想可以表述为:以大数据为基本资源,依据广义算法思维,运用计算机技术在数字空间中"计算"出可交互和具有沉浸感的现实情景的虚拟数字镜像,这一镜像或是一个新的情景图像;或能使某个情景"破镜重圆";或是以核心知识为情景"立柱"、大数据为情景"画龙"、小数据为情景"点睛"的情景整全化"画龙点睛"过程,而在以上任何一种建模过程中,大数据都逐步实现了它的情景价值的"外部化"。

需要指出的是,由于"大数据驱动"模式不是唯一的,因此,建模最终的形态与质量也不完全一样,这些都与建模主体的建模目的、视角、模型设计及建模方法等有着密切的关系。

进一步讲,若要真正驱动大数据,实现其情景价值外部化,要有具体的技术路线、关键技术与流程设计。这相当于要设计出一种把大数据情景价值由潜在向"外部化"转换的"转换器",即要让"驱动"具体化为一种机理性、流程化模式。

这从今天的科学哲学眼光看,和"大数据"捆绑在一起的"驱动"很大程度上是以现代计算机技术为基础,设计一套"算法",该"算法"的"算力"成为一种价值转换赋能,并借助有条理的步骤、流程与具体操作程序实现情景模型化。

以上为本书关于复杂系统管理的主要学术思想与理论内容。本书在复杂系统内涵界定与选择的基础上,论述了复杂系统管理的本质属性;通过复杂系统思维范式转移,对当今现实世界中一类广泛的新的复杂性管理活动类型,在复杂整体性属性意义上进行了凝练与抽象,从学理上形成了当今管理学一类被称为复杂系统管理的理论体系。

虽然这一类管理活动存在于不同的社会经济领域,表现出不同的形态,具有不同的科学议题,但是由于它们的研究对象有着共同的本质属性,这就有了共同的学术逻辑起点、共同的思维原则和基本同一的学术范式,这对管理学的发展具有十分重要的学术创新意义,因为如同近百年前的自然科学领域那样,人们因为一时无法对付各式各样"复杂的现象",而创造出丰富的"复杂性词汇"来应对复杂性。这一次,我们探索运用"复杂整体性"思维以及它形成的复杂系统管理范式来应对社会经济领域复杂性管理问题的挑战,期盼以此为不同领域、不同专业的管理工程师与学者提供一种理论思维原则与知识体系框架,提升他们认识和驾驭复杂性问题管理的能力。

特别是在当今复杂系统时代,常常出现主体管理资源不足、经验不足和能力不足的情况,从学理上讲,复杂系统管理的哲学思维与学术思想能够在更高层面上增强人们获得解决复杂性管理问题资源的能力、提升能力的适应性,而这种"获得性能力"与"适应性本领"已经成为当今管理主体应对和驾驭各个领域普遍存在的复杂性管理问题挑战最稀缺的和最宝贵的品质与学养。在这方面,复杂系统管理理论纲要(自主知识体系)对读者们有着多方面的启发与帮助。

目录

第一章　管理与复杂的管理 ·· 001
　1.1　管理的本义 ·· 001
　1.2　复杂的管理活动 ·· 003
　1.3　复杂的管理问题 ·· 005

第二章　系统与复杂的系统 ·· 008
　2.1　系统概念的概述 ·· 008
　　2.1.1　系统的初始思辨 ·· 008
　　2.1.2　系统概念的释义 ·· 009
　2.2　系统整体的诠释 ·· 011
　　2.2.1　系统整体的功能内涵 ·· 011
　　2.2.2　系统整体的涌现内涵 ·· 012
　　2.2.3　系统性 ·· 014
　2.3　复杂的系统 ·· 014

第三章　复杂性与复杂系统 ·· 017
　3.1　本质属性与概念 ·· 018
　3.2　复杂的系统属性的各种思考 ······································ 019
　　3.2.1　涌现是复杂的系统属性吗 ···································· 019
　　3.2.2　对复杂的系统属性的其他思考 ································ 021
　3.3　关于对复杂的系统属性的两种思考路径 ···························· 022
　　3.3.1　基于复杂性词汇的复杂性与复杂系统 ·························· 023
　　3.3.2　基于方法论的复杂性与复杂系统 ······························ 027
　3.4　两种复杂系统观的评述 ·· 034
　　3.4.1　两种复杂系统观路径 ·· 034

001

3.4.2 两类复杂系统观路径评述 ······ 035

第四章 复杂系统思维范式转移 ······ 039
4.1 范式与范式转移概述 ······ 039
4.2 复杂系统思维范式转移 ······ 041
  4.2.1 思维范式转移概述 ······ 041
  4.2.2 思维范式转移基本目的 ······ 044
  4.2.3 思维范式转移基本要点 ······ 044

第五章 管理：从系统性到复杂性 ······ 049
5.1 管理的系统性 ······ 050
5.2 复杂性问题 ······ 051
5.3 管理复杂性 ······ 053
5.4 复杂性管理 ······ 055

第六章 复杂系统管理概论 ······ 059
6.1 复杂系统管理释义 ······ 059
6.2 复杂系统管理理论概论 ······ 061
  6.2.1 复杂系统管理中的理论思维与实践思维 ······ 062
  6.2.2 复杂系统管理的经验、知识与理论 ······ 064
6.3 复杂系统管理理论基本内涵 ······ 066
  6.3.1 复杂系统管理学术话语体系建设 ······ 067
  6.3.2 复杂系统管理术语释义 ······ 071
6.4 复杂系统管理理论的中国哲学概观 ······ 074
  6.4.1 理论、知识与道理 ······ 074
  6.4.2 复杂系统管理理论的中国哲学思维 ······ 075

第七章 复杂系统管理核心概念 ······ 078
7.1 复杂系统管理—环境复合系统 ······ 078
7.2 复杂整体性 ······ 080
7.3 本质不确定性 ······ 082
7.4 多尺度 ······ 086
  7.4.1 复杂性视角的多尺度 ······ 086

  7.4.2　整体性视角的多尺度 ……………………………………………… 088
 7.5　适应性 …………………………………………………………………… 092
  7.5.1　适应性概述 …………………………………………………………… 092
  7.5.2　主体适应性行为的意义 …………………………………………… 094
  7.5.3　系统的自组织现象解读 …………………………………………… 095
 7.6　情景 ……………………………………………………………………… 096
  7.6.1　情景概述 ……………………………………………………………… 096
  7.6.2　复杂整体性意义下的情景思维要点 ……………………………… 097
 7.7　柔能力组织平台 ………………………………………………………… 099
  7.7.1　序主体 ………………………………………………………………… 099
  7.7.2　柔能力组织平台 ……………………………………………………… 100
 7.8　概念体系的逻辑关联 …………………………………………………… 101

第八章　复杂系统管理基本原理 …………………………………………… 105
 8.1　基本原理概述 …………………………………………………………… 105
 8.2　情景导向原理 …………………………………………………………… 106
 8.3　不可分相对性原理 ……………………………………………………… 109
 8.4　独特性语境化原理 ……………………………………………………… 112
 8.5　物理—系统—管理链式递进原理 ……………………………………… 117
 8.6　多尺度管理原理 ………………………………………………………… 120
  8.6.1　多尺度管理基本内涵 ………………………………………………… 120
  8.6.2　多尺度管理的还原性划分 ………………………………………… 120
  8.6.3　多尺度管理的整体性综合 ………………………………………… 122
 8.7　适应性选择原理 ………………………………………………………… 124
  8.7.1　适应性选择的内涵 …………………………………………………… 124
  8.7.2　适应性选择的路径策略 …………………………………………… 125
 8.8　迭代式生成原理 ………………………………………………………… 128
  8.8.1　选择过程中的主体行为迭代性 …………………………………… 128
  8.8.2　选择过程中技术路线的迭代性 …………………………………… 131
 8.9　基本原理的逻辑关联 …………………………………………………… 133

第九章　复杂系统管理基础性科学议题 …………………………………… 136
 9.1　科学议题概述 …………………………………………………………… 136

		9.1.1 议题释义	136
		9.1.2 正在起步路上的复杂系统管理	137
9.2	议题之一:复杂整体性破解		138
		9.2.1 复杂整体性破解概述	138
		9.2.2 复杂性降解基本范式	139
		9.2.3 复杂性降解路径	141
		9.2.4 整体性剖分模式	144
9.3	议题之二:质性转折的新范式设计		147
		9.3.1 释义	147
		9.3.2 基本内涵	148
		9.3.3 抓住转折的"时间窗口"	148
9.4	议题之三:复杂性谱线分析		150
		9.4.1 复杂性谱线概述	150
		9.4.2 复杂性谱线分析	151
		9.4.3 复杂性谱线分析价值	153
9.5	议题之四:鲁棒性管理		154
		9.5.1 管理质量概述	154
		9.5.2 管理情景鲁棒性	156
		9.5.3 鲁棒性管理	157
9.6	议题之五:本质管理		159
		9.6.1 概述	159
		9.6.2 本质管理的学理分析	160
		9.6.3 典型实例	163
		9.6.4 本质管理对策	168
9.7	议题之六:管理组织模式动力学		172
		9.7.1 复杂系统管理组织模式概述	172
		9.7.2 复杂系统管理组织力系解析	174
		9.7.3 复杂系统管理组织动力学	177
9.8	议题之七:知识形态与获取路径		180
		9.8.1 知识形态概述	180
		9.8.2 复杂系统管理知识形态	182
		9.8.3 复杂系统管理知识获取路径	185
9.9	复杂系统管理科学议题逻辑关联		187

第十章　复杂系统情景建模概论 ······ 189
- 10.1　复杂整体性建模概论 ······ 189
- 10.2　复杂系统情景建模概述 ······ 191
- 10.3　复杂系统情景建模的基本内涵 ······ 193
- 10.4　复杂系统情景建模方法论 ······ 194

第十一章　大数据驱动的基本原理 ······ 197
- 11.1　大数据概述 ······ 197
- 11.2　基于情景建模的大数据观 ······ 198
- 11.3　大数据驱动释义 ······ 201
- 11.4　大数据驱动的基本内涵 ······ 204
- 11.5　大数据驱动的基本原理 ······ 208

第十二章　情景可计算性与大数据驱动情景建模 ······ 215
- 12.1　情景的可计算性 ······ 215
- 12.2　大数据驱动情景建模释义 ······ 219
- 12.3　大数据驱动复杂系统情景建模的基本原理 ······ 220
- 12.4　大数据驱动复杂系统情景建模的技术路线 ······ 222
- 12.5　大模型与复杂系统管理情景建模 ······ 225
  - 12.5.1　大模型概述 ······ 226
  - 12.5.2　人类与技术发展的共生进化 ······ 227
  - 12.5.3　情景复杂整体性视角下的大模型 ······ 229
  - 12.5.4　情景建模关键要点视角下的大模型 ······ 234

第十三章　大数据驱动情景建模关键技术与流程 ······ 238
- 13.1　关键技术第一板块：现实情景、概念情景与结构化情景的转换技术 ······ 238
  - 13.1.1　现实情景的界定技术 ······ 238
  - 13.1.2　现实情景到概念情景的转换技术 ······ 239
  - 13.1.3　概念情景到结构化情景的转换技术 ······ 240
- 13.2　关键技术的第二板块：大数据化技术 ······ 242
  - 13.2.1　大数据集形成技术 ······ 242
  - 13.2.2　大数据化技术 ······ 243

13.3 第三板块关键技术:核情景要素的提炼技术·················245
13.3.1 核情景形成技术的基本思想·················245
13.3.2 核情景要素的提炼技术·················247
13.4 第四板块关键技术:大数据驱动的情景耕耘技术·················248
13.4.1 异构情景数据的融合技术·················249
13.4.2 建立耕耘模型的技术·················250
13.4.3 情景耕耘模型的计算机实现技术·················251
13.5 第五板块关键技术:情景模型化的校核技术·················252
13.5.1 基本释义·················252
13.5.2 模块化校核技术·················253
13.5.3 反馈学习型校核技术·················254
13.6 大数据驱动的复杂系统情景建模流程·················257

第十四章 复杂系统管理实例·················261
14.1 实例1:基于复杂系统管理的重大工程核心决策范式研究·················261
14.1.1 重大工程核心决策问题概述·················261
14.1.2 重大工程核心决策问题的基本属性·················262
14.1.3 重大工程核心决策的复杂系统思维范式转移·················264
14.1.4 基于复杂系统管理的重大工程核心决策范式要点·················264
14.1.5 典型案例·················267
14.2 实例2:基于复杂系统管理的太湖水环境治理变革研究·················272
14.2.1 太湖水环境治理概况与反思·················273
14.2.2 太湖治理复杂系统思维范式转移·················274
14.2.3 基于复杂系统管理的太湖治理变革·················276
14.3 实例3:供应链韧性:适应复杂性·················281
14.3.1 供应链韧性概述·················281
14.3.2 供应链韧性的实例·················282
14.3.3 供应链韧性研究的复杂系统思维范式转移·················285
14.3.4 供应链韧性的基本学理·················286
14.3.5 供应链韧性的复杂整体性分析·················287

参考文献·················291

附录 ·· 297
    附录 1 管理：从系统性到复杂性 ·· 298
    附录 2 管理理论：品格的时代性与时代化 ······································ 318
    附录 3 问题导向：管理理论发展的推动力 ······································ 332
    附录 4 话语体系：讲好管理学术创新的"中国话" ·························· 349
    附录 5 复杂系统管理：一个具有中国特色的管理学新领域 ············ 371

后　记 ·· 396

索　引 ·· 400

第一章 管理与复杂的管理

1.1 管理的本义

人类为了生存与发展,自古以来就在一定环境下打猎捕鱼、采集果实,从事种养业和建房、修路、搭桥等生产造物的实践活动。不言而喻,任何生产造物活动都有其目的性,如种植谷类是为了收获饱腹的粮食,打猎除了获取肉食还可以用动物的皮毛缝制御寒的衣服,建造最简单的房屋是为了遮风挡雨和防御猛兽的侵害,等等。因此,人类生产造物活动是一类具有明确目的的活动,这一目的最初就是获得或者创造对人类有着某种用途的东西,有些东西原本就是自然界所有的,例如植物的果实、动物的皮毛等,而有些则是自然界原本没有的,例如,房屋、桥梁等,这些都是人们创造出来的,这类创造出来的东西自然属于"人造物",本书对人类生产造物活动目的的理解主要是指创造这类"人造物"。

人类从事任何生产造物活动都需要一定的资源,如种植粮食需要土地,打猎需要长矛,建屋砍伐树木需要斧头,还需要知道什么时候播种和收获最适宜,如何建房最牢固等知识,这类生产造物过程中必需的土地、材料、工具、知识等等都是生产造物活动的组成要素,而这些组成要素在活动的整合作用下最终形成的具有某种用途的"人造物"就是生产造物活动目的的现实载体。这说明人类生产造物活动一定是一个从整合相关要素开始到最终人造物形成的完整过程,具有实践性、目的性、过程性与整体性,其中,整体性与目的性是人类生产造物活动的最基本品质。

起初,人们的生产造物活动非常简单、规模也小,往往个人或极少数人就能承担并完成。但随着人类社会的发展,人类生产造物活动规模不断扩大、内容不断丰富,例如,猎杀一头大型动物,要有一批人分工合作;把一棵大树伐倒并把它拖到建房工地,要有许多人同心协力和一定的知识才能完成。这样,当个人或极少数人已不能完成某项生产造物活动时,就出现了由一批人在一起共同承担的情况。这时,人们的生产造物活动就开始了分工和合作,其中,有人不再直接从事生产造物活动,而在生产造物活动中专门根据生产造物的环境与预期的目的(目标)从事一类筹划、组织、分工和协调活动。

时间长了,人们逐渐认识到,生产造物过程中的这类专门的筹划、组织、分工和协调工作对于发挥集体的力量与智慧、更好地完成生产造物任务具有积极的意义,因为它能使生产造物过程更加有序和有效,保证生产造物目标的实现。这样,这类筹划、组织、分工和协调工作就逐渐成为生产造物活动中的一类有着固定内涵的活动方式,这就是所谓的人类管理活动的原始形态。

一般地,我们把在人类生产造物活动中分工出来的为实现生产造物目标并使生产造物过程更为有序或有效的一类筹划、组织和配置资源、安排和协调各类关系的活动称为管理活动,简称为管理。

时至今日,管理活动越来越显示出它对人类社会发展的巨大意义与推动作用,其起因就是人类为了提高彼此间合作的有序性和有效性,而进行的职能分工。《人类简史》说道:在人类进化早期,智人所以能够战胜力气更大、智力不在其下的尼安德特人,主要就是因为智人更善于通过分工形成共同体来克服困难和战胜对手。

在上述定义的基础上,可以对管理活动的内涵作如下深入解读:

(1) 人类的管理活动产生于人类的基本生产造物活动之中,可谓与人类创造人造物活动"形影相随"。人类生产造物活动的目的是创造出各种人造物,而管理则在其中担任整合、调节、协调及制约人与人、人与物、物与物的相互关系的工作,因此,人类不可没有生产造物活动,生产物不可没有管理。

(2) 人类的管理活动最初源于服务人类最基本的生产造物活动的需要,但随着人类社会的进步,管理活动不断丰富,并且以各种形态出现在人类所有的生产造物实践活动中,并发挥着巨大的作用。

(3) 人类的每一项生产造物活动都是具体的、特定的,世界上没有两个完全一样的生产造物活动,这也决定了没有两个完全一样的管理活动。也就是说,世上任何一个具体的管理活动都会基于某个具体的生产造物活动而因时而异、因地而异、因人而异、因事而异、因情而异。

(4) 这说明即使在两个高度相似的生产造物活动中,管理也有着不同的内容与特征。这不仅因为各个具体的生产造物活动的情景细节不可能完全相同,更因为管理的核心是以一部分人为主体,另一部分人为对象的活动。因此,管理者与被管理者不同的心理与行为方式、不同的价值取向都会融入管理活动形态与特征之中。也就是说,管理是以人为本、因人而异的活动,管理不能重物轻人,更不能只见物不见人，人在管理诸要素中永远是主导性的核心要素。

（5）管理活动有着丰富的实际内容，要完成什么任务、解决什么问题、采用什么技术等等都要以实际需求为导向，既要讲可行性与操作性，又要讲绩效与成本。因此，对不同管理模式与方法的选择，应当是"适合"与"节约"的，而不应该是"华丽"和"冗余"的。

（6）最重要的是，管理活动既然服务于生产造物活动，而任何生产造物活动都有特定的目的并且表现为一个完整的过程，因此，任何管理也必然具有自身的整体性和过程的完整性。例如，任何管理都有一定的管理环境，是一个有着明确的管理目标、管理主体、管理对象、管理组织、各种管理资源、需要解决的管理问题等等的整体，并且表现为一个有序的完整过程。管理活动的核心意义就在于基于这一整体与完整过程的综合思维与流程，使管理活动预设的目的（目标）得到实现。由此可见，整体性与目的性是任何管理活动两个最基本的品质。

1.2 复杂的管理活动

随着人类生产造物活动的范围与规模越来越大、涉及的要素越来越多、活动内部的关联形态越来越多样化，人们在与这些具体事物和现象的直接接触过程中，通过人的生理器官（眼、耳、鼻、舌、身）在大脑中产生了对事物的直接感觉，并会在人们头脑中产生"简单的生产造物"与"复杂的生产造物"的直接感受与印象，如在直接感受上，在小河上建一座桥是一项简单的造物活动，而建造一座跨海大桥则是一项复杂的造物活动。

从人认识事物的过程来看，我们对"复杂的生产造物"的认识一般要经过以下两个阶段：第一阶段是人们运用感觉器官对"复杂的生产造物"活动的外部联系和表面现象的认识，具有直接性、形象性特点，属于认识的"生动的直观"阶段；接着是人们认识的第二阶段，即运用抽象思维对"复杂的生产造物"的内部联系和本质规律的认识，具有间接性、抽象性特点，属于认识的"抽象的思维"阶段，这一阶段需要运用概念、判断和推理等形式来完成。

我们可以通过对管理活动的几个基本要素的分析来体验"复杂的生产造物"是怎样在我们头脑里形成"复杂的管理活动"这一"生动的直观"印象的。

（1）管理环境。现实中，"复杂的生产造物"环境往往就是相应的管理活动环境。当今全球正经历着最为广泛而深刻的变革，人们的管理理念、行为、价值观都会随环境的变化而发生更大的变化，这些变化对管理模式、管理要素之间的关系以及管理功能都将产生一系列深刻影响，例如，管理中的环境保护、绿色低碳等理念与价值都在成为越来越重要的管理活动目标。

（2）管理主体。管理主体是指对管理活动中的决策、实施和运行有决定权、财产权、监督权、话语权的多方面干系人组成的群体，虽然我们一般称其为管理主体，但实际上它与生产造物主体一样并不是单个主体，而是一个主体群体，称为主体群。随着管理规模不断扩大、内涵不断丰富，管理主体群的构成也越来越多样化，这时，在管理主体群中一般会出现具有引领性和主导性，有着更大决策权与话语权的"序主体"，从而使管理主体群形成多层次结构。在宏观层次上，部分主体组成了重大事项的决策机构。在中观层次上，部分主体会组成战略性合作伙伴。在微观层次上，根据管理运作与协调的要求，部分主体实施具体的操作流程。这些多层次之间的协同与联动关系不仅要求管理主体群在总体上要具备更强的领导力与协调力，还要防范主体自身行为异化；另外，面对复杂的管理环境与任务的变化，主体群要有自组织、自适应的能力。

（3）管理组织。现实中，管理主体面对管理环境、目标、任务的变化，很难一次性构建一个结构刚性的管理组织，并能够在管理全过程中拥有解决与驾驭所有管理问题的能力；相反，需要管理组织在动态变化的管理过程中，表现出充分的结构"柔性"和能力"适应性"，这就要求管理组织表现为一种柔性的管理"平台"模式，具有通过包括变动主体构成、改变管理结构、机制与流程等方式释放出更强大的适应性，应对与解决实际问题的功能。

（4）管理目标。在复杂的生产造物目的引导下，不仅需要多领域、多层次、多维度、多尺度地全面思考如何设计管理目标，还需要在管理过程中通过更细致地对目标分解、分析和综合进行目标的集成与凝练。例如，有些管理目标具有不同的空间和时间尺度，这就要求管理主体考虑是把大空间、大时间尺度压缩至小空间、小时间尺度，或者是相反；又如，在对整个目标群进行综合评价时，如何在不同尺度之间做好统筹并且处理好目标之间的冲突性等。

通过以上对管理活动中的环境、主体、组织与目标等几个基本要素的简要分析，我们体验到，"复杂的生产造物"活动的确让主体对相应的管理要素产生了一系列新的"生动的直观"的感知和反应。这些感知和反应必然会进一步以不同的方式深刻影响到对应的管理活动，导致服务于该"复杂的生产造物"的管理也变得"复杂"起来，即形成了所谓"复杂的管理活动"。

由此可见，随着管理实践的发展，人们对一般管理有了"简单的管理"与"复杂的管理"的直观体验，而对应"复杂的生产造物"的则是"复杂的管理"，"复杂的管理"中最基础、最核心的构件是"复杂的管理问题"，这将在下一节中做较详细的诠释。

1.3 复杂的管理问题

实践证明，对"复杂的管理"的"生动的直观"的感性体验，最重要的是感知到在管理活动中出现了一类"复杂的管理问题"。一切管理活动都是以管理问题为导向的，所以，本节我们对"复杂的管理"中的"复杂的问题"单独进行详细的分析。

从逻辑上讲，在"复杂的管理活动"中，由于管理环境、主体、组织与目标都变得复杂起来，必然会出现一类"复杂的管理问题"；反之，如果一个管理活动中没有复杂的问题，那管理活动也不能认为是"复杂的"。

当然，并非"复杂的管理活动"中所有的问题都是"复杂的"，或者复杂的程度都是相同的，这就需要对"复杂的管理活动"中所有的问题进行分析了。

关于这一点，我们可以根据生产造物复杂程度与环境复杂程度这两个维度对相应的管理问题进行简略分类（如图1.1所示）。其中，A区域内的问题（简称A类问题）由于生产造物和环境复杂程度都不高，因此可认为A类管理问题为简单的问题，基本上可以运用人们成熟的经验、知识与惯例来解决。对于图中的B类管理问题，由于环境复杂的程度较高及环境既有的不确定性，相应的问题将呈现明显的不确定性或动态关联性。而对于C类管理问题，生产造物活动内部结构的复杂程度高，容易导致要素之间的关联性加强而出现认知不精准与因果关系不清晰等强关联性问题。这样，对于B、C这两类管理问题，总体上可以通过新的管理规则并利用成熟经验与知识来解决，其中一类强关联性问题，可以运用系统工程等技术来解决。这说明复杂的管理活动中确有相当一部分问题（A、B、C类问题）可以通过一般不确定性管理与系统工程相结合的方法来解决。

环境复杂程度		
高	B 不确定的问题	D 复杂的问题
低	A 简单的问题	C 强关联的问题
	低　　生产造物复杂程度　　高	

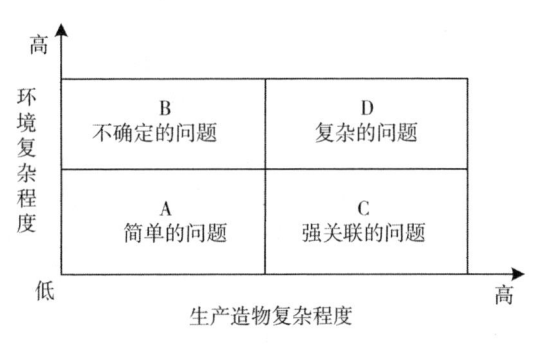

图1.1　复杂的管理活动中的问题分类

但是，对于图中D类管理问题，即生产造物活动与环境的复杂程度都高的一类问题，如基于异质主体的管理组织平台的设计、"严重"不确定决策与决策方案的迭代生成、复杂的管理风险分析与防范、生产造物现场多主体之间协调与多目标综合控制等，一般都不能简单地采用A、B、C三类问题的方法解决，而必须根据新的思维与新的模式才能有效地解决，我们称其为复杂的管理问题，简称复杂的问题。

一般地，复杂的管理活动中的复杂的问题具有以下新的特点：

首先，这类问题的边界往往是模糊和不清晰的。问题内部要素之间除了有确定的输入/输出关系，还有不完全确定甚至非常不确定的关联关系；除了有显性的可确知的关联关系，还有隐性的难以确知的关联关系，而且被我们认定的一些关系或关联要素，在管理过程中还可能由于某些因素的变化而变异。

其次，这类问题一般都很难完全用一种比较明晰的结构化方法（模型）来描述。例如，复杂的问题往往同时包含着工程技术、社会经济与人的行为及文化价值观等要素。其中，工程技术要素基本上受自然科学与技术原理支配，一般可以用结构化方式来描述；社会经济领域要素主要受社会或经济规律支配，可以用半结构化方式来描述；而人的行为和文化价值要素往往只能用非结构化方式来描述。这样，这一类管理问题整体上就必须同时用结构化、半结构化，甚至非结构化方式才能完整地描述，这不仅大大增加了问题描述的难度，而且还增添了不同描述类型之间相互集成、融合的难度。

还有，解决这类问题将涉及多个学科和领域的知识。根据人的认识规律，管理主体对这类问题的认识一般表现为一个由不知到知、由知之不多到知之较多、由知之片面到知之全面、由知之肤浅到知之深刻的过程，因此，对这类复杂的问题解决方案的产生，管理主体将表现为一个不断探索的"试错"过程。在这一过程中，管理方案通常不是一次优化就能形成，而要根据对问题认识的深度和精准度，通过对不同备选方案进行多次比对、修正与完善来确定。从总体上讲，这是一个由阶段性中间方案沿着一条从比较模糊到比较清晰、从比较片面到比较全面、从品质较低到品质较高的有序路径，不断迭代、逼近，直至收敛到最终方案的过程。

这样，在复杂的问题解决方案的形成过程中，必然会出现和增加许多新的界面与接口，如管理主体之间需要更多的协调与沟通、管理方案迭代过程需要有更多的前后方案修正与比对，还要保证对不同类型信息的有效融合和对方案进行整体（综合成本、时效与品质等）评估与优化等。

根据上述分析，复杂的管理活动中的管理问题，在总体上可分为三个层次，其中下面两个层次主要是由上述 A、B、C 三类问题构成,而最上面的层次主要是 D 类问题,三个层次问题整合在一起即形成完整的复杂的管理活动中的管理问题体系。

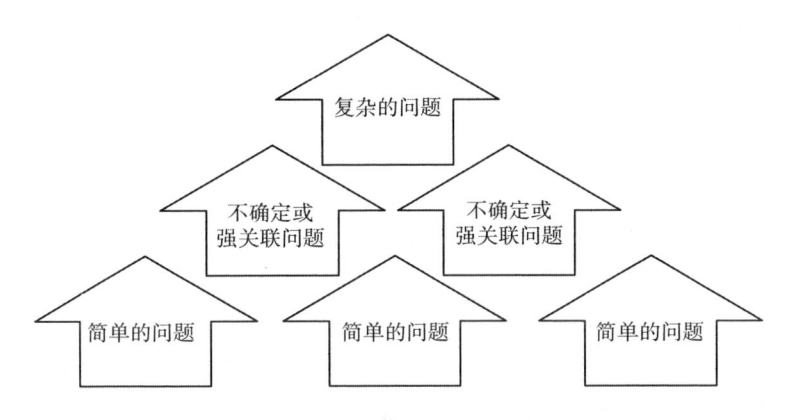

图 1.2　复杂的管理活动中的问题体系

综上所述,整体上可以把复杂的管理活动中的问题体系分为复杂的问题、不确定或者强关联问题和简单的问题三种类型。这一分类主要源于问题自身的属性与特征,与管理主体认知能力也有着很大的关系。例如,两个水平不一样的管理主体,高水平主体会认为问题体系中复杂的问题相对较少,而低水平主体的意见则恰好相反;即使是同一个管理主体,随着其自身能力不断提高,该主体也会认为复杂的问题数量在不断减少,复杂的程度也在不断降低;而一个水平很高、经验极其丰富的管理主体甚至可能会认为几乎不存在复杂的问题。

以上认知启发我们:在对复杂的生产造物活动的感性认知进行要素诠释的基础上,通过"复杂的生产造物"与"复杂的管理"的对应关系,可以对"复杂的管理"中的"复杂的管理问题"的外部联系和表面特征形成一定的直觉感知。当然,这里的"复杂的管理问题"中的"复杂的"也还是以人们对问题外表、现象的直观性为主的感知,是这一感知的自然语言"大白话"表述方式,它还没有揭示出"复杂的问题"的本质内涵与属性。

第二章 系统与复杂的系统

2.1 系统概念的概述

由上一章可知,无论是客观世界与现象中的"复杂"还是人类对"复杂"的感知,其逻辑起点都是人们以一个"整体的"视角看待和思考问题的结果。因为只有在"整体"上才会体验出"多"而"乱",即"复杂"。因此,要进一步深刻地认识"复杂",需要先认识"整体",即什么是"整体",这就是本章的重要内容。

2.1.1 系统的初始思辨

在人类认识世界的历史上,早在两千多年前,中国与古希腊的一批杰出的思想家都不约而同地在思考和探索作为整体的宇宙万物是如何构成的,如中国春秋时期的老子提出了"道"是世界万物的本原,是"万物之宗"。而万物生成的模式为"道生一,一生二,二生三,三生万物"。老子思想中的"道"是世界万物一切规律背后的力量,这一力量首先生出"一",这个"一"就是"有","一"再分为"二","二"就是"阴阳",阴阳结合就形成了"三"(多),就是万事万物。

古希腊哲学家赫拉克利特认为整个宇宙是由一种被称为原子的最小的、不可分割的物质粒子与粒子之间的"虚无"构成的,他还进一步指出,原子的数量无穷、多种多样,不同的原子相互撞击得到了不同的状态,就是万物。

应该说,早在两千多年前,这些杰出的思想家依靠他们惊人的思辨能力构造了非客观的"大千世界",体现了几乎趋于宏观与微观极限的、如此精妙的思维想象力,展现了人类智慧的伟大。

今天,当人们在赞美思辨力量的同时,也感悟到古代思想家思辨的"想"可以不需要以客观事实与实际经验为前提,因此,在认识自然现象、生产造物与管理等改造客观世界的实践活动中,仅仅依靠思辨有时会与现实情况不相符合,或者只能是模模糊糊、大而化之,无法把"想到"进一步转化为"做到"。就像上面所说的关于万事万物整体的知识,只有在科学实验为人类提供了大量的新的发现后,才可能在实实在在的逻辑起点上突破思辨关于整体的认知局限性。

从20世纪初起,随着物理学、生物学等不同学科的快速发展,不同领域的学者们在思考事物整体时不断提出一些新的观点,例如,1925年,英国哲学家怀特海提出要用机体论代替机械论,认为只有把生命体看成一个有机整体,才能解释复杂的生命现象。此后,美国、德国科学家提出了从多个学科角度超越生物学领域,并在一般意义上研究事物的整体性,研究内容不仅包括事物的整体是如何构成的,而且包含构成事物整体不同要素之间的关联方式对事物整体状态、行为、作用等有着怎样的影响,这就是被后来的科学界称为"一般系统论"的开始。

在这一时期,贝塔朗菲在研究"整体性"方面做出了重要贡献。早在20世纪20年代他就提出要把生物有机体当作一个整体来研究,才能发现有机体在不同层次上的组织原理,并且把协调、有序、目的性概念引入有机体研究中,形成研究有机体的整体观点、动态观点与层次观点。1937年,贝塔朗菲在一次哲学讨论会上首次提出一般系统论观点,标志着人们开始思考和探索各个领域共同的整体性、关联性与功能性科学问题,也标志着系统科学时代的开始。

2.1.2 系统概念的释义

人类在各个领域不断丰富的实践让人们越来越认识到,事物一般都是具有内部关联的整体,不同整体之间又相互联系并形成更大范围的整体。为了对这一普适性现象的客观规律进行认识,需要用一个专门的科学术语作为概念来定义这一现象的属性,这就是抽象的"系统"概念的诞生。

近百年来,科学界有多种关于"系统"的认知与定义。比较而言,以下贝塔朗菲与钱学森的系统释义具有典型性,其他学者的释义本书从略。

1. 贝塔朗菲的系统释义

贝塔朗菲在一般的意义下给出了系统的定义,他说系统是"处于相互作用中的要素的复合体(complex)"。"要素"的意思是重要(必要)的元素,是指构成一个客观事物的存在并维持该事物特征的必要的最小单位。它既是组成某个系统必不可少的基本单元,又是系统表现出某种特征的基本原因;"相互作用"可以从一般哲学上理解,即所有形态的关联、联系与影响;"复合体"的意思是指要素整合而成的整体,核心含义是合成为完整的、统一的"集合"。显然,这样的系统定义具有非常广泛的普适性。例如,所有的自然系统,如行星、太阳系、原始森林,所有的人造系统,包括物质型人造系统(如城市、工程)、非物质型人造系统(如知识、文化等)都在贝塔朗菲定义的系统范畴之内。

贝塔朗菲的系统定义中要素的"相互作用"是指组成系统的要素(部分)之间

存在着关联,也就是说,"关联"是构成系统的基本"构件"。这是因为:

(1)"关联"首先意味着系统中的要素是不同的、异质的、多样性的,否则,如果一个系统仅仅包含着同一种类型的要素(部分),它们之间的关联只能是平凡而缺乏实质性意义的,也就不可能形成新的整体。

(2)"关联"表达了一种普适性的连接、联系、相关、相干的意思,但具体的形态则可以是多种多样的,有物理性的,如螺栓与螺帽;有相关性的,如夏天的气温与冰激凌的销量;有逻辑性的,如同样的词、字在不同的语境下,组成的句子的意思可能完全不同。

(3)"关联"对于系统的重要意义还在于各种关联的"总和"构成了时空、作用有序的系统结构。系统结构的意义包括:第一,系统的结构是该系统整体功效与作用的物理基础和实现机理;第二,即使系统局部关联出了问题,许多情况下,总体结构仍能维系和保证系统主要功能的发挥,例如,一个人断了一根手指,但他的身体总体结构仍能保持其主要的生命功能。

2. 钱学森的系统释义

与人类生存、发展有着最为密切关系的是人造系统,人造系统与自然系统的最大区别是,纯粹的自然系统先于人类或者完全与人的目的无关,而人造系统则被人创造并且蕴含着人对该系统预期作用的规定性,而这一预期作用正是人所需要的,人造系统的这类作用被称为系统的功能。

中国系统科学家钱学森注意到人造系统对人类社会经济发展的重要意义,特别是人在生产造物活动中对人造系统预期作用规定性的意义,因此,他给出了如下的系统定义:"由相互作用和相互依赖的若干组成部分结合成的具有特定功能的有机整体。"有机体本义是指含碳的,即具有生命的动物、植物个体的统称。"有机整体"就是构成整体的各部分之间互相联系、互相作用,如同人的身体那样,所有的器官、组织协同活动、相互支持,从而构成统一的有生命特征的整体。

特别地,在钱学森的系统概念中出现了"功能"这个词,这是钱学森将人对人造系统预期作用的规定转变为人造系统所具有的客观功效与能力。在系统概念中强调系统的功能属性,突出了人造系统对人类的实际价值,反映了人造系统与人类之间密切的关系和互相依赖性。从根本上说,人类的发展历史就是不断对原本不存在的人造系统赋能,并且不断创造、实现、利用和改进人造系统的历史,正是这样才有了人类社会的发展与进步。因此,钱学森强调人造系统的功能属性给出的系统定义更加符合人类生产造物活动与管理活动的内涵。

2.2 系统整体的诠释

2.2.1 系统整体的功能内涵

整体是系统概念最核心的意蕴。哲学上的"整体"是相对于"部分"而言的,即系统概念最基本的意思是"整体由部分组成,部分从属于整体",但这还不够,"系统"这一概念中还有"关联"这一重要的成分,因此,系统还蕴含着"整体是由各部分之间按照一定的秩序相互影响联结而成"的要求。这在哲学上被称为"有机联系",所以,应该认为系统是由各要素(部分)通过有机联系形成的新的统一体(整体),系统的形成必然是一个自发或者被某种力量,或者被两者共同驱动的过程,在该过程中必然有着某种形成整体(同时也就形成某种功能)的机理或者规律在起作用。

系统大体有两类,一类是纯粹天然系统,它的初始存在与人毫无关系,如原始森林、南极冰川等,还有一类原本是自然界没有的,是人们把它们创造出来的,如国家、企业、道路、桥梁等。为什么人要创造人造系统呢?主要是人为了利用人造系统整体层面上的某种功能来满足自身的实际需要。

古人最初直接利用天然实体的某一功能来满足自身需要,如天然的横卧在小河上的树干便于让人过河,天然的洞穴能够让人抵御严寒。但是,当自然界实体不再有现成的人们需要的某些功能,或者功能的品质不能满足人们的需要时,人们就会努力创造出这些功能来。但是,现实中的任何一种具体功能都必须依附于某个具体的实体而不能独立存在,因此,人们为了获得某种有利用价值的功能,必须创造出某个能够体现这一功能的人造系统。例如,河流太宽,树干又不够长,人们根据小河上小桥的特征创造出大河上的桥梁;在没有山洞的地方,建造一个具有山洞功能的房屋来抗风挡雨。

这样,人们为了生存和改善生活条件,就必须创造出具有各种各样功能的人造系统,这里的人造系统的功能就是人们对该系统的赋能,同时也是系统在整体层面上相应的行为或者特征,所以,人造系统的功能是人们通过生产造物活动创造出来的人造系统的整体性价值。一般地,人造系统的功能及其价值往往都超越了天然系统原本的功能,更因为人们的智慧而创造出无穷的自然界原本没有的功能及价值,人类社会才得到持续不断的进步与发展。

一般地,系统的功能是系统整体行为、性状、特征、属性与能力的表征,是人造系统主体的价值追求。简单地说,人们之所以设计、创造一个人造系统,就是为了使用、利用它的对人有利和有益的功能,所以,在许多语境下,系统的属性、质性、价值、作用、功能等概念往往具有内涵上的同一性。

随着对系统研究的深入,人们发现,如果把人包括在人造系统的环境之中,那么,系统功能的概念可以看作系统对环境的一种作用,只要系统不是完全封闭的,它与环境之间一定有着某种性质的关联,这实际上就是环境中的人对系统功能的感受,因此,凡系统都有功能。

再进一步讲,系统不仅有对环境有益、有用的功能,还可能有对环境有害、无用的功能,如企业这类人造系统有为社会提供各种有使用价值产品的功能,同时还产生了各类污染物破坏了环境,这也是企业的一种作用于环境的功能。特别是,提供产品与污染环境这两种功能同时存在,我们不能完全做到趋利避害,只能在发挥企业有益功能的同时,关注企业的环境保护、推广企业的低碳绿色生产方式,以降低企业对环境的"负面"功能的影响。

总结一下,系统可以解释为在一定的原理和秩序的作用下形成的具有新的性状与功能的完整的整体,这也是系统概念中整体功能的内涵。

2.2.2 系统整体的涌现内涵

前面指出,系统概念蕴含着"整体是由各部分之间按照一定的秩序相互影响联结而成"的要求,那么,各部分按照什么样的秩序联结成整体将直接影响着系统整体的形态与特征。最简单的秩序是一类纯粹的空间移动与简单堆砌,这时的整体也只是表现为空间位置的移动或者数量上的"加减",而没有任何新的"质"的变化,例如,几个班级的学生一起集中到操场,这是一种各部分(班级)通过空间位置移动形成整体的联结,操场上的"整体"与各班级的"部分"之间的关系仅表示为整体人数等于各班级人数之和。对系统的这类"整体等于部分之和"的性状,我们用一个简单的关系式来表达,即 $1+1=2$。能够理解,如果一个人造系统的整体仅仅是按照这样简单的秩序汇集而成,那该系统也不可能创造出什么对人来说新的重要的功能,这样的人造系统的应用价值也不可能太大。

显然,我们希望系统,特别是人造系统能够在整体层面上出现新的,而它的个别要素或局部部分不具有的性状和功能。这时,系统的整体一定不是简单的"整体等于部分之和"汇集而成的,我们用另外一个关系式来表达,即 $1+1>2$。这意味着,这时的"由各部分之间按照一定的秩序"一定蕴含着某种能够使系统整体形成新的性状和功能的机理或作用,并由此导致系统在整体上出现了新的"质"。这一新的"质"为什么出现以及如何出现往往是我们研究系统、创造系统和优化系统的出发点。

系统局部原来不存在的"质",它在系统整体层面上出现,这一现象犹如从地下突然涌现出一股泉水,因此,人们把这类1+1>2的现象称为"涌现性"。从字面上讲,"涌现性"就是"无中生有"性、"从零到一"性。"涌现性"对人们而言,可能有益,也可能有害。

如机器人是人造系统,机器人可以提高工作效率,代替人类做危险和枯燥无味的工作,但是,如果机器人自主产生与人敌对的意识,它们很有可能成为与人类对抗的极其危险的力量。其他如化学制药、基因编辑领域,人造系统"涌现性"的两重性都非常明显,需要科学防范。

由此可见,系统出现涌现性现象的机理是非常复杂的,一类比较直观的原因是系统微观要素或者部分之间通过相互关联、渗透,在融合为新的整体过程中形成了新的整体的"质"。这里"新的整体"是核心,它强调了在融合的过程中,系统在整体层面上出现了既不是原来的"这个",又不是原来的"那个",而是"非此非彼"的新的机体或者机理。正是这样的新的机体,导致新的机理与功能的涌现。例如,生命科学中的细胞融合(cell fusion)又称细胞杂交(cell hybridization),就是指两个或两个以上细胞为组成要素(部分)相互渗透,结合成一个新的细胞的现象。体外动物细胞的融合,多用一些诱导物质来制得一种新品系的杂交细胞(hybrid cell),而这种杂交细胞作为新的系统整体一般都具有很强的增殖旺盛生命力,这些都是系统新的"质"。

由上可以看出,系统整体新的"质",往往是系统价值以及人们创造人造系统目的的核心体现。对我们而言,不仅要在一旁观测系统整体出现新的质的现象,而且要搞清楚系统从微观层面到宏观整体层面新的质"从无到有"涌现的机理。

综上所述,我们梳理了作为系统的整体的两种基本类型,一类是1+1=2的简单可加整体性,它主要表现为汇集性功能;另一类是1+1>2的非可加整体性。"非可加整体性"对于本书而言是一个非常重要的基本概念,首先,"整体性"是指系统在整体和全局层次上具有其组成部分或者局部所没有的属性与功能,这主要是对系统纵向多层次上特征属性的表征,而"非可加"则是对系统横向多部分之间特征属性的表征,两者融合在一起,表明有一类系统在一般系统整体性基础上,既在纵向又在横向,还会在纵横向之间相互转换形成多种复杂形态的整体性特征属性,这是与一类一般系统整体性不同的、具有新的内涵的"复杂的"整体性,即所谓的"复杂整体性",这是系统整体涌现现象的基本内涵。

从以上对系统整体性内涵的阐述可知,系统的"非可加整体性"就是"复杂整体性",系统的这一类整体性对本书非常重要:正是管理对象具有的这类"复杂整体性",成了复杂系统管理的逻辑起点与新的思维范式。

2.2.3 系统性

从系统基本定义到对系统整体特性的诠释,包括系统整体的功能内涵与系统整体的涌现内涵,我们逐渐从对系统外在、表面层次的认识向内在、深度层次的认识进发。特别是,我们认识到,如果自然科学、社会科学等等是按照研究对象领域的纵向性来划分的,作为系统的实体则不论它的具体领域和具体问题的特性是什么,只要把它当作抽象的"系统"来刻画,这就决定了系统横跨不同学科的固有特性,即在普遍意义上,系统有着如下自身固有的,且独特的主要特性(属性):

(1) 多元性(任何系统都由多个要素组成);
(2) 相关性(不同要素之间存在着相互关联);
(3) 整体性(系统的存在、行为、功能等都是完整一致的);
(4) 功能性(系统整体状态、行为特征等都具有某种作用和意义)。

一般称系统概念中显示出的多元性、关联性、整体性、功能性等特性为系统基本属性。其中,最重要的属性是系统的整体性(或者整体性与功能性),因为整体性包含了多元性、相关性与功能性,所以,常说整体性是系统的基本属性,简称系统性。

系统性,特别是其中的整体性使我们的思维方式和研究解决问题的方式发生了深刻的变化。主要表现在:

(1) 许多时候要把所研究的事物作为一个整体,分析其要素、关联、结构、功能与环境之间相互关系和变动、演化的规律性;
(2) 研究问题除了采用传统的分析、分解、解剖等方法,还要关注如何分析和保持问题的关联性、整体性以及和外界环境的联系。

系统、系统性以及引起的思维变革对我们深刻、准确认识世界万物,以及从"整体"上认识管理活动与管理行为具有重要的指导意义。

2.3 复杂的系统

以上几节我们对系统概念中的关键"构件",如要素、关联、结构、整体和功能等进行了诠释,使我们对系统概念有了比较完整和清晰的认识。随着人类创造人造系统的实践和对系统理论研究的深入,人们对系统概念的认识一步步走向深处。

首先,人们很容易直观感知到系统有"大"与"小"之分,例如,城市是系统,大城市是"大系统",小城市是"小系统";系统还有"简单"与"复杂"之分,凭基本常识,大学这个系统是"复杂的系统",而比较而言,中学这个系统是"简单的系统"。

系统的"大"与"小"相对好理解,但什么样的系统是"复杂的系统",复杂的系统又是如何形成的,显然就不是那样直白和显而易见了。

"系统是复杂的"这句话的意思其实是简单的,因为这里的"复杂的"是个形容词,这句话是用一种自然语言方式表述的通俗的"大白话"(vernacular)。它的内涵是,当人看到、听到、感觉到某个系统的方方面面以后,在自己头脑中对其外在、显性、表面的现象形成了一种直观感受和印象,例如,这句话的基本意思包括了这个系统的组成要素数量多、特征差异性大、要素之间的关联方式多种多样,有些关联还给人杂乱无序的印象,对系统的一些宏观现象和特征说不清其中的道理等等,这样,人们的直观感知自然是这个"系统是复杂的"。

下面我们从系统概念的内涵来理解"系统是复杂的"这句话,这种理解要深刻得多。

第一,要素"多",不仅指单纯的数量多,更可能是指要素种类多;关系"无序"也并非真正"无序",而是要素之间的关联种类多并且复杂,例如,要素关联同时出现了线性关联、非线性关联、确定性关联、非确定性关联、平稳关联、非平稳关联、正反馈关联、负反馈关联、显性关联、隐性关联等等。如果一个系统内部存在这么多种关联,自然难以梳理清楚系统的哪些宏观特征与行为与哪些关联有着怎样的因果关系或者相关关系,受到哪些机理共同驱使,从外界来观察,一定使人产生杂乱无序的印象,系统当然就是"复杂的"。

第二,如果难以用系统微观要素的行为、性状说明清楚系统为什么会具有那样的整体性特征或功能,即系统整体行为的涌现缺乏微观要素行为机理和因果律支撑,不论这样的机理和因果律非常复杂还是主体尚未认识清楚,人们一定感到"系统是复杂的"。

第三,系统的性状与特征一般是动态变化的,如果一个系统的未来状况或变化趋势出现了不平稳、突变、转折、质变等难以预测的情况,或者难以说清楚发生这些情况背后的原因与规律,也会让我们认为"系统是复杂的"。

以上分析告诉我们,一个系统是复杂的,或者是比较复杂的,还是非常复杂的,既有系统自身固有的内在原因,又与主体的认识水平和能力有关,在一般情况下,这两方面的原因往往同时存在。

科学研究的根本目的是揭示事物或现象背后的客观规律,如果我们把"系统是复杂的"原因主要归咎于主体认识水平,那我们对"复杂的系统"的研究就完全会因人而异,并可能得到彼此歧义的结论,因此,为了揭示研究对象自身的客观规律,我们更倾向认为,一个系统被人们认为是"复杂的",主要不是因为主体能力与水平的不足,而是由于系统自身有着某种内在的、具有本质意义的属性。这样,当我们说"系统是复杂的",指的正是这个系统内在的、具有本质意义的属性反映。如果我们的认识走到这一步,那我们对"系统是复杂的"的认识就从生动直观的"大白话"阶段进入了抽象理性思维的第二阶段。

下面举一个简单的例子:一个元器件在规定的时间与条件下完成规定功能或能力的可能性称为可靠性,假设一个元器件的可靠性为 0.9(如下图 2.1)。如把 4 个同样的元器件按照串联结构组成如下的系统。则该系统的可靠性为 $0.9^4=0.656\,1$;而把 4 个同样的元器件按照并联结构组成如下的系统,该系统的可靠性为 $1-(1-0.9)^4=0.999\,9$;此外,另外两种串—并组合的链接方式的可靠性分别是 $0.801\,9$ 和 $0.980\,1$。

$0.9^4=0.656\,1$

$0.9^2\times[1-(1-0.9^2)]=0.801\,9$

$1-(1-0.9)^4=0.999\,9$

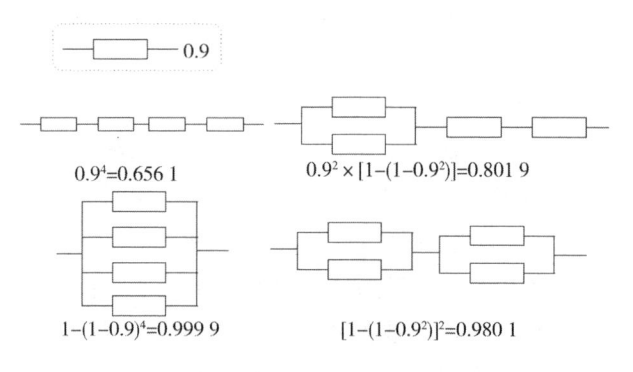

$[1-(1-0.9^2)]^2=0.980\,1$

图 2.1　系统可靠性示例

这个例子告诉我们,该系统特定的结构与功能之间的因果律即为该系统一类内在的、具有本质意义的属性,正是这一属性让我们感知到,在结构与功能关系上这个系统是复杂的。我们正是运用了这一属性,不再追求用最好的元器件制造最好的产品,而在一定的统筹规划下,用合理的元器件造出高质量的产品。同时,这个例子也让我们理解什么是对人造系统赋能以及如何让人造系统在整体层面上涌现出新的"质"。

当然,这个例子还只是在系统物理层面,通过结构化方法直观感知"系统是复杂的"现象,是个比较简单的例子。我们更重要的任务是要通过思维的抽象与凝练,运用新的概念来认识和回答究竟什么是"系统是复杂的"内在的、具有本质意义的属性,或者什么是系统本质意义的"复杂",这将是下面第三章"复杂性与复杂系统"的主要内容。

第三章　复杂性与复杂系统

本书主要研究的是复杂系统管理(Complex system management)，这个新概念(科学术语)是由"复杂系统"(Complex system)与"管理"(management)两个概念深度融合形成的一个整体性科学概念，并涌现出新的一体化科学内涵。因此，不难理解，"复杂系统管理"不能简单直观地理解为"复杂系统与管理"，否则，在整体上就不具有"非此非彼"新的"质"，"复杂系统管理"也不能理解为"对复杂的系统的管理"，因为"复杂的系统"是人们的直观感知，是"大白话"，这样，"复杂系统管理"也只是一个"大白话"；类似的，也不可望文生义地把"复杂系统管理"当作"管理复杂的系统""复杂的管理系统"等等。

由此可见，正如中国现代思想家梁漱溟先生所说，做学问名词是不能随便讲的，需要有明确的意义。显然，在学理上搞清楚"复杂系统管理"这个新概念的科学内涵，需要围绕着复杂系统、管理等搞清楚以下几个前序性问题：

(1) 既然复杂系统不能理解为复杂的系统，那么，复杂系统与复杂的系统有什么区别呢？

(2) 复杂系统是系统科学范畴的一个概念，"复杂系统管理"意味着在管理学领域嵌入了复杂系统思维，这是否具有合理性和逻辑性？

(3) "复杂系统"与"管理"两者一体化为"复杂系统管理"，在学理上究竟形成了什么样的"非此非彼"新的"质"？

(4) "复杂系统管理"这一概念是否具有自洽性，对当今管理学发展具有怎样的推动作用和实践意义？

显然，以上这几个问题对我们精准、深刻认识复杂系统管理这个新概念有着直接和基础性的学理意义，否则"复杂系统管理"不仅容易形成歧义，而且最多只会成为一个无根无源，缺乏学理逻辑、自洽性与延展性的"新名词"而已。

本章内容都将围绕复杂性与复杂系统这两个基础性概念展开。

3.1 本质属性与概念

根据 2.3 节的介绍，"复杂的系统"是我们对一类系统的外部联系和表面特征的感知，具有直接性、形象性特点，属于认识的"生动的直观"的第一阶段。在这一阶段，人们一般使用自然语言"大白话"；接着是对这类系统的内在联系和基本属性的认知，具有间接性、抽象性特点，属于认识的"理性的思维"的第二阶段。

一般地，属性是指某一类事物（对象）所具有的独特且不可或缺的特性。如果属性不仅为某一个事物所具有，另外的事物也具有，称此属性为共有属性；反之，如果属性仅仅为某一个事物所独有，而别的事物不具有，则称此属性为该事物的特有属性。如果该事物的一些特有属性决定了该事物所以是该事物而不是别的事物，则称这些属性为这一事物的本质属性。本质属性表征了事物的根本品质，是该事物具有决定性意义的特有属性，也体现了该事物区别于其他事物的固有的规定性。在哲学意义上，本质属性是事物最基本的品质，即该事物专有的、基本的和稳定的性质抽象，本质属性也称基本属性。

由此可见，在关于"复杂的系统"认识的第二阶段，我们就不能像第一阶段那样，还用"复杂的系统"这样的"大白话"来表述，那将无法表达、传送和交流这类系统的本质属性，也难以用这种方式来凝练人们对这类系统属性的抽象。

理论是人的理性思维的结果，理性思维除了以自然语言为基础，更需要用专门的科学语言把理论要反映的某一属性准确、深刻地凝练出来。理论体系中的这一科学语言的基础就是概念。每个概念都是对事物本质与内在关系的凝练与抽象，因此，概念能够推动人们从具象思维上升到抽象思维，并在此基础上，成为科学共同体成员之间相互传送与交流的语言工具，构成理论科学话语的"基元"。概念的主要表达方式为科学术语。

由于人们认识事物的过程是逐步由浅入深的，因此，在认识"复杂的系统"的浅层次阶段，相应的概念一般只反映出"复杂的系统"的非本质属性，而当认识提升到深层次阶段，相应的概念便能逐步反映出"复杂的系统"的本质属性。

举个例子，"汽车开得越来越快"，这是自然语言的"大白话"，物理学家把它说成"车子的加速度是正的"，数学家则说"车子位移对时间的二阶导数大于零"。这些都是科学语言，其中，加速度、二阶导数皆为科学术语，是概念，不是大白话，正是这些科学术语与概念，构成了物理学与微积分基本理论。

根据以上分析不难理解，摆在我们面前的任务是如何抽象和凝练"复杂的系统"的本质属性并用一个科学术语,即深层次科学概念来抽象它。这需要我们在对"复杂的系统"主要现象与行为,它的特征、形态等反复认知的基础上,对其本质特征、形成逻辑进行凝练,而绝不是仅仅造一个"新名词"就可完事的。

这是一项精细的工作,因为只有深度认识"复杂的系统"的本质属性并且形成科学概念,才可认为是真正认识了"复杂的系统"的本质。另外,"复杂的系统"的本质属性一旦被抽象,它首先应该是自洽的,即不能在已有理论体系中引发出学理上的冲突或者混乱;其次,"复杂的系统"作为"系统"的子集,它的属性应该与系统的属性相互融通;最后,基于上述自洽性与融通性,它要能够有自己的学术自生长能力并拓展出新的知识来。

在本书以下内容中,"属性"一般都是指"本质属性"或者"基本属性"。

3.2 复杂的系统属性的各种思考

那么,什么是"复杂的系统"的属性呢？人们对此做了大量而长时间的探索。本节虽然仅仅介绍了几个有代表性的探索思路,但对我们如何开展问题本质之类的研究有着一定的启发意义。

3.2.1 涌现是复杂的系统属性吗

前面指出,系统最核心的内涵是在整体层面上表现出整体性现象与行为。系统的整体性有两种基本类型:一类是1+1=2的可加整体,主要表现为系统各部分的汇集性功能;另一类是1+1>2的非可加整体,主要表现为系统各部分的涌现性功能,这里的非可加性是指在系统整体层面上出现的,而它的个别要素或者局部部分所不具有的性状和功能。

显然,从人的认知规律看,前一种整体性是"简单的",而后一种是"不简单的",即"复杂的"。一个系统所以被人感知为是"复杂的",往往就是因为这个系统整体上所表现出的这类非可加性,因为"非可加整体性"让人们"看到了"系统表现出的"无中生有"、"从零到一"或者"从一到多"等复杂的现象。

那我们能不能就把涌现性当作"复杂的系统"的属性呢？从学理上讲,虽然涌现现象的确让人感受到系统整体上的复杂现象,但它毕竟只是人们在对涌现机理尚不完全清楚的情况下,对系统整体层面那类一刹那的"无中生有"现象引起的直观困惑,如果涌现现象的所有机理被揭示,涌现就是系统遵循某种动态演化规律的最终结果,这一结果在涌现"一刹那"出现前有着确定的原理与机理,只不过人们自己还没有弄清楚。

举个例子，长期以来，化学家们做化学实验，只能在宏观上观测到化学反应的最终结果，这个结果在一定意义上相当于化学反应系统演化过程的整体涌现。虽然化学家们能够说明反应过程的基本原理，但并不精确知晓在反应过程中，化学元素之间的相互作用及导致整体性现象形成的完整机理的全部细节，即不清楚涌现的来龙去脉。三位美国化学家以化学反应为背景，创立了"复杂化学系统多尺度模型"，让计算机帮助人们观测到化学反应过程中的原子、电子行为。其基本思想是，鉴于化学反应速度极快，电子一刹那就从一个原子核跳到另一个原子核，这样的微观层次上的高速行为，人是无法用肉眼感知到的，也就会对反应过程的"前因后果"感到"困惑"。

三位化学家在多尺度模型的支持下，对于药物同身体内目标蛋白耦合这一过程，通过计算机对目标蛋白与药物相互作用的原子进行量子计算。这样，化学反应"涌现"结果的神秘过程在计算机帮助下就"一览无余"，化学家也就能够在不同尺度上完整地"观测到"药物在人体内部产生作用的全部机理。这表明，一类型系统之低层次要素行为与系统整体层次之间存在着复杂的非直接因果律，而当人们没有对这些认识清楚之前，只能在整体上看到某些因果律不确知的涌现情景。这三位化学家因为这一杰出贡献而获得2013年诺贝尔化学奖。

这一案例对我们如何理解系统的涌现现象有很好的启发：涌现被认为是系统的一种复杂现象，许多时候是人们对系统微观层次向宏观层次，包括多层次之间的多尺度相互作用机理认识不清，或者认识的精细程度不够，从而产生了认知链的断裂或者模糊。但是，随着科学技术的发展，人们掌握的知识越来越丰富，原来只看到涌现结果的"一刹那"，现在能够知道"一刹那"结果之所以出现的来龙去脉及其机理，这就把涌现的复杂谜团破解了。

再举一个例子，传统的AI利用特定的算法和规则完成特定的任务，而生成式AI则是基于一种称为基础模型的通用模型，通过广泛文本数据的训练，形成强大的生成能力、迁移（推广）能力与交互能力这三大能力。科学界对此感到震撼，但目前一时还不能对其机理有清晰的解释，只能称这是生成式AI的一种功能"涌现"。

由此可见，涌现性的确是复杂的系统整体层面上具有标志性的现象之一，但是，涌现在很大程度上还是人们自身认知能力不足时的直观感知，因此，以涌现性作为复杂的系统的属性尚需进一步深化。

另外，一些不具涌现特性的系统，由于在其他形态上表现出某种奇特行为而被人认为是复杂的系统，因此，涌现性还不宜当作"复杂的系统"的本质属性。

3.2.2 对复杂的系统属性的其他思考

人们也想到过用其他方法来凝练复杂的系统的属性。例如,直接从系统的基本构件出发揭示系统的属性,下面列举几个例子:

1. 从关联形态出发

系统的整体是由各部分按照一定的规则相互联结而成,这说明系统要素之间的关联方式对系统整体行为具有基础性作用,因此,能否从关联方式这一构件来凝练复杂的系统的属性呢?

例如,非线性系统。非线性系统是指系统内部存在非线性关联关系,一般的,这类系统用非线性数学模型来描述,这一方法论决定了对这类系统的研究要基于其不满足叠加原理的特点,即系统的输出响应特征、状态响应特征、状态转移特征至少有一个不满足叠加原理。按照这一逻辑,形成了如系统稳定性、吸引子、自激振荡等判别标准,但是,即使根据这些标准发现了一些复杂现象,也难以在一般意义上把这些标准当作"复杂的系统"属性的普适性判据。

又如,随机系统。科学问题研究之本义是揭示某些条件(因)的出现与事件的发生(果)之间的关联。有因必有果,此为必然性,有因可能有果,此为或然性,事件出现如果具有稳定的或然性,则称为随机性。如果一个系统的输入输出及影响要素中有这类随机性要素,或系统本身结构中就具有某种或然性,称这类系统为随机系统。卢曼(Luhmann)说过这样的话,一个系统的可能性多于可实现性,这个系统就是复杂的。显然,随机系统这类或然性与随机性的确会导致该系统的可能性多于可实现性,会让人直观感知到这类系统是"复杂的"。但是,在现实世界中,任何真实的系统由于各种原因,可能性几乎都会多于可实现性,这样,现实中的所有系统几乎都是随机系统了,于是,用随机性作为"复杂的系统"属性,在很大程度上缺乏抽象与凝练的深度,另外,人们还发现了现实中某些确定性系统在一定的条件下也表现出某种随机性,但这些确定性系统并不符合随机系统的定义。

2. 从系统结构出发

既然系统结构对系统整体功能有着极大的影响,那么能否直接从系统结构的特征来凝练"复杂的系统"的属性呢?

例如,多层次系统。一个系统如果在结构上呈现出多个层次,的确会增加层次间的复杂现象,特别是,"涌现"这一复杂现象就发生在具有微观与宏观多层次的系统中。但是,现实中,仅有一个层次的系统也会出现复杂现象,另外,多层次是人们在系统之外对系统外观的观测,仍然属于一种直觉感知,缺乏对系统内在机理性的反映。

又如，多尺度系统。如果一个系统的某一要素性质存在依据某一维度上的变化性，无论这种变化是用定量还是定性方式来衡量的，这一要素性质在该维度上将呈现出多尺度动态变化。这时，即使该系统没有发生结构性变化，也会表现出在不同尺度上系统整体形态的差异性。例如，从一个尺度过渡到另一个尺度时，系统整体形态出现突变、分叉等复杂现象，但是否有多尺度现象、尺度如何划分、尺度如何影响要素特征或者形态的次序性等，这些都与人的主观认知和判断有着密切关系。因此，多尺度并不完全是系统自身的客观属性。

再如，自组织系统。除了完全的自然系统，大量的人造系统都是由人设计、创造、由人组织而成的。一个系统，特别是社会经济系统，如同一个有生命的有机体，自身往往会依据某一目的和相关法则，在没有外界直接作用的情况下，自发地建立起某种新的结构、形成某种秩序或者表现出某种新的功能，以使自身更适应存在与生长的环境，这就是所谓系统的自组织现象。显然，如果一个系统具有自组织现象，从外界来看，会感到系统不知道在何时、因何缘由会出现何种新的整体特征，即对人来说，虽然自组织是系统出现复杂现象的一类重要原因，但它也尚不是系统复杂的现象背后独特的本质机理。

总结以上内容，可以看出：

(1) 为了在理性思维层次研究复杂的系统，多年来，人们试图通过系统的构件特征来提取该类系统的属性，并用一个明确的科学术语来定义它。

(2) 以上介绍的几种思路都有一定的合理性，因为复杂的系统的这些特征的确会诱发产生某一复杂现象或者为一种复杂现象的产生提供条件，但同时，这些思路又反映出各自存在的局限性，主要是尚未达到对"复杂的"系统本质属性的刻画与凝练。

属性既然是一个事物在哲学意义上的最基本的品质，这一品质决定了该事物所以是该事物而不是别的事物，那我们就要在哲学意义上探求"复杂的系统"这一品质，而不是在系统具体的物质形态或者物理关联上进行归纳。因此，需要我们以更深刻的思维，突破在系统构件的直观特征层面上的归纳与提取，上升为对系统理性认知思维层面上的抽象与凝练。

3.3 关于对复杂的系统属性的两种思考路径

在第一章中，我们介绍了系统的定义，以整体性作为系统的基本属性并称之为系统性。事情如此简单和直接，是因为整体性本身就是系统概念的核心内涵，所以，整体性也可直接认为是系统的本质属性。那么，我们是不是也可以按此逻辑，以某个特征作为复杂的系统的属性且称之为复杂性呢？不能，至少现在尚不能。因为我们未能像系统概念那样，给出具有明确核心内涵的复杂的系统的概念，也就无法直接将某一核心内涵作为复杂的系统的本质属性，即使我们类似地在形式上称复杂的系统的本质属性为"复杂性"，我们实际上也并不知道"复杂性"是什么意思。

后面我们会知道，多个领域的科学家们甚至用了几十年时间才逐渐梳理出一条关于复杂的系统属性的核心内涵并且用于管理学领域，其主要原因就是"复杂的系统"的"复杂性"太复杂，绝不是创造一个新名词作为概念，再给这个名词一个定义就行了，任何一个真正有价值的概念必须是某个领域现实内涵的高度抽象与凝练，而且与其他概念之间要有融通性与自洽性。

3.3.1 基于复杂性词汇的复杂性与复杂系统

3.3.1.1 复杂性丛林

从20世纪初起，科学家们在物理、化学等领域的研究中，陆续发现了一些有悖于传统自然科学常识的新现象，这些现象给人的第一感知就是新奇而复杂。例如，法国的贝纳德在做博士论文实验时，在一个透明的碟子里加入一些液体，并放在火上加热，液体自下而上在竖直方向上产生了一个温度差，当这一温度差超过一定阈值时，液体开始对流，下层较热的液体流入上面较冷的部分，如果液体表面为自由表面，在浮力、热传播、黏滞力的共同作用下，液体在整体上形成了大范围的六角蜂窝形格子状。这种蜂窝结构的尺度约为分子间距离的一亿倍，为了使这种宏观结构稳定，无数分子相互呼应，协调行动；当液体上面盖上平板时，六角格子状会变成旋转的卷筒状，甚至变成同心圆。所有这些现象，让人感到，原本没有生命的分子似乎都变得在听一个指挥者的指挥，这是何等的复杂和不可思议。

20世纪60年代，美国气象学家洛伦兹在用计算机预报天气时，发现了确定性系统出现了随机现象和现象背后复杂的规律性。他把这一发现写成一篇论文，论文的题目为"一只蝴蝶拍打一下翅膀会不会在得克萨斯州引起龙卷风"，意思为一个系统的初始条件仅仅相差一点点，可能导致这个系统的长期演化的结果相距甚远，就像中国一句谚语所说的：差之毫厘，失之千里。他把这种现象形象地称为"蝴蝶效应"，如今，这个词几乎人人皆知。

20世纪70年代，物理学家普利高津在研究远离平衡态的物理现象时，发现了耗散结构。哈肯在研究激光理论时，发现了物质系统结构形成与演变的复杂规律，提出要用协同学来探讨自然界出现的千姿百态的结构产生的基本法则。此外，在化学反应实验、数学迭代算法中都发现了不同样式的，总体上表现为"自组织""从无序自行产生有序"等的复杂现象。这些在无生命的物理世界里出现的现象，连同其他自然科学学科中发现的类似现象，在当时无疑都是十分新奇的，科学家们笼统地把这些复杂现象统称为"复杂性"。当然，比较生物、社会等有生命的系统表现出的更新奇的复杂现象，科学家认为这应当算是自然界进化出来的"最小复杂性"。

对这类复杂现象，科学界主要是在各自的专业学科知识范围内创造某个新的概念（定义）来描述复杂性，其基本路径是通过对新奇的复杂现象中的关键信息进行定量化、形式化度量，并在此基础上，竭尽全力地探讨如何能够给予这些令人眼花缭乱的复杂现象一个"统一的"说法。

一段时间后，科学家们认识到，各个科学领域内发现的复杂现象都深深扎根于那个领域的专门理论体系之中，而各个学科的理论体系差异性都很大，因此，无法凝练出一个对各个学科都通用，可覆盖多个领域复杂现象的"统一的"概念来，于是只能笼统地以"复杂性"作为一般复杂现象的代名词。

由于统一复杂现象的路径遇到了困难和障碍，科学家们不得不退而求其次，在各自的科学领域内，借助本学科知识，努力刻画复杂现象背后隐含的特征。

科学家们大体沿着以下两条路径向前走：

（1）直接从系统组成构件与特征出发，如采用嵌套、非线性、多层次、要素异质性、关联形态出现纠缠等来描述复杂现象。

（2）运用各种充满想象力的隐喻，如混沌、自组织、对称性破缺、不可预测性，或者干脆把"复杂性"说成"奇异性"。

在这一探索过程中，形成了许多新的概念（词汇）来描述或者刻画某一类复杂的现象，据不完全统计，这类"复杂性词汇"如信息熵、分数维、自相似、适应性、混沌等等，林林总总，总数不下40种，科学界把这一科学研究现象形象地称为形成了"复杂性丛林"。之所以会如此，是因为科学家们发现，各个领域被称为复杂性的复杂现象实在"太复杂"，不要说难以提取所有复杂现象的共同属性，就连基本上覆盖住复杂现象都很难做到。

与此同时，科学界也看到，复杂性词汇充分运用了各个学科领域知识作为帮手，创造了许多新的定义来描述不同的"复杂性"，基本点主要是想通过对特定的物质型系统进行信息特征的定量刻画来表征复杂性的独特性，这一路径强烈体现了物理对象各自固有的特性与主体认知的差异性，但距离复杂的系统共同的本质特征还很远,因此,缺乏作为本质属性表征应有的学术品质。

3.3.1.2 源于复杂性词汇的复杂系统

上述科学发展事实告诉我们,既然世上万物自身固有的、内在的特性是一种普遍的且形态各异的现实,那必然难以从丰富多彩的复杂性词汇中凝练出一个能够覆盖所有特性的内核来。

1979年,耗散结构理论创始人普利高津在著作《新的联盟》中针对当时的复杂性研究热潮,把与"复杂性词汇"相关的科学研究集成在一起统称为"复杂性科学",期望通过这一种"打包"的方式把自然、社会等领域的各类复杂现象"尽收囊中"并捕捉到复杂性的内核。但是,事实表明,既然复杂性词汇强烈地依赖于具体领域专门性的科学知识,"复杂性科学"这一概念也难以具有深刻的学术包容性。

科学家们在复杂性科学的道路上继续往前走,但是改变了思路。他们不再沿着复杂性词汇的横向拓展前进,而是纵向思考复杂性究竟来自何处,并通过思辨模式预设存在一种产生复杂现象的系统,可以把它看作复杂性的来源与母体,他们称这类系统为复杂系统。需要强调的是,这里的复杂系统是一个基于复杂性词汇,建立在复杂现象基础上的思辨性概念,并非指某一类实体型现实。

将复杂性与系统概念联系起来,历史上有两个影响很大的科学家群体。一个是以耗散结构理论创始人普利高津、协同学创始人哈肯等为首的欧洲科学家们,其中,普利高津的复杂性是自组织产物,简单性经过自组织产生复杂性的观点已经和系统概念内涵比较接近;哈肯则向系统理论跨出了一大步,他直白地说到,协同学强调的是大量子系统合作行动以产生宏观尺度上的结构与功能,并把他的协同学算作系统科学。

另一个影响很大的科学家群体是1984年成立的美国圣塔菲研究所,圣塔菲的初心就是以研究复杂性科学为主旨,研究所聚集了一批不同领域的著名科学家,并逐渐形成圣塔菲学派。该学派的标志性学术思想包括通过涌现研究复杂性,如适应造就复杂性,复杂性生成的内因是系统或事物为了维持生存和求得发展而适应环境,在适应中涌现出复杂性;最著名的是该学派提出的复杂适应系统,即由大量不同组分聚集,组分之间存在紧密关联,能够在环境中学习,并通过改变自身行为来适应环境变化,使自身更具生命力与持续性的系统。这里,圣塔菲学派把复杂适应系统与复杂性联系起来,提出了以具有某一类特征的系统作为产生复杂性的源泉的观点,这就在复杂性与系统科学两者之间建立了联系。

美国《科学》杂志1999年4月出版了一个关于复杂性科学的专辑,题目就是复杂系统。编者邀请了物理、化学、生物、经济、生态环境等领域的科学家介绍各自领域复杂性研究的状况，并开门见山地指出，既然研究复杂性或复杂性科学，又为什么要采用复杂系统这一名称呢？主要不想仅使用复杂性这个让人产生歧义或纠缠不清的词，希望在复杂性一词之外，增加一个复杂系统，对研究具体领域复杂现象的用某种隐含着"复杂性"，但又不统一的"复杂性"的词，而对研究具体领域复杂现象之上的更具抽象性的则用"复杂系统"称之。不能不说，在探索复杂性上，科学家们真的是用心良苦。他们已经深刻感受到，"复杂性词汇"的内涵并不统一，更难以把不同领域的"复杂性"从具象提升至抽象，而如果使用一个新的复杂系统的概念，至少可以在一定程度上，超越具体领域而向"统一的"复杂性迈进一步。

这一"迂回式"的思想充分反映在南非科学哲学家保罗·西利亚斯（Pull Cilliers）的一本名为《复杂性与后现代主义：理解复杂系统》(*Complexity and Postmodernism:Understanding Complex Systems*)，著作中作者直白地说明要从复杂性来理解复杂系统。他在第一章"趋进复杂性"中说到，期待对"复杂性"意味着什么至少能提出某种工作性定义。不幸的是，无论是定性还是定量上，该概念都还是难以把握的。卢曼（Luhman，1985）提出了一个有用的描述，他认为，一个系统中，复杂性意味着可能性要多于可实现性。……我们可以尝试对复杂系统的特征进行分析，以建立某种一般性描述，而不试图限制于某个特定的先验（a priori）。

他还进一步解释：这是因为我们在不得不处理那些我们尚未理解的东西时，需要有新的思维方式。正是在这种意义上，哲学发挥了重要的作用，即不是对科学与技术中所发生的事物提供元描述（meta-description），而是作为科学与技术实践中的一个整体的组成部分，这种后现代主义的视角对研究复杂性具有特殊的价值，这就是趋进复杂系统的方式。

这里，保罗·西利亚斯直白地提出了属于后现代主义理论的复杂系统的表述，其目的就是运用复杂系统这一概念来研究复杂性，而复杂性又是各个领域的复杂现象感知的统称。

既然如此，由于复杂性是五花八门的，那复杂系统也必然是丰富多彩的，保罗·西利亚斯的确很认真地开出了一张描述复杂系统不同特征的清单，林林总总共有10条之多，并在开出清单之后松了一口气说："这里提出的10条特征，有助于我们以定性的方式谈论复杂性。"

显而易见，既然上述引入复杂系统的根本目的是借助系统相对实在的物理性来描述和刻画复杂现象（复杂性），从逻辑上讲，也就并不存在专门的所谓复杂系统理论（Jan Rotmans & Derk Loorbach）；如果非要说有，也只是对各种复杂现象的理解,例如,关于复杂现象的隐喻以及对复杂系统本体与认知的哲学思考,甚至有人干脆认为"复杂性理论,也称为复杂系统理论"(Complexity theory, otherwise as Complex systems theory)。特别是,如果复杂系统的各自行为就是复杂性,那复杂系统也就和复杂性一样,不是"铁板一块"也不能被"统一化",而只能根据复杂性的某一具体特征对系统进行分类,所以复杂系统附加称谓也只能"各自为政"了。

在自然科学为主的领域,这样的还原论的思维原则有利于在学科交叉的边缘发现和解决新问题,对推动现代科学的发展发挥了极大的作用。例如,在这一时期取得重大学术发展的非线性系统理论、耗散结构理论、协同学、突变理论、分形理论、混沌理论、适应性系统理论、复杂网络等构成了 20 世纪下半叶人类科学发展的重要标志与宝贵财富;这一时期提出的遗传算法、演化算法、开发的 Swarm 软件平台、基于 Agent 的系统建模、用 Agent 描述的人工生命、人工社会等等也极大地提高、深化了人类对自然系统复杂现象的认识与分析能力。

几十年来,人类这一深刻的科学认知路径持续发挥着巨大的作用。例如,一个典型是:2021 年的诺贝尔物理学奖颁给了美国、德国与意大利三位科学家,他们关于"为地球的气候进行物理建模,量化其可变性并可靠地预测全球变暖"以及"发现从原子到行星尺度的物理系统内的无序和波动的相互作用"有助于我们更深入地了解复杂物理系统的性质与演化。

3.3.2 基于方法论的复杂性与复杂系统

科学探索的道路从来都不是唯一的,在欧美科学家们对复杂性与复杂系统深入探索并取得重要成果的同时,中国系统科学家钱学森以其丰富的系统工程实践逻辑、中华哲学思想逻辑与自主性的系统科学理论逻辑开辟了另外一条认识复杂性与复杂系统属性的新路径。

3.3.2.1 钱学森对复杂系统属性的哲学思维

钱学森是当代世界著名科学家,他不仅在控制科学、航天科学、系统科学、管理科学等多个领域都做出了开创性、突破性贡献,而且在科学哲学、科学思想等领域也取得战略性、时代性成就。

众所周知,航天工程技术是一个庞大复杂的技术体系,航天器制造工程是一个复杂的人造物制造体系,相应的组织管理又是非常典型的复杂的管理体系,三者融合必然成为一个复杂的复合系统体系。几十年来,钱学森作为中国航天事业主要技术负责人一直将系统科学思维与系统工程技术成功应用到中国"两弹一星"航天工程实践中。这些重要的实践与经验为钱学森关于复杂性与复杂系统的思想形成奠定了坚实的实践基础。

20世纪80年代末,钱学森在原来提出的复杂巨系统的开放性、多子系统与子系统多种类等特征基础上,又增加了多层次特征,反映了他对复杂的系统内涵认识的进一步深化,例如,运用当代最新的自然科学研究成果从系统层次性来诠释复杂的系统现象。

以下是钱学森在1989年10月发表在中国《哲学研究》上的一篇文章的梗概,现摘录如下:

19世纪初,科学家Laplace认为世界上一切都由数学理论、数学方程决定了,但是到了19世纪末,Boltzmann引入非决定性统计力学用分子运动论来解释热力学规律,这就出现了决定性的牛顿力学引出非决定性分子运动的矛盾。这一矛盾一直到20世纪60年代兴起的混沌理论才得到解决。"混沌"看似非决定性的混乱无序,但它实际上是决定性的,混乱无序正是决定性规律引起的,但可以作为非决定性统计力学问题来处理。这一段科学史说明,决定性牛顿力学演化为非决定性的统计力学,再用决定性的混沌概念来解释统计力学的非决定性,由此看来,客观世界是决定性的,但是人认识世界有局限性,所以,需要引入非决定性,但这一过程不能停止,认知也就不断进步。

同样,如何解决今天的量子力学中也有非决定性呢?D. Bohm认为,世界是决定性的,但在量子力学理论中还有没有看到的东西,我们要抓"隐秩序"。钱学森说,Bohm的思想是对的,但他和他的同道都没有成功。我想这个"隐秩序"不能只在微观世界中去找,它藏在比物质世界微观层次更深的一个层次,即渺观层次。"渺观"有多小呢?物理学中有个普朗克长度,它是物理学意义上最小的距离单位,在这一距离单位下,重力和时空不复存在。普朗克长度大致等于$1.6 \cdot 10^{-35}$米,即$1.6 \cdot 10^{-33}$厘米,是一个质子直径的10^{22}分之一,这个长度大约10^{-34}厘米,这正好是物理学中"超弦理论"(superstring theory)中"超弦"的长度,比微观世界中中子、质子等"基本粒子"的10^{-15}厘米还要小19个数量级。

此外,超弦世界不是4维时空,而是10维时空,多出来的6维时空在高一层次的微观世界中是看不见的。钱学森说道:这就使我猜想,微观层次的量子力学是表现出的非决定性,实际上是决定性的渺观层次中10维时空运动的混沌所形成的。也就是说,这是因为超弦的渺观世界是19维时空,有6维在微观世界看不见,不掌握,因而有6个因数没有考虑到。正是人们这一认知上的"缺失",本来是决定性的客观世界,变得好像是非决定性的了。事物的"隐秩序"原来是藏在渺观层次中的秩序。

按照从渺观到微观差 10^{-19} 数量级,不妨让微观世界到我们所熟悉的宏观世界也相差 19 个数量级,那宏观世界典型长度为 10^{-15} 厘米·$10^{19}=10^2$ 米。

从宏观世界往上是宇观世界,那将是 $10^2 \cdot 10^{19}$ 米 $= 10^{21}$ 米 $\approx 10^5$ 光年,这是银河系的大小。钱学森还提出,宇观再往上,典型尺度为 10^{16} 亿光年,称其为"胀观"等等。

以上内容体现了钱学森从当代人类最新的自然科学研究中搜集实验结果和理论结论,并以这些成果为依据来探索复杂的系统属性的原理。这和许多自然科学家在这个问题上注重科学实验与实证方法是一致的。

同时值得指出的是,在二十世纪七八十年代,钱学森关于系统科学体系及系统复杂性和复杂系统等问题形成了一系列重要的自主学术思想与理论观点,对复杂性及复杂的系统属性研究有着重要的变革性意义,其中比较重要的内容有:

(1) 钱学森提出了新的系统分类体系,将系统分为简单系统、简单巨系统、复杂系统、复杂巨系统和特殊复杂巨系统等。如生物体系统、人体系统、人脑系统、社会系统、地理系统、星系系统等都是复杂巨系统,其中社会系统是最复杂的系统,又称作特殊复杂巨系统。这些系统都是开放的,与外部环境有着物质、能量和信息的交换,所以又被称作开放的复杂巨系统。复杂系统、复杂巨系统和社会系统等都不是已有方法论和方法所能处理的,需要运用新的方法论和方法。

(2) 二十世纪八九十年代,钱学森提出:"复杂性问题,现在要特别重视,国家的建设、社会的建设,都是复杂性问题,解决这一问题,科学技术就会有一个很大的发展。我们要跳出从几个世纪以前开始的一些科学研究方法的局限性。"钱学森这里所指的复杂性,已经不仅仅是物理世界的"最小复杂性",而包括了人类社会经济巨系统涌现出来的"高级"复杂性;并且反映了钱学森已经在思考通过复杂性与复杂系统研究,"科学技术会有一个很大的发展",即能够催化一个新的科学体系的出现。

(3) 在认识社会经济系统复杂性与复杂系统属性问题上,钱学森主张不要把复杂性仅仅作为一种人为的形式化的定义,复杂系统的定义也不仅仅是为了缓解复杂性词汇多而杂而提出的一种思辨性的"权宜之计"。他的思维基本点为:第一,把关于复杂性的研究从各自学科提升到更为一般和广义的系统范畴;第二,按照他自主建立起来的系统科学体系,这样的系统是一类处于更高层次,称为复杂系统的系统类型;第三,宜把复杂性作为一类社会经济系统实体的本质属性来看待,而具有这类本质属性的系统就是社会经济领域中所谓的复杂系统,即复杂系统的"灵魂"是复杂性,复杂性应该有其可认识与识别的本质属性。第四,这类属性的背后应该有形成复杂性的动力学机理,研究复杂性,要通过研究这些机理才能够搞清楚,才有实践价值。

3.3.2.2 还原论不可逆是一个新的窗口

不难理解,作为中国科学家的钱学森,更会自然地遵循中国哲学思维思考复杂的系统实体的属性特征,因此,中国哲学对存在与存在本原的认识,即对本体论的认识必然对钱学森的复杂观有着重要的影响,以下对此做几点诠释。

(1) 现实中,复杂的系统是现象形形色色、丰富多彩的存在,任何一个复杂的系统都表现为现实世界中一个具体的、可与其他实体相区别的现象实体。

(2) 在一般意义上,复杂的系统实体所以存在、所以能够与其他实体相互区别,是因为该实体具有某种特定的,并成为它自身存在的特有属性,当我们思考不是某个,也不是某些,而是全体复杂的系统作为实体之所以存在并能够区别于其他实体的自因与根本时,那就不仅仅要考虑一些复杂的系统存在的特有属性,而要考虑所有复杂的系统的本质属性。本质属性是对复杂的系统实体存在具有决定性意义的特有属性,表征了复杂的系统存在的根本品质和固有的规定性。

(3) 哲学上,研究实体存在的根本与本质为本体论,本体就是实体存在的根本与本质,因此,研究复杂的系统存在的根本与本质属于复杂的系统本体论哲学范畴。如果复杂性是复杂的系统存在的根本与本质,即使我们还没有依据本体的认识论确定复杂性的具体内涵,但从逻辑上讲,具有复杂性本质属性的系统即为复杂的系统存在的本体。

(4) 可见,研究复杂的系统的本体不仅要从复杂的系统实体现象出发,经过对现象的抽象,形成复杂性与复杂系统存在自身的结构与机理,才能够搞清楚复杂的系统的真实世界,更有实践价值。认识本体的思维与过程称为认识论,认识论对能否成功探索复杂的系统的本原或者探索本原的质量高低极其重要。

(5) 中国哲学认为对现实存在与存在本原的认识,不宜把本体思维过程与现象世界割裂开来,对本体的认知不能离开现实世界中人对本体的认知方式,因此,中国哲学的本体论是天人合一、知行合一。特别是,人是社会经济领域的主体,人最具复杂思维与行为,因此,对社会经济领域复杂的系统本质属性的认识与探索,更不宜把人作为系统之外的"旁观者"或者"局外人",单纯思考社会经济系统复杂现象中的"物性"(物质的自然规律),而要充分认识到,现实中的复杂社会经济系统既包括复杂的"物性",又包括复杂的"人性"(人的存在的本性),是社会经济系统中复杂的"物性"与"人性"的一体化,因此,对社会经济领域复杂的系统本质属性思考,宜将人存在于天地之间的本性即人性,人认识世界思考问题的本性即心性,与系统遵循的客观自然法则本性即物性融为一体,即以"天人合一"

的人的本质化与物的本质化的统一,实现对复杂的社会经济现实世界本质的认识,揭示复杂实体中人与人、人与物和物与物的深层次关联以及建立在这些关联上的自身存在的本原与根本。

众所周知,中国传统哲学中对本体的认识强调理学精神,如儒家的"仁"、道家的"道"、佛家的"性"等都表达了人的思维精神与观念本体。在这里,本体已经不只是物理、物质性,更有物理、物质性之外和之上的人的理性。正是从中华传统文化的这一内核出发,钱学森既看到物理、物质性本体,又看到人的"内为心性"的观念本体,在物理、物质、社会的一类"复杂的系统"本体的认知基础上,突破了整体论与还原论对复杂性思维的制约,既融合了人们对复杂性和复杂系统本体论的多重内涵,又不完全为自然法则所支配,形成了既遵循自然法则,又尊重人的"人性""心性"的关于社会经济系统本质属性的认识论和方法论。因此,中国传统哲学关于本体论的这一思维概观,成了钱学森揭示社会经济领域复杂的系统本体认识论与方法论思维原则,也是本书构建的复杂系统管理学术体系的哲学思维逻辑起点。

正是从这一思维原则出发,钱学森提出:凡是不能用还原论方法处理的或者不宜用还原论处理的问题,而要用或宜用新的科学方法处理的问题,都是一类复杂性问题,复杂巨系统中就有这类问题。这里,钱学森认为与其泛谈复杂性,不如从研究各类具体的有复杂性问题的复杂系统入手,并探求具体复杂系统形态及复杂性机理,在不断积累的基础上,建立新的理论体系。

钱学森为什么以能否运用还原论为原则来判别系统是不是复杂的?这体现了他的对系统基本属性思考的方法论原则。前面我们曾经指出:人们从现实系统整体形态中发现了系统整体性可以分为以下两种情形:一类整体性为简单(可加)整体性;另一类整体性为复杂(非可加)整体性。钱学森正是以系统整体性这一本质性区别作为认识和提炼本体属性的逻辑起点,来判别系统复杂性与复杂系统本质属性的。

详细地说,根据一般逻辑,"复杂"的对立面为"简单","整体"的对立面是"局部"。如果一个系统在整体感知上是复杂的,我们可以把这个系统分解成若干局部,各个局部相对来说自然会简单些,研究起来也就方便许多;如果对局部的研究还不清楚,可以再继续往下分解进行研究,每个局部会更加简单,这是系统的"整体—局部—再局部复杂程度自上而下逐渐递减"的基本规律。这一规律告诉我们:如果从已经搞清楚的最底层局部开始,把对各局部的认知与解决方案逐一汇总和逐层向上"拼装",能够成为对系统整体的认知与解决方案,那自然可以认为,原来所谓的"复杂的系统"并不是"本质的"复杂,上述简单(可加)整体性系统就是这类系统,因为系统的简单(可加)整体性可以运用还原论方法论破解系统的"复杂"。但是,对于上述复杂(非可加)整体性系统,因为系统的复杂(非可加)整体性,运用还原论方法论一般不能破解系统的"复杂",这表明。这类系统的复杂是本质的。

在科学研究范式中,还原论属于方法论范畴。钱学森的上述思想为我们提供了一个基于方法论的判别复杂的系统是否"本质上"是复杂的原则。

实际上,钱学森以还原论是否可逆为原则为我们检验和识别复杂的系统是否具有本质复杂性属性打开了一个新的窗口。概括地说,凡系统遵循还原论可逆原则,则该系统不具本质意义上的复杂,反之,则该系统具有本质上的复杂性。

在现实中,以下几种情况往往不能用还原论方法处理或者不宜用还原论处理,即相应的复杂的系统具有本质复杂性:

(1) 环境变化复杂,并且与系统有着紧密的关联关系,对系统影响深刻,这类环境与系统形成的新的复合系统会涌现出难以预测、不可简化的复杂性。

(2) 系统的形态与动态变化一般都表现为相对独立又有连贯性与整体性的情景及情景流,由于主体相应知识缺失、信息不对称、不完全等,运用还原论极有可能造成情景与情景流破碎、断裂,从而会损害系统的复杂整体性。

(3) 系统如果出现如突变、涌现、隐没、演化等复杂整体性行为,表明系统具有复杂的关联关系与结构、信息传导机制与系统运行机理不清或者受到"严重的"不确定性影响,无论哪一类情况,对这类系统都不适宜运用还原论。

(4) 系统的描述、分析或者模型化需要跨领域、跨学科技术、手段和方法,还原论一般不适宜解决这类问题。

以上分析告诉我们,现实中的确存在一类虽然形态多样,但都在还原论意义下"不可分"或者"不宜分"的系统,即这类系统具有一种不可或者不宜被还原论逐层次破解并最终变得"简单"的本质复杂性。

3.3.2.3 基于还原论不可逆的复杂系统属性

综上所述,对一类现实中的还原论意义下"不可分"或者"不宜分"的系统,人们不可能完全通过还原论使系统的复杂整体变成简单整体,这一体验因为涉及方法论,因此,已经不只是人们对"复杂的系统"的感性认知,而上升至理性思维,成为对这类系统存在本质认知的凝练与抽象,这是我们认识"复杂的系统"的第二阶段的关键一步(第一阶段见本书2.3)。

长期以来,人们基本上都是遵循还原论路径来思考和解决系统整体问题的,但是,一旦遇到了系统整体"不可分"或者"不宜分"的情况,这条路就走不通了。

我们得换个角度来解决这一问题,还原论不可逆以其新的难题催生我们打开了一扇抽象和凝练"复杂的系统"本质属性的窗户。

早在 20 世纪初,人们在初创系统概念时,虽然已经感悟到系统整体性中蕴含着这样的属性,但一直没有能够找到破解这一难题的"切入点"。现在,我们可以用"还原论不可逆"为标尺,作为判断"复杂的系统"是否具有内在基本属性的准则。

循此逻辑,只要系统具有"还原论不可逆"属性,这类系统就与那些貌似复杂,但最终可用还原论将"复杂"转化为"简单"的系统有着本质的区别,这标志着这类系统具有自身存在的本原及无法转化为"简单"的本质属性。基于此,我们称凡具有"还原论不可逆"属性的系统为复杂系统,并且特别强调:

(1)"复杂系统"是一类基于"还原论不可逆"原则对"复杂的系统"存在本原性凝练与抽象后的符号表征。不妨认为,"复杂的系统"是对现象实体的表征,而"复杂系统"则是这类系统本体的表征。"复杂的系统"是主体感性认知的表述,是自然语言"大白话",而"复杂系统"是理性认知的表述,是科学术语,是理论概念。

(2)既然如此,"还原论不可逆"就是复杂系统的本原性与本质性,即复杂系统存在的自根性,如果将其规定为复杂性的内核,那复杂系统与复杂性具有学理的同一性,都表征了社会经济领域"复杂的系统"存在的"自因",既蕴含着现象实体性,又蕴含着思维本体性。

(3)前面 2.2.2 节指出,非可加整体性(复杂整体性)与"还原论不可逆性"的内涵是同一的,因此,还原论不可逆性、非可加整体性以及复杂整体性都可以认为是复杂系统的不同表述方式,换言之,这些概念与复杂性是同义语。

本书第二章提出了"复杂的系统"的概念,本章又提出了"复杂系统"的概念,这里,我们把这两个概念放在一起进行如下综合论述:

当我们开始认识到一个"系统是复杂的"时,首先是对这个系统的外在与表面的感性认知,由此得到了"复杂的系统"的感知,这是自然语言"大白话",是认识的第一阶段,还不是一个科学概念;接着,我们进入了认识的第二阶段,这一阶段是对"复杂的系统"的内在与本质的理性认知,是对这一系统属性的抽象与凝练,这时,要用科学术语与深层次概念对该系统属性给予定义。经梳理,本章提炼出的还原论不可逆(复杂整体性)是复杂的系统存在的本质属性,并将其定义为复杂性,那"复杂系统"也就是复杂性的另一种符号。因此,还原论不可逆性、非可加整体性、复杂整体性与复杂性等都是同义语。

概念能够推动人们从具象思维升华到抽象思维,成为科学共同体成员之间相互传送与交流的语言工具,并在此基础上,构成理论话语体系的"基元",所以,复杂系统、复杂性等概念的提出是构建"复杂系统管理"理论的基础性工作。"好"的概念不仅能够增强新理论的系统性与逻辑性、推动理论的生长,而且还能帮助我们用更敏锐、深刻的眼光观察、认知复杂的系统的本质,理解复杂的系统本质属性在复杂系统管理理论体系中根本性的意义。方法论自然能够帮助我们做到这一点。

虽然,新的概念对我们描述和抽象新的科学问题常常是很有帮助的。但是,我们要特别谨慎,不宜提出缺乏深刻实践背景或没有什么科学内涵的概念,好的概念既要具有一定描述性功能,更要能够帮助我们概括现象的内涵并具有理论逻辑的广延性。

如前所述,如果用非线性、涌现性等概念来刻画复杂系统或者复杂性,那只能得到复杂的系统的现象形态特征,而难以像基于还原论方法论来刻画复杂的系统的本质属性这样更具有思维内涵与理论价值。

3.4 两种复杂系统观的评述

如上所述,一个世纪以来,人类围绕着复杂性与复杂系统概念进行了大量的探索工作,充分反映了人类在科学前进道路上的坚忍不拔与不断创新。历史上关于复杂性与复杂系统认知的不同路径,一方面丰富了我们的知识宝库,另一方面,也在一定语境下给我们带来了混淆和歧义,因此,我们在前面花了较长篇幅介绍了两种最有影响但彼此有着重大差异的认知路径,并在这一节对它们进行比较和评述。

3.4.1 两种复杂系统观路径

一条复杂系统观的路径是:在大量的主要是物质型系统复杂现象基础上,以"复杂性"作为对复杂现象的总体概括,并结合各个学科知识特点,分别创造了许多"复杂性词汇"来描述它们。复杂性词汇多了,凝练其共同的内涵又困难,就以"复杂系统"这一思辨性概念作为产生各类复杂性的共同的"母体",但复杂性词汇的多样性,导致复杂系统的类型也不得不多种多样,简称此路径为复杂系统观路径A。

另一条复杂系统观的路径是:在构建系统科学层级体系的基础上,从系统的层次出发,提炼出一类具有还原论不可逆性属性的系统,这一属性与系统的非可加整体性或复杂整体性在学理上是等价的,简称为复杂性,系统的复杂性充分体现了这类系统的"复杂"是本质的、实质的和根本性的,具有此类属性的系统称为复杂系统,此路径为复杂系统观路径 B。

3.4.2 两类复杂系统观路径评述

3.4.2.1 对路径 A 的评述

几十年来,路径 A 不仅成功应用于自然科学与工程技术等领域,取得了一系列突破性成果,极大地推动了半个多世纪来多个领域的科学发展;同时,学者们也将这一研究范式应用于复杂的社会经济系统问题,从中得到不少新颖的成果。

近年来,随着复杂性科学研究不断深入,科学家们进一步拓展了复杂性内涵,并从不同视角构建了新的思维框架来研究更广义的复杂性与复杂系统问题,尤其希望揭示物理学和生物学以及社会与生命之间的深刻关系,对跨领域、跨学科的科学问题找到共同的规律与法则。最近由英国理论物理学家 Geoffrey West 撰写的《规模:解构万事万物的生长逻辑 重塑理解世界的思维框架》(SCALE:*The Universal Laws of Growth,Innovation,Sustainability,and the Pace of Life in Organisms,Cities,Economies,and Companies*)(简称《规模》)是这一领域新的杰出成果之一。在这本书中,Geoffrey West 就生命体、城市、公司,乃至一切复杂万物是否存在相通的内在生长规律,制约生命与死亡、城市化的扩张及公司寿命的决定因素究竟是什么,开展了数十年潜心研究,找到解构复杂世界的简单规则——规模法则。该法则阐明了从生命体到城市、从经济体到公司的生长与衰败都遵循自身规模的制约,并与其规模呈一定的比例关系,遵守统一的法则(见该书简介)。《规模》所以得出如此新颖的结论,主要是因为 Geoffrey West 是位物理学家,他注重发挥传统复杂性科学中定量化、形式化及运用数据统计分析进行归纳的研究范式,又突破物质型系统"最小复杂性"的制约,注入生命与死亡、能量与物质的新陈代谢等有机体复杂性思维。

当我们惊叹上述研究成果与研究者智慧的同时,总体上也能够发现运用路径 A 研究社会经济系统复杂性问题存在以下三方面的局限:

1. 现实中的社会经济系统及表现出来的复杂现象远比由物理学实验产生的复杂现象与复杂性词汇的内涵复杂得多,例如,现实中的社会经济环境系统的复杂形态与变化远比物质系统中的分子和原子行为复杂得多,而社会经济系统的许多复杂现象也难以在当初的物理学实验中出现,换句话说,很难在复杂性科学基本思维中寻找到现实社会经济系统的复杂情景与真实的动力学机理,更难以通过自然科学研究范式得到深度解释或者有效解决现实社会经济问题的具体方案。

2. 路径 A 需要采用一定的既定范式,如用数学语言作为系统模型化工具和套用所属学科基本概念与原理来解释复杂社会经济现象等,而这类概念、原理与模型基本上是物质系统特有的物理规律的反映,故在社会经济系统中很难有高度契合性与可解释性。特别是,社会经济系统中大量的半结构化及非结构化的,如人的心理、文化、价值观现象及原理更让路径 A 范式"为难",因为不能要求我们在社会经济复杂系统研究中,非得让社会中的人与现象变得与物理、化学学科样式中的质点、原子、分子一样。

3. 路径 A 一般都要通过复杂性词汇来揭示领域复杂现象的内涵,而复杂性词汇基本上由物理学、化学、气象学等领域中的状态信息与关联数据构成,而社会经济系统的机理中往往不存在这样的形态,也就导致缺乏相应的信息与数据,即使硬性仿造出这样的复杂性词汇,也难有社会经济系统的真实情景与之对应。简言之,简单、直接套用路径 A 的复杂性词汇,许多时候很难表征和揭示社会经济系统的真实情景和问题的机理性,往往只能作为社会经济现象的某种隐喻。

综上所述,运用路径 A 研究社会经济系统复杂问题,可以在复杂性科学视角下,给予社会经济系统现象与问题一定的诠释与隐喻,给我们一定的联想和启发,但现实中的社会经济系统比物理、化学等自然系统要复杂许多,复杂性词汇所包容的"最小复杂性"难以包容现实中的社会经济系统的复杂性的深刻内涵,也很难以社会经济系统的复杂管理问题为导向,精准抓住体现问题本质的信息与核心机理,揭示其背后的深层次规律。

3.4.2.2 对路径 B 的评述

路径 B 是基于还原论不可逆性或者复杂整体性的复杂系统观,它的显著特点是在确定的哲学思维层面上揭示了复杂的系统本质属性,这一点对于一个新的管理理论领域来说尤其重要。

一个新的理论领域之所以要以确定的哲学思维为依据,是因为任何领域理论体系都必须有共同的逻辑起点,需要在认识论与方法论层面,即在哲学思维层面确立对该领域问题本质属性的认知。而要做到这一点,一般不能仅在该领域之内、在该领域局部范围内或者在该领域具体技术和方法层次上思考问题,而要在与该领域有着紧密关联的更高层次、更大尺度上进行思考。这就需要进入哲学思维的层面明确该领域问题的本质属性与学术研究的基本范式。另外,哲学思维要求认识论与方法论的统一,因此,确立了哲学思维才能够明确该领域理论研究的方法论与方法体系。

文明是人类思维活动的积淀。正是在哲学思维的引导下，人类才能在每个时代都创造出管理理论文明。具体地说，基于不同的管理实践、不同的思维方式以及对知识的不同理解和论述，人们对相应的管理理论的内涵进行边界划分与特征界定，从而形成了各种各样的管理理论学说。哲学思维的辩证性、批判性以及强调实践第一的基本原则为我们创造和开展新的管理理论研究提供了一种正确的理性思维范式。

路径 B 充分体现了这一点，因为"还原论不可逆性"或者"复杂整体性"是对人类一类管理实践活动本体及其客观属性的理性思维认知，是在本质意义上对该类实践活动"复杂"认识的凝练与抽象，并以"复杂性"表征了这一类本质属性的同一性、普适性与规律性。实现了这一点，就能够以"复杂性"为逻辑起点来研究这一类管理活动与行为的基本规律，这就夯实了复杂系统管理的学理基础。

在某种意义上，管理活动是人们依据"设计的知识"来实现和实践的，这意味着，管理理论不仅直接为人类的管理实践提供认知引导与方法支持，更为管理主体提供一种思维的力量与行为规则。这两种情况既有在条件成熟的情况下，如何用好现成的知识来解决问题；更有在条件不成熟的情况下，如何创造出新的知识来解决问题，唯有在清晰的哲学思维的指引下方能做到和做好这两点。

比较路径 A，路径 B 不仅避免了复杂性词汇的多样性带来的破碎化倾向和由此造成的理论核心思维分岔的可能性，而且还避免了与此紧密关联的复杂系统概念在学理上的不统一。特别是，"还原论不可逆性"或者"复杂整体性"属于哲学思维层面上的认知，这就使路径 B 为各类复杂的管理形态在基础性理论、具体的理论问题、技术和方法上留有极大的场景变化空间。对比路径 A，这正是我们最需要的，因为我们需要在路径 B 留给我们的场景空间里，填充进许多深刻体现管理实践独特的复杂内容。而相反，路径 A 会因为复杂性词汇的规定性而使生动的现实管理场景失去鲜活感。

从总体上讲，路径 A 与路径 B 各自有着自己的理论与应用领域优势，其中，路径 A 更多地源于和应用于自然科学系统，复杂性词汇更贴近相应自然学科的自然原理，因此，在揭示自然科学领域具体学科的系统复杂性研究中，已经并且将持续表现出强大的科学力量，同时，也正因为如此，路径 A 更鲜明地表现出复杂性词汇的导向性与对专门话题的依赖性，因此，它难以契合内涵极其广泛的社会经济管理理论域的差异性与独特性；而路径 B 由于是在哲学思维层面对系统本体进行了本质属性的凝练，因此，在社会经济管理领域运用路径 B，既能够使我们对一类复杂的管理实践确立复杂性这个"根"，使复杂系统与管理的融合具有深度,同时还给我们留有极大的空间来拓展各种管理场景,填充进大量的管理活动丰富和必不可少的社会及人文性内容。没有这些内容,管理将是"死气沉沉"和"缺少温度"的。正是由于这一要点,路线 B 具备了人们所期望的管理理论思维品质。

正因为路径 A 与路径 B 各自有着自己的思维原则和应用侧重领域,所以,不能简单笼统和不分场合地比对它们;相反,既然两者都有着关于复杂性与复杂系统的认知初衷,我们就应该在分辨清楚大背景、大问题的前提下,对两者之长各尽其用,使两者相互补充。

第四章　复杂系统思维范式转移

本书第一章告诉我们，现实中客观存在着一类复杂的管理活动以及其中的复杂的管理问题。第二章让我们知道了任何管理活动都是一类系统，管理的属性就是系统性，而复杂的管理活动是一类复杂的系统。第三章详细论述了复杂的系统的本质属性是还原论不可逆性，称为复杂性；具有复杂性属性的系统被称为复杂系统，所以，现实中的复杂的管理属性是一类复杂系统。进一步讲，以路径B的复杂系统观为思维原则与逻辑起点，将形成管理学中研究社会经济等领域中复杂整体性管理问题的一个新领域。

既然这是当今管理学的一个新领域，特别是，该领域的管理对象的属性出现了复杂整体性这一新的本质性变化，那么该领域相应的认识论与方法论也都将随之出现整体性变革，才能够应对和解决该领域新的本质性变化的科学问题。反之，如果我们仅仅凭借传统的经验或技巧，缺乏应有的思维原则、认识论与方法论的转型，我们不仅将无法驾驭分析、解决该新领域各类新的问题的挑战，更不可能有能力构建该领域的学术与理论体系。

因此，当我们确立了复杂性、复杂系统与复杂整体性等新的概念和思维原则，必须在哲学思维高度上，整体性地开展和实现对这一新的管理领域的认知变革，这在科学哲学范畴内称为思维范式转移。思维范式转移是科学范式在思维层面、思维阶段转移的体现。

4.1　范式与范式转移概述

一个有一定历史与积淀的科学范畴或领域，除了具有同一个或同一类关联度较高的论域与重大科学问题，还有成为该领域学者普遍共识的学术思想、学理、方法与话语体系，并有大量成功的研究范例佐证其正确性与有效性，这也成了该范畴或领域连绵不断的学术生命力的保证。这里有两个深刻的含义：第一，该范畴或领域内有一个大家共同认可的规范的思维与行为约定；第二，根据这一思维与行为约定,有足以让人信任的范例。对此情况,我们认为该范畴或领域形成了一种科学研究的范式。

范式(paradigm)作为科学概念,最初是由美国科学哲学家库恩在《科学革命的结构》中提出的一个词汇,范式的基本原则可以在本体论、认识论和方法论三个层次中表现出来,分别回答了事物存在的真实性问题、知者与被知者之间的关系问题以及研究方法体系问题。这些理论和原则对特定的科学家共同体起了引领与规范作用,协调他们对一个领域问题的看法以及他们的行为方式。学术范式主要是看待研究对象的方式和视角,即如何看待对象、把对象看成什么以及如何处理与对象的关系等等。

另外,有一个与范式接近的概念,叫模式(Pattern)。模式是指把解决某一类问题的流程、方法与手段进行总结归纳形成的既定与规范的方法原则。一般地,不同的领域有着各自不同的模式,它框定了解决该领域问题方案的核心方法论,从而不需要我们在解决一个新问题时还要自己重复思考如何做那些相同工作的方法。在这个意义上,范式就是一种共识性模式。

一个科学领域如果出现了一些新的情况,例如,研究对象属性发生了重大变化、对象的看法有了重大转变等等,从而导致原有稳定的范式不再具有解决问题的能力或者能力变弱;与此同时,如果一个新的适应性范式出现了,这就是所谓的范式转移(Paradigm shift)。库恩认为,每一项科学研究的重大突破,几乎都是打破旧思维后才成功的,因此,所谓"范式转移"是指一个领域里由于出现了新的挑战或者新的非偶然的学术成果,打破了原有的共识或者法则,使人们对该学科的基本思维、理论与方法做出重大修正。范式转移的概念揭示了事物发展内在规律所引发的重要转折、准确预测与主动适应,这对我们厘清一个领域发展新的道路以及把握好其未来方向都有着重要指导性意义。

关于范式及范式转移的基本内涵不仅在科学领域,而且在人类其他实践领域都有表现。例如,作为数字相机发明鼻祖的柯达公司,在照相已经数字化、价值链迅速朝软件方面转移时,没有能够主动积极探索新的产品功能范式,到最后迫不得已时,仅仅缓慢推出一些缺乏特色的数字相机产品,但已无济于事,作为数码相机的鼻祖,终因固守着自己的胶片产业于2012年宣布破产。而极具对比意义的是,同年一个十几个人的小公司 instagram,依靠照片共享软件 app,被脸书以五亿美元收购。

以音乐为例,乐器有中国民族乐器与西洋乐器。范式转移相当于用西洋乐器来演奏中国民族乐曲,例如钢琴伴唱中国京剧就是用西洋乐器弹奏中国京剧的曲调,这里面既有中国京剧的原谱,也有钢琴的改编部分,体现了乐器弹奏的范式转移。

4.2 复杂系统思维范式转移

4.2.1 思维范式转移概述

思维主要指人的大脑对事物、现象或者问题的概括和反应过程,思维以感知为基础又超越感知的界限。由于人的世界观和认知原则不同,因此在思维过程中,就会形成不同的、稳定的、反复使用的思维路径与方式,即有相对固定的并且认为是行之有效的规范,这就是所谓的思维范式。例如,研究问题要不要和如何开展分析与综合、比较与分类、抽象与概括以及开展这些思维活动依据什么样的出发点等等,都反映了不同的思维范式。

在人们的各类社会实践中,由于人们对客观世界的认识不断加深或者新的事物和现象不断出现,让人们感受到原来那一套思维范式的有效性降低了甚至基本失效了,这时人们会对越来越多的类似案例进行反思,也会对偶尔成功的案例进行总结,从而形成并不断固化某种新的思维范式。随着新范式的不断完善,成功运用的案例越来越多,人们也就越来越接受并以此替代原来的思维范式,这就出现了所谓的思维范式转移。范式转移最先导、最基础、最具全局引领性的就是思维范式转移。

根据客观事物与主观思维之间的辩证关系,具有新的本质属性的事物与现象的出现是思维范式转移的根本原因,因此,在当今的管理活动中出现了一类具有复杂整体性新属性的管理问题时,人们为了有效、持久和稳定地应对和解决这类问题,相应的思维范式转移就是不可避免的,这意味着必然会在复杂整体性问题管理的本体论、认识论与方法论方面产生思维范式转移。

综上所述,本章所谓思维范式转移本质上是关于复杂整体性管理问题的认知变革,由于这一变革是在复杂系统思维框架下进行的,因此,称为复杂系统思维范式转移,其根本目的是运用复杂系统思维原则、知识框架与话语体系揭示、分析复杂整体性问题管理活动的基本特征、基本规律、基本原理,提供相应的方法体系,提升解决复杂整体性问题的能力。

既然是思维范式"转移",一定有着转移前的思维范式。从人类科学发展历程看,近现代以来,对科学研究思维影响最大的应该是笛卡尔范式。勒内·笛卡尔(René Descartes,1596—1650年),法国哲学家、数学家、物理学家。他对现代数学的发展做出了重要的贡献,因将几何坐标体系公式化而被认为是解析几何之父。他还是西方现代哲学思想的奠基人之一,是近代唯物论的开拓者,提出了"普遍怀疑"的主张。他的哲学思想深深影响了之后的几代欧洲人,并为欧洲的"理性主义"哲学奠定了基础。

笛卡尔科学贡献中与思维范式有着密切关系的代表性工作是1637年发表的著作《正确思维和发现科学真理的方法论》,通常简称为《方法论》。他在《方法论》中指出,研究问题的方法分为四个步骤:

(1) 永远不接受任何自己不清楚的真理,……只能接受根据自己的判断非常清楚和确定,没有任何值得怀疑的地方的真理。

(2) 将要研究的复杂问题,尽量分解为多个比较简单的小问题,一个一个地分开解决。

(3) 把这些小问题从简单到复杂排列,先从容易解决的问题着手。

(4) 待所有小问题解决后,再综合起来检验,看是否完全,是否将问题彻底解决了。

显然,笛卡尔提出的方法论是典型的还原论范式。数百年来,西方也包括东方科学界的科学研究方法基本都是按照笛卡尔的上述范式进行的。首先要肯定的是,笛卡尔的上述还原论研究范式对近现代东西方科学的发展起了相当大的促进作用。但当前,更应该看到,越来越多的复杂整体性问题(包括自然科学与社会科学)不能或者不宜通过还原论完全解决,因此,对付还原论不可逆性问题必须创造新的方法原则,这样,变革笛卡尔还原论思维范式,就成为复杂系统思维范式转移的起点。

为了具体说明以上问题,下面举一个实例。

众所周知,当今全世界都非常关注自然环境保护,特别是对人口稠密、社会经济发达的水流域地区的环境治理与保护。中国东部的太湖是我国第三大淡水湖、重要水源地。当今,太湖流域已成为中国大中城市最密集、经济最发达和最具活力的地区之一。长期以来,太湖水环境对我国长江三角洲地区社会经济发展起了巨大的推动与支撑作用。2019年太湖流域总人口6 164万人,占全国总人口的4.4%;GDP为96 847亿元,占全国GDP的9.8%;人均GDP为15.7万元,是全国人均GDP的2.2倍。然而,随着社会经济高速发展、城市群崛起等,太湖流域水环境质量恶化的问题越来越严重,使太湖成为富营养化的"重灾区",为此,国家大规模地开展了对太湖流域的水环境治理。

在当前复杂而快速变化的大形势下,太湖流域水环境治理面临着一系列新的严峻和深层次问题,因此,需要我们直面和更加有效驾驭这一重大现实问题。首要的就是要在对太湖水环境治理历史与现状总结和反思的基础上,通过确立太湖治理复杂系统思维范式转移,努力推进太湖流域水环境治理体系与治理能力现代化。

太湖水环境治理思维范式主要是指人们关于太湖这一重大水环境本体与治理行为的认识论,即对太湖水环境治理在思维层面上形成了怎样的看法,如太湖水环境的本质属性究竟是什么;如何解决太湖水环境问题才能做到认识与实践的统一,治理才能够有效和可持续。而根据当前太湖环境治理现状和需要面对的新问题,我们在思维原则上做出的新的重要变革就是太湖治理思维范式转移。

从太湖水环境及其水环境问题的相关要素、成因机理、演化过程等出发,以下一些新的具有一定变革性的思维就成为太湖治理思维范式转移的基本点:

(1) 太湖水流域地域范围大、空间覆盖面广,水环境与区域社会经济系统之间的关联紧密而复杂,既相互支撑又相互制约;水环境状况不仅存在动态变化,还可能发生质的演化与突变等复杂现象。太湖水环境出现的大量问题具有不确定、隐性、模糊和难以确知等特征。

(2) 太湖水环境治理主体群包括政府、社会组织、企业、社会公众等,这一状况一方面对于整合环境治理力量是必要和重要的,另一方面,也必然增加了治理主体群共识与目标形成以及治理行为协调的难度,而且还会在涉及彼此利益的问题上产生矛盾和博弈,这些都会增加治理主体行为与治理组织模式的复杂程度。

(3) 治理方案是针对太湖水环境问题提出的解决路径、计划、手段与方法。对于其中一类复杂程度高的环境问题,其方案的形成路径必然包括复杂性分析与降解、适应性选择、迭代式生成等解决复杂的管理问题的基本手段与路径。

(4) 对太湖水环境治理这一复杂整体性问题的认识必然是一个由不知到知之、由知之不多到知之较多、由知之片面到知之全面、由知之肤浅到知之深刻的过程。

综上所述,无论从太湖水环境治理的哪个方面来分析,都说明了人们对太湖水环境及治理活动的本体论、认识论及方法论在思维上都出现了新的质的变革,这些都体现了对太湖治理思维范式的转移。

这一思维范式转移的内核是基于太湖水环境治理的复杂系统认知,特别是水环境复杂系统与人的社会经济复杂系统相互耦合形成的复杂体系(复杂系统的系统)。这就表明:要使太湖水环境治理进一步取得更好的效果,必须以复杂系统思维范式统领治理工作的全局与全过程。

4.2.2 思维范式转移基本目的

思维范式转移不是目的,而是在新的思维原则下做好工作、解决好问题的前提,也就是说,思维范式转移有其明确的目的性。在实践中,复杂系统思维范式转移的基本目的包括:

(1) 破解复杂机理。还原论不可逆性主要表现之一为难以通过下层局部形态、行为的信息来清晰、完整诠释上层整体层面上的复杂现象,即微观与宏观之间的中间层次或者中间尺度上的机理出现了机理性、因果律断裂。这从某个角度说明了宏观整体性机理中存在着不能由中、微观简单叠加且尚未被深刻认知的复杂部分,需要通过思维范式转移协助破解。

(2) 补齐认知缺失。在系统空间层次上由下往上的涌现过程或者时间尺度上由过去(现在)向未来的演化过程中,由于客观存在的深度不确定性、潜在关联性、隐性因果性等各种客观存在的复杂作用,主体对系统涌现与演化过程的形成、传导与转换缺乏认知,需要通过思维范式转为补齐这些认知缺失提供新的路径。

(3) 增加工具供给。还原论不可逆性造成了信息不对称、不齐全等现象,一些传统、成熟的描述、分析工具在这样的情况下出现了功能降低甚至失效的情况,需要在思维范式转移引导下,增加新的工具供给渠道和构建新的知识获取路径,特别是在学术思想综合和方法论创新上,运用不同学科知识的交叉获得对一个复杂问题的分析与解决方案。

以上三点将"还原论不可逆性"这一抽象属性导致的认识论与方法论上的难点进行了剖析,并提出了应对目的。这一环节有利于我们在复杂系统思维范式转移中,明确转移目的与破解难点的切入点。

4.2.3 思维范式转移基本要点

根据上述思维范式转移基本目的,复杂系统思维范式转移有哪些最基本要点呢,这归结为人们对复杂性问题怎么看和怎么办。

(1) 复杂性(活动、现象、问题等)不仅具有简单整体性、可加整体性或还原论可逆性,更具有复杂整体性、非可加整体性或还原论不可逆性,正是这类有着特定规定性的特征使得人们不能或者不宜仅仅采用传统的还原论方法论把一个复杂性问题逐层分解成若干部分,认为把各部分都研究清楚了,整体问题也就完全清楚了;但是,这不意味着,在解决复杂性问题过程中,完全否定和排斥使用还原论,而是在还原论基础上,根据实际情况同时采用新的方法论和方法来弥补还原论不可逆造成的难点。

（2）复杂性问题使人们难以清晰地辨析和诠释自下而上、局部到整体的内部动力学机理。简言之，人们或许能够看到问题整体层面的复杂现象或形状，但不知道这些现象或形状与中观、微观局部行为之间的关系，以及这类关系完整的作用与演化路径。当然，如果我们把微观、中观与宏观视为一个整体，并且能够从微观个体起，通过中观内部动力进化机制最终搞清楚宏观现象的来龙去脉，我们就能够不仅看到系统的整体性涌现，还知道形成整体涌现的原理和路径，那我们就在不同尺度上通晓整体涌现的全部原理与全部过程，那复杂整体性机理就完全被确知了。

（3）复杂性问题可能在整体上产生机理不清、"来路不明"的复杂现象，特别是这类现象在整体上表现出的空间结构、时间演化以及内在规律性、秩序性并非在某种外界力量指挥下形成的，而是作为复杂系统的问题内部自我协同改变了原来的秩序并且形成某种新的秩序，这就是通常说的自组织现象，因此，对复杂性问题，除了研究它们在外界作用下如何形成整体性新秩序，还要研究在没有外界直接作用下，如何通过自身的内在协同作用形成自组织新秩序。

（4）长期以来，对科学界来说，除了具有强大影响力的还原论范式，还有一个很有影响的实证研究范式。实证研究以"存在一个客观世界"的基本认知为前提，并通过研究不断去接近这个客观世界，因此，实证研究强调研究必须建立在观察和被实验证明的事实上，通过观测到的数据和实验结果让关于客观世界的知识"看得见，摸得着"，这就使研究重点聚焦于"为什么会如此"和"必然的因果律"。这当然是非常重要的，并且由此形成了追求实证、构建明确的因果关联模型、以确定性输入/输出关系等方法论来揭示一般性结论，而且这种结论要能够在同一条件下具有可证性和可重复性的范式。但是复杂性问题的属性在相当大的程度上颠覆了这些传统的思维范式。例如，问题的复杂性不仅使问题内部关联的确定性、结构的稳定性、状态之间的因果律都成为"稀罕之物"，而且传统的比较"规矩"的不确定性会变成"严重"的不确定性，由于这类不确定性形成的复杂机理等缘由，使得常规处理不确定性的工具与方法不再适用了；实证研究范式对问题规律的可验证、可重复期望不再是"理所当然的"了，而在涌现、自组织以及"严重"不确定性等内在作用下，那些复杂性形态或者极为罕见，也就极难完全重现。

（5）在一般系统思维范式中，人们的基本世界观是系统性或者系统性基础上"稍许的"复杂性，如系统要素关系比较多地属于线性关系、不确定性也比较有规律、主体行为多为刺激/反应等等。这样，人们对现实现象、问题的认知就会以平衡、平稳、线性、负反馈、因果律以及整体性问题可完全被分解等为主。但是，对于复杂性问题，这些认知在很大程度上将失去基础性的假定意义，即人们不能再追求系统内必然的因果定律和为什么必然，而取而代之的是"可能的"和"为什么可能"，这就拓展了原有的笛卡尔解析与牛顿实证范式。

这将形成对复杂性问题的一种新的认识过程范式，这是一个对复杂性现象与问题的实践—认识—再实践—再认识的螺旋式逼近过程。这一认识过程一般可以表述如下：将比较无序、比较片面、比较模糊、比较缺乏逻辑的认知、方案向着比较有序、比较全面、比较清晰、逻辑性较高的方向转化。这将是一个经过多次重复、反复修正，表现为一个比对、优化、逼近与收敛的过程，而不是传统的一次模型化与一次优化的"一蹴而就"的过程。通过这一个螺旋式逼近过程，人们逐步减少了对复杂性认知的模糊性与不确定性，增强了关于复杂性认识的清晰性与精准性。

（6）问题复杂性的一部分源于问题中的各类复杂动力学机理的作用；另一部分主要体现了问题中的一系列独特性特征。对待动力学机理，我们可以从规律论出发，采用各种结构型模型化方法来认识、分析它们，尽可能为我们提供对复杂性的架构性、机理性认知。但是，从逻辑上讲，问题之所以复杂，还是因为其中的一般规律性少，而独特性多。另外，独特性往往起源于偶然性，偶然性又多蕴含在问题的细节之中，而"细节决定大事"，因此，对待复杂性，我们不仅不能对细节不闻不问，而且，还需要我们认真考虑如何通过分析细节的作用来认识复杂性。这一点给我们一个很重要的启发：分析与解决复杂性问题不能指望仅仅或者主要用规范性规则，对于独特性部分，需要我们深入把握和挖掘情景微观、局部的与独特细节或者场景。这就要求我们在管理活动中，对现实的复杂性问题进行深刻的调查研究，不能套用一般现成概念或者脱离实际地预先给出先验假设来分析和解决具体问题。这一思维范式在实际操作中常常表现为注重对一个复杂性问题采取"真实世界研究方法"或者全要素、全景式分析与决策方法。

（7）针对问题的复杂性，人们要根据复杂性的不同特征与属性，运用不同的知识来认识、解释和分析它并且获得相关的新的知识。这表明，在复杂系统思维范式转移过程中，出现了如何获取知识的新方式与新途径问题，例如，复杂性表现出宏观涌现性，起初，还原论认知思维导致了微观与宏观层次之间出现的机理认知断裂，而把涌现性看作一个复杂现象，但是，科学研究不能只看到现象，更要探索现象背后的规律与原理，因此，科学家们运用包括计算机技术、多学科理论、多尺度建模等综合工具，在原来的宏观与微观之间构建了介尺度时空模型，以新的手段获得了新知识，把微观与整体层次之间的机理认知空白补齐了，涌现性就有了机理性。这说明,复杂系统思维范式转移下的知识获取与形成路径有着与传统不一致的新的范式。

(8) 人是一切实践活动的主体,是一切实践活动中最生动,也是最复杂的要素。特别是在当今时代,关于"人"或者人的"秉性"的预设对如何确立管理活动中的复杂性思维范式有着极其重要的影响。根据管理哲学基本观点,在复杂系统思维范式转移过程中,确立人是"复杂人",即基于复杂性预设人的"秉性"是必要和恰当的;相反,任何形式的关于人是"简单人"的预设思维必然是不现实和认知滞后的。"复杂人"的核心内涵包括人的秉性的多样性与人的行为的适应性,并在此基础上向人在实际活动中的各个行为维度拓展,这将对"人"的理念逻辑、价值取向、行为偏好及目标习惯的传统假定产生一系列重大转变。

以社会经济系统中人的决策行为为例,美国著名管理学家道格拉斯·麦格雷戈说过:"在每一个管理决策或每一项管理措施的背后,都必有某些关于人性本质及人性行为的假设。"他又说:"这种人性本质和人性行为的假设,在一定程度上决定了管理的出发点、过程和归宿。"事实上,为了达到自身目的,决策主体会适应性地根据环境变化,不断调整自己的行为,而正是适应性造就了复杂性。例如,决策主体会乐于重复使用自己过去认为满意的行为,拒绝再次使用相反结果的行为或者根据自身的记忆和知识尝试如何解决新问题等等。人在这里实际上已经表现出系统广义进化过程中复杂的遗传、交换和突变模式,并且形成了一套完备的自演化机制,而要完整表述"复杂人"决策主体的决策心理和行为,需要在管理决策理论研究中提出主体的储元(主体记忆、偏好、知识)、识元(主体感觉、认知、判断)、适元(主体学习、复制、改变)、事元(主体决策后行为)以及心智(主体生理、心理、文化)等人性要素来构成"复杂人"虚体和建立决策行为科学的新的理论概念与原理,所有这些都要在思维范式转移基础上才能够开展。

(9) 当今时代,以互联网、物联网、云计算、大数据、人工智能以及区块链等为标志的现代信息技术飞速发展并成为推动社会进步的强大力量。在短短的二三十年内,这股力量不仅使人类的生产、工作、生活方式发生了巨大的变化,同时也深刻地改变了人类认知观念、思维习惯、行为方式、人际关系、自我适应以及意识与情感的体验与表达方式。

更为深刻的是,在过去,人是管理活动中唯一的智能体。但今天,在人工智能时代,复杂性问题的管理活动中除了人类智能体,还开始有了一类非人类智能体——机器人。它们不像过去人发明的机器那样完全被人控制、任人摆布,其自身具有一定的并不断提高的自主性智能能力。这样,就可能在某一管理实践场景中,人类智能体与非人类智能体在一定的规范与准则下融合成为非完全人类复合型智能体,这将大大深化传统的关于"复杂人"的内涵。例如,他(它)们可能合伙而成为新的管理实践活动中的"一体化"主体或对象,并在整体上对另外的主体发起挑战,成为某一类主体的更强大的智能博弈对手。至少今天我们已经能够看到,以基础模型通过广泛文本数据训练的生成式大模型能够生成类似人类水平的适配性认知与思考能力。这样,复合型智能体可以同时凭借自己的才智与灵性逐渐涌现出高水平的主导与适应性行为和作出复杂决策判断的能力,这一趋势必将对复杂性管理决策活动情景的形成、演化以及对决策活动中人的行为选择产生重要而深刻的影响。

作为基本思考,我们举出了上述与复杂系统思维范式转移相关的9个要点,当然,复杂性是复杂的,复杂性形态是数不胜数的,再加上独特性的影响。因此,复杂系统思维范式转移作为一类整体性的思维变革,其具体的转移样式也一定是丰富多样的,以上9个要点仅仅是基础性的要点,启发我们向各个层次和维度拓展。

确立了复杂系统思维范式转移的基本要点,可以进一步根据具体系统的独特性场景或者语境补充新的细节,这是我们分析现实管理活动中的复杂性和驾驭这类复杂性的核心能力之一,具备了这一能力能够使我们将复杂系统思维与具体实践紧密结合起来,形成管理学领域的"复杂性(管理)问题"与"复杂性管理(主体)"两个新概念及其新内涵,并且进一步整体化为"复杂性管理"这一核心概念,这些将是本书第五章的基本内容。

第五章　管理：从系统性到复杂性

现将本书前面四章中各章核心观点按照逻辑次序连接起来,总体上能够形成以下两条基本平行、连贯的学理链：

第一,围绕着生产造物及管理实践活动,人们形成了这样一条认知路线：在人类生产造物活动中同时有一类管理活动；整体性与目的(功能)性是任何管理活动两个最基本的品质；随着人类生产造物活动的范围与规模越来越大,在人们头脑中产生了"简单的生产造物"与"复杂的生产造物"不同的直接感受与印象；与此同时,人们对管理活动也有了"简单的管理"与"复杂的管理"的直观体验,对应于复杂的生产造物的管理活动为"复杂的管理"；在复杂的管理活动中,出现了一类"复杂的管理问题",简称复杂的问题；复杂的管理问题是复杂的管理活动的核心表征。

第二,围绕着客观世界事物的构成与普遍联系,人们形成了另外一条认知路线：系统是反映和概括世界客观事物普遍联系并形成一个整体的最基本概念；整体性与功能性是系统的基本属性,简称系统性；当人看到、听到、感觉到某个系统由许多不同的部分组成、部分之间的关系比较杂乱时,人们的直观感知是这个"系统是复杂的"或者感知到它是一个"复杂的系统"；通过深入分析,人们对"复杂的系统"内在、本质的属性进行凝练与抽象；在管理学领域,一个重要的基础性观点是：如果一类系统具有"还原论不可逆性"(复杂整体性),则标志着该系统本质上是复杂的,称这一类系统为复杂系统,还原论不可逆性(复杂整体性)是复杂的系统的本质属性,称为复杂性；在复杂的系统中,具有复杂整体性属性的问题称为复杂性问题,分析与解决这类问题,需要我们确立从传统思维范式向复杂系统思维范式转移。

以下我们将上述两条认知路线融合起来,即在新的思维范式下,构建应对复杂性问题的新的复杂性管理模式。

5.1 管理的系统性

下面我们先探讨一般管理属性与系统属性之间的学理同一性。

前面指出，任何管理活动都是一个整体又是一个完整的过程，就其整体性而言，任何管理都由管理环境、管理主体、管理对象、管理目标、管理组织、管理问题和管理方案等基本要素构成；就其过程性而言，虽然任何一个完整的管理过程都可以分为多个相对独立的阶段，但这些阶段之间必然是相互关联和有序的，并且最终完整地体现出管理功能作用。这样，任何管理活动实际上是一类服务于某项生产造物活动实践的人造系统。

因此，对照系统的基本概念，可以清楚地梳理出管理概念的系统内涵：

（1）任何管理都是由若干要素和部分组成的整体；

（2）这些要素和部分在管理整体中缺一不可且相互作用与相互依赖；

（3）管理的全部意义在于它具有某一特定的功能；

（4）任何管理既是一个完整的整体，又是一个完整的过程。

上述管理的"功能性"与"整体性"恰恰是系统的核心属性，这说明了"系统性"也是一切管理活动的基本属性。这样，系统性不仅从原本对管理概念混杂、破碎的认知中梳理出一条逻辑路径来，而且成为人们设计、构造、实施和执行管理活动的一种思维范式，这种以系统性为思维原则的管理模式被称为系统性管理。

系统性管理的核心思想是：依据系统的概念、原理和方法来认识、分析和解决管理问题，在把管理视为一个完整系统的前提下，通过系统的要素分析、关联分析、功能分析和组织行为分析，从整体上规划、设计、组织管理活动；在具体技术层面，采用明确目标、严格分析、注重定量化和程序化进行管理活动的规划、设计与活动现场的协调，以实现管理的整体目标与优良的综合效果。概括地说，系统性管理就是坚持和保证管理活动和过程的整体性、关联性、动态性与功能性的统一。

这一核心思想十分重要，它告诉我们，由于系统与管理之间基本属性的同一性，因此，它们之间就存在相互融通的学理性，不仅在一般性的管理实践中，根据系统性原则，可以提供管理活动的规划、资源配置和组织模式，而且随着系统科学、管理科学自身的发展，还可以拓展出新的模式，本书介绍的复杂系统管理就是这样一个示例。

5.2 复杂性问题

本书1.3指出，对"复杂的管理"最重要的感知体验是出现了一类"复杂的管理问题"，并简要地归纳了这类问题的一些外部联系和表面特征，例如问题边界往往是模糊和不清晰的，难以完全用结构化方法（模型）来描述这类问题，解决问题涉及多学科和多领域的知识，等等，这些都是对复杂的管理问题的外部联系和表面特征的直觉感知，相当于话语表述中的自然语言"大白话"。

进一步，我们可以在直觉感知基础上从客观属性方面归纳这类复杂的问题的一些特征：

（1）这类问题与管理环境之间一般都存在非常紧密的关联关系，环境的各种变化都会对问题产生深刻的影响，特别是问题的复杂形态与形态形成的机理往往是问题与环境相互作用的结果，因此，如果我们把问题与环境之间的关联切割断开，那就无法完整地认识和分析这类问题复杂的原因了。

（2）这类问题一般都存在于某一个具体的管理活动与过程之中，而观测任何具体的管理活动与过程，如同观看一个有人、有物、有事、有关联、有因果、有变化并依时空顺序展开的相对独立又有整体性与连贯性的故事。大凡故事都有背景、情节与情节的发展，即都有完整的情景。越是复杂的问题，情景越复杂，问题与情景的关联性也越紧密，越需要我们把问题放到所处的情景中看问题、想问题、分析问题和找出解决问题的方案。这就要求我们在情景的整体性与过程性中，通过对情景自上而下和自下而上地分析和汇总才能解决问题，而不能一味肢解情景，使情景支离破碎，或者让问题完全与情景分离。

（3）这类问题一般都表现出多种复杂动态性，如突变、涌现、湮没、演化等，这些动态变化的机理非常复杂，究其原因，主要是问题要素之间存在紧密、复杂的显性或隐性关联，因此，无论我们在物理层面上，还是在系统层面或在思维层面上切断这类复杂关联，问题的复杂动态性都会受到极大的损害。

由上所述，如果对复杂的管理活动中这一类构成要素众多、关联结构复杂、与环境之间有着紧密相互作用的复杂的问题，运用还原论把整体问题分解为相互独立的各个部分，再一个个单独研究各个部分，势必就会把问题各部分之间的复杂关联性切断了，问题原有的复杂机理也会被破坏了。这样，即使把每个部分都研究清楚了，也往往解决不了整体性问题。复杂的问题存在这一类型与还原论思维不相容的新的属性，反映了我们对复杂的管理问题的认知已经到了理性思维的阶段。

另外，依据本书第四章所述，路径 B 的还原论不可逆性（复杂整体性）是我们在管理学领域确立新的复杂系统思维范式转移的出发点。在二十世纪七八十年代，钱学森把这类具有还原论不可逆属性的复杂的问题称为"复杂性问题"，因为正是还原论不可逆才使得这类问题表现出本质上的复杂。

钱学森说：复杂性问题，现在要特别重视，因为社会经济建设，都是复杂性问题，解决这一问题，科学技术就会有一个很大的发展。我们要跳出从几个世纪以前开始使用的一些科学研究方法的局限性。他进一步从系统方法论出发明确指出：凡不能用还原论方法处理的，或不宜用还原论方法处理的问题，要用或宜用新的科学方法处理的问题，都是复杂性问题。

这样，复杂的管理活动中的"复杂的问题"与钱学森提出的"复杂性问题"，就其本质属性都具有还原论不可逆性或者复杂整体性的同一性。这表明，人们可以通过还原论是否可逆来判别复杂的管理问题的属性，我们也从中得到以下两点启示：

（1）复杂的管理活动中的复杂的问题不仅具有"复杂的"具象，而且还具有"复杂性"抽象，这里的"复杂性"不是复杂性科学中的复杂性词汇，而是在管理学领域蕴含着还原论不可逆性（复杂整体性）的表征，具有此类复杂性（复杂整体性）的管理问题称为复杂性管理问题，简称复杂性问题。

（2）运用钱学森提出的这一方法论原则来判别管理中的复杂的问题，得到了重要的复杂性（复杂整体性）问题概念，这是复杂的管理问题与复杂系统思维深度融合的结果，具有重要的理论价值。

复杂性问题的还原论不可逆性为我们在实践中如何正确看待和处理复杂性问题提供了极强的指导性：

首先，复杂性问题的边界往往是模糊和不完全清晰的。问题内部要素之间除了有确定的输入/输出关系，还有不完全确定甚至非常不确定的关联关系；除了有显性的可确知的关联关系，还有隐性的难以确知的关联关系，而且被我们认定的一些关系或关联要素，在实际过程中还可能因其他因素影响而变异，所有这些都会导致人们对问题的认知模糊、不确定甚至不确知。

其次，这些复杂性问题一般都难以完全用一种比较明晰的结构化方法（模型）来描述。事实上，复杂性问题往往同时包含着科学技术、社会经济与人的行为及文化价值观等要素。其中，科学技术要素基本上受自然科学与技术原理支配，一般可以用结构化方式来描述；社会经济要素主要受社会或经济规律支配，可以用半结构化方式来描述；而人的行为和文化价值要素往往只能用非结构化方式来描述。这样，复杂性问题整体上一般要同时用结构化、半结构化甚至非结构化方式才能完整地描述,这不仅大大增加了描述问题的难度,而且还增添了不同类型表达方式之间融合的难度。

最后,复杂性问题会涉及多个学科和领域的知识,需要多个领域的专家运用多学科、多领域的知识才能解决。但是,根据人的认识规律,认知主体对这类问题的认识必然是一个由不知到知之、由知之不多到知之较多、由知之片面到知之全面、由知之肤浅到知之深刻的过程,因此,对这类问题解决方案的产生与最终形成将表现为一个不断探索的适应性"试错"过程。在这一过程中,解决问题的方案通常不是一次"优化"形成的,而是基于对问题认识深度和准确度的逐渐提高,通过对备选管理方案的多次比对、修正与完善来确定的。从总体上讲,这是一个由多个阶段性中间方案沿着一条从比较模糊到比较清晰、从比较片面到比较全面、从品质较低到品质较高的有序路径不断迭代、逼近,直至收敛到最终方案形成的过程,这也就是我们平常形象化描述的"摸着石头过河"解决问题的路径。

5.3 管理复杂性

上一节我们通过还原论不可逆性和复杂整体性概念之间的学理关联将复杂的管理中的复杂的问题抽象为复杂性问题,虽然复杂性问题仅仅是复杂的管理问题中的一部分,但问题的复杂性对复杂的管理活动的影响却是深刻和全局性的。

首先,钱学森以超越具体领域与专业而在更高的认识论与方法论层面上揭示了管理活动中一类问题的复杂性(复杂整体性)属性,而任何管理活动都可视为一类系统形态。从这一思维原则出发,人们可以对现实管理的系统特征进行判别,如一类系统的属性可以归纳为还原论可逆性,即该系统整体性为组成系统所有要素(子系统)部分性之和;另一类系统的属性可以归纳为还原论不可逆性,即系统整体性不是简单的组成系统所有要素(子系统)部分性之和。显然,属于前者的管理活动是可以用还原论来解决的,因此,本质上是不复杂的,而属于后者的管理活动不能或者不宜用还原论来解决,因此,具有本质上的复杂性。由此可见,从方法论引入超越具体领域和专业的复杂性思维,可以让复杂性与系统本质特征统一起来并对系统类型进行划分,这再一次说明了关于复杂系统的路径B的哲学思维的重要引导作用。

其次,随着人类复杂的生产造物活动形态不断丰富,与之"形影相随"的复杂管理活动与管理问题在各种管理的类型中比重越来越大、内涵越来越深刻,因此,当我们用复杂系统思维范式的眼光来审视管理活动属性的这一变迁时,会深刻体验到当今管理领域出现了从系统性到复杂性的大趋势。

综上所述,以还原论不可逆性为复杂(整体)性判别准则,揭示了复杂的管理与其中的复杂的问题都具有复杂性(复杂整体性)属性,简而言之,复杂性(复杂整体性)是一类复杂的管理(活动、问题)的普遍属性,简称管理复杂性。

仍以太湖流域水环境治理问题为例。既然太湖水环境治理是个复杂性问题,那太湖治理活动中必然充分显现出复杂性本质属性,也就是治理复杂性,分析清楚治理复杂性,同时也就实现了太湖水环境治理的复杂系统思维范式转移并确立了治理复杂性思维原则,具体地说,太湖治理复杂性基本要点如下:

(1) 太湖治理整体上形成了简单系统—复杂系统—社会生态型复杂系统的思维进化路径。具体地说,当今,应该认识到湖泊水环境是由人、自然、社会共同组成的社会—自然生态共生的复杂巨系统,该巨系统的本质属性为社会型自然生态复杂性,即自然生态—社会共生、去中心、价值共享与有序演化等,因此需要人自身用社会型自然生态复杂性思维应对湖泊水环境复杂性。

(2) "人与自然生命共同体"是面对太湖治理的思维范式转移的内核。"治理"一词包含着主体与对象,但太湖水环境治理的本义切不能简单理解成人类可以对水环境随心所欲地压制与剥夺,而要深刻认识到,第一,太湖水环境自身是一个生命共同体;第二,太湖流域人的社会也是一个生命共同体;第三,社会与水环境组成的整体又是一个更大的共同体,因此,整体上形成了一个多层次、嵌套型的复杂共同体体系;第四,每个共同体内部以及共同体之间应该相互依存、互惠共生与协同进化。人类只有善待环境、合理利用和保护环境,才能得到环境的慷慨回报,反之,无序开发、肆意攫取,必然伤及人类社会的可持续发展,最终将导致整个复杂共同体系统的衰败或瓦解。

(3) 表象上,水环境"污染物"在湖泊水体中,其实它是全流域社会经济系统的一类"负面"产品(产出)经过特定的供应链与物流网络被输送到湖泊水体中的,有着复杂的自然、生态、社会、经济与人文内涵,因此,水环境治理除了要考虑到传统的水量、水质、生物、化学、气象等自然机理,还与"污染物"制造商、供应商、物流网络、水资源交易、价值转换与最终的水体治理等有着密切的逻辑关联。因此,水环境生的既是"生态病",更是"社会病",除了需要配置行政公权力和法律治权,还需要有符合市场机制与供应链管理规律的要素市场化配置模式,如水环境治理成本与补偿核算机制、水环境数据资源确权、有效流动与交易等。这需要在治理体系中构建一个开放、共享、公平、互信的流通平台,否则,水环境无法形成价值互联网,大数据、物联网、区块链等现代技术也无法社会化。因此,基于水污染物供应链网络的湖泊水体质量隐喻将深化我们对湖泊流域水环境治理属性的理解,即要从湖泊水环境的"物理型""工程型"治理转化为"生态型""社会型""经济型""一体型"综合治理,需要在治理中注入市场、共生、互信、赋值、交易及联盟等治理思维及治理机制。

(4) 太湖治理变革是思维范式转移中的一个核心问题,因为它是在新的思维范式下对研究对象怎么看和看到什么新东西的回答。现实中,太湖治理变革主要是针对太湖流域社会—生态共生复杂巨系统中存在的治理深层次顽疾而言的。显然,这类顽疾如果能够采用还原论方法进行分解并逐一解决各个子问题,那顽疾也就不"顽"了,因此,治理这类顽疾必然是复杂且是还原论不可逆的一类复杂整体性问题。复杂整体性问题采用一般系统论思维即使有效,也往往只能是部分有效或者效能不强,因此,要用基于复杂系统思维范式的转移才能够通过认识论与方法论多层次新的融通视角把控和破解这一特殊属性。例如,水环境治理顽疾形态涉及固、液、气物理形态的异质性;顽疾关联要素同时涉及自然性、社会性、经济性与人文性;顽疾的形成与演变涉及难以认知的潜性关联和大尺度演化规律并且最终是所有这些方面的综合。这就决定了对待顽疾不能通过有限次分解并可逆化而最终得以解决,而只能面对包含顽疾在内所有要素与各类动力学机理的复杂整体性情景,采取综合集成方法才能获得解决方案。

(5) 太湖泊治理不仅是"治湖",更是"治人";不仅要看到物理型的"排污管",更要看到共生型污染物的社会经济型"供应链",因此,水治理变革本质上是人的行为、价值、偏好、利益观与社会发展模式的综合性变革与重构。因此,治理策略既有物理层次的湖泊水体保护与改善工程,更有社会层次的治理主体自身新的理念变革、行为变革和湖泊水环境共生系统结构的重组。因此不能仅仅以行政性、工程性、技术性思维来改善湖泊水体生化指标,更应以"湖泊病"背后深层次水环境生态性、社会性、经济性共生的全景式情景为对象,形成新的关于水环境情景治理变革认识论和相应的方法论。

5.4 复杂性管理

任何管理活动或者管理研究都要以管理问题为导向,因此,一旦出现了复杂性(复杂整体性)这一新的问题类型,可以想见,它必然为管理主体的思维带来重要的甚至本质性的变化,这一变化主要是为了能够提高主体对复杂性(复杂整体性)的适应性与驾驭能力,因此,必然导致管理模式及方法论等出现变革。

如何理解这一新的理论观点?首先,本节的"复杂性"作为一类管理问题新的本质属性，不仅凝练了复杂的管理活动、情景新的质性，而且还体现出重要的自洽性与拓展性。具体地说，在特定语境中，让"复杂性"与其他话语组合在一起，可以延伸出更多的丰富的话语内涵：如"复杂性问题"是指一种不能或不宜用还原论处理的管理问题，"复杂性思维"是指主体在管理活动中采用的复杂系统思维范式，"管理复杂性"是指管理活动中蕴含的各种形态的复杂性（复杂整体性），而"复杂性管理"则是指在复杂系统思维范式转移基础上的一类管理模式等。

其次，以上话语语义通过逻辑关联能够更加细致和丰富地表达出以"复杂性"为导向的管理活动和行为的蕴意。例如，复杂性问题赋予了管理复杂性的内涵，主体因此要确立复杂性思维并形成复杂性管理模式；又如，复杂性管理是复杂性问题、复杂性思维、管理复杂性之集成的总体性概念。它的主要意思是管理主体首先对管理活动中一类难以表述清楚、分析透彻、预测准确，以至不易找出原因、做出决策、拿出办法、提出方案的实际问题有了复杂的问题直觉感受；在此基础上，以还原论不可逆性作为对这类问题的本质属性的提炼，在理性认知层面将复杂的问题抽象为复杂性问题；主体在这一过程中采用的复杂系统思维范式即为复杂性思维，这样，相应的管理活动中由于存在复杂性问题而蕴含了各种形态的复杂性（复杂整体性）即为管理复杂性，对应的基于复杂性思维的管理模式即为复杂性管理。本书介绍的复杂系统管理就是一类有着具体规定性的复杂性管理。

上述太湖治理，实际上就出现了"基于复杂性管理的太湖水环境治理"，简称太湖复杂性治理。其基本学理是：太湖流域水环境治理既是一个人造复杂系统的造物活动，又是一项复杂系统工程，应该遵循复杂性管理基本思维与原理，做到理论思维与实践思维的统一，重点如下：

（1）太湖流域水环境治理是在流域水环境复杂性属性及各类主体相关行为复杂性的融汇点上，开展的改善太湖水环境质量的人造复杂系统造物活动及其复杂性治理工程。

（2）太湖治理的核心目的是在分析太湖水环境问题与水环境社会型生态复杂性基础上，研究治理的功能需求，重点是如何通过治理体系变革性重构及优化，涌现出新的治理功能供给。例如，如何提高对水环境治理复杂性的驾驭能力、鲁棒性与韧性等。

（3）太湖治理自身也是在构建一个新的人造物复杂系统，自然有其系统要素、关联与结构，需要恰当的顶层设计，通过太湖治理组织平台实现太湖治理多层次、多尺度目标的路径以及治理中数字资产市场化配置、基于GEP（生态系统生产总值，Gross Ecosystem Product）的太湖水环境生态补偿机制等。

概言之，可以发现，作为一个新的科学概念的"复杂性"并不等同于人们在日常"大白话"交流中使用的"复杂的"，后者仅仅是人们对事物表面和外在的表述，而前者则已经是对事物属性抽象认知的凝练，是一个以科学术语为表述方式的抽象概念。因此，在管理领域中谈"复杂性"，必须让它"沉浸"在管理活动的情景之中：这就是为什么我们"不厌其烦"地对由"复杂性"与其他话语组合成复合性术语，或者在特定的语境中进行诠释的原因。

另外，随着人类复杂的生产造物活动形态的出现，与之"形影相随"的管理活动中出现了复杂性管理问题，并且数量越来越多、比重越来越大、形态越来越丰富、内涵越来越深刻。即人类的生产造物活动的复杂性持续引发、催生了管理复杂性与复杂性管理的实践与学术研究，当我们用复杂系统的眼光来审视这一切时，就形成了管理从（简单）系统性到复杂（系统）性的演变大趋势。

在这样的大趋势下，如果以人类分析、解决管理问题方法论为主线，来梳理管理模式发展进程，我们可以用更广阔的视野来理解管理方法论对管理模式演化的意义。

下表根据认识论与方法论的辩证关系，依据人们对管理对象与问题属性认知的演变进程，总结了一个时期内，某一管理模式与相应的方法论之间的关联关系。今天，当我们提出复杂性管理新模式后，进一步丰富了这一关联关系的深刻内涵，具体如表5.1所示：

表5.1　基于方法论的管理模式的发展

管理模式	广义管理对象	关键管理技术	管理方法论
经验管理	个体	归纳	复制
科学管理	亚系统	共性提取	标准化
系统管理	简单系统	系统分析	系统管控
复杂性管理	复杂系统	复杂性分析与综合	综合集成

其中：

（1）经验管理是从某个或少数案例中总结出相关的管理知识和规律，并将它们"复制"到其他类似的管理对象和问题中的一种管理模式；

（2）科学管理是通过明确的规则与标准，将管理置于科学的制度与规范之下的一种管理模式；

（3）系统管理是将管理对象及管理自身均视为系统形态，并通过系统思维与原理来组织、控制管理活动的一种管理模式；

（4）复杂性管理是将管理对象及管理主体自身均置于复杂系统思维范式转移基础之上，并主要运用处理复杂性问题方法论的一种管理模式。

从以上梳理中可以看出，随着人们对管理本质属性认知的不断升华，管理思维、管理模式与管理方法论也在不断发展与丰富，并以此不断提高对管理对象复杂性的分析和驾驭能力。这是人类管理认知发展进程的基本现象与规律。

第六章 复杂系统管理概论

综合前面几章将管理学术的发展与系统思想的深化相结合的论述,不难得到以下两个重要的结论:

(1) 管理在整体上出现了从系统性到复杂性的演进大趋势;
(2) 基于复杂系统思维形成了新的复杂性管理范式。

近几十年来,管理学术界一直顺应以上发展大趋势,思考和探索如何将复杂性管理范式进一步实体化、实质化,使它在内涵、外延、逻辑性与成熟度等方面更具有模式的规范性与可操作性,并且使它的理念、架构、内涵等学术主张与话语体系不断拓展和完整,成为当今管理学的一个新领域。

从本章开始,我们将按照规范的理论体系形成规律,介绍有关复杂系统管理理论体系的基本内容。

6.1 复杂系统管理释义

在管理学领域,由"复杂系统"与"管理"两个词融合形成"复杂系统管理",其意义相当于在生命科学领域的细胞融合(cell fusion):由"复杂系统"与"管理"这两个细胞相互渗透,结合成"复杂系统管理"这个新细胞,这个新细胞既不是原来的"复杂系统",又不是传统的"管理",而是发生了本质性变化,产生了"复杂系统管理"新的质。

仅仅从"复杂系统管理"这个词出发,就可以引出多种对复杂系统管理的理解。目前最具代表性的有两条,一条是欧美学者的基于复杂现象、复杂性词汇、复杂性科学的"复杂系统"及其对复杂社会经济系统中的管理研究;另一条是基于钱学森复杂系统思想及其对复杂社会经济系统中的"复杂整体性"管理问题的研究,从上述不同的逻辑起点出发,都可以探讨复杂系统管理。但是,如果我们不仅仅把复杂系统管理当作一种技巧、技术与经验,而当作一种新的对管理认识论与方法论的重大思维范式转移,并成为具有独特属性的学术体系、理论体系与话语体系的管理学新领域,那就必须提出和建构关于复杂系统管理相应的、具有自主性和自洽性的学术主张与知识变革。

在这样的具有重要学术前沿性、交叉性的管理学新领域面前,显然不能简单沿袭其他学科的学术思想与话语体系,或者一味模仿、复制其他学科理论或进行延伸,而要求我们通过思维变革,确立新的逻辑起点与理论思维原则。另外,复杂系统管理的许多科学问题都具有深刻的新内涵,我们不能仅依靠传统的管理思维、理论和方法,而必须充分发挥学术想象力,包括对问题的复杂整体性、大时空尺度演化情景的想象;对如何应对和破解复杂整体性问题的深度不确定性、不可分性、不可逆性与不可预测性的想象。想象力就是创新力,比较过去任何时候,想象力从来没有像现在这样重要,虽然它极具挑战性,但没有想象力就难有复杂系统管理的理论进步与学术发展。

现在,我们就围绕着复杂系统管理的学理脉络发挥我们的想象力:首先,人类复杂的生产造物活动对应着一类复杂的管理活动,复杂的管理活动中有一类复杂的问题,该问题具有一类还原论不可逆(复杂整体性)属性,这与钱学森的复杂性问题思想在学理上是一致的,因此,钱学森关于复杂性与复杂系统学术思想可以在复杂性管理活动中"落地"和"生根"。

具体地说,本书提出的复杂系统管理是以钱学森复杂系统思想为主线,并充分汲取其他复杂系统学术思想而形成的一种复杂性管理模式;在管理哲学上,钱学森复杂系统观构成了复杂系统管理的内核,在实践上,它主要是对复杂的社会经济系统中一类"复杂整体性"问题的管理活动;在学术上,是基于新的方法论驱动的复杂性管理类中的一种范式。

在以上内容中,以下几点特别重要:

(1) 首先,不能简单地、望文生义地把"复杂系统管理"理解为复杂的系统的管理,也不是"管理复杂的系统",更不是"复杂的管理系统",等等。

(2) 复杂系统管理中的复杂系统不是基于复杂性词汇或者复杂性科学的复杂系统观 A,因为复杂系统管理是管理学的一个新领域,而正如前面所说,路径 A 不宜用来分析、解决复杂社会经济系统中的"高级复杂性"管理问题。

(3) 路径 B 不需要各种人为定义的预设,也不要事先创造许多新的名词,而通过还原论不可逆方法论思维引入复杂性,再通过复杂性问题与复杂整体性问题本质属性的同一性,实现了复杂系统与管理在学理上的融合。

(4) 简言之,根据上述 3 点,复杂系统管理的基本内涵是运用复杂性思维对一类复杂整体性问题的管理。

"复杂系统"原本是系统科学领域的概念,它出现在"复杂系统管理"这个管理学领域中的整体性概念之中,主要的意义是以其自身具有的哲学思维特质,在认识论与方法论层面为管理复杂整体性问题提供思维原则与逻辑起点。在这个意义上,我们不妨把复杂系统观B作为一种哲学观、一种探索复杂性管理范式的导航仪。当人们面对各类复杂性问题的挑战并感到自身驾驭能力不足时,亟须一种新的更高层次的哲学思维给予他们精准有力的指导与支撑,此时,复杂系统B为人们提供了一种强大的思想力量并赋能于管理范式创新,从而形成新的复杂系统管理。

所以,从哲学思维上讲,与其说复杂系统管理是复杂系统与管理两类学科的交叉,不如将其更深刻地理解为当传统管理思维面对复杂整体性问题而遇到严重困难时,在复杂系统哲学指导下,管理范式的一次整体性重构与升华,是管理哲学对管理范式转移的一次援助,也是管理哲学力量的一次显示,这是复杂系统＋管理＝复杂系统管理深刻的思维逻辑与本真性品质。

6.2 复杂系统管理理论概论

一般地,一个领域的理论体系不是彼此之间缺乏关联性与逻辑性的多个理论观点的简单集合。理论体系不仅要有同一的理论思维原则,而且要有能够深刻说明该领域本质属性的核心概念、基本原理及科学议题,还要有相应的方法论与方法体系等,与个别理论观点相比,理论体系更能够体现出该领域理论知识的逻辑性与系统性。

既然如此,建构复杂系统管理理论体系的任务就比研究个别具有一定理论意义的管理问题要复杂、困难得多。

事实表明,复杂系统管理理论体系涉及哲学、认知科学、系统科学、管理科学、信息科学、数学等,所以,深入探讨与建构这一体系,千万不能仅仅局限在个别理论问题层次,更不能仅仅在技术与方法层次上思考问题;而要站在应有的思维高度厘清对理论体系的科学认知,再按照建构理论体系的学理链,有序地把各个阶段的任务完成。

中国哲学家徐长福在分析人文社会科学研究中出现的理论学科与工程学科混淆在一起的现象与问题时,提出一些深刻的学术观点,他的学术思想对于我们认识和建构复杂系统管理理论体系具有很好的启发性。下面我们借鉴并引述了他的一些学术观点。

6.2.1　复杂系统管理中的理论思维与实践思维

人们是通过耳、鼻、眼、手等感觉器官,并用大脑借助语言进行思维来认识和改造世界的。在复杂系统管理实践活动中,人是怎样进行基本的思维活动的呢?

最初,人们在复杂系统管理实践活动中感受许多现象和处理许多问题,并通过感觉与体验获得相关的心得与体会,形成对事物与现象的直观理解和认识,再经过大脑的思考和抽象得到更深刻的理解和认识,这一类理解和认识更具有普适性和对复杂系统管理实践的指导性。这样,就慢慢超越了某些个别具体的管理现象与问题,形成了对管理活动有着普遍意义的管理"道理",这些道理能够正确揭示复杂系统管理一般性规律。

我们把这类在复杂系统管理活动实践中,以"弄清对象本来面目"为基本目的、弄清管理一般性道理的人的思维方式与形态称为复杂系统管理中的理论思维,在属性层次上,它形成了关于复杂系统管理道理的知识系统。

理论思维在复杂系统管理实践中非常重要。首先,理论思维以复杂的管理活动与现象的"一般性"为对象,从而超越了具体活动与现象的"独特性"。理论思维的形式主要是抽象概括与逻辑推导,并且尽量减少因人的价值偏好而引起的认知偏差,从而提高了它的客观性、普适性与科学性,因此能够深刻反映复杂系统管理的本质规律。

另外,理论思维也有其局限性,这主要是因为以下几点原因:

(1) 理论思维主要提供了由逻辑思维而获得的道理,但在复杂系统管理的实践活动中,除了逻辑思维的道理还包括非逻辑思维的道理等其他思维形态的道理,因此,不能指望仅仅依靠单一的理论思维来实现对复杂系统管理活动的完备认知。

(2) 理论思维主要获得的是复杂系统管理"一般性"道理,但对某个具体管理活动而言,除了遵循一般性道理,还要尊重具体活动自身的"独特性"道理。

(3) 人的理论思维作为人的认知活动自身也是有局限性的,因此,获得的道理总有片面性与不完全性,其科学性也是相对的。

因此,虽说理论思维得到的道理具有指导实践的作用,但千万不要认为只要依据理论思维就能够解决复杂系统管理活动的全部实践问题。

此外,我们还要注意到,任何一个具体的复杂系统管理活动,都是个别的、实在的、独特的。这样,就一个具体的管理活动而言,它既需要理论思维提供一般性道理作指导,还需要通过人的直观、直觉和各种非逻辑思维获得对该活动独特性、实在性的认识,并且在此基础上把一般性道理转换成独特管理活动的意图、

第六章　复杂系统管理概论

流程和方法。即要有把管理"虚体活动"蓝图变成管理"实体活动"的实际操作，只有这样，复杂系统管理活动才能体现出最终的实际价值。管理活动中的这种以"筹划"为主要任务，旨在将"虚体活动"变成"实体活动"的思维方式被称为实践思维，这是复杂系统管理活动中区别于理论思维的另一种重要的思维方式。

显然，实践思维主要不是为了弄清道理，而是为了弄清如何构建管理活动实践。实践思维以在实践中落实筹划为价值目的，而筹划本身又要以主体的意图与价值观为指导和出发点。实践思维可以针对一个具体的活动实践进行筹划，也可以针对多个活动实践进行筹划。但不论怎样，实践思维必然要人直接面对复杂系统管理实践，因此，一定会融合进人的偏好与价值取向。

由此不难看出以下两点：

（1）对一个具体的复杂系统管理活动而言，管理活动同时包含着理论思维与实践思维。

（2）在复杂系统管理活动中，理论思维主要是提出目标、意图以及确立对管理活动的整体认知，而实践思维则提出相应的计划、办法和流程，前者尽量地弄清楚道理，后者尽可能地根据道理把虚体活动转化成实体活动；前者提出规定性，后者保证操作性；前者引导后者，后者服务于活动的操作与实现。在实体活动的构建阶段，实践思维是主导性思维方式，但总体上，认知、筹划与操作是统一的，理论思维与实践思维也是统一和一体化的。

在复杂系统管理活动中区分人的理论思维与实践思维有着重要意义。具体地讲，理论思维是在"一般意义上"明确复杂系统管理的普适性道理，这就要在一定程度上抛弃个别具体的管理活动的细节及其独特性和差异性，并提取活动现象背后的共性与本质并将其抽象化，得到具有普适性意义的基本知识，因此，这些知识也应是某些个别实体活动所遵循的。这实际上是从大量的个别复杂系统管理活动中认识到管理"是什么"和"为什么"的本质，从而体现出理论思维对复杂系统管理实践活动的指导作用。因此，理论思维主要是一类明确"是什么"和"为什么"，产生复杂系统管理理论和建立复杂系统管理理论体系的思维。

而实践思维则是另外一种思维，它服务于具体的复杂系统管理活动，一旦管理活动被具体化，不仅要通过管理活动的完整性和实体性来实现主体的某种一般意图，而且要充分尊重具体活动的独特性。这样才能在一系列直观、直觉、逻辑和非逻辑思维的共同作用下，实现复杂系统管理活动的具体筹划和方法，这实际上是把复杂系统管理的道理与实际执行环节和细节紧密结合起来，设计出完整的复杂系统管理操作流程、技能与方法。因此，实践思维主要是设计管理体系、流程与执行程序，并规定和筹划应该的管理步骤与操作方法，实际上这是一类让我们在复杂系统管理的具体操作中明确"做什么"和"怎么做",以便让人操作与实施的思维方式。

不过,我们应当相互关联,而不能割裂地看待这两类思维。事实上,理论思维是基于对复杂系统管理普遍规律和一般共性的认识,这种认识需要通过对许多具体、个别的管理现象来提炼、抽象、总结和升华。换句话说,复杂系统管理的理论思维需要从个别管理活动的实践思维中获得;而实践思维,虽说是针对个别管理活动的,但它又需要用超越个别管理活动的一般规律来指导和引领,并经常采用"非个别"的共性工具与方法来解决"个别"问题。这就是说,个别管理活动的实践思维需要用理论思维的一般道理来统领,而且理论思维只有渗透到具体管理活动的实践思维中才能够体现出道理的实际意义和作用。概言之,虽然复杂系统管理中的理论思维与实践思维之间有着重要区别,但在复杂系统管理活动实践中是紧密结合、融为一体的。

综上所述,理论思维与实践思维在复杂系统管理活动中是两类最重要、最基本的思维。理论思维的价值在于分类别、分层次地分析、梳理活动与问题属性以及属性之间的联系,而实践思维的价值在于将不同联系中的属性复合成一个管理活动的整体现实,前者力求具有普适性、说服力的道理,后者则力求具有操作性、执行力的行为和活动。

简言之,理论思维的成果是理论的形成,实践思维的成果则是管理活动实体的形成,理解两者之间的内涵和区别对我们认识和建构复杂系统管理理论具有重要的指导意义。

6.2.2 复杂系统管理的经验、知识与理论

本节主要对复杂系统管理理论这一概念进行诠释。

首先,人们在复杂管理实践活动中获得了许多对管理活动的认知与感悟,久而久之,自然就形成了对某些管理实践活动的心得与体会。这样的情况多了,心得与体会也会逐渐丰富和深刻起来,以后人们在遇到类似的场合下,会自觉或不自觉地将这些心得与体会用于后续的复杂系统管理实践中,并在多次成功的基础上进一步扩充与完善。人们这类通过体验或观察而获得的管理心得与体会就是人们的管理经验。经验可能是某一认知,也可能是一种技能或技巧。

在不同时间、地点的具体的复杂系统管理活动中,人们往往多次重复产生类似的管理经验,这样的经验更容易被人们认同而被固化,固化的经验在经历了多次检验后会变得更可靠、更有价值,对复杂系统管理实践的指导性也更强。

复杂系统管理实践产生的经验,特别是被固化的经验将成为人们关于复杂

系统管理的知识,它可能成为人们系统认识复杂系统管理活动一般规律的成果。"知识"是一个包容性很广的概念,它包括事实、信息、描述、技能、技巧等,任何复杂系统管理知识都必须是正确的(即符合事实的)、经实践验证、被人们相信和接受的。当然,个别的知识可能是独立、零散的,不同的知识之间可能有一定的关联性,知识在形成过程中一般是不断完善的。

在一定的思维原则指导下,即确认复杂系统管理活动的本质属性后,将这些相对独立、零散的个别知识按照一定规则进行整合,并进一步系统化和逻辑化,就会形成有一定逻辑关联性的知识系统,称其为"知识体系",或称形成了复杂系统管理理论。理论更深刻地揭示了复杂系统管理活动的普遍规律,是复杂系统管理知识体系的"升级版"。简言之,经验是知识的"初级"形式,而理论则是知识的"高级"形式。因为理论本身不仅以知识为基本要素,而且是知识的系统化和逻辑化,所以"理论"在整体上具有"天然的"体系性,即某一领域整体意义上的理论就是理论体系。例如,复杂系统管理领域整体意义上的理论就是复杂系统管理理论体系。

那么,理论比知识"高级"在哪里呢?

1. 理论是知识的系统化

总体上说,一般的知识集合中的知识是相互独立或者是弱关联的,特别是针对不同问题的知识往往源于不同类型的实践活动,从而这些知识有着不同背景、前提、条件与边界,是相对独立的,由于背景与问题性质不同,不同类型的知识的差异性很大,独立性也很突出。

但是,复杂系统管理理论中"知识"之间的关联性则相对要强得多。首先,它们在形成过程中对复杂系统管理活动属性的认知必须是一致的,即要表现出理论思维原则的同一性,并且在同一性的基础上体现出理论的广义性,从而保证对复杂系统管理活动及其中的各类问题有着较为完整的覆盖,这一定要在系统性的顶层设计下才能够实现。进一步地,因为理论内部知识之间要具有强的"融合性"与"拓展性",即表现出紧密的关联性才能生长出新的理论元素,这必然要在高度系统化的体系中才能实现;最后,一个品质好的理论体系,还要能对该理论体系相匹配的方法论形成指导和规定,这样才能强化理论功能的整体性。因此,理论必然是系统化的知识,而不能是零散、孤立的知识点的简单集合。

2. 理论是知识的逻辑化

复杂系统管理理论为了能够揭示管理活动的本质属性与内在规律,必须能够以反映这些特有属性的话语为基础进行抽象与思考,话语既有自身的语义、语境,更有词语与词语之间的连接以及词语与对象的连接,这就必须遵循人们的语言习惯与语言逻辑。虽然全世界不同国家与民族使用多种不同的语言,有着不同的语言逻辑与习惯,但是复杂系统管理理论是使用不同语言的人们对人类复杂系统管理活动本质属性的共同认知,因此,它应该有着超越一般自然语言逻辑关系的"更高级"的科学话语体系及其相应的逻辑体系。不仅如此,理论为了说明和解释复杂系统管理活动现象,揭示其中的客观规律并指导实践,还需要通过推理、判断等逻辑思维方式产生新的知识,这就要求理论具有自身特定的逻辑和规则,只有这样,才能保证理论具有规范、确定、有条理和前后一贯等基本品质。具体地说,复杂系统管理理论必须有自身的核心概念,在此基础上推导出基本原理,进一步提炼出普适性科学议题。所有这一切,必须在科学话语体系的逻辑框架中进行,所以,理论必然是以知识为基本要素的逻辑化体系。

由此可见,复杂系统管理经验、知识与理论有着同源的一致性,但理论在形成过程中,其科学内涵及品质必然表现出不断系统化和逻辑化的递进性与成熟度。

6.3 复杂系统管理理论基本内涵

这样,根据理论的一般性定义和第五章的内容,复杂系统管理理论就是复杂性管理问题相关知识的系统化与逻辑化。

总体上说,复杂系统管理知识不仅需要将多个领域的知识进行汇总,而且在许多情况下,更需要我们把多领域知识相互融合,形成新的知识,例如,对于复杂整体性问题的决策,需要我们把科学理论、人的经验、知识、智慧与计算机技术、数据科学知识融合在一起,形成新的决策分析力与判断力。这说明,复杂系统管理的知识既包括单元性知识、知识单元之间的集成,还包括知识单元之间的融合,体现了复杂系统管理知识的系统化与新知识的涌现。

另外,复杂系统管理的知识元素之间要通过彼此的隶属关系、包含关系、并列关系、联结关系、反馈关系等各类逻辑关系,通过推导、判断和推理帮助我们认识复杂系统管理现象、分析问题的复杂整体性,并由系统化的知识群与知识链生成、拓展出新的知识。这样,知识的逻辑化才能保证和支撑复杂系统管理知识体系成为自生长、自发展、鲜活而有生命力的"动态演进型"知识体系。

例如,复杂整体性是复杂系统管理的本质属性,具体而言,这是通过管理本体复杂性、管理主体行为复杂性与管理环境复杂性及彼此之间的紧密关联性、耦合性形成的整体化,因此,需要通过对各方面复杂性知识的逻辑化与整全化来生成和表述复杂整体性知识,并以此为核心开展关于复杂整体性问题的研究。

这样,经知识系统化与逻辑化形成的复杂系统管理理论才能够指导我们在认识复杂系统管理本质特征的基础上,通过规范的思维方式和逻辑推导研究反映复杂系统管理本质属性的一类复杂整体性管理问题。

综上所述,复杂系统管理理论是人们在复杂系统管理实践活动与思维活动中建立起来的由知识为基本要素的系统化与逻辑化体系。在这一体系的支撑下,人们可以更有条理地描述和理解复杂系统管理实践活动中的各种现象,也更便于深刻揭示管理问题与活动的本质特征与一般规律,因为该体系已经被赋予了系统化与逻辑化研究复杂性问题本质属性的品质。

作为管理学的一个新领域,复杂系统管理理论自然需要沿着"思维原则—核心概念—基本原理—科学议题—方法论与方法体系"这一完整的理论构建学理链,其中,思维原则已经通过复杂系统思维范式转移而确定,需要我们逐步完整化的是"核心概念—基本原理—科学议题—方法体系"等各个环节,这些将在本书后面各章逐一介绍。

6.3.1 复杂系统管理学术话语体系建设

所谓学术话语体系是学术共同体开展学术活动与实现学术功能的话语平台。该平台为某一领域的学术交流与传播提供了基本的话语环境与条件,并以一定的机制维系着学术话语内容的稳定生长和发展,保证着学术话语功能的持久和有序。复杂系统管理作为管理学的一个新领域,把该领域话语体系的功能和作用与学科体系、学术体系放在一起时,会认识到它们三者是一个相互关联、相互促进的整体。其中,学科体系是基础,学术体系是内核,话语体系是表述载体。

在一个学科领域,或是在一个学术研究群体中,其理论创新之所以表现出旺盛且经久不衰的生命力与鲜活度,有着很多积极的原因,其核心原因是该领域内的学科体系、学术体系与话语体系三者之间呈现出相互促进和相互推动的关系,而其中的学术话语体系对学术不断丰富和生长的强有力支持是一个非常重要的原因。反之,如果学术界在学术创新活动中自主性创新乏力,很大程度上也是因为学术话语力量不强,或者是自主性学术话语体系缺失造成的。所以,要拓展、提升和创新复杂系统管理学术的发展,一个重要的任务是要加强和完善复杂系统管理学术话语体系的建设。

构建复杂系统管理学术话语体系的原则要点与基本路径如下:

1. 把握构建话语体系的原则要点

本书提出的复杂系统管理是以钱学森复杂系统思想为主线,并充分汲取其他复杂系统学术思想形成的一种复杂性管理范式,具有自身的原创性和思维原则,因此不宜用某些其他学科领域的复杂性词汇及话语作为核心话语元素来构建自己的话语体系。而应该根据以下两点确立构建话语体系的主要方向。

(1) 基于认识论变革的话语创新。从本书第三章复杂系统路径 B 与第四章复杂系统思维范式转移出发,需要深度挖掘与复杂整体性属性相关并拓展的内涵以及研究如何采用新的话语体系来描述和表征它们。即使这样的话语在其他领域也出现过,在这里也需要赋予它们新的内涵。

(2) 基于方法论变革的话语创新。当前,互联网、大数据与人工智能等现代信息技术与复杂性管理活动深度融合,并由此形成了一系列新的管理技术与方法,复杂系统管理学术话语体系必然要充分反映和表达这类重要的技术与方法。相应的话语创新不仅对复杂系统管理新方法的形成和应用有着直接的意义,而且有利于通过方法论变革的话语创新寻找到认识论创新"落地"的"脚手架"。本书在第十二、十三章介绍的大数据驱动的复杂系统情景建模技术中,提出了针对复杂整体性模型化的情景耕耘、情景切片、切片流等隐喻式话语都为我们基于方法论变革构建新的话语体系提供了探索性实例。

2. 把握构建话语体系的基本路径

在明确了上面所述的原则要点后,需要在操作层面上确定构建新的话语体系的基本路径,即构建话语体系实际操作的"切入点"。下面以凝练标识性新概念、拓展新的语言使用和实现学理链大循环为例加以说明。

(1) 凝练标识性新概念

复杂系统管理话语表达首先要以专门的科学语言为基础,这一基础就是概念。概念能够促进人们在学术研究中从具象思维到抽象思维,成为科学共同体成员之间相互交流与传播的学术话语的"基元"。

复杂系统管理学术研究对管理活动、现象、问题的理解和分析首先需要概念化,提出反映本质属性的概念,为我们表述科学问题并在科学共同体内部达成共识和进行交流传播提供基本构件。因此,复杂系统管理学术研究需要自主性提出理论体系中的核心新概念,否则难以体现学术思想的自主创新。

越能体现复杂系统管理本质属性的概念在其理论体系中越具根本性,故对这一类概念要"精练"并使其构成概念体系中的"精品",一般称其为核心概念或标识性概念。标识性概念是指一个学科中基本的、有别于其他学科的语言符号聚合体。提炼标识性概念可能是创造完全的"新话语",也可能是赋予已有的甚至是传统的概念新内涵,这属于对已有概念的内涵"重构",这两种方式都是可行和有效的。但无论是哪一种方式,都必须要蕴含深刻的新的思想和理论内涵,并且能在学理链中实现包容、拓展、联想与升华等功能。如果提出的概念缺乏原创性,那只是在重复别人的思想,研究工作的意义也往往只局限于再一次证明别人思想的正确性。

要充分认识到,学术话语中积淀着我们对客观世界的认知和理解,而概念,尤其标识性概念则凝练了我们的学术思想核心,正如爱因斯坦所说,"如果没有界定范畴和一般概念,思考就像在真空中呼吸,是不可能的"。

显然提炼这样的概念又要说出"新话语"绝非易事。一般地,人们随着对事物认知的不断深化,表达的方式会逐渐由"大白话"转换为学术性语言或分析性语言,虽然这一转换让许多人感到不再那么容易理解,但在学术界内部这是一次具有重要进步意义的转换,因为这时的概念附着了许多新的规范性、本质性、可延展性,在学术交流中它们也就成为"跨国性语言"。当然,这一转换过程的实现主要不是依靠语言技巧,而是要依靠在其中注入的丰富的复杂性思想与理论学养,思想与理论越深刻,越能用最深刻、最精练和最具本质性的话语来表达。

作为例子,在本书第七章中我们提到了在研究管理性问题时,在传统的相对简单的情景概念基础上,重构了情景概念新内涵并使之成为标识性概念。这一新的基本概念的提出,让我们在复杂系统管理理论中,将问题导向转换为情景导向,这意味着复杂系统管理理论研究从一般整体性向复杂整体性的深化,并从学理逻辑上认识到的理论问题原本是沉浸在情景之中的,为了使其不致失去情景现实性与独特性,需要尽可能在原生态情景中去感知理论研究结论的真理性。这就需要研究者在研究问题过程中不仅以"旁观者"身份看到问题的情景,而且还要以"在场者"的身份置身于对问题现象与属性形成与演化具有重要意义的情景之中,甚至自己还以"亲为者"的身份直接制造新的情景。进一步地,以情景为标识性新概念,引出关于深度不确定决策的情景鲁棒性基本原理,形成复杂系统管理理论中的深度不确定决策这个新的科学问题,再设计出大数据驱动的复杂系统情景建模技术这一复杂系统管理关键技术,以上每一步既体现了标识性概念的基础话语作用,又体现出它对构建新的理论体系的推动作用。

当我们认识到概念,特别是标识性概念创新或重构对于构建复杂系统管理学术话语体系的重要意义后,更应该认识到:在我们面对现实问题并开始研究问题时,不能一开始就"浅尝辄止"地预设一套概念作为话语体系框架;相反,只有真正从现实问题中凝练出反映问题本质属性的概念时,才能有自主性学术话语,再坚持运用新的思维原则与表述方式回答问题时,就能形成自主性的话语内容。在这一过程中,如果我们没有提炼出具有本质属性深度的概念,或者提炼出的概念趋于同质化,或者新概念无法由感知升华为可分析的科学概念,我们就难以在理论研究中提出基于概念的基本预设和前提，也难以构建出自主性的学术话语体系。

（2）拓展新的语言使用

话语的基本工具是语言。最初，人们的口头语言是以语音为物质形态，由词汇和语法两部分组成的一种符号系统。后来，语言的表达方式被定义为人们使用语言的形式，人们在发明了文字之后，使用语言的形式主要是文字，广义的文字还包括图形、数学符号等。这样，以"语言使用"为基础的话语体系的核心要素可以进一步抽象理解为规则、逻辑、指令、程序化处理和思维方式，这一拓展性认知使我们不难理解，学术话语范式与人们最近作为哲学普遍性思维方式的"算法"之间具有一致性或高度相近性。

以色列历史学者尤瓦尔·赫拉利所著《未来简史》把"算法"作为当代一种具有哲学普遍性的思维方式："算法是指进行计算、解决问题、做出决定的一系列有条理的步骤。"由此，凡是能够把一件事情放置到一个逻辑化的程序中，并用包括计算机在内的某些方法来处理，这套路径（规则、流程、步骤）就是一个"算法"。于是，除了传统的自然语言，实验科学、理论推导、计算机模拟与数据密集型科学这四种范式都是在"算法"意义下的话语方式。

这一结论启发了我们可以通过话语体系内涵的进一步深化与拓展来增强对复杂性管理问题的描述、诠释与解决的能力。在这个意义上，除了通过复杂系统管理思维原则创新、理论体系创新等路径来提高研究能力，还可以运用基于大数据、人工智能等先进信息技术的作用来推动。这样，对话语体系的理解也可以从传统的自然语言、科学语言、计算机一般性功能等进一步扩展到如广义算法、新的符号系统、数据驱动以及人工智能等。

不难理解，随着复杂系统管理在本质属性上出现了从系统性到复杂性的演化趋势以及现代信息技术的广泛运用，必然会引发应对管理复杂性的新的话语需求，同时也会出现技术与管理、技术与伦理、技术与人的行为之间的潜在冲突和供需不均衡。另外，随着管理科学、自然科学、工程技术科学相互融合而成的交叉学科、复合型学科的不断涌现，在基本学理的合理性、兼容性与拓展性等一系列基础性问题上都将产生大量新问题。而对这些新问题的研究，从思维、表述、传播与交流等基本行为方式中都会产生话语体系上的匮乏甚至空白。上述这些情况都说明，当代先进信息技术在为我们提供强大能力的同时，还形成了巨大的话语"空白地带"亟须我们去填补，而新技术本身就是参与填补这一空白的主角之一。可以想象，一旦在这方面有所突破，将大大增强建构复杂系统管理学术话语体系的能力。

在运用方法论创新推动学术话语体系构建方面,钱学森提出的综合集成方法体系是一个经典范例。综合集成方法体系是钱学森长期以重大工程管理为背景,融合多学科、多领域的技术和方法提出的一种用来认识、分析和解决复杂性管理问题的整体性方法。本质上,这类问题的复杂性主要来源于主体认知能力不足、客体本身复杂及环境的深度不确定等,由此可见,综合集成方法论与复杂性问题的特点以及解决原则与路径是吻合的。应该看出,综合集成方法体系是在复杂系统思维范式指导下对解决复杂性问题方法的整体路径设计,它既能够保证复杂系统管理中方法论的科学性,又能够保证我们用一套新的话语方式对研究过程进行描述和抽象。

(3)实现学理链大循环

情景导向与理论创新是复杂系统话语创新的学术基础,我们可以从这一基础出发再到话语创新这样一个"大路径",系统化地创新复杂系统管理话语内涵。

当今,在复杂系统管理学术研究中,存在着一系列基础性的重大理论问题,如范式转移、知识获取模式、理论体系建构等。这类问题不可能通过几个零散的理论问题或者经验总结解决,而首先要在普适性意义上构建如下完整的学理链:哲学思维—核心概念—基本原理—科学议题—方法论与方法体系。这里,不仅在学理链的每一阶段都要有具体的反映复杂性问题本质属性的内容,而且在学理链的每个转折节点处都要有合理的转换逻辑。这样的理论研究路径最终形成的不是某一具体和局部专题理论,而是一个领域的一般性基础理论体系。不难看出,这样的理论体系必然是复杂系统管理领域中具有重要学术价值的新的学术主张,因此,从影响力而言,这实际上是一种最基本、最完整、最具标志性的学术话语创新路径。

当然,这样的系统性话语方式构建需要遵循理论体系形成的基本规律和形成范式,它的构建路线既是我们关于复杂系统管理理论体系创新,也是关于话语体系创新的完整"大循环"。

以上我们用了较多篇幅论述了与学术话语体系中话语内容相关的几个操作层面的"切入点",着重指出话语体系最根本的还是管理思想和理论自身所拥有的基本品格以及学术话语内容的真理性与普适性,这是人类管理文明的普适价值的体现。

6.3.2 复杂系统管理术语释义

本章一开始对复杂系统管理进行了释义,重点是对复杂系统管理科学内涵进行了解释,指出它作为一种新的管理模式,在实践上,主要是对社会经济系统中一类"复杂整体性"问题的管理活动;在学术上是基于新的方法论驱动的复杂性管理类中的一种范式。

既然如此,为什么不直接称其为"复杂性管理"而称其为"复杂系统管理"呢?这关系到科学概念话语符号逻辑性以及术语表述形成路径依赖的特点。

通常,术语是在特定学科领域用来表示概念的称谓,术语不同于语法学中的单纯名词,是通过语音或文字来表达或限定科学概念的约定性语言符号,是科学思想和认知交流的工具,因此,要有其明晰的内涵。

根据本书学理体系,是先有"复杂性",后有具有复杂性属性的复杂系统;从逻辑上讲,"复杂性"是一个比"复杂系统"更广义的概念,复杂系统管理是以钱学森复杂系统思想为主线形成的一种复杂性管理范式,还原论不可逆是它的内核,所以称其为"复杂系统管理"是强调了这一内核以及在复杂性管理类中的独特性规定性。

另外,"复杂系统管理"这一术语的使用更能够反映出科学发展历史路径对科学发展的影响,这一点我们在下面做点诠释。

随着人类社会的发展,在原本简单的管理中出现了复杂的管理,所以,必须要知道复杂的管理问题是什么样,能不能和如何挖掘出复杂的管理问题的本质,用什么样的方法论来规范解决复杂的管理问题等等,进一步,就要求搞清楚、搞明白、搞深刻有没有关于复杂的管理本质的知识体系,能不能建构这样的知识体系。

所有这些,已经不是对一个具体管理问题的发问,而是对涉及管理哲学思维、科学范式、学理逻辑、知识形成路径与重大议题的发问。不难看出,这是管理学领域的一个大问题、难问题,根本的原因是"复杂"不只是某一个领域、某一个区域、某一个层面上的现象与特征,而是当今人类管理活动全局性、普适性的实体存在和本质属性,因此,需要我们在更高层次、更大尺度、更多维度上思考和揭示"复杂"的本质属性,首先要建构适应"复杂"多科学领域"横断性"的方法论,否则,即使在一时、一事上有一点进展,也难以在全局上驾驭这一重大难题。

从这一整体性思维出发,我们发现人们近一百年来在系统科学领域取得的发展与成果为我们解决这一难题提供了重要的启发和帮助作用。

首先,系统科学不论自然科学、社会科学等所研究的具体领域和具体问题的特质,都能够把它们当作抽象的"系统"来看待,系统科学的这一"横断性"学科的属性与上述"复杂"的横断性是一致的,这就决定了系统科学中许多思想、概念、

第六章 复杂系统管理概论

原理等对描述、抽象各纵向学科中普遍的"复杂"现象与问题有着更高层次和更深刻的概括性与可解释性。

事实上，正是从20世纪初起，自然科学家在物理、化学等领域发现了形态多样的复杂现象，并用"复杂性"这个词汇作为复杂现象的统称，开始了关于"复杂"的现代学术研究并把关于"复杂性词汇"的研究称为复杂性科学；后来，科学界又增加了"复杂系统"这个概念，希望研究具体领域复杂现象时，用某种"复杂性"词汇，而在研究具体领域之外的复杂现象时，采用更具抽象性的"复杂系统"，这表明，"复杂系统"是作为产生复杂现象"母体"出现的一个概念。这一复杂性与复杂系统观对推动人类现代科学的发展发挥了极大的作用，是人类了不起的成就。人们也用这一复杂性与复杂系统思想来研究社会经济领域复杂的管理问题，提出了不少新的视角，提供了许多启发和知识。但是，总的来讲，源于自然科学的复杂性词汇与复杂系统观念难以契合社会经济领域中的社会现象、组织与人的行为，也难以深入社会经济管理复杂现象背后的机理。这说明，一方面，人们力图用系统这一概念来应对"复杂"的横断性取得了成功，另一方面，源于"复杂性词汇"的复杂系统观又难以直接担当起对"复杂的管理"研究的学理性基石。

要根本上解决这一困惑，那就要使复杂系统具有社会经济领域中"复杂的"本质属性，钱学森提出了以"还原论不可逆"为内核的"复杂性"概念作为"复杂的"本质属性，如果系统具有"还原论不可逆"属性，标志着这类系统具有"复杂的"实体存在的本原与本质，称其为所谓的复杂系统。显然，在理论思维层面上，"复杂系统"可以作为表征复杂的系统本质属性的学术符号，在实践思维层面上，"复杂系统"可以当作"复杂性"属性的现实载体，那么，"复杂系统管理"这一术语就主要表征为关于社会经济领域中复杂的管理本质的范式。

不仅如此，既然关于复杂的管理的本质是通过"横断性"的复杂系统来表征的，那么对复杂的管理本质的深度认知，对复杂系统管理理论体系的建构就必然需要以系统科学领域中复杂系统思想为指导。系统科学与管理科学两者之间如此深刻的内在关联充分说明了当今不同学科之间相互交叉、相互促进的"大科学"的时代特点，也使我们对最近几十年来，系统科学、管理科学各自独立又相互推动、共同应对不同领域各类复杂现实管理问题有了更深切的理解和体会。

以上就是对复杂系统管理这一术语的释义。

6.4 复杂系统管理理论的中国哲学概观

6.4.1 理论、知识与道理

前面指出,在一般意义上,理论是以知识为基本要素构成的系统化与逻辑化体系,知识则是人们在改造世界的实践中所获得的认识和经验的总和。而在这里,我们换个角度,从中国汉字的特点来诠释一下"知识"的内涵。

中国的汉字,别称方块字,是汉语的记录符号,属于表意文字的词素音节文字。所谓表意文字是一种用象征性书写符号记录词或词素的文字体系,这种文字体系的特点是,它不直接或不单纯表示语音,而是人们在造字之初,看到一个事物,就按这个事物的大致形状或者想表达的蕴意记录下来,以后看到这个符号(汉字)就知道是什么事物,代表什么含义。

"知识"的"知",字从矢从口。"矢"指"射箭","口"指"说话"。"矢"与"口"联合起来表示"说话像射箭,说对话像箭中靶心"。本义:说得很准,如一语中的,不说废话。"知识"的"识",繁体写作"識"字,字从言从戠。"戠"字从音从戈,本指古代军队的方阵操练。"音"指教官口令声,"戈"指军人的武器,这里代指操练的军人。故"戠"意为军阵随着教官指令队列出现整齐划一的动作,由此,"识"的本义是用语言描述事物的形状和细节。引申义为区别、辨别事物的形状和细节,如老马识途;又指所知道的道理,如知识、常识等。

这样,我们可以用大白话把"知识"理解为"道理",一个领域的理论体系就是该领域的"道理"体系。当然,这里的"道理"体系绝不是个别的、孤立、无序的"道理"的堆积,而应该是该领域"道理"的系统性与逻辑化,下面我们再从对"道理"内涵的分析体验出理论的内涵。

怎么理解"道理"的内涵呢?平常说"讲道理"既要讲"道",又要讲"理",而"道"与"理"在"道理"中是分属两个不同层次的。一般地,"理"是具体事物自身存在与变化的表征或者是解决某个具体事情要遵循的法则,反映了对具体事物深刻的解释与正确解决问题的路径,是对事物具体的内在矛盾的正确把握,因此,"理"存在于具体的事中,与事在同一层面,有事就有理,有一事就有一理,无理事就不存在;另外,"理"是具体的、可见的、可言说的。

而"道"则与"理"不同,"道"主要是事物普适性与规律性的"理",因此,"道"既存在于可见可言说的具体事物的"理"之中,又因为它不是某个具体事物的"理",所以,"道"在个别"理"之上、之外。但是,如果不理解"道",说明没有掌握事物普适性与规律性的"理",也就不懂得如何分析和运用具体事物的"理",越是复杂的"理",越需要通过复杂的"道"来指导;另外,"道"是抽象的、不可见的、不可言说的。所以,老子的《道德经》一开始就说"道可道,非常道",即"道"即使能够逐渐搞清楚,也不是简简单单地就能说清楚的,强调了"道"的复杂性、不可言说性。

概言之,道理,既有道,又有理;道是事物抽象的属性与规律,理则是事物具体的表征与诠释;理在事中,道既在理中,又在事之上,高于事。总体上说,道与理两者不可分,以道说理,从抽象到具体,能够把理说全说透,所以,凡有理讲不清、讲不透,是因为缺乏道的指导,故道是理的哲学思维。

6.4.2 复杂系统管理理论的中国哲学思维

综上所述,一个领域的理论体系既是该领域"知识",又是该领域"道理"的系统化与逻辑化,并且重点是对"道"的规律性的系统化认知,因此,我们就不能够仅仅在一个个具体事物的"理"的层面上来建构关于"道理"的体系。打个比方,建构理论体系,好比盖座高楼,哲学思维就是这座高楼的地基。这一点在3.4.2.2节有一段话解释得比较清楚,这段话是这样的:一个新的理论领域之所以要以确定的哲学思维为依据,是因为任何领域理论体系都必须有共同的逻辑起点,需要在认识论与方法论层面,即在哲学思维层面确立对该领域问题本质属性的认知。而要做到这一点,一般不能仅在该领域之内、在该领域局部范围内或者在该领域具体技术和方法层次上进行思考,而要在与该领域有着紧密关联的更高层次、更大尺度上进行思考。这就需要进入哲学思维的层面明确该领域问题的本质属性与学术研究的基本范式。另外,哲学思维要求认识论与方法论的统一,因此,确立了哲学思维才能够明确该领域理论研究的方法论与方法体系。

在明确哲学思维对于构建理论体系的引导性、基础性与支撑性后,一个现实问题是,哲学思维的种类非常丰富,构建复杂系统管理理论体系应采用什么样的哲学思维,即什么样的哲学概观呢?

概观是一个由两个汉字组成的词语,第一个字"概"表示概括、总结,第二个字"观"表示观察、看待。概观的基本含义是指通过观察和总结来了解某事物的整体情况或特点。它强调从整体的角度来看待问题,而不是片面地看待。概观这个词语常用于描述对事物的整体情况进行总结和概括的场景。特别是,对一个相对比较复杂的科学主题或者议题,概观可以帮助我们在宏观、全局和整体层面上把握住主题或者议题的内涵或者属性。

由此可知,哲学概观是指人们对哲学和与某个哲学相关的某个事物(问题)

的根本观点和看法,而这样的根本观点和看法集中体现为一种哲学思维,并以这一哲学思维来概括总结某事物的整体情况或特点。

现实中,在哲学概观意义下,人们确立复杂系统管理理论的哲学思维的路径的历程大体有以下几个要点:

(1) 管理、系统、复杂性、复杂系统等这些与复杂系统管理紧密关联的要素与构件都需要我们以"整体"的视角来看待和思考,即要明确复杂系统管理理论的哲学思维是一种关于"整体性""复杂整体性"的思维。在这个问题上,由于近二百多年来,西方自然科学各个领域快速发展的同时,自然科学也被划分成分门别类的学科,这一状况一方面有利于在一个学科内形成相应的研究范式,便于学术共同体内部的知识交流与传播,另一方面,科学体系的整体性也不可避免地被肢解了,这显然不利于整体上探索跨领域的复杂性、复杂系统的研究。近一百多年西方自然科学家在研究科学"复杂"现象时,创造了那么多"复杂性词汇",提出作为复杂现象"母体"的复杂系统等思维,并没有真正走出对"复杂"本质属性认知的困境,反映出以"非整体"的哲学思维探索复杂的"整体性"的思维缺陷。因此,关于复杂系统管理理论的哲学思维必须是一种跨领域、多学科的整体性思维。

(2) 复杂系统管理活动与问题的"复杂性"是一类"复杂整体性",是基于整体性的复杂性、基于复杂性的整体性,更有复杂性与整体性相互融合或者纠缠涌现出来的新的复杂整体性的一体化。由于这类复杂性现象作为现实存在,首先在物理、化学等自然科学领域中被发现,因此,人们对于复杂性复杂系统内涵的理解与提升路径的实际都对物质型本体的感知有着极大的依赖,即基于现象论、强调实证主义以及被实验证明的事实的哲学思维对于早期复杂性与复杂系统观有着极大的影响,并且一直深刻影响至今。这显然对于构建社会经济领域中的复杂系统管理理论有着不利的制约性。

在这个关键问题上,中国哲学概观有着独特的、建设性的思考与观点:

中国哲学在天人关系上认为天人同构并且心物相容,既尊重客观事物(天)虽然有着不同的形态,但具有自身的活动规律与变化规则,同时,人可以在实践中,通过观测和思考来认识客观事物(天)的规律与本质,提升自己对客观世界的理解与认知水平,逐渐实现天人的一致。主体(人)与客体(物)的这一一致性,不仅包含了客观世界的真实性,而且包含着人的认识内容的主观性,这实际上就形成了哲学的认识真理性。

上述表明,中国哲学认为对现实存在与存在本原的认识,不宜把本体思维过程与现象世界割裂开来,对本体的认知不能离开现实世界中人对本体的认知方式,因此,中国哲学的本体论是天人合一、知行合一。特别是,人是社会经济领域的主体,人最具复杂思维与行为,因此,对社会经济领域复杂的系统本质属性的认识与探索,更不宜把人作为系统之外的"旁观者"或者"局外人",单纯思考社会经济系统复杂现象中的"物性"(物质的自然规律),而要充分认识到,现实中的复杂社会经济系统既包括复杂的"物性",又包括复杂的"人性"(人的存在的本性),是社会经济系统中复杂的"物性"与"人性"的一体化。因此,对社会经济领域复杂的系统本质属性思考,宜将人存在于天地之间的本性即人性、人认识世界思考问题的本性即心性,与系统遵循的客观自然法则本性即物性融为一体,即以"天人合一"的人的本质化与物的本质化进行统一,实现对复杂的社会经济现实世界本质的认识,揭示复杂实体中人与人、人与物和物与物的深层次关联以及建立在这些关联上的自身存在的本原与根本。

在这里,本体已经不只是物理、物质性,更有物理、物质性之外和之上的人的理性。正是从中华传统文化的这一内核出发,钱学森既看到物理、物质性本体,又看到人的"内为心性"的观念本体,在物理、物质、社会的一类"复杂的系统"本体的认知基础上,突破了整体论与还原论对复杂性思维的制约,既融合了人们对复杂性和复杂系统本体论的多重内涵,又不完全为自然法则所支配,形成了既遵循自然法则,又尊重人的"人性""心性"的关于社会经济系统本质属性的认识论和方法论。因此,中国传统哲学关于本体论的这一思维概观,成了钱学森揭示社会经济领域复杂的系统本体认识论与方法论思维原则,也是本书构建的复杂系统管理学术体系的哲学思维逻辑起点。

正是从这一哲学思维原则出发,钱学森提出:凡是不能用还原论方法处理的或者不宜用还原论处理的问题,而要用或宜用新的科学方法处理的问题,都是一类复杂性问题,复杂巨系统中就有这类问题。

上述的论述表述了复杂系统管理理论的中国哲学概观。

第七章 复杂系统管理核心概念

从复杂系统管理活动实践与思维原则出发,本章探索性地提出若干核心概念,每一小节介绍一个概念,随着理论体系的丰富,核心概念会进一步丰富和深刻起来。

7.1 复杂系统管理—环境复合系统

任何复杂系统管理活动都赋能于某一个复杂生产造物活动,并在原来的环境中构建出一个新的人造复杂系统。这表明,复杂系统管理活动一旦结束,将由该人造复杂系统与原来的环境系统形成一个新的复合系统,因为这一新系统是由复杂系统管理活动与原来环境复合而成,故称其为"复杂系统管理—环境复合系统"。

在一般情况下,任何管理活动都会产生这样的复合系统,但并没有引起我们特别的关注,这主要是因为一般管理活动最终构建的人造系统规模较小或者与环境的复合往往不足以形成具有重大影响的新系统;但复杂系统管理活动构建的人造系统往往规模巨大、对环境影响深刻、时间长远,对原来的环境系统具有举足轻重的重构作用,如重大工程的规划与立项、重要社会经济发展战略、社会治理政策设计等都属于复杂系统管理,都会对原来的社会经济环境产生巨大而深远的影响。这时,就需要引入"复杂系统管理—环境复合系统"概念,并关注这一概念重要的理论蕴意。例如,从系统功能视角看,新的复合系统可能产生原来不具有的新功能,特别是可能出现人们没有预料到或者不希望出现的新的功能,这对复杂系统管理预设的人造复杂系统来说是一种隐性的管理风险,由于这类风险往往具有深度不确定性或者大时空尺度的特点,故对主体来讲,需要给予充分的关注。

以上分析表明,与一般管理活动相比,复杂系统管理研究要充分关注原来管理预设的人造系统与上述复合系统之间的作用与反作用,特别是,不确定性、多

第七章 复杂系统管理核心概念

尺度、适应性等复杂性特征使这些作用与反作用相互交织,并形成了复合系统更为复杂的内隐性、滞后性和行为变异性,这些都远远超过人们的一般管理经验与能力范围,也是人们在管理实践中难以预料和防范的。

例如,我国三峡水利工程是当前世界上规模最大的水电站,也是中国有史以来建设规模最大的人造水利枢纽工程,具有航运、发电、防洪等功能。三峡工程建成后与长江广阔的上游流域组成了新的复合系统。随着时间的推移,该复合系统本身的结构与功能都发生了新的重要变化,并因此又对三峡地区产生"反作用"。这时,三峡工程的功能作用和基于复合系统的"反作用"相互交织和缠绕在一起,不仅会出现人们事先设计、预期到的现象,还可能产生并非人们当初预期或未能预料到的现象。因为人们通常的经验和知识基本上用来认识和预测直觉、显性的因果关系或者相对简单的现象,而复合系统在大空间—时间范围内可能涌现出一类新的具有内隐性、传导性、滞后性和变异性的复杂现象,由于这些现象很可能远远超过人们的一般经验与知识能力的范围。因此,当初人们在进行工程论证时会无法准确预料和预测到它们。

具体地说,三峡工程上游的长江干支流水道上的大规模拦截建库现象极大地改变了"三峡工程—环境复合系统"的系统结构,客观上给"三峡工程—环境复合系统"带来了多方面的深刻影响,如上游的多级拦截使三峡入库泥沙量锐减。有专家预测,待上游更多的水库竣工,三峡入库泥沙量只有论证时的1/10。这一方面减少了泥沙淤积对三峡库区的影响,是件好事,却带来了另外意想不到的"新麻烦",这就是清水下泄。长江河床经清水冲刷,不断加深,导致长江水位下降。在湖北省的洞庭湖的长江湖口,冬天枯水时,河床底比长江水位还高,长江水进不来,这就加剧了下游湖泊的旱情。本来水生生物是可以进到洞庭湖的,现在进不来了。

根据中国长江水利委员会的泥沙研究成果,三峡水库蓄水后的30多年内,在无人干预的条件下,长江中游的荆江河段将发生大量的冲刷,70%以上的冲刷集中在下荆江段,河床将平均下切7.4 m,中国科学院的计算结果是50年冲刷将使下荆江平均冲深超过10 m。换句话说,"三峡工程—环境复合系统"的确涌现出工程的"正作用"与复合系统"反作用"相互交织的现象,并造成一系列重大后果。

由此典型实例可以看出,在复杂工程系统领域,"复杂系统管理—环境复合系统"概念无论对于重大复杂工程系统管理的实践还是理论研究,都是一个具有十分重要的意义的概念。

7.2 复杂整体性

无论把复杂系统管理作为管理学的一个领域,还是一类独特的实践类型,或者一个理论体系,复杂整体性都是其范畴内最核心的概念,因为复杂系统管理的本体属性、人们对复杂系统管理的认识论与方法论都是以复杂整体性为逻辑起点的。

在不同的领域,"复杂整体性"有着不同的背景和内涵,这主要是因为"复杂整体性"在某个特定的语境中往往可以从主体认知需要出发,做出某种特定的解释。例如,如果重点放在"复杂"上,那非线性、随机性、混沌性都可认为是某种形态的复杂整体性;如果重点放在"整体性"上,那么所有 1+1>2 的关联性、功能性、涌现性都是复杂整体性;所以,我们不能简单"挪用"其他学科的"复杂整体性"来定义复杂系统管理的复杂整体性,否则,这一概念难以与复杂系统管理属性紧密契合。

从本书前面各章所述,作为复杂系统管理概念的"复杂整体性",其本质自然是指复杂系统或者复杂性问题的"还原论不可逆性",是人们对复杂系统管理全局、全过程意义下的属性的抽象与凝练,所以,它可以是复杂系统管理实践的物理复杂整体性,也可以是主体在属性认知上的系统复杂整体性,或者是管理活动中的管理复杂整体性;也可以是这几方面复杂整体性的综合。

虽然复杂整体性是还原论不可逆性的同一性表征,但为了更具体、清晰地理解它,我们在下面从不同的视角对这一个概念进行分解式诠释。

首先,复杂整体性的基本内涵可理解为:在复杂系统管理活动的现象、场景与问题的形成与特点中,主体的认知与行为不仅存在着各种复杂形态,而且这些复杂形态以多种方式紧密关联和相互影响着,导致不宜或者不能将一个复杂性管理整体活动、整体场景或者整体问题自上而下地分割为若干个彼此独立的相对简单的部分,在用相对简单的方法解决各个部分后,再按照反向的自下而上路径把整体"拼装"起来。简言之,复杂整体性表征了复杂系统管理的现象、场景、问题不仅是复杂的,而且在复杂的基础上,还不宜或者不能对整体进行"可逆化"分割。

上述基本内涵有着以下更为细致的实际内容:

(1) 人的心智与行为的复杂整体性。复杂系统管理的主体及对象中都包括着高智能的人,人作为复杂系统管理活动的核心,同时具有理性与非理性、主动与被动、主观与客观、主动性和适应性等心智特征,还表现出社会人、经济人与

第七章　复杂系统管理核心概念

自然人等行为属性，人还会通过学习、模仿、试错、继承与突变等手段，主动改变自身行为以适应环境的变化、问题的变化。适应性造就复杂性，人的心智程度越高，其行为的适应程度越大，因此，在复杂系统管理活动中，人既表现出各种深刻的复杂性，还不断通过适应性创造复杂性，而且还表现出心智与行为的整体性、有序性等等。此外，复杂系统管理中的人，一般都不是单个个体而分属于不同群体，群体之间以及群体与其他管理要素之间紧密关联、相互影响成为不可分割的整体，所有这些，最终表现为基于人的心智与行为复杂整体性的宏观功能涌现。

（2）系统关联的复杂整体性。一般地，复杂系统管理各构成要素间存在着多种关联形态，不仅有显性关联，还有隐性关联；关联影响既有实时，又有延滞；关联特征既有确定因果性，又有不确定相关性；关联传递与转换的信息既有完全与对称的，又有不完全与不对称的；关联作用不仅表现在横向的同一个层次上，还表现在纵向的跨层次上，而复杂系统管理的整体功能涌现正是这些关联性作用的"不可化约性"表征。这一论断包含了两层意思：第一层，复杂系统管理的整体性功能与品质，如适应性、鲁棒性等正是上述各类关联形态同时存在、相互耦合的综合协同作用；第二层，复杂系统管理具有如此有序的复杂整体性，绝非依靠某种偶然性，只能说明只要移除系统各种复杂关联中任何一个部分，将导致驱动复杂系统管理整体性功能的作用停止，这表达了复杂系统管理系统关联的复杂整体性。

（3）系统结构的复杂整体性。复杂系统管理活动是由人、物和信息等要素组成的动态综合体，综合体既有物理型结构部分，又有关联型、逻辑型的半结构和非结构部分，各部分对综合体的整体功能与行为都有着各自不可替代、不可或缺的作用，因此，对复杂系统管理而言，其结构的整体性与功能行为的整体性是对称的，我们不能将综合体在物理层次、关联层次或者逻辑层次上分解为多个部分，并只用其中的一部分来构建综合体的整体性功能行为，反之，任何综合体整体性功能行为机理也不能只由一部分结构的机理与关联关系所驱动，这是从系统整体的功能内涵与涌现内涵来理解复杂整体性。

（4）环境的复杂整体性。如前所述，对某个具体的复杂系统管理活动而言，环境对管理活动，以及管理活动与环境形成的复合系统都会对复杂系统管理活动、现象与问题造成多方面的复杂影响，这些影响有些是原来环境的直接影响，有些是复合系统的间接影响，但都源于复杂系统管理活动与环境之间形成的各种关联与耦合的整体性，所以，必须细致思考环境自身的复杂整体性和可能出现的整体涌现。

由以上四个方面可以看出：

（1）复杂整体性作为属性已经全方位地成为复杂系统管理与复杂性问题的本质印记；

（2）复杂整体性与复杂系统管理活动、现象与问题中的复杂性、不可分性、不可逆性和难预测性等互为因果、相互关联，并通过各种反馈机制与传导转换路径，成为复杂系统管理的基本动力学；

（3）在复杂系统管理不同层次、维度上，复杂整体性又表现出不同的形态与特征，这就要求我们在认识和研究复杂系统管理时，要充分考虑复杂系统管理内部与复杂系统管理—环境复合系统的各种复杂整体性形态和对管理活动产生的不同影响，如分别通过对复杂系统管理微观层面个体的复杂行为、宏观层面的整体涌现行为，以及多层面、跨尺度的中观传导与转换机理开展整体性分析，才能够完整揭示复杂整体性的深刻规律。

综上，在复杂系统管理理论中提出复杂整体性概念的意义在于：

（1）只有通过对复杂系统管理活动、现象与问题具体的细微的复杂整体性进行分析，才能够保证精准地驾驭问题复杂性与掌控问题整体性，应对新挑战。

（2）通过对不同类型的复杂整体性的分析与归纳，有利于在复杂系统管理理论研究中抽象和凝练共同属性与原理，发展新理论。

7.3 本质不确定性

在通常的管理活动中，人们一般希望用"明确肯定、确凿无疑"的因果律来描述管理现象和解决管理问题，如果能够这样，不仅研究容易，结论也确定。但是，事实越来越表明，无论是管理认知、决策、预测与方案优化，人们越来越多地遇到了现象和问题的"不能肯定、不能断定、难以决断或难以预料"的情况，这就是我们直观感知到的"不确定"。虽然我们并不喜欢"不确定"，但我们不得不面对它，而且我们发现，不同的现象与问题，"不确定"的样式是不一样的，人们对"不确定"的感知也不同，这表明"不确定"自身具有某种可作为属性的性质或者品质，这就是所谓的"不确定性"。

从一般学理出发，容易理解不确定性与复杂性或者复杂整体性之间有着密切的关联，因为，确定性总会让人感到"简单"，而不确定性总会让人感到"复杂"，至于对应"复杂整体性"，这一基本感知也是存在的。这也是为什么"不确定性"是复杂系统管理理论的核心概念的原因。

人们一开始是从思维过程来理解"不确定性"。例如，要准确、全面、深刻认

第七章　复杂系统管理核心概念

识管理现象与问题,需要掌握相应的管理知识,但由于人们的知识不齐全或者深度不够,无法对某一事实、现象的状态、运行趋势及未来情景做出肯定确凿的描述、预测与判断,一般称此为主观不确定性。另外,管理问题与现象自身可能具有某种客观的机理,而这一机理让现象与问题产生了状态与状态变化,路径与结果有着多种可能的客观规律,一般称此为客观不确定性。客观不确定性与人的主观认识能力无关,它是事物或现象自身的一种客观属性。除非事物与现象自身结构与机理发生变化,这种不确定性才会变化。

一般地,管理活动中的不确定性既包括主观不确定性,又包括客观不确定性,很多场合下这两种不确定性同时存在并综合在一起;再进一步,人们通过细致观测,认识到可以对"不确定性"的起因与程度进行划分,如一类"不确定性"遵循着某种"规矩的"规律,从而减弱了自身固有的不确定性的程度,这类不确定性自然是一类相对"简单的"不确定性。另外,人们还发现有些不确定性并不遵循某种明晰、稳定的规律或者不再适用传统的处理不确定性的思想与工具,这就是一类所谓的"深度的"不确定性或者"严重的"不确定性等等。

不难理解,在管理学研究中,从确定性开始,逐渐引入不确定性、简单不确定性到深度不确定性或者严重不确定性,是管理理论思维与理论体系一步步适应管理现实与问题复杂性大趋势的与时俱进,当然,为了使这一适应性转变为管理实践中强大的驾驭复杂性的能力,还得在更细粒度上梳理出不确定性的不同现实起因与形态演变,找到破解复杂整体性的切入点。

作为基于复杂系统思维范式转移的复杂系统管理活动与问题,我们并不怀疑它会表现出各种不确定性和其中的主观起因,但我们更要关注源于其自身本质属性的不确定性,即还原论不可逆性为起因的本质不确定性。显然,这不能仅仅以"深度"或者"严重"这类自然语言来描述这类不确定性,而应该以还原论不可逆为逻辑起点揭示相应的不确定性特质与内涵。

还原论不可逆性表明了由复杂系统多个不同的微观与部分自下而上经过一个或多个中间层次而不能确定形成什么样的系统整体形态,这句话的意思包括:

(1)系统出现的整体性如涌现或自组织现象,在低层次的微观与部分中并不存在或难以在低层次的微观与部分中完整发现这一现象的源头模样;

(2)即使在低层次的微观与部分中存在宏观状态的部分零星信息,但存在什么样的由微观向宏观转化的完整机理,人们的认知出现了破碎、断裂和模糊;

(3)既然如此,人们无法用传统的方法,哪怕是完备的数学解析算法也不能保证能够精准预测到系统宏观未来。

这样,所谓"肯定的"未来不见了;你"看到的"未来可能是你估计不到的:未来不仅不能用过去和现在的规律和法则来外推;也不要以为概率统计意义下可能发生的未来一定会遇到;还不能保证两次完全一样的确定规则一定会得到一模一样的未来的结果;而且所有复杂整体性现象的形成路径也是不确定的,总之,在确定的意义上,未来是未知的。

  基于上述认知逻辑,我们会发现,在复杂系统微观层次与宏观层次之间,微观的起始点位置、初期信息特征、一种算法形成的微小偏差都会形成某种偶然性或者细节变更。前面说过,偶然性与细节是造成复杂性的重要起因之一,这就使我们不能运用传统的"以假设为导向"的方法,在微观个体与宏观整体之间设定若干假设并按照某种确定规则得到该假设下对应的宏观响应,而只能在微观与宏观之间,运用探索—试错—迭代—逼近—收敛的方式破解还原论不可逆困境。

  这意味着,虽然我们研究的对象与目标是复杂性整体,但要采用横向"碎片化"与纵向"分段式"认知与分析方式,这充分反映出解决复杂性管理问题一般不能采用直接或者简单的线性思维方式,而要采用"摸着石头过河"的方式。

  进一步,上述认知逻辑还告诉我们,复杂系统管理中的不同层次,特别是宏观整体层次的结构、半结构与非结构并存的复杂状况使我们即使知道了一切规则,也无法保证运用这些规则一定能够得到那个"确定的"复杂整体,而只能在这些规则全部运行结束后展现给我们是什么才是什么,这就是所谓的"计算不可化约性"(Computional irreducibility)。

  现对上述学术思想做一小结:对复杂系统管理而言,其还原论不可逆性将在管理活动空间与过程时间两个维度上,形成如下鲜明的特征:

  (1) 在时间维度上,系统的未来整体形态是未知的,其主要蕴意是未来不再是或者很大程度上不再是过去与现在状况及规则的外推,人们可以运用传统的知识与经验认识和预测未来的一部分,但绝不是全部。复杂系统管理的未来只有当未来成为现实时才能够被我们完全知晓。在实践中,对未来以及走向未来路径的认识,需要经历"分段式"迭代与逼近过程。

  (2) 在空间维度上,系统的整体不可能通过微观与局部的简单"拼装"而成,同时,系统的任何要素、局部及任何关联与相互作用,对于系统整体的形成都是不可或缺的,缺少了其中的任何一个部分,系统的整体性与功能性将不再完整。

  (3) 综合以上两点,可以认为,复杂系统管理的还原论不可逆性在对不确定性的认知上,提出来一种"非遍历性"思维。用最直白的话语来表述"遍历性",大意是所有可能发生的事情早晚都会发生,即空间上与时间上的数学期望相同就是所谓"遍历的"。但是,在现实中,有些时候情况不是如此,例如,100个人在不

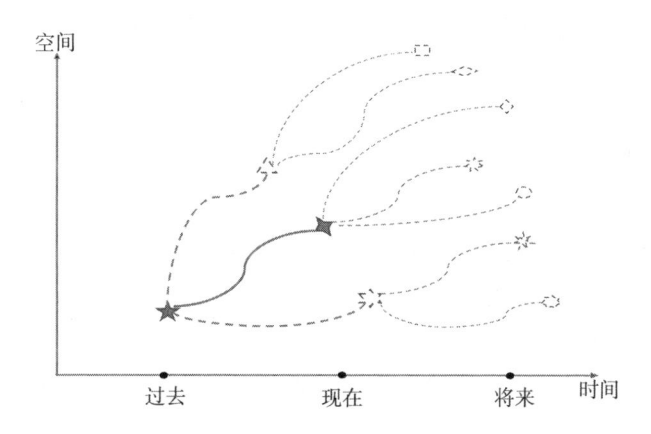

图 7.1 复杂系统的未来是未知的

同的地方,拿出一定的成本做同一类型的不确定交易,各有绩效,平均绩效为 a,是不是其中某人做 100 次这样的事情,最终得到的绩效一定是 a 呢?不能这样认为,因为每个人实际上只做了一次,输赢也只是一次,a 是一种空间数学期望;但平均绩效为 a 需要某人做 100 次,他最终得到 a,那是时间数学期望。但在其中,空间数学期望与时间数学期望并不相等,因为一个人连续做 100 次,他有可能在中间的某一次把本钱输光了,从此终止后续的行动,这就是所谓的"非遍历性"。

以上多个方面的分析与诠释告诉我们,在现实世界中,还原论不可逆性会导致复杂系统中的"未来""整体"与通往"未来""整体"的路径在"未来""整体"实实在在成为现实前总是未知的、不确定的。这里的不确定既包括时间维度上实现未来路径的不确定,也包括空间维度上由涌现、演化与自组织形成的整体形态的不确定,而且无法从这两个维度上根除这类不确定性,我们称此类不确定性为本质不确定性。

对复杂系统管理而言,本质不确定性具有深刻的、全面的、本源性的意义,本书后面提出的"多尺度""适应性""迭代式"等概念,都可以基于"本质不确定性"特质得到延伸或拓展。因此,可以认为,"本质不确定性"充分体现了复杂系统管理活动的本质特征,有着重要的理论意义:

第一,本质不确定性在许多方面揭示了复杂系统管理活动与问题复杂整体性的主要根源,这有利于人们从本质不确定性概念出发,设计如何破解复杂系统管理问题复杂整体性的思路与技术路线;

第二,本质不确定性概念与复杂系统管理理论中的情景、多尺度与适应性概念以及复杂整体性破解、适应性选择、多尺度管理与"迭代式"生成原理等都有着紧密的逻辑关联。这将进一步强化复杂系统管理理论体系的内在系统性与逻辑化。

7.4 多尺度

多尺度所以是复杂系统管理理论里的一个核心概念，主要是因为多尺度是复杂整体性属性的逻辑起点与规制准则之一。

为了更好地理解多尺度概念，我们先在一般意义上，对复杂整体性从复杂性和整体性两个视角进行分析，但这并不说明，复杂整体性可以被随意肢解成这两个相对独立的维度。

7.4.1 复杂性视角的多尺度

复杂系统管理活动、现象与问题都是由许多不同的要素与构件按照各种关联与结构样式形成的复杂系统。但是，"复杂"不等同于"杂乱"，系统的"复杂"中其实蕴含着多种显性与隐现的稳定秩序，无论确立和维持秩序，都需要根据系统要素或者状态的某一属性与属性表征方式确定相应的标准、分寸与准则，统称为"尺度"。

在本节，尺度主要是指人们基于某一种规制对一个事物或者特征的相对秩序的划分，也是人们观测复杂系统管理现象或者认识问题复杂性的一种基本判别与标准。例如，对于系统，如何看待整体与环境、整体与整体、整体与部分、部分与部分、部分与要素以及要素与要素之间的关联，必须要有一个序列划分标准，否则我们无法辨别整体、局部与要素性质内涵的差异化，这样的划分标准就是尺度。

在具体问题上，尺度的划分往往以性质内涵的变化为导向，如为了对事物特征的类别进行区分，就规定了定类尺度；为了对特征有序性进行区分，就规定了定序尺度；为了对特征等级进行区分，就规定了定级尺度；为了对特征数量的度量进行区分，就规定了定量尺度等。

总体上，复杂系统管理的多尺度概念是对同一个特征、性能或者属性的类别性、次序性、等级性及定量性的抽象，显然，尺度概念的前提是同一个特征、性能或者属性，为简便计，统称此前提为同一个维度。

直观地说，尺度是基于同一个维度基础上的概念，即如果需要对同一个维度所表征的特征、性能或者属性进行精细分辨，那就以某种规制准则为尺度，对同一维度内的类别性、次序性、等级性及定量性进行分辨，至于这一特征、性能或者属性是用何种方式描述并不重要。

如果同一个维度的特征、性能或者属性,在同一个尺度下出现了多个不同的可区分的差异化结果。这就是所谓多尺度现象。不难理解,多尺度现象是复杂性现象的重要表征之一,也是复杂性的某种"根源",多尺度在复杂系统管理活动中是一类普遍的客观现象。例如:

(1) 时间多尺度。在复杂系统管理活动、现象与问题中,经常发现有些特征不仅具有同一个时间维度,而且具有不同的尺度内涵,这就要求我们在时间多尺度下考虑同一个整体性问题。例如,全球气候变暖是个以数十年、数百年、数千年甚至更长时间计的多时间尺度问题,这一问题与人类的碳排放紧密相关,而人类的碳排放行为也是多尺度的,如对某个人而言,他的一次汽车旅行只有几天或者几个小时,一个企业的碳排放时间只在它的几十年生命期内,一种降低碳排放的技术从研发到大规模推广可能要几十年等等,这样,各种各样的不同时间尺度碳排放活动汇总起来,就造成了整体性的全球气候变暖,因此,造成和解决全球气候变暖这一问题是一个多时间尺度问题。

(2) 空间多尺度。这一概念主要涉及复杂系统管理活动、现象与问题的空间规模、范围界限方面的特征与属性。大体可分为两个方面:第一,复杂系统管理活动、现象与问题自身的物理实体规模大,例如,全球气候变暖问题,本身就是全球范围的大空间尺度问题,而全球地理复杂,陆地、海洋、森林、沙漠等等在全球气候变暖问题中的地位、作用都不一样,需要分不同空间尺度对全球地理区域进行划分,这样,问题在整体上就形成多空间尺度问题;第二,复杂系统功能影响范围空间尺度大,在大尺度范围内,功能作用的形态、强弱等都随空间尺度的变化而变化,因此,需要对大尺度影响空间进行不同尺度的区分,以厘清整体复杂性问题的不同尺度空间的细部状况。例如,核电站事故造成的大面积海洋污染就属于大空间尺度问题,为了精准分析和应对事故影响,需要根据与事故点的距离、海洋潮流、气候、气象等综合要素,对不同地区进行污染影响评价的多尺度空间划分。

(3) 层级多尺度。一般是对复杂系统管理中的某一特征与属性,按照纵向性标准,如宏观、中观与微观;上级、中级与下级;关联很重要、一般重要与不重要等进行划分就形成了层级多尺度。

(4) 结构多尺度。在复杂系统管理问题的模型化过程中,出现了结构化、半结构化与非结构化的不同划分,结构化越强的问题在描述、分析与解决起来比较简单和容易;反之,则越来越复杂和困难,彼此之间相应的管理方法和技术也有着很大的差别。为了反映复杂系统管理这一客观情况,可提出问题结构化的多尺度概念。类似地，也可以对复杂系统管理问题的某一类问题的属性，如根据问题自身客观的不确定性性状分为一般（简单）不确定性、中等（复杂）不确定性以及深度（严重）不确定性，得到基于不确定性的多尺度结构划分。

以上列举了几种基于不同维度导向的尺度划分思路，一方面，由此可以看到尺度与多尺度概念在复杂系统管理活动中是个普遍的概念；另一方面，也可以由此感知到尺度与多尺度概念以及如何恰当划分多尺度不仅在精细的复杂系统管理研究中是必要的，而且也丰富了复杂系统管理活动中的复杂性内涵。

7.4.2 整体性视角的多尺度

上面我们从复杂系统管理活动中的复杂性视角，论述了提出多尺度概念的合理性与必要性，本节主要从复杂系统管理整体性视角论述这一概念的意义。

复杂系统管理活动的功能与涌现是管理活动复杂整体性的重要内涵，而管理活动整体性又由活动要素、关联、结构、流程，特别是活动内部的复杂关联与精致结构构成，这必然在管理活动整体性意义下，使系统整体性特征或属性出现层级性、次序性等多尺度现象。因此，复杂系统管理的还原论不可逆性说明了该系统的整体性以及多尺度意义下的任何组合作用是不可分和不可化约的，即一旦损害了整体性的任何一个部分，复杂系统管理活动的整体性功能与涌现将会受损甚至丧失。因此，无论期望让系统充分释放出预设的整体性功能，还是期望对系统功能进行优化，都需要基于多尺度思维，对系统整体结构的层级间信息传导与转换进行精致的分析和重构，实现复杂系统管理整体性功能的优化。

下面，我们以复杂系统管理整体性功能的多尺度内涵为例，对此进行诠释。

复杂系统管理所构建的人造复杂系统具有什么样的功能，最能体现人们管理的目的和意图。实践中，该人造复杂系统因生命周期长或者规模大而具有大时空尺度特征，同时也使"复杂系统管理—环境复合系统"具有较高复杂性。据此，我们可以以时间尺度与"复杂系统管理—环境复合系统"复杂程度为维度来分析该人造复杂系统功能的多尺度（简称复杂系统管理功能）特征（如下图所示）。

如图 7.2，我们可以按不同尺度区间，对复杂系统管理功能类型进行划分。其中，区域 I 表示复杂系统管理活动所涉及的时间尺度较小，复杂系统管理—环境复合系统复杂性较低的那一部分功能。在这一区域，复合环境总体比较平稳、环境变动对管理功能正常释放造成的干扰和冲击相对较小，这时的功能主要表现为通过系统硬资源直接构成的一类最基本、最直接的物理功能，称为构成型功能，例如，大型桥梁工程的通车功能等都属于构成型功能。

第七章 复杂系统管理核心概念

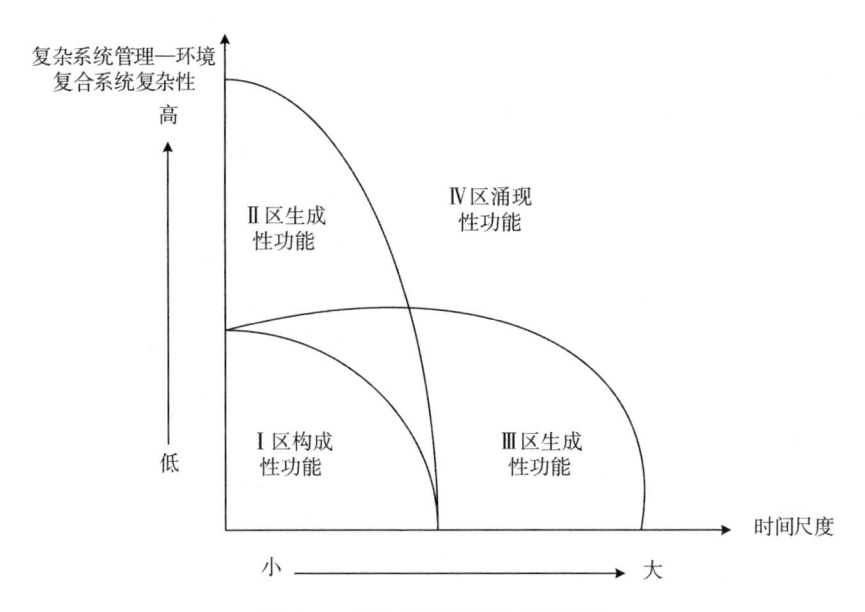

图 7.2 复杂系统管理功能类型图

区域Ⅱ为复杂系统管理活动涉及的时间尺度相对较小,但管理—环境复合系统较复杂的那一部分功能。在这一区域内,虽然复合系统基于时间的变动和对管理功能正常释放的干扰和冲击较小,但是,新的复杂系统管理—环境复合系统有可能涌现出新的情景现象而直接或者间接形成新的复合系统功能。这类功能不是复杂系统管理主体当初预设的物理型功能,而是复杂系统管理—环境复合系统在更高整体层次上自组织生成的新功能,一般称其为生成型功能。生成型功能一般不属于复杂系统管理最基本和最直接的预设功能,是构成型功能辐射、衍生、拓展而生成的间接功能。例如,重大交通工程建成后形成的人口聚集功能、环境治理对房地产与旅游业带动功能等。一般来说,在区域Ⅱ既有构成型功能,又有生成型功能。

区域Ⅲ代表复杂系统管理活动涉及的大时间尺度,但复杂系统管理—环境系统复杂性相对较低的那一部分功能,在这一区域内,大时间尺度的深度不确定性可能会导致复合环境出现强烈变动与演化,既可能对预设的系统功能造成较大干扰和冲击,也可能使复杂系统管理—环境复合系统产生新的功能衍生和拓展,这些都属于一类生成型功能。例如,新的城市化形成后,经过长时间、缓慢的积累形成了地域性人口迁移和文化变异,因此,在区域Ⅲ,也既有构成型功能,又有生成型功能。

区域Ⅳ代表复杂系统管理活动涉及的大时间尺度,同时复杂系统管理—环境复合系统复杂性高的那一部分功能。这时,除了大时间尺度与复杂系统管理—环境复合系统复杂性各自独立产生的影响,二者之间还可能会相互作用并在不同层次上引发出更多、更复杂的情景现象。例如,随着复杂系统管理功能的不断释放以及与新的复合系统的相互作用逐渐从局部扩大至全局。这样,功能作用链的传递距离大大拉长,并可能出现功能作用的层次性跨越,使得功能链两端的功能"因果"关联性越来越隐性。这时,新的复合系统产生的功能"突发性"、"奇特性"和"无法觉察性"都将远远超过构成性功能与生成性功能,相应的不可预测和不可解释性等都将大大增强,它们更多的是以功能涌现或功能隐没的方式出现,我们将它们总称为涌现性功能。例如,大型水利大坝工程使大坝上游水速变缓,局部生态环境变化并促进了微生物和寄生虫的生长,造成了人类传染病的蔓延与人类健康和生存环境的严重破坏,又进一步引发了较大规模的人口迁徙,使原本繁荣的人口居住地变得荒芜。另外,大坝水利工程对大坝下游局部流域"小气候"特别是降雨量减少造成了严重影响,加之大坝拦水作用,使下游局部地区的水量一直充沛的湖泊频繁出现干枯,并进一步造成城镇荒芜,人口迁移等等。因此,对于区域Ⅳ,既有构成型功能,又有生成型功能,还有涌现型功能。

上述关于复杂系统管理功能的整体性形态与特点演变提醒我们:虽然管理决策者总是从对自己意图最有利的角度出发,努力设计和构造既多又好的整体性功能;但是,复杂系统管理构建的人工复杂系统的复杂整体性本质使得在被直接构造出基本功能后,还会生成和涌现出其他类型的功能来,特别是,在出现"好"的功能的同时,还极有可能表现出"不那么好"或者"很不好"的功能来。这告诉我们,在人们构造复杂系统管理显性功能的同时,还可能"不知不觉"地埋下了多种不确定或者不确知隐性功能的"种子",而且,这些种子"发芽"后是否结出"苦果",人们自己往往并不知道或者不完全知道,我们要特别关注和警惕这一类"意料之外",并有严重危害性功能生成和涌现的可能性。它们的出现可能大大损伤复杂系统管理最初的功能预期,而导致复杂系统管理决策出现重大偏差和失误。

从以上复杂系统管理功能的形成分布看,依据时间尺度与复杂系统管理—环境复合系统的复杂性的变化,复杂系统管理功能具有从构成型功能依次向生成型功能和涌现型功能拓展的整体趋势,这可以看作复杂系统管理功能结构的普遍规律(如图7.3所示),我们称复杂系统管理这类整体性功能的多尺度有序排列图为整体性功能谱。

功能谱是复杂系统管理功能复杂整体性的重要属性,它显示了复杂系统管

第七章　复杂系统管理核心概念

复杂性	小（浅度）	中（中度）	强（深度）
功能	构成性功能	构成性 生成性功能	构成性 生成性 涌现性功能
时间	小尺度	中尺度	大尺度

图 7.3　复杂系统管理功能谱

理整体性功能可以在某些维度上进行分解而呈现出更精细和多样性的复杂微观结构。

最初，复杂系统管理的功能预设反映了人对管理活动目标的认定，因此，功能谱也是一个与人的管理目标（目的性）紧密关联的概念。通常情况下，随着管理从一般系统逐渐向复杂系统演进，主体的管理目标也从单目标、多目标向目标体系演进。这时，主体的目标维度或目标层次在不断增加。而现在，功能谱概念使我们不仅在维度和层次上进一步丰富了复杂系统管理目标的含义，而且在同一个维度上还拓展和深化了管理目标尺度上的细微结构。

简单地说，主体的复杂系统管理目标不仅有层次与维度的区别，而且有多尺度意义下的"谱度"区别。功能谱概念告诉我们，即使人们对复杂系统管理目标的设计都是"善意"和"用心良苦"的，也有可能因为新功能的生成和涌现，而出现"反其道而行之"的功能。这不仅丰富了我们关于复杂系统管理目标的内涵，还告诉我们，复杂系统管理目标设计的风险要远远大于一般系统管理。在这个意义上，复杂系统管理功能谱也可以理解为复杂系统管理的"目标谱"，其中有些目标是构成型的，有些目标则是生成型的，甚至是涌现型的，即复杂系统管理目标既包括主体自身的"他组织"成分，又包括人造复杂系统多尺度的"自组织"成分。

从以上分析可以看到，在复杂系统管理中普遍存在着多尺度现象，以及多尺度作为一种复杂性思维和整体性行为准则对复杂系统管理的意义，其核心思想是在复杂系统管理问题中，某一维度的管理要素的特征存在着一定次序的变化趋势，并且这一趋势导致了这一管理要素表现出不同的性质和特征，而这些性质与特征之间的差异性在复杂系统管理实际活动和理论思维中需要区别对待，而不能视为"铁板一块"，需要重视它们的实际存在和造成的影响。

实践证明，在复杂系统管理实践和理论研究中，确立和运用多尺度概念会帮助我们更精致地认识、分析和应对复杂系统管理问题的复杂整体性，揭示如何破解还原论不可逆性和发现深层次的管理规律,促进人们在复杂系统管理实际活动中的行为准则的形成和驾驭复杂整体性能力的提升。

7.5 适应性

本节的核心内容是论述适应性这一概念与复杂系统管理还原论不可逆性之间多方面的紧密关联以及它在管理过程中的重要作用。

7.5.1 适应性概述

管理主体与管理问题是复杂系统管理活动的最重要与最基本的"两极",因此,管理活动的还原论不可逆性也通过它们的行为与特征得到最充分的体现和反映。例如,主体要通过一系列连贯的主动行为来应对复杂环境的变化和提高对问题复杂性的驾驭能力,而管理问题又因为前面介绍的复杂系统管理—环境复合系统、根本不确定性、多尺度等释放出各种形态的复杂整体性。管理主体与管理问题正是在这样的相互应对关系中,表现出复杂系统管理的特征与属性。

从复杂系统管理整体、主体行为准则、能力以及解决管理问题方案质量等视角来看,"适应性"在复杂系统管理理论体系中具有基元性作用。

适应(Adaptation)源于拉丁文 adaptatus,原意为调整、改变,它在不同学科中的含义各不相同,但基本内涵是一致的,即主体根据外界环境与条件的变化,主动改变自身特性、行为、组织模式与功能等,使自身保持与新环境的协调以继续生存、发展和保持发挥作用与提高能力,这种行为现象与过程称为适应。而适应能力的大小称为适应性。

根据这一概念的基本思想,不难理解,在复杂系统管理活动中,主体是通过自己的适应性行为来提高认知、分析和驾驭复杂整体性能力的。同时,由于复杂系统管理环境变动与活动的多样性以及主体自身行为的自主性、适应性而创造出多种不同类型的复杂性。

第一种适应性类型:主体行为的适应性

在复杂系统管理活动中,主体要主动跟随环境与问题的变化,把控认知、分析和驾驭复杂整体性的行为能力;但是,任何作为管理主体的"个体",只有局部和有限的知识,即使管理的"主体群"也难以保证一定拥有足够的应对复杂性问题的能力,这是复杂系统管理活动中普遍存在的实际状况。对此,主体不能仅仅将简单、被动的"刺激—反应"作为行为原则,而要主动通过与各方面广泛的交互作用,在不断学习与积累经验过程中,形成和增强应对管理问题复杂性的能力。例如,对付根本不确定性,需要用不确定性路径解决不确定性问题,在这一过程中,主体必须通过学习,对问题本质属性由不知到知之,由知之不多到知之较多,由知之片面到知之全面以及由知之肤浅到知之深刻。这样,管理主体就深化了对复杂性问题的认知;另外,主体还会根据管理活动的需要,恰当而及时地调整和完善自己的管理理念、目标、组织结构与行为方式等,使自己在管理活动中的分析及解决问题的能力更强。需要指出的是,这种适应性主要来源于复杂系统管理组织内主体间的自学习与自组织能力,这就是主体的一类主动适应性学习行为。

事实上,主体能力从来都不是静止不变和固化的,主体在复杂系统管理活动中真正起实际作用的能力都是在管理过程中,在管理理论思维与实践思维共同作用下,通过不断适应性学习与积累经验表现出来的。这主要是因为新的能力往往是在主体改变自身行为方式、组织结构甚至通过组织重构而获得的。因此,提高能力既是主体适应性行为的目的,也是适应性行为的结果。

总结一下,可以得到如下几点结论:

(1) 适应性是管理主体在复杂系统管理活动中应对环境和问题复杂整体性所遵循的基本行为准则;

(2) 主体适应性的强弱是衡量主体复杂性管理能力与水平的重要标志;

(3) 适应性能力是管理主体自学习和自组织的结果,它是管理主体应对管理复杂性问题的一种"活"的主动性和提前性反应。

第二种适应性类型:管理方案的适应性

复杂系统管理主体适应性能力的提高不是根本目的,根本目的是主体基于环境变动仍然能够做出高水平、高质量的管理方案。

复杂系统管理活动环境与问题的根本不确定性、多尺度等特点,要求重要的管理与决策方案的功能与效用在环境(含复合系统环境)的动态变化中保持有效性。即要求方案在环境出现动态演化时,方案的功能效用仍然是稳健的,即不会影响方案功能的正常释放,管理方案的这一品质实际上向我们揭示了复杂系统管理中的另一种类型的适应性的科学内涵,即所谓管理方案关于环境(含复合系统环境)变动的适应性,称为管理方案的适应性。

根据系统原理,任何复杂系统管理方案都是主体设计的人造复杂系统,方案的效用则是这个系统的整体性功能。一般地,任何方案都有一个正常释放效用所对应的环境变动范围,如果这个范围大,说明该方案适应外部环境变动(抗干扰)的能力强,或者说,方案对环境变动的适应性强。从管理方案的赋能品质考虑，一般环境变化越大，方案抗干扰能力会有所降低，这意味着方案的适应性能力在减弱，就像人的健康状况越差，身体抵御外界环境变化能力越弱。但是，由于复杂系统管理环境的变动是客观的，我们无法要求环境的变动只限制在一个我们主观期望的小范围内，这样，复杂系统管理方案是否具有较强的环境变动适应性就成为复杂系统管理方案质量的一个重要属性，也是最终考核管理主体（决策）能力水平高低的一个重要指标。

不难看出，管理方案的适应性不同于主体行为适应性。它不是"活"的主体关于环境变动的主动性反应，而是主体行为适应性能力结果的属性体现，即人造复杂系统功能品质的反映。其实质是管理方案功能适应性与复杂系统管理环境变动之间耦合程度的整体性度量。

这样，我们就需要构建一套方法来度量这一适应性，例如，要研究如何预测复杂系统管理环境复杂整体性情景的变动，还要研究如何度量方案功能与环境变动之间耦合程度等。显然，这些技术与方法与一般系统性管理中运用的常规预测和评估方法有很大不同，因为这些新的问题都是基于根本不确定性的管理主体整体行为与整体情景问题，需要我们通过方法论创新才能解决。

现在，我们把以上两种类型的适应性综合在一起，就形成了"管理主体行为适应性—行为能力提高—行为成果形成（形成管理方案）—管理方案适应性"这样一个基于适应性概念的逻辑链。

不难理解，管理主体行为适应性在复杂系统管理活动中有着多方面的体现，如管理组织的适应性、管理方案形成路径的适应性以及管理目标的适应性等等。但我们认为，对于复杂系统管理活动而言，管理主体行为适应性是最根本、起主导作用的，而管理方案关于环境变动的适应性则是主体行为适应性最终的质量表征，也是能够最充分地体现复杂系统管理品质的属性之一。所以，我们把这两类适应性作为复杂系统管理理论中关于适应性概念的基本内容，而把其他适应性内容当作这两类基本类型的拓展和衍生。这样，可以使理论的基本概念更加简洁。

7.5.2 主体适应性行为的意义

前面指出，管理主体行为的适应性是在主体与环境、主体与主体以及主体与问题的交互过程中，通过自我学习和不断总结经验而逐渐提高的。这样，主体的自学习行为就成为主体适应性行为的重要前提与主要路径。由于复杂系统管理主体一般是由多主体组成的"主体群"，因此，应该把主体的自学习理解为"主体群"的自学习行为，这一行为的重要标志是主体群对复杂性问题与解决方案共识的形成,下面我们对此稍作详细分析。

解决复杂系统管理活动中的复杂性问题,需要主体群形成共识。开始,不同主体之间的认知往往存在着一定的差异,这就是主体群对复杂性问题认知过程初期的"非共识"现象。在这一阶段,每个个体的认知中一般既包含主体知识与智慧中的正确部分,同时也或多或少存在着片面与谬误,因此,需要把不同主体认知中的科学、正确的部分集中、凝练起来,并对其中的片面与谬误部分进行完善和修正。而主体群的自学习行为正是对"非共识"认知反复地进行修正、补充和完善,并不断提高主体群共同认知的科学性与集中度,逐渐形成主体群的共识过程。最终的主体群共识比之前任何的非共识都更加科学、全面和深刻,这就是主体适应性学习行为的意义。

7.5.3 系统的自组织现象解读

从系统论观点说,"自组织"是指一个系统在自身内在机制的驱动下,自行从简单向复杂、从粗糙向精细方向发展,不断提高自身组织程度与有序性的过程;具有自组织属性的系统称为自组织系统,自组织系统广泛存在于物理系统、生命系统、社会系统多个领域。自组织理论起源于20世纪60年代末期,协同学创始人哈肯(1988)用一个实例来解释自组织:"例如有一群工人,如果没有外部命令,而是靠彼此之间的某种相互默契,工人们协同工作,各尽职责来生产产品,我们就把这种过程称为自组织。"复杂性科学自组织概念主要是用来研究系统从无序到有序的转变规律。

复杂性科学领域的自组织理论具有重要的科学价值,特别是从不同视角揭示了自然科学领域多学科复杂自组织现象背后的统一机理,并被不断拓展到社会经济科学领域的学科,对这些学科的思维变革与理论发展起了极大的推动作用。同时,由于自组织概念与复杂系统管理中的适应性概念很相近,因此,有必要在这里对这两个概念做一点比较性说明:

(1) 复杂性科学中的自组织理论主要研究对象为物理等自然科学领域的物质系统是如何自动地由无序走向有序,由低级有序走向高级有序的现象与问题。对问题的认识、基础性的原理等都紧密依赖物理学等具体的自然门类学科理论以及相关的复杂性概念,并通过增添新的复杂性词汇进行解读。

(2) 在描述和分析方法上,复杂性科学中的自组织理论主要运用动力学方程作为数学模型,由于不存在专门的外部力量,自组织系统的数学模型只能是齐次方程,这就给予对象本体以很强的规定性。这类研究方法论既难以适应社会经济管理系统中人的心理、行为、文化及价值观等半结构、非结构情况,更难以反映系统在由无序走向有序，由低级有序走向高级有序过程中的具体机理。

（3）John Holland关于"适应性造就复杂性"的著名论断在很大程度上高度概括了复杂系统主体适应性行为对系统复杂性的形成与演变的贡献。复杂性科学的自组织理论主要关注物理等纯粹自然系统的整体有序演化，如果将这一过程注入物质型要素的目的性，自组织也可以看作系统行为对环境变化的适应，而社会经济系统研究更是把人对环境的适应以及某种目的性放在基础性位置上。在这个意义上，不仅是适应性造就复杂性，而且我们更要在复杂系统管理研究中，体验和揭示适应性造就复杂整体性。

鉴于以上几点，对于社会经济系统领域内的复杂系统管理而言，比复杂性科学的自组织概念更本质和更融通的概念是适应性。

7.6 情景

7.6.1 情景概述

按照一般的直观感知，所谓情景是一个有物、有事、有主体、有对象、有关联、有因果、有变化、有背景、有情节，依时空与条理顺序展开的连贯性"故事"。不难理解，情景的组成要素众多且多元性强、要素关联形态复杂、结构有序、过程完整且未来的发展不确定，因此，在本体属性上情景表现出鲜明的复杂整体性。

依据复杂系统思维，复杂系统管理活动的情景是指在特定的环境背景下，复杂系统管理活动所有要素基于各类机理或相关关系的共同作用而形成的状态、状态的有序演化及可能的演化路径。

这一情景概念强调了以下几点：

（1）在复杂系统管理活动的任何一个时间点上，包括现在、过去或未来都有情景的生成与演化，并且是一个连贯的过程，情景的"未来"与"现在"和"过去"是连贯、动态、不可割裂开的。

（2）情景形态的生成与发展主要是由包括人、活动与环境在内的复杂整体在组织与自组织共同作用下的综合形态，有着一般意义上的情景所不具有的广泛的复杂形态，其中突出的有整体涌现性、各种深度不确定性和主体行为适应性。

（3）需要运用多种手段与方法来描述和分析复杂系统管理的复杂整体性情景。在信息技术高度发达的今天，我们具有了更多的描述情景的方式，如情景可以是一段文字、一些数据、一组模型、一幅图像、一段视频,或者是这些方式的集成和融合。

现在我们举一个实例以加深对复杂系统管理情景概念的理解。

改善长江航运状况、提高通航能力是中国长江三峡水利枢纽工程的重要功能之一。这就要对工程周边地区未来水上交通运输情景进行预测,并在此基础上进行船闸通过能力的设计。事实上,自2003年三峡工程蓄水以来,三峡船闸通过货运量年均增速高达12.2%,2011年突破1亿吨,这一实际情景与当初工程设计能力相比,大大提前了19年。

随着社会经济的发展,过闸现实需求与实际通行能力缺口之间的这一冲突越来越突出,并成为制约长江水道发展的瓶颈问题。据此,专家提出了建设三峡枢纽水运新通道的设想,而这一新工程在选址、技术、移民搬迁、生态环境保护等方面都十分复杂,需要较长时间才能完成这一系列的前期准备工作。由此可见,对工程环境未来情景的预测准确与否对重大工程决策的科学性与工程功能鲁棒性是多么重要。

另外,三峡工程建成后,工程与周边环境即形成了新的重大工程管理—环境复合系统,这一新的复合系统由于环境的根本不确定性可能会涌现出原来没有出现过的新情景。事实正是如此,三峡工程蓄水后,长江下游水干净了,含泥沙少了,但长江水位下降了,原来居民饮水和工业用水的取水管因水位下降以后难抽到水了;另外,长江沿岸出现江岸垮塌,原来稳定的地方,出现了不稳定状况,并有进一步发生潜在灾害的可能。这是"重大工程管理—环境复合系统"新情景的涌现,它对重大工程功能与目标的正常释放都会带来负面影响。

中国三峡水利枢纽工程这两方面的实际情景从产生到演变,具体、生动地反映出重大复杂工程系统不同类型的情景现象对重大工程决策和风险防范的重要价值。

7.6.2 复杂整体性意义下的情景思维要点

上一节我们主要从生动的直观层面感知了复杂系统管理情景的基本表象与特点,进一步,需要我们在理性思维层面上,对情景进行科学认知,这就是所谓的复杂整体性意义下的情景认知。从上述关于情景的感知出发,这一认知的基本要点有:

(1) 复杂系统管理活动的情景在时间轴上是一个连贯性的动态演化过程,不可把"未来"孤立地与"现在"和"过去"割裂开来,但"未来"又不完全被"现在"和"过去"所决定。从过去的情景到现在的情景、从过去与现在的情景到未来的情景,无论是最终的情景状态,还是情景演化的路径都是不确定的,所以,不能完全沿用已经发生的规则与数据来外推未来的情景,也不能人为限定那一条确定的路径是实现未来情景的真实路径。

(2) 复杂系统管理情景中包含了丰富的物理、管理、社会、组织、文化、个体、行为与心理等现实要素。因此,情景结构与机理中既有反映客观自然、科技规律的结构性成分,又有反映组织、建制等社会规律的半结构性成分,还有反映文化、价值偏向等人文规律的非结构性成分,更有三者之间的相互融合。在情景的动态变化中,既有客观规律和人的主观意志表现出的他组织作用,还有系统自组织作用。简言之,复杂整体性意义下的情景既有由人设计和规定的构成型成分,又有复合系统要素新关联和新结构的生成型成分,还有复杂整体性导致的涌现型成分。这就要求我们在考虑如何描述和抽象复杂系统管理情景时,必须运用跨界、跨学科的综合集成方法。

(3) 复杂系统管理的情景是一个有着复杂整体性内涵的概念,情景状态空间往往具有"超高维"、情景演化路径深度不确定、管理主体不能完全确知情景表现出的涌现与演化等复杂整体性特征,这些都与复杂系统管理活动中的多尺度、适应性以及根本不确定性等属性紧密相关,所以,它们常常是传统的情景理论难以解释和应对的,总之,一般情景到复杂系统管理情景的内涵出现了从系统性到复杂整体性的拓展和深化趋势。

(4) 复杂系统管理活动的本质不确定性导致未来情景可能空间"充分大",这意味着,站在"今天"的时间点上,我们往时间轴的前方看,找不到一个确定的具体的情景点与"今天"的情景点对应,能想象的是存在一个充分大的未来情景子空间,在这个子空间里每一个点都可能是我们情景的"明天"。一般来说,时间尺度越大,本质不确定性导致未来情景空间就越大,我们对未来的预测就越复杂和困难,因此,对主体而言,很难做到在一般意义上对未来情景进行精准预测,而只能尽可能努力知道哪些情景是未来可能的情景以及为什么可能。

(5) 由于复杂整体性,我们不能仅仅通过主观设定不同参数、人为限定不确定性或者一味扩大未来情景空间来预测和推断复杂系统管理情景。因为,①人的认知和想象力都是有限的,我们没有能力完全具备关于未来情景的完备知识;②当前与未来情景之间的转换连接链往往太长、太复杂并且不都是显现的,我们也没有能力完全掌握情景转换与演化过程中所有的机理;③根据未来情景及情景实现路径的本质不确定性,我们不一定再以对未来情景的精准预测为目标,而转换为对未来非常态极端情景出现以及造成巨大危害的可能性的认知为目标,换句话说,主体更要注重确立防范未来情景灾害的"底线思维"。

7.7 柔能力组织平台

如所有的管理活动一样,复杂系统管理活动的核心要素是管理主体和由主体组成的管理组织。

7.7.1 序主体

可以认为,所谓复杂系统管理主体是指在复杂系统管理的各个阶段担负某一管理任务(职能)的人群,因此,管理主体往往也被称作主体群。在现实中,由于管理主体的异质性与多元化,需要在主体群内部产生一个更具引领作用和主导作用的主体,它的产生可能是因为行政地位高、资源优势强或者其他什么原因。相比之下,它比其他主体具有更强的话语权与决定权,在对主体之间协调时具有更大的权威性与裁量权,我们称其为复杂系统管理主体群中的"序主体"。"序"意味着它更能够保证和维持主体之间有序关系与整体行为的秩序。复杂系统管理主体群中的一般主体会根据管理职能与任务的变化,从主体群中进进出出,但序主体在复杂系统管理全程中一般是稳定的。

我们把上述复杂系统管理主体与序主体概念的基本含义总结如下:

(1) 复杂系统管理主体一般是个"群体"概念,即有多个相对独立的自主主体组成;主体在一定的规则与流程下执行并完成各自的管理任务,在主体群中,一般有一个起主导作用的序主体。

(2) 无论主体群还是单个主体,都可以通过某种合规与恰当的方式来整合和配置管理资源、确定和执行解决问题的方案。当出现难以解决的问题时,主体之间会通过多种方式协商,形成和扩大共识范围、涌现出更强的管理能力。

(3) 序主体会根据复杂系统管理环境的变化和不同的管理任务的实际需要,调整相关主体,实现主体群的优化。也就是说,复杂系统管理主体群的组成与结构在整个管理过程中一般是变动、柔性的。

(4) 复杂系统管理主体能力是指主体群的整体性能力,它既不是序主体的个别能力,也不是单个主体能力的简单叠加,而是在序主体主导和制度规约下,主体群系统整体能力的涌现。

7.7.2 柔能力组织平台

由上可知,复杂系统管理主体群实际上是一个基于主体(人)的组织系统,复杂系统管理各项任务就是由这样一个组织系统来实施和执行的。

一般地,在任何管理组织系统内,主体群都会通过知识互补、经验互补、能力互补与智慧互补以及良好的沟通、协调机制,形成驾驭问题的整体性能力。复杂系统管理组织系统也一样,其整体性的组织能力是管理组织内部通过良好的沟通、协调机制下涌现出来的能力。

在相对简单的管理活动中,人们只要根据管理任务的需要,对管理组织职能进行岗位设计,确定每个岗位的职责、岗位之间的关联及相应的流程和激励机制,这样一个结构刚性和行为规范的管理组织就具备了管理活动中全部必要的管理能力。但是,复杂系统管理的活动与问题要复杂得多,例如,重大工程管理是个典型的复杂系统管理,在管理前期要进行工程总体规划、总体论证和总体设计,并提出工程建设总体方案,其中包括对工程与环境关系的分析、工程价值和目标的设计、确定工程投融资模式与工程建设方案等;在工程建设阶段,要通过对工程管理问题的复杂整体性分析,构建建设目标、整合资源、建立工程管理组织、优化技术路线、保证现场执行力等等。不难看出,这些问题不仅自身非常复杂,而且相互之间的关联性很紧密,所以,要完整、有效地完成这一系列管理任务,已经不是一个"刚性"的管理组织能够直接、全部完成的,它需要管理组织在以下几方面体现出强大的整体性能力:

(1) 动态地选择与组合管理主体群中的各单元主体,并充分利用组织与自组织作用使主体群根据不同的问题需求,形成驾驭管理问题复杂整体性的能力,这实际上就是复杂系统管理组织的环境(制度)设计。

(2) 制定主体群内部的工作规则与流程来保证上述驾驭能力的形成与运行,这实际上就是复杂系统管理组织的条件(机制)设计。

这样的管理组织在整体和全过程意义上,主要职能已经不是自己直接提出和确定解决复杂性问题的具体方案,而是提供解决复杂性管理问题的必要环境与条件,并在这样的环境与条件支撑下,使管理组织在整体层面上能够涌现出驾驭问题复杂整体性能力,例如,该管理组织能够适应性地配置和重组各种管理资源,再由这些资源构成解决复杂性问题的能力,因此,这样的管理组织实际上是一种提供能力的"平台"。

"平台"一词借喻于计算机科学,如软件开发平台、运行平台等,它主要指一种环境和条件。有了"平台"便可以支撑、扩展和实现新的系统功能。根据以上分析，复杂系统管理组织可以理解为一个提供产生和拓展复杂整体性管理能力的"平台"，因为它的本质职能并不是直接或者主要为复杂系统管理问题提供具体的方法和方案，而是提供形成能力与方案的环境与条件。

那么，复杂系统管理组织平台的核心能力与功能是什么？应该是柔能力。从本章前面提出的几个核心概念的内涵可以看出，复杂系统管理组织平台为了有效应对管理问题复杂整体性，一种应对途径是，根据难以预测的本质不确定性情景，不断被动地补充自身资源、增强自身能力，这一途径将使平台的规模无限扩大，结构越来越复杂，这都是不现实的；另外一种应对途径是，以平台自身有限的规模与资源，但通过自身结构与功能的柔性变化，获得应对这类困局的适应性机制与能力，这种适应性能力的产生不是源自某一个外界组织者的指令，而是组织平台源自自身蕴含的适应性品质自我组织起来的，这就是所谓组织平台的基于自学习、自组织的柔能力，相应的具有柔能力的管理组织称为柔能力组织平台。

中国哲学讲究"以柔克刚"。两千多年前的中国哲学家老子说，天下最柔的东西可以克制刚强的东西，例如，水是大自然中最为柔弱的东西，但是，水滴石穿，它能克制万难的事情。当然，要实现以柔克刚，要在整体上分析清楚问题的复杂整体性难点是什么，解决问题的要点在哪里，整合和配置哪些资源，如何变更与重组资源，而且要使这些能力随着环境和问题的变化始终保持适应性和持久化，所有这些能力就是复杂系统管理组织平台的柔能力。复杂系统管理组织平台柔能力的观点启发我们，不能或者不宜简单地通过构建越来越复杂的管理组织来对付问题的复杂整体性，而要以构建充分体现适应性、动态性、演化性的柔能力平台并与必要的刚性规则与技术相结合，实现刚柔相济综合集成的合力。如果从管理平台能力的"可塑性"来区分，简单系统管理平台能力基本上是"刚性"的，而复杂系统管理组织平台能力则表现出充分的"柔性"来。

7.8　概念体系的逻辑关联

本章我们提出了上述 7 个概念作为复杂系统管理理论的基础性核心概念。这些概念首先是对复杂系统管理实践活动各个主要环节及重要组成要素属性的凝练与抽象，是人们对复杂系统管理活动认知的基本单元，能够体现复杂系统管理活动与问题属性的同一性、普适性与规律性。

提出上面基本概念时，我们对它们的实际管理活动背景，包括现象、情景及主体行为等都作了具体介绍与描述,由此说明了这7个核心概念都源于复杂系统管理的实际活动、现象与问题,因此,它们都有着复杂系统管理的复杂整体性属性的"根",即所有的核心概念都遵循了复杂系统思维原则:

(1) 复杂系统管理—环境复合系统。这一概念抽象了复杂系统管理构造的人造复杂系统与原来环境集成在一起形成的新的复合系统,由于该复合系统中除了包括原来的社会、经济、工程与环境生态等环境系统,又增加了新的复杂人造系统,因此,人造复杂系统、原来环境系统及复合系统之间的相互"作用"与"反作用"导致复合系统中将出现新的、深刻的本质属性。

(2) 复杂整体性。这一概念总体上是复杂系统管理的本质属性,又是管理环境、主体行为、系统关联与结构的本质属性。它既包括了复杂系统管理人造系统,又包括了复杂系统管理—环境复合系统的复杂整体性;既包括了复杂系统管理活动各环节与主要要素的复杂性,又包括了其中的整体性,更包含了两者的集成与融合。因此,它为我们精准分析不同类型的复杂整体性问题和合理选择不同的管理方案提供了导向。

(3) 本质不确定性。本质不确定性既是对形成复杂系统管理属性重要原因的深刻揭示,也是对复杂系统管理主体行为特征起因的高度概括,因此,这一概念深化了对复杂系统管理本质属性凝练与描述的深刻性。

(4) 多尺度。该概念深化和抽象了在复杂系统管理活动中,一类管理要素形态或者特征在一个维度上可分辨次序性变化的现象,这对于精细辨识与分析复杂系统管理活动复杂结构并揭示其复杂整体性整全性机理都有着重要意义。从总体上看,复杂系统管理活动及行为是发生在不同尺度上的,因此,要在多尺度意义上进行分析与组织。

(5) 适应性。这一概念紧紧围绕着管理主体自身行为复杂性,既描述了其行为表现与特征,又刻画了主体行为主要结果(提出的管理方案)与环境复杂性整体耦合程度。因此,这一概念充分突出了复杂系统管理活动中最重要的主体行为基本准则及行为结果的品质。

(6) 情景。这一概念主要是对在一定环境背景下,复杂系统管理活动各要素形成的宏观状态、状态的演化以及演化的可能路径,许多时候正是复杂系统管理活动本身和人的行为制造的情景造就了复杂整体性和成为复杂整体性的现象存在。关于情景概念的这一内涵深化了我们对复杂系统管理活动复杂整体性的认知。

(7) 柔能力组织平台。复杂系统管理主体群在实际的管理活动中以管理组织为载体,由于管理问题的复杂整体性,复杂系统管理组织的核心职能已不再是

第七章　复杂系统管理核心概念

直接解决各类管理问题，而是以一种必要的环境与条件的平台方式，提供驾驭复杂整体性的适应性能力，该概念揭示了基于柔能力的复杂系统管理组织模式的科学内涵。

由上面分析可以看出，本章所列的核心概念都是对复杂系统管理活动重要因素与活动环节的复杂整体性属性的提炼与抽象，即使有些概念的科学术语，如多尺度、情景等在其他学科中已经存在，但在这里都进行了概念内涵的重构与创新，不仅注入了复杂系统管理活动的现实性，而且体现了复杂系统管理活动的本质属性。

进一步地，复杂系统管理理论是对包括管理环境、主体、客体、目标、行为等基本要素的管理活动和问题的理论思维的结果，因此，必然要遵循管理活动和问题的客观现实逻辑与人的基本思维逻辑。也就是说，作为理论体系的核心概念不能"孤立化"与"破碎化"，不仅要能够对复杂系统管理活动与问题有较好的整体覆盖，而且彼此之间还要有较紧密的逻辑关联。即在理论体系中，核心概念除了要充分保证源于复杂系统管理活动实践，还要充分体现概念之间在内涵上的物理关联、系统关联与逻辑关联；否则，人们无法以概念为基础，并通过概念与概念的组合，形成理论体系中的基本原理与科学议题。

现在，让我们来检验一下上述提出的基本概念是否具有这样的多形态关联：

（1）复杂系统管理—环境复合系统：复杂系统管理客体（包括环境与复杂整体性问题）的整体性抽象。

（2）复杂整体性：复杂系统管理主体、客体与环境共同本质属性的抽象，它直接体现了复杂系统管理理论的哲学思维原则。

（3）本质不确定性：复杂系统管理主体、行为与环境特征的抽象，也是复杂系统管理本质属性重要起因的凝练。

（4）多尺度：复杂系统管理主体行为准则与行为结果品质的抽象。

（5）适应性：复杂系统管理主体、平台基本行为及能力准则的抽象。

（6）情景：复杂系统管理活动、环境、复合系统形态与演化的现象载体与属性抽象。

（7）柔能力组织平台：复杂系统管理组织功能属性的抽象。

由此可见，这些概念覆盖了复杂系统管理环境、主体、客体、组织、目标、思维原则与行为准则等，深刻凝练了复杂系统管理活动的核心要素，特别是它们不仅紧紧围绕着复杂整体性本质属性这一核心，而且在一定的逻辑关联下，形成了复杂系统管理活动与复杂性问题的基本框架，清楚地表述了复杂系统管理活动中各自的职能与作用。

本章提出的核心概念具有理论体系所要求的良好逻辑品质(见图7.4)。

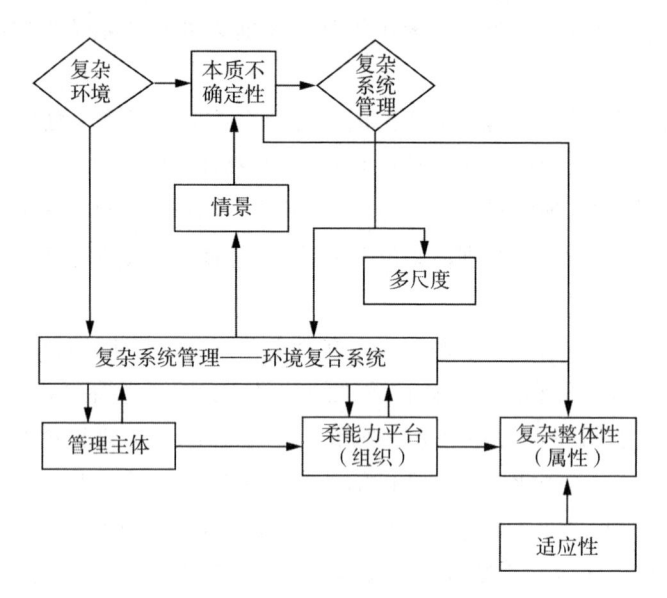

图 7.4 核心概念之间的逻辑关联

第八章　复杂系统管理基本原理

复杂系统管理理论中的基本原理主要是关于管理活动与主体行为的基本规则的论断,是人们对复杂系统管理实践经验的固化与提炼以及对核心概念进行逻辑推理形成的知识表述。原理的形成,特别是原理体系的形成过程,充分体现了复杂系统管理理论体系不断发展与深化的过程,需要长期探索和不断完善。

8.1　基本原理概述

对具有自主性的复杂系统管理理论体系来说,有了核心概念,可以以概念为基础或通过概念与概念的组合,结合经验对复杂系统管理实践活动中的现象和问题进行分析,力求对现象和问题中的物理关系、逻辑关系、因果关系、关联关系等进行合理的解释并提炼出其中的基本规则,形成一种论断性的话语表述,这就是理论体系中所谓的原理。复杂系统管理活动中的一般现象与问题,大都可以经过此类原理进行推导、解释和预测。一个原理就是一个相对独立的基础性知识单元,它主要是针对复杂系统管理某一类特定问题所采取的行为原则、操作准则和对解决问题路径的基本设计,原理通常以肯定判断的语句样式来表述。

理论体系中原理的重要作用是它提炼出的基础性和形式化规则可以帮助人们准确、深入而不仅仅概念化地理解复杂系统管理活动的本质,以及如何在操作层面确立行为准则与运作规则。

比较而言,原理中有些原理更具基础性、起源性和初始性,它们所表述的论断不仅概括了某一类事实的基本规律,而且对多类现象与问题,甚至全局性理论思维都具有指导性,它们除了能直接推演出理论结论,还能衍生成其他原理,这样的原理称为理论中的基本原理。

基本原理通常表述为一定条件下的论断和定律,它集中体现了理论体系的逻辑推导功能。基本原理的逻辑推导功能是理论的"元功能",即它可以推衍出更多的具体的判断型理论单元,这些理论单元又能够在更高层次上形成理论中的科学议题与问题。

自然科学理论中的原理多表现为一种物理世界的因果定律,但是,复杂系统管理原理中这样的因果定律并不多,这是因为复杂系统管理活动与行为难有这样清晰和精确的因果确定性,特别是涉及其中的社会性与人的行为时,更多地表述为人如何应对复杂整体性的思维要点或者行为法则等类型的知识,而不是科技操作层面上的标准化工艺与工法。

复杂系统管理理论是在自然科学、工程技术、社会科学以及人文科学的交集上设计与展开的,因此,它同时具有自然性、社会性与人文性。所谓自然性主要是理论中自然规律的客观性、技术操作的规范性等;社会性则是理论中的社会整体特征以及微观主体的社会关系等;而人文性则是理论中人的心理、愿景、文化价值观独特性等。正因为如此,复杂系统管理理论中的原理不可能如自然科学原理那样符号化、形式化和公理化,许多时候将表现为在一种社会情境下的管理要素关系原则和主体行为范式。

例如,复杂整体性是复杂系统管理的本质属性。因此,复杂系统管理理论的"精髓"就是研究主体如何认识、分析、应对和驾驭这一本质特征,包括对各种复杂整体性现象与类型的提取与分类、在尊重复杂整体性客观形态与基本规律的基础上,主体拟采取的针对性行为原则与操作准则等。

在复杂系统管理问题的要素组成和构建管理活动范式的基础上,为了提高复杂系统管理活动的有序性和有效性,人们需要在行为运作过程中总结和提出一系列行为运作原则。为此,首先要建立复杂系统管理的"情景导向"原理,这是复杂系统管理理论研究的逻辑起点,并从管理对象的复杂整体性本质属性出发,提出"不可分相对性"、"独特性语境化"以及"物理—系统—管理链式递进"原理,在此基础上,从管理活动中的多尺度现象提出"多尺度管理"原理,在主体行为准则上,提出"适应性选择"与"迭代式生成"原理等。实践证明,这些基本原理对于复杂系统管理理论而言都是基础性的。

8.2 情景导向原理

众所周知,问题导向是管理学研究的一般原则。但是,对于复杂系统管理研究而言,需要我们对这一原则再往深处思考一下:当人们启动复杂系统管理活动时,首先通过多种感官形成对某个现实问题的直观感知,再将现实问题抽象与凝练成理论问题。由于复杂系统管理中的情景是现实问题的"母体",任何现实问题都存在于情景之中,并与情景紧密关联融成一体,情景作为环境对问题的复杂整体性的形成与形态具有重要影响,因此,无论实践问题还是理论问题都与情景有着"基因"与"血脉"般的关联,这样,当我们在理论研究时,意味着把理论问题从特定的情景中剥离了出来。

从理论逻辑上讲,这种剥离是合理且必要的,因为理论研究属于抽象思维,是在一般意义上关于现实问题普遍道理的抽象,这就要求理论研究在一定程度上抛弃问题的个别具体细节的独特性和差异性来揭示现实问题普适性的本质与内在规律。但在这一过程中,因为剥离了原本附着在现实问题身上的情景的部分印记,切断情景与理论问题的多种关联,在许多情况下不可避免地会对理论问题本来的"原汁原味"属性和特征造成损伤,所以,剥离情景后的理论问题并不能够完全保持住原来情景中的现实问题的属性与特征,即会造成一定的基于情景的本质性或者独特性的"损失",这当然是为了揭示现实问题内在抽象属性而付出的必要代价。这一状况对于一般较为简单的管理问题研究影响还不严重,但是,对于复杂系统管理中的复杂整体性问题来说,一般都特别显著,因此,我们是不是要思考:这样的操作对于复杂整体性问题的研究是否过于"简单"?

现在,我们换个思路:研究理论问题是为了解决现实问题,如果就这样把剥离情景后的复杂整体性问题的分析结论与解决方案直接用到现实问题上,是不是会由于情景被剥离过而造成研究结论的不准确或者不恰当。由此想到的一种"弥补"的办法就是把复杂整体性理论问题连同研究得到的结论与解决方案再"放回到"原来的情景之中,让结论与方案尽可能地在与原来情景再度融合中得到检验、修正和完善。这样,原来现实问题的部分与情景紧密"捆绑"在一起的固有属性与规律才能在情景的"沉浸中"得到复原和体现,从而弥补或者提高"被情景剥离"的理论问题与"原生态情景"现实问题之间属性与基本规律的一致性,减少理论问题研究结论的"误差"。

特别是,当今,复杂系统管理问题的复杂整体性越来越强,问题的属性与情景的关联度越来越紧密,这就更需要我们尽可能保持在情景环境中研究理论问题并揭示问题的属性与基本规律,所以,对复杂系统管理理论问题的研究,应该更深一步地在现实问题所处的情景中看问题、想问题和分析问题。这样揭示出的问题属性、规律与解决问题的方案才会与现实问题的真实情况尽可能地接近。这清晰说明了情景在复杂系统管理理论研究中的导向性意义。因此,以情景为导向就成为复杂系统管理的一个基础性行为法则,即复杂系统管理研究中的一个基本原理。

从逻辑上讲。理论问题的信息集合应当是全情景信息集合的子集,这样,以情景为导向必然会丰富理论问题信息的缺失;另外,情景的范围与内容的确定,界定应该恰当,因为过于丰富的情景信息可能是理论问题研究过于复杂化,这可能是没有必要的,甚至会造成过高的情景处理成本。

具体地说,情景导向原则并不是无限制扩大情景空间,而要在情景要素获取成本与提高问题研究精准性需求之间寻找一个平衡点。另外,既然以情景为导向,那不能使情景仅仅是个抽象概念,而要使之可观、可测、可描述、可模型化,这涉及复杂系统管理理论的情景建模技术,事实证明,如果仅仅运用传统结构或者统计方法对情景建模,可能满足不了情景导向对情景建模的精细度要求。关于这一关键技术的讨论将是本书后面复杂系统管理情景建模的内容。

综上所述,在复杂系统管理理论研究中,既要重视把现实问题从其存在的情景中剥离出来抽象成理论问题,还要重视在原本真实情景环境中来验证、修正和完善理论问题的分析结果和解决方案,做到理论研究从现实(情景)中来,再回到现实(情景)中去,实现理论与实践的统一。

针对上述方法论与基本技术路线,拟确立以下四个要点:

(1) 情景重构的嵌入性。复杂系统管理理论中的复杂整体性问题依附或者对应的情景在时间维度上一般都是连贯的,即情景的过去、现在和未来是连续演化的,因此,对复杂系统管理理论研究,研究者除了要关注未来的情景,还应关注过去和现在的情景,即除了要关注情景的预测,还要关注情景的重构与再现。因为在复杂系统管理活动中,一个管理方案的形成与实施本身就是在原来的现实情景中"嵌入"了一个新的复杂系统情景。这表示我们不再仅仅承认未来情景的不确定性,过去与现在又何尝不是处在不确定性之中呢?进一步地,当我们把情景的"未来"与"现在"和"过去"连贯起来,不难发现今天包含着过去,但今天未必包含在过去之中,明天也不完全包含在过去与今天之中。

(2) 情景预测的本质不确定性。复杂性管理问题的未来情景本质上是复杂整体性和本质不确定的。传统的情景类预测方法过于依赖决策者的主观直觉,或者预测方法过于简单,容易出现人因性失误。虽然管理者在一定程度上能够依据经验与传统知识以及可推导的因果关系来构建或者预测未来情景,但不能因此认为人可以完全凭借自身的意志与认知来完备地设计和规定未来情景,未来还可能会出现我们从未见过,甚至从未想到的意外情景,而这些意外的、令人大吃一惊的情景,远远超过了人的预期,并会给复杂系统管理造成巨大的潜在风险。

(3) 关注情景演化的复合性。复杂系统管理环境中的未来情景,除了包括环境自身的情景,还包括复杂系统管理活动构成的物理系统与原来环境系统组成的复合系统形成的新情景,这往往是在复合系统整体层面上涌现出的新的、原来没有过的情景。因此,管理主体要认识到:一方面,管理活动会受到环境情景的影响;另一方面,管理主体的活动及行为本身还会在复杂系统管理—环境复合系统整体层面上制造出新的情景。如同人坐在船上看河岸,岸上尽是风景,而人与船,连同岸上的风景在一起岂不又组成了一道新风景。

(4) 关注情景的路径依赖性。任何管理活动都具有后效性,因此,在原环境情景以及复合系统情景双重作用下,未来情景空间的构成和到达未来情景空间某个情景点的演化路径都会受到这两类情景动态演化作用的影响,充满了本质不确定性。因此,管理者需要做好必要的情景风险防范,既不能只关注主观认为的有更大可能性出现的情景(前景),也不能只关注依据自身价值偏好而更期望出现的情景(愿景),更不能把自己不希望出现的情景从未来情景空间中主观地剔除掉。

虽然情景概念或者近似的情境概念在管理学领域中的其他地方也多次出现,但同样的学术语言所表达的内涵与其语境有着重要的关系。综上可见,情景出现在复杂系统管理语境或场景中,更加凸显出它的复杂整体性。这样,依据复杂性情景思维,我们看到了在复杂系统管理活动中,情景剥离对现实问题与理论问题可能造成的影响。根据学理逻辑,这一剥离在复杂系统管理研究方法论上是难免的,但需要我们要么把抽象后的理论问题尽量放回到原来的情景中去研究,以避免理论问题因情景损伤而"变形";要么在对抽象的理论问题研究后,尽量对研究结论与方案给予情景作用补偿后再验证与完善,使理论问题复杂整体性因情景剥离造成的损伤得到一定的"修复"。近年来,学界已经在这方面开展了相关研究,本书第九章的"鲁棒性管理"以及第十章至十三章介绍的"情景建模技术"、"情景可计算性"以及"大数据驱动的情景建模"等内容都体现了复杂系统管理理论研究中与情景概念相关的原理与关键技术。

8.3 不可分相对性原理

如前所述,复杂系统管理中的还原论不可逆性也被表述为复杂整体性、非可加整体性以及不可分整体性等。之所以称为"不可分",主要对应"非可加",因为如果可加并且可复原,则整体就是"可分"的了。

另外,在实践中,还原论一般分为自上而下分解与自下而上集成两部分,我们通常讲还原论不可逆性主要是指不能通过将整体分解为多个零散部分再自下而上叠加成原来的整体。既然如此,在思考如何管理复杂整体性问题时,势必不要执拗地沿着自下而上叠加路径往上走,否则,如果这一路径能够走得通,那岂不是还原论可逆了或者可分了吗？

以上表达了人们的一种抽象的理性思辨，是为了认识复杂现象本质属性所使用的方法论。但是，在现实中，任何属性都要有具体实在的载体，就像抽象的点、线是有大小和宽度的。同样，"不可分"如同物理学中的"真空"概念也只存在于抽象的思辨中。最简单的说明就是，任何具有不可分的整体，作为一种系统形态都是由具体要素构成，都有自身的关联与结构。既然如此，不论该系统整体如何复杂，按照要素、层次或者结构来看，该系统整体就是可分的，不仅如此，可分的路径还不止一种，至于选择哪一种路径主要由我们"分"的目的来决定。这样，"不可分"的整体又是"可分"的，这并不矛盾，因为两者一个是理论的抽象，一个是实践的具象，一个是思维，一个是行动。

既然如此，就不宜把复杂系统管理活动、情景、问题的复杂整体的"不可分"绝对化。在实践中，凡有结构的事物都不是"铁板一块"，所以，按照某种需求可以将复杂整体性基于物理结构、系统结构或者逻辑结构进行分解，这就是复杂整体性不可分的相对性。

不难看出，复杂整体性的"不可分相对性"反映了管理主体通过复杂整体性的"不可分"抽象思维与"相对可分"实践思维的辩证统一来提高分析、驾驭复杂整体性的行为能力。一般地，整体性"不可分"的原因是多种多样的，例如，整体的组成要素数量多、各类关联性复杂、整体内部层次和尺度之间相互作用力强、整体与外部环境相互影响紧密等，所有这些，通常被我们称为复杂性。因此，从宏观上认识复杂整体性，往往整体越复杂，越难分；反之，整体越难分，越复杂。那么，这就形成了一条思维逻辑，如果运用复杂整体的不可分相对性原理，让整体性实现一定程度的相对可分，同时也会使复杂性获得一定程度的降低，自然也就可以清除或者缓解复杂系统管理活动中还原论不可逆性造成的困难。

举个例子，一个人的身体具有典型的复杂整体性，从整体上讲，这一整体是"不可分"的。如果一个人生了病，医生要给病人开刀，切除某个器官（或者器官的一部分），这在医生的思维中，病人身体的不可分是相对的。通过手术，病人身体复杂整体性受到一定的"破坏"，但同时，影响身体复杂整体功能的负面复杂性（病情）也得到一定降低，病人相反获得了更好的生命安全的整体性。

另外，当病人不能通过相对不可分原理切除病患器官挽救生命时，医生可以通过器官移植方法来重构病人物理整体性，以完善和强化病人身体器官整体性功能，使病人获得新的生命安全的整体性，这两类看似相悖的路径都实现了相同的复杂生命系统功能整体性优化的目标。

在上面的分析中，我们不仅指出了复杂性往往是整体性不可分的主要原因，而且还指出,通过一定程度的"相对可分"技术,可以实现复杂系统的复杂性降低。这启发了我们:由于复杂性与整体性是两种不同类型的现实形态与认知逻辑,两者既不完全等价又不完全重叠,但相互影响共同形成了复杂整体性。因此,我们可以在复杂整体性的顶层将复杂性与整体性当作最粗粒度的组成复杂整体性的两个维度,实施"可分性",这就把复杂整体性分为复杂性与整体性两类相对独立的"要素"。再分别对复杂性与整体性进行分解或者分割,如果这样的相对简单的做法,对一些复杂性与整体性彼此紧密关联或者缠绕的复杂整体性情况效果不大,可以采用更加细致的技术来实现复杂整体性破解。例如,适当地对复杂整体性进行时空分割,在复杂系统管理过程的某一范围和阶段,将整体性暂时"屏蔽"而主要思考降解复杂性,并得到一个阶段性的相对简单的复杂整体性,由于这个复杂整体性中的复杂性相对降低了,在一定程度上缓解了原先复杂性与整体性之间的耦合与纠缠,也就将整体性适当"松绑"了,这时再思考如何应对整体性时,往往可使与整体性相关的可行方案自由度变大、方案类型变多等等,然后沿用这一程序进行下一轮迭代,这是一类很有现实意义的基于复杂性与整体性的逐次轮转与不断递进"相对可分"的技术路径。这一思路的实质是把原来复杂整体性中复杂性与整体性的"同频共振",转换为二者相对可分的交替迭代。

现在举一个很典型的实例:如何确定中国港珠澳大桥桥位是一个复杂整体性决策问题,其决策目标虽然可以分解为数十个子目标,且这些目标彼此之间关联性十分紧密,不是相互纠缠在一起,就是呈现"藕断丝连"的状态。大桥两端着陆点为固定终端,桥位过于往北便失去了工程合理的物理功能,往南"沉浸"到茫茫大洋之中,则缺乏技术可行性,同时也承担不起昂贵的工程成本。因此,现实桥位可行区域被限制在一个特定的海域中,恰恰这一海域为南海白海豚自然保护区,白海豚属于国家一级保护动物,素有"水中大熊猫"之称,受到国家相关法律严格保护,这样,只要在这一海域内建桥,无论做出怎样的决策方案,都会与白海豚保护区相冲突,这就是重大工程领域复杂整体性造成的决策难题。

既然从大桥桥位走向来看,大桥桥位势必要穿越白海豚保护区。这样,大桥桥位决策的核心就成为如何解决大桥桥位穿越白海豚保护区的一系列相关问题。因为白海豚保护问题和大桥桥位方案问题分属生态环境保护与国家重大工程建设两个不同领域,各自都具有一定的刚性,又必须作为一个整体性决策问题协同考虑,这也成为港珠澳大桥工程复杂整体性决策问题的典型代表。

基于对该决策问题的基本分析,首先从整体性层面对大桥工程桥位与白海豚保护设计了以下降解与整合策略：①降解策略：充分利用分解原则，在桥位决策第一阶段，先在空间上将白海豚保护问题作一定的"屏蔽"，即暂不考虑对白海豚的影响；②整合策略：由于大桥工程建设必须考虑对珠江口中华白海豚的影响，故在桥位决策第二阶段，如果桥位走线穿越白海豚保护区已成定局，再让白海豚保护问题在空间上"回归"，并聚焦如何应对白海豚保护问题，体现决策问题的复杂整体性。

从全过程看，在决策中，对港珠澳大桥工程桥位与中华白海豚保护两者融为一体，适当降解复杂性，但并不是采用还原论简单叠加的方法解决这一复杂整体性决策问题。在决策的第一阶段，先运用虚体工程认知的可变性，对现实中的"时空重合"决策困境，通过白海豚保护区的空间"屏蔽"思维，先将桥位整体性决策降解为目标多元化、工程目标体系多尺度、多维度以及决策全情景的深度不确定性等系统复杂性有所降低的决策问题；再在决策第二阶段，将工程价值与环境价值异质性的白海豚保护决策目标"回归"而成为时间有序的"时空伴随"决策序列，并以经济资源换取空间资源原则的整合策略使决策问题整体化，最终得到现实世界中的复杂整体性决策方案。

由上可见，港珠澳大桥桥位复杂整体性决策的核心思想是对于"时空重合"引发的复杂整体性决策目标，先通过"屏蔽"导致价值冲突的空间目标进行复杂性降解，采取了桥位在工程可行性上的"底线思维"，即让桥位尽可能减小对白海豚的影响；再将白海豚保护决策目标"回归"并整合为时间有序的"时空伴随"决策序列，同时以其他资源来补偿白海豚生活空间资源的损失，如对白海豚保护事业进行经济上的生态补偿，以保证工程建设与白海豚保护的空间冲突向利益统筹与均衡转移。

上述将复杂系统管理中复杂整体性的"不可分性"现实化为"相对不可分性"的思维与路径，以"不可分相对性"作为复杂系统管理主体应对还原论不可逆行为准则称为不可分相对性原理。

结合本书前后的内容，不可分相对性原理体现了复杂系统管理中主体行为的柔能力与适应性选择的智慧，也充分体现了复杂系统管理活动中独特性细节与语境的作用。

8.4 独特性语境化原理

本书前面指出，复杂整体性问题中既有规范性，又有独特性。相比较而言，其中规范性少，而独特性多，规范性主要是自然、技术规律，表现为物理形态的可观、可测、可控性；独特性主要是社会人文行为特征，为一类可理解、可感知的属性表征。虽然独特性不等价于复杂整体性，但它往往是形成复杂整体性的原因之一，因此，认识复杂整体性不能忽视独特性，分析与解决复杂整体性问题也不能仅仅依靠规范性，而要同时充分关注独特性对复杂整体性的诱发作用，此即本节的主要内容。

在现实中，独特性主要通过以下两条渠道来诱发复杂整体性的：

第一条渠道：复杂系统管理活动与问题的复杂整体性往往源于多尺度、适应性、本质不确定性、直观感知到的是现象的整体涌现与自组织等，同时，所有这些现象都缺少数据与信息的表征与提示，也少有成熟知识的支撑，更无法根据历史数据、案例来预测到，因为如果未来能够运用历史数据和已有规则预测，就意味着被预测的未来具有路径依赖性和可以遵循历史规则并能够被外推，但是，独特性本身却是非遍历和计算不可化约的。

其实，从系统宏观结构、信息平均值或者对历史数据的总体归纳只能在宏观架构和粗线条意义下得到一般性的系统"平凡"特征，很难获得复杂整体性情景与问题的独特性，特别是一类非常罕见或者过去从来没有出现过的独特现象和情景，更难从信息平均值中获得。

那我们用什么方法来补捉独特性呢？先举个例子：我们能够从多民族大样本的脸部状况中归纳出人类脸部五官的基本特点，也可以分别从东西方民族人群脸部五官比较中，得到东西方人脸部五官的不同的基本特征，但如果要指出约翰或者老张脸部的独特性，只能对他们脸部的细节进行精细和精准的测量和分析，因为在一定意义上，每个人的脸部结构都具有其家族遗传基因链的独特性与生活环境独特性综合形成的复杂整体性。理论上讲，每个人的五官在全世界都是独一无二的，只有对其脸部细节进行充分精细和精准的测量和分析，才能够从几十亿人中把约翰或者老张各自"独一无二性"的脸部独特性挖掘出来。

这启发了我们，对于情景与问题复杂整体性的独特性部分的研究，需要不断贴近真实世界的现实场景并充分关注场景的细节与细节的变化等。所谓细节是情景与问题整体在多维度、小尺度细分后得到的细微情节或者细小环节，细节因为"细"而容易被忽视，但又因为"细"而对整体状态或者状态变化的独特性产生巨大作用，甚至在某些场景中，细节能够影响全局、决定大局，如本书第三章介绍的"蝴蝶效应"就是复杂系统中典型的细节决定大局的案例。

另外，细节源自真实，真实要求具体，不宜采用笼统的粗线条方法来描述细节，而要用个体各不相同的动机、意识，甚至不可重复来诠释。这样，我们会在微观、局部、小时段等层次上，尽可能采用一种真实世界研究（The real world study, RWS）方法来标注细节。

以人性化为例，人是复杂系统管理中的主体，人的心理和行为适应性是复杂整体性的基本来源，也是复杂系统管理复杂整体性行为最基本的演化层次。通常为了自身目标，人们会根据变化的环境，不断调整自己的行动。在大多数情况下，除了由于惯性而采取行动，人们更倾向于重复可以为自身带来满意效益的行动，抛弃曾经产生不良后果的行动，对一些过去没有遇到的情况根据已有的知识尝试一些新的行动，以及对突发事件采取应急行动等等。

人的行为不仅有与外部的关联，还包含着自我行为形成和演化所需的内部关联过程。因此，在复杂系统管理理论研究中，切不宜把人的个性脸谱化、标准化而无个性化，相反，每个作为个体的人，都有各自的独特性，包括如何学习、选择、调控和进行与外界的联系，即在复杂整体性分析中，必须尊重和充分释放人的个性与独特性，使复杂系统成为嵌入独特性的复杂适应性系统。

因此，我们往往不宜抹杀掉人的独特性而仅仅笼统地把人预设为经济人、理性人等等，而要对人的内心世界、心理、行为、价值观进行细致刻画，包括：

（1）储元：可以用物理、化学或其他形式储存的与人心理和行为直接相关的记忆、偏好等数据，储元类似于人类的记忆。

（2）识元：人对外部输入以及内部储元的感觉、认知、判断等识别活动。识元对应于人对外部信息的获取，结合自身属性所做出处理等认知活动。

（3）适元：人在目标驱动下对储元所作的复制、改变等行动。适元对应于人类的学习机制。

（4）事元：人对输入所采取的行动、所做的事。事元对应于人类在记忆、认知、学习基础上决策等实际行动。

（5）人的心智模型：它描述影响人决策的心理和智能因素，包括生理及本能、心理、追求、想象、情感等。心智模型对应于人类的决策机制。

这样，在复杂系统管理理论研究中，通过人的复杂性细节以及不同人之间的复杂性的关联细节来揭示什么样的微观细节独特性会使宏观复杂整体性成为"可能"，而不是企图揭示在某种微观动力学机理下使宏观复杂整体性成为"必然"。

为此，支撑描述复杂系统管理复杂整体性的独特性与细节的数据源必须非常广泛，既有以特定目的开展的观察性研究数据，也有非研究性质的真实数据，如多种日常监测、记录、储存的与问题相关的各类数据，既包括了从实际管理过程中产生的实时大样本数据，也包括了从一般管理过程搜集的小样本数据。在数据采集的基础上,可以在真实场景下设定多种情景细节的构成要素,以体现复杂整体性中的社会性、人文性与偶然性,这在方法论意义上,可理解为通过社会性、人性化,实现全情景与问题的复杂整体性。

第二条渠道:既然复杂系统管理以情景为导向,独特性是形成复杂整体性的一个主要起因,而独特性又大量体现在现实世界的情景或问题的细节之中,那么,描述独特性很大程度上就体现为描述细节。从逻辑上讲,描述细节这一环节与过程有两个基本要素,一是描述主体,即谁描述,二是描述对象,即细节是什么。不要以为描述细节很简单,首先,细节是情景的细微情节,如何选择、确定细节,以什么样的视角界定、提取细节都与描述主体紧密相关。简言之,细节既是客观的,又融合了主体的价值观,好像沉浸式北京戏剧《茶馆》演出,演员在现场和观众互动,所以,描述细节绝不是按照标准化工艺生产出的产品的千人一面,而是千人千面。

当然,毕竟细节是复杂整体性情景的细微情节,所以,说到底,描述细节本质上是描述情景,是一种对情景要素、要素关联、情景演进的特定小时段、小空间与小场景的整体性描述、抽象和模型化过程。由于情景的复杂整体性,这一过程一般形成的是一种基于文字语言的精致结构化模型。这符合细节描述这一行为的本义,因为语言本身就是一种行为模式,而不是思想符号,所以,任何话语意义都不能脱离主体说话、书写所想表达意义的环境,即所谓语境。

美国经济学家理查德·布克斯塔伯(Richard Bookstaber)在他的著名著作《理论的终结》中解释复杂性的各种来源时举了一个例子,可以认为这个例子同时也说明了语境的独特性对复杂整体性形成的重要影响。他说,1998年9月,美国长期资本管理公司(Long term Capital Management,LTCM)由于资金紧张,便向广大投资者发出了一份公开信,公司力图很理性地告诉"尊敬的投资者",前方有着极好的发财机会,但是公司最近遭受损失,略缺资金,希望各位"给我们打点钱过来"。就信中的内容与言辞不可谓不谦恭、诚恳,但是,如果把这封信放到1998年9月这个独特的社会情景之中,问题就不那么简单了。

众所周知,1997年7月2日,亚洲金融风暴席卷泰国,不久,这场风暴波及马来西亚、新加坡、日本、韩国和中国等地。1998年9月2日,卢布贬值70%,使俄罗斯股市、汇市急剧下跌,俄罗斯的突变,带动了美欧国家股市的汇市全面剧烈波动。可以想见,这封信中所表达的"公司遭受损失,略缺资金"的信息遇到了这样恶劣的环境,必然对投资者一点点预期赚钱的乐观心态与积极行为带来极大的挫败感。大批投资者的直接反应就是一看到信件,就在公司的主要市场清算卖空基金,导致基金价格下跌,公司损失严重,情况更加雪上加霜。造成这一情况的原因主要不是投资者平时用惯了的评估方法错了,而是在金融危机这一特定的时空情境中,无数投资者个体的思维与行为会在特定的情境细节作用下,选择与公司按照传统假设预判完全不同的行动方案,并成为一种社会性整体行为和在宏观层面上涌现新的复杂整体性的动力学机理。这一独特性语境的作用不仅使公司预判的评估算法失效,也远远超过了公司那封信中单纯的话语力量。简言之,投资者根据金融危机对自己和家庭影响的不同细节做出了不同的理性行动,而所有个体行动"之和"对公司而言,却是一场"灾祸"。

这一复杂现象出现的主要原因是,细节虽然细微,但仍有情节和场景,有生动、具体的人物、景物、因果、关联、偶然性、发展性环节,要想把这么多丰富而曲折的内容描述清楚,绝不是一两个词语或者符号能够奏效的,而要通过词语等基本语言要素及语法等逻辑关联,构建出清晰、完整的语言环境,即不仅要慎重选择适当的字、词,更要规定和限制相应的人物、时空、场景及前因后果等,这就是所谓的情景语境,其基本作用是构建描述情景(细节)的相应环境。在实践中,描述中的上下文、前言后语、背景知识等与细节紧密相关的各种事件、现象与场景等都属于语境组成部分,进一步地,还可以通过深度挖掘与理解言外之意来拓展语境内涵。

我们可以从以下几个方面来理解语境概念对于挖掘独特性的复杂整体性的意义:

(1) 能够提供异质性、不明确的机制、无法解释的因果律以及"不规矩"的或然性可能造成的复杂整体性;

(2) 能够提供情节细节及紧接其前后的实际事件的细节,帮助理解复杂整体性的成因;

(3) 可以提供复杂整体性的部分必要但非充分因素,同时以其他要素的偶然共同作用和路径依赖来"补齐"复杂整体性形成的来龙去脉;

(4) 可以提供情景有序变动序列诠释情景复杂整体性演化的基本规律;

(5) 可以提供不把复杂整体性理解为"偶然",而是"非必然"或者"突发的"背后的成因。

综上所述,复杂整体性的独特性往往表现在情景的微观、局部与细节之中,而语境是理解情景中细节本质不确定性、多尺度、适应性等多种蕴意的重要渠道。如果需要我们运用包括文字、语言在内的新的符号系统与算法来描述复杂整体性,那么语境能够为我们破解不明机理的秩序、不可重复的规律、无结构验证的功能等。

最后总结一下：本节的核心内容是在复杂系统管理活动与行为层面上，探索对复杂整体性的非规范性，即独特性部分如何进行范式化处理，确立如何通过情景中的细节和挖掘，描述细节的语境功能来构建复杂系统管理的活动与行为原则，找到相应的行为切入点。这一部分的行为范式称为复杂系统管理的独特性语境化原理。

8.5 物理—系统—管理链式递进原理

至此，我们用了较多的篇幅讨论如何分析和应对复杂整体性的行为准则，但对于复杂系统管理而言，其核心任务与功能是给出解决复杂性问题的方案，因此，需要构建一个完整的分析与提出解决问题的流程范式，即完整的关于解决复杂性问题的思路与行为约定。

为了保证约定的品质要求，那就要在复杂整体性意义上，从最初对复杂性问题物理形态的直观感知起，经过在系统层面上的抽象与凝练，直到最终在管理可行空间中选择并提出相应的解决方案来。这一链式的完整架构与有序转换就构成了复杂系统管理的"物理—系统—管理链式递进"基本原理。下面我们来详细介绍相关内容。

所谓物理复杂整体性主要是在对复杂系统管理活动情景、现象及问题现实形态的直觉感知基础上的梳理与归纳。在现实中，复杂系统情景、现象及问题多由多种物质型要素构成，并在一定的自然规律、社会关系与行为准则支配下组合成一个复杂整体，这一整体的物质型硬结构、物理性功能及动力学机理构成了所谓的物理复杂整体性主要形态。从人的一般认识规律看，在这一阶段要充分尊重情景、现象与问题的现实性、现象性与实在性。

根据情景导向原则，不宜把这里的物理性仅仅理解为物质性，例如，情景构成要素不仅仅包括物质型要素，还包括非物质型，甚至概念型、逻辑型要素，没有这些类型的要素，就组合不出现实情景整体，一般地，这一认知阶段称为物理复杂整体性阶段。

人们的复杂系统管理理论研究不能仅仅停留在对情景与问题的物理复杂整体性阶段，需要尽可能对情景、现象与问题的物理形态、特征与独特性进行挖掘和提炼。由于任何事物的属性在现实中都必须附属特定的实体而不能抽象存在，所以，这一新的凝练属性的阶段需要在源于并高于物理层面的系统范畴中进行。

属性凝练与抽象既不能概念化也不能泛化，需要充分挖掘情景与问题复杂整体性不可分或者不宜分的基本形态,如环境的高度开放性、主体多元异质性、本质不确定性;问题要素之间强关联、多约束、多尺度;问题状态和功能涌现、主体行为演化和适应性等的具体化。特别是,不能忽略复杂整体性中的独特性语境,并运用复杂系统话语体系进行表述。事实证明,如果做到了这些,不仅能够在一般普适性意义上,而且能够在个别独特性意义上"锁定""这一个"复杂性问题的本质特征,我们称此为从物理复杂整体性向系统复杂整体性递进,这一递进路径标志着复杂系统管理活动进入了对属性的抽象凝练与逻辑推导阶段,也标志着复杂系统思维范式转移的具体化。

复杂系统管理活动的最终目标是提出解决复杂性管理问题的方案,这将进入解决问题的管理复杂整体性阶段,没有这一阶段,复杂系统管理活动将仅停留在对复杂性问题的物理感知和系统分析阶段,缺失了复杂系统管理活动的最终目标与功能。为了实现这一目的,这一阶段必须遵循管理思维、研究范式与话语体系的规定性,实现由上述物理复杂整体性—系统复杂整体性再向管理复杂整体性的进一步递进,其关键是在前面两个阶段的基础上,依据管理思维原则、基本原理等对复杂性问题进行知识综合并形成解决问题的管理方案(见下图 8.1)。

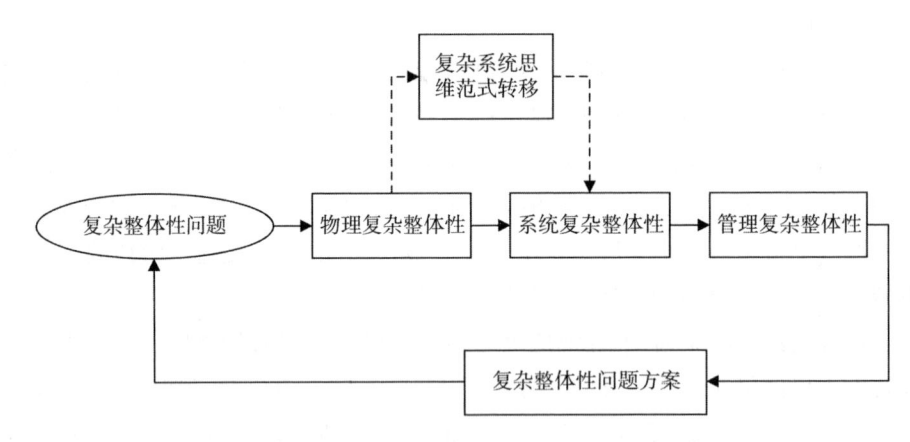

图 8.1 "物理—系统—管理"链式递进原理

以上内容可以简要归纳如下:所谓物理复杂整体相当于现实复杂管理情景与问题的完整"故事"的表述;所谓系统复杂整体性相当于对"故事"基本属性与独特性的综合与抽象;所谓管理复杂整体性即以"故事"复杂性情景为导向,依据复杂系统思维范式,设计解决问题的方案,并把方案再"沉浸"到作为母体的情景之中进行验证、修正和完善。

综上所述,以上三个阶段在整体上构成了物理—系统—管理链式递进模式,它既是复杂系统管理分析和解决问题的基本行为范式之一,也是复杂系统管理的基本原理之一,并且充分体现了钱学森提倡的"宜从研究各类具体的复杂系统入手,寻找解决具体复杂系统复杂性的机理问题,在不断积累的基础上,建立新的理论体系"的思想。

这里,我们举一个重大工程决策的示例。首先,重大工程管理是工程建设领域内的一类复杂系统管理,故可简称为复杂工程系统管理。其中,重大工程决策范式是指依据复杂系统思维范式,通过理论思维与工程思维的结合,在既尊重一般决策规律又体现主体独特意图、在厘清和驾驭决策问题复杂整体性属性的基础上,对决策方案进行设计与筹划,具体分为以下三个阶段充分体现了上述物理—系统—管理链式递进原理:

第一阶段:一般地,在重大工程决策初始阶段,人们首先对决策背景、任务、目标、决策主体、决策支持力量、决策可用资源等,特别是物理层面上的决策情景的生动景象形成初步的直观感知,这是重大工程决策的物理复杂整体性阶段。

第二阶段:从对重大工程决策问题的直观感知逐步抽象至复杂系统认知层面,并运用复杂系统思维与话语体系表述、提炼决策问题的关联逻辑与属性特征,这就是重大工程决策活动的物理复杂整体性向系统复杂整体性的转换,也是对决策情景核心要素与结构的抽象和提取。不难看出,这一转换主要是为了让决策分析能够在系统属性层面上进行,以利于揭示决策问题的内在关联与客观规律,便于深度分析和筹划决策方案,为进一步形成决策方案做好前期准备。这一阶段实际上包含着重要的决策思维的复杂系统范式转移。

第三阶段:根据被凝练出的决策问题系统复杂整体性,依据管理学概念、原理,将对决策问题的系统复杂性形态与机理认知再一次转换成管理学相应的概念、原理、逻辑与话语体系,形成既蕴含着复杂系统思维内涵又充分体现复杂整体性决策本质属性的管理科学问题。在这一阶段,特别重要的是在多符号系统体系支持下,形成可分析或者可计算的决策问题与方案设计的核情景,并加入决策问题的独特性语境要素,重构和预测决策问题及方案的情景与演化,在虚拟的决策情景中推演、分析决策方案的功效和鲁棒性等品质;通过理论、实证、模拟等手段和迭代式生成路径,逐步得到决策问题的最终解决方案,这就是重大工程决策过程的系统复杂整体性向管理复杂整体性的转换阶段。

以上三个阶段的转换形成了基于复杂系统管理的重大工程决策的基本范式,更详细的介绍可见本书第十四章。

8.6 多尺度管理原理

8.6.1 多尺度管理基本内涵

由 7.4 节知，复杂系统管理中的多尺度概念的核心思想是：在复杂系统管理活动中，某一维度的管理要素属性存在一定次序性和差异化趋势，而且这一趋势将导致这一管理要素属性形态依维度表现出明显不同的特征，这就需要我们在复杂系统管理的实际活动和理论研究中仔细分辨和区别对待，以提高管理的精细度。例如，对于复杂系统管理中决策与环境协调问题，主体不仅要同时考虑那些不同时空尺度的问题，还要把它们汇聚在一起进行综合评估，这就要面对一个现实问题：是把"大尺度"缩小，还是把"小尺度"放大？这一实例告诉我们，所谓多尺度管理是指在复杂系统管理活动中，充分注意和区别对待同一维度管理要素多尺度属性引起的特征差异性，并针对这些差异性设计和构建相应的管理原则、流程与方法，使管理活动能够更加精细地体现和包容这一差异性。

多尺度管理首先基于以下理念：管理要素不同尺度引起的差异性对于复杂系统管理活动的复杂整体性内容以及管理效果有着重要影响，并且往往正是这些差异性形成了管理复杂性，因此不能简单化地对这些差异性不加区别。例如 7.4.2 节指出的，多尺度现象形成了复杂系统管理构成型、生成型与涌现型等不同功能类型，并整体化为深刻反映复杂整体性的功能谱概念。如果我们在复杂系统管理实际活动或理论研究中，对这一多尺度现象不加区分，就极易忽视功能谱的精细结构，容易出现复杂系统管理的决策失误。

例如，一般地，在自然地理研究中，我们通常把中国黄河水系分为上游、中游与下游三个河段（尺度），但从黄河生态环境水沙关系治理研究来看，这样的尺度划分显得很粗糙，仅上游而言，适宜再细分为源头区、峡谷区和冲积平原区三个更加精细的不同尺度。

8.6.2 多尺度管理的还原性划分

在复杂系统管理中，如何体现多尺度管理呢？这首先要从多尺度自身内涵的逻辑出发，在基于整体性的分解方面做出如下的考虑：

1. 是否需要划分多尺度

虽然多尺度在一定意义上是一种普遍现象，但是并不意味着在任何时候和对任何问题都要对该管理要素属性进行多尺度划分，是否需要划分主要拟根据下述两点来做判定：

①依据对分析与解决管理问题是否有重要影响。如果该要素属性在不同尺度上的特征对管理问题有显著影响，这时一般应对该要素进行尺度分割；反之，如果不同尺度上的属性影响差异甚微，则就不一定要进行尺度分割。

②依据分析与解决管理问题的精细度要求。一般地，分析复杂性问题需要精细地分析管理要素对问题的影响，这就要重视多尺度的作用。如果对问题的分析不需要那么精细，那就没有必要进行尺度划分了。

2. 如何划分多尺度

如何对某一要素属性进行尺度划分呢？在同一维度上划分不同尺度，好比在直线上划分不同的区间。但是，多尺度的划分要比区间划分复杂得多，首先，尺度一般不都具有区间长度等直观度量特征，而多数情况下尺度仅表现为定性或直观的描述。如对时间维度，可用近期、中期与远期作为尺度；对空间维度，可用小范围、中范围与大范围作为尺度；对不确定性，可用浅度、中等与深度作为尺度；对供应商所在地，可用集中式与分布式作为尺度；对于科学问题模型化描述，可用结构化、半结构化与非结构化作为尺度等等。由此可见，尺度的背后一般都有着某种具体的物理、系统或管理内涵，尺度的划分往往是模糊和柔性的，不可都像数学区间划分那样有着明显的数量或几何特征，一般把尺度划分理解为主体在理性思维层面上对要素内涵特征的某种分类。

3. 如何提取尺度特征

这一问题其实在确定需要进行多尺度划分时就基本明确了。起初，正是我们发现了同一维度的管理要素属性在不同尺度上表现出不同特征，并且认识到不同尺度中的特征对管理问题有着不可忽视的不同作用与影响，才会提出多尺度概念。由此可见，管理要素在不同尺度上的特征对管理问题的影响往往会成为一种引导人们进行多尺度划分的导向。这说明划分多尺度是一种有着高度目的性和实践性的管理行为，其重要依据是在提取管理要素不同尺度特征前提下，开展管理问题与要素不同特征之间的关联分析，特征的同一类型基本上应该属于同一尺度。例如，在单尺度意义下，人们往往只注重重大工程的直接性物理功能，即构成型功能；在近、中期尺度意义下，人们一般会区分构成型功能与生成型功能；如果再增加远期尺度，人们又会考虑到涌现型功能，由此完整地揭示重大复杂工程系统功能谱的多尺度表征。

4. 如何发挥多尺度作用

提炼管理要素不同尺度下的特征，实际意义是充分揭示不同尺度下的属性特征对管理问题的影响，并由此精细化分析和解决复杂性问题。这是多尺度管理最基本的作用和意义。具体地说,在对尺度特征进行表述的基础上,如何清楚分析和建立各类不同特征与管理问题之间的关联作用与相互影响,如果没有做到和做好这些,多尺度管理就难以体现其实际意义。为此,既要根据理论思维提取不同尺度的具体特征及具体特征所包含的复杂性管理内涵,又要从实践思维出发,考虑不同特征与管理问题的现实关联关系,明确特征对管理活动的实际影响。

例如,基于时间维度的多尺度是一类普遍现象,但不能简单地一概把时间维度划分为近期、中期与远期就认为体现和完成了多尺度管理。因为这一划分的实际意义是要根据管理要素的科学内涵寻找在不同尺度上的特征表征。如复杂系统管理功能这一管理要素在不同时间尺度上将鲜明地表征为功能的不同形成路径,而且形成路径之间有着重要差别,这就需要我们将不同的功能形成路径这一特征"嵌入"功能设计管理中,再根据不同的形成路径,开展功能设计管理活动。其中,构成型功能与生成型功能一般可采用传统的工程规划设计与工程社会经济综合分析方法;但仅仅采用这些传统方法往往无法发现和预测涌现型功能;这时,需要通过新的方法发现和预测重大工程环境大时间尺度情景演化现象,并在此基础上,形成大时间尺度的涌现型功能。需要指出,即使同样的维度,例如将时间维度划分为近期、中期与远期三类尺度,究竟提取什么样的特征,也要看是研究什么问题、问题和要素有着怎样的关联、关联是否能够区分出要素更细致的特征等等,绝无固定答案。

例如,对于管理环境而言,不同时间尺度的影响主要体现在环境不确定性的"严重"程度上。所以,有必要依据时间的近期、中期与远期,将不确定性划分为浅度、中度和深度三个不同级别,这和基于不同时间尺度的功能谱概念就完全不同了。至于不同维度上的管理要素,在多尺度意义上提取的特征表征与描述方式,以及它们对管理问题的影响,所有这些问题呈现出的不同的管理内涵,都需要我们结合具体管理问题一个个地分析明确。

8.6.3 多尺度管理的整体性综合

对一个维度上的管理要素进行多尺度划分,在某种意义上可以看作主体在理论思维层面上的一种复杂性降解手段,而复杂系统管理实践活动又要求我们不仅要有面对虚体思维的多尺度划分,而且要有面对实体思维的多尺度向同一维度的整合。这需要我们把管理要素由多尺度"综合"至原来维度,并在原来维度上整体性地研究管理问题。这是多尺度管理在实际操作中的一个重要步骤,如果没有这一步,我们即使通过多尺度概念精细化了同一维度管理要素的复杂性,得到的也只是被"分解"了的复杂性。因此,必须在分解的基础上,通过维度整合得到维度整体意义上的复杂性。

因此,总结起来,多尺度管理主要由以下两个阶段组成。第一阶段为基于还原论思维对维度进行多尺度划分,通过提取不同尺度特征、分析要素不同尺度特征对管理问题的影响;第二阶段为基于整体论思维对多尺度分析进行维度层次上的整合,形成在维度整体意义上对管理问题的整体性影响,这样两个既包括还原论尺度划分,又包括整体论维度整合的综合,就形成了在复杂整体性意义上的多尺度管理。

关于多尺度管理的具体技术与方法,在"还原性划分"阶段,由于多尺度划分后,某个尺度所对应的复杂系统管理活动内容与环境背景相对集中和简单,该尺度的特征、属性、影响与作用等也相对清楚。这意味着,这时主体可更加聚焦于管理要素中的某一部分复杂性,从管理相关技术与方法的规定性与适用性看,这时一般多采用系统分析技术和方法。

在"整体性综合"阶段,主要是整体论思维原则的体现,因此,一般拟采用管理目标(功能)的统筹方法和各类综合评价技术。综合评价技术的基本原则为建立一个包括主体价值取向及各尺度属性、作用与影响在内的综合效用函数(指标),作为管理要素在维度整体意义上的表征,并结合具体方法,得到主体基于客观属性与主观价值相结合的认知。

常用的典型综合评价方法有:

(1) 对一类非结构化突出的问题,如宏观、战略性管理问题,因为难以定量描述,也难以建立结构化模型,常采用以专家定性综合评价为主的方法。

(2) 运用因子分析、主成分分析及聚类分析等方法进行多尺度特征与影响的综合评价。

(3) 运用系统分析中的评分法、关联矩阵法及层次分析法进行综合评价。

(4) 运用模糊识别、模糊综合评价等方法进行综合评价。

(5) 通过计算机模拟方法进行过程分析与综合评价。

(6) 通过人—机对话将多尺度特征的客观性与主观性相结合,形成交互式多目标综合评价方法。

(7) 将两种或多种综合评价方法集成与改进,获得更为综合的评价方法,例如,将模糊评价方法与聚类评价方法集成为模糊聚类方法;与人工智能方法集成为模糊人工神经网络方法等。

(8) 进一步地,基于方法集组合的综合评价方法与基于计算机的评价支持系统等。

虽然以上各类方法主要是多年来在各个领域内形成并取得成功应用的综合评价方法，但其基本思想对我们解决和处理多尺度"综合"有不少启发和可用之处。不过系统综合及其评价从来都是复杂困难的，不能认为，只要把在许多其他领域成功应用的综合评价方法直接套用到复杂系统多尺度管理中就实现了多尺度综合，其中除了如何选择和借用一些适当、成熟的综合评价方法，更重要的是需要我们在复杂系统管理实际活动中坚持理论思维、实践思维与其他思维的综合。

综上所述，多尺度管理是在复杂系统管理活动中对管理要素进行多维度分析的基础上，对同一维度管理要素进行多尺度划分、分析不同尺度要素属性特征差异性对管理问题的影响，进一步以多尺度分析为基础向维度整体性进行整合，此即为多尺度管理的基本原理。

8.7 适应性选择原理

8.7.1 适应性选择的内涵

在 7.5 节中，我们指出，在复杂系统管理活动中，主体是通过自己的适应性行为来提高认知、分析和驾驭复杂整体性能力的。具体地说，主体行为与主体提出的管理方案是主体两类最基本的适应性行为；另外，和其他领域的管理一样，"选择"是复杂系统管理最普遍、最基本的行为样式。这样，遵循适应性准则的主体选择就成为一类"适应性选择"。它不仅是主体在复杂系统管理活动操作层面的行为现实，而且成为管理活动中的基本原理之一。

在复杂系统管理中，适应性选择究竟有着什么样的科学内涵呢？首先，适应性是主体选择行为的目标，因为复杂系统管理环境与问题的各种复杂整体性，要求主体在许多情况下，改变传统的管理最优化目标思维，而以新的适应性目标思维代之，形成适应性即最优性的新理念。例如，能够表现出行为高度适应性的主体能力是强的，能够适应本质不确定情景变动的管理方案是优秀的，能够适应不同管理问题复杂整体性的柔能力组织模式是有效的等等。当然，以适应性为目标，很大程度上会嵌入主体的主观价值偏好，容易使选择走偏，为防范这一点，第一，要通过主体自身的自适应学习行为提高自身认知与分析能力；第二，要坚持选择流程是一个不断试错、迭代、逼近的过程，不能"一蹴而就"。

另外，适应性选择是主体在操作层面上对复杂性降解、不可分相对性等行为的"补偿"。因为在复杂性降解、不可分相对性等行为过程中，采用了"问题虚体"

化假设,难免不会损伤情景的现实复杂整体性。而在真实的复杂系统管理活动中,情景或者问题固有的复杂整体性依然存在,所以,当主体面对仍然真实存在的复杂整体性并要制定解决问题方案时,还需要主体将情景或者问题固有的复杂整体性从"虚体"层面还原到"实体"层面,这需要通过自己的适应性行为进行再一次选择,以对原本固有的复杂整体性造成的"偏差"与"损伤"进行复原与修正。

再次,行为适应性的强弱也是主体选择能力的标志。为了能够驾驭复杂整体性并解决复杂性问题,主体要不断通过自身的适应性学习行为积累经验,提高能力,因此,主体自身的适应性学习行为是其适应性选择的先决条件和前提,也是主体能力的重要标志。从系统科学原理看,任何复杂系统管理方案都是主体设计的一个人造复杂系统,但同时也造就了新的复杂整体性,这是主体应对问题复杂整体性的主动性反应,因此,需要主体在适应性自学习基础上,通过对方案进行比对和选择,以保证方案的可行性和其他品质。这样,凡进行方案选择时,主体都要采用适应性学习路线,这就是主体适应性选择过程中自学习行为的基本内涵。

因此,适应性选择就成为复杂系统管理活动中主体一类重要的实际操作原则,也成为复杂系统管理的基本原理之一。

8.7.2 适应性选择的路径策略

明确了适应性选择的基本内涵后,重要的问题是如何设计其选择路径。一般地,适应性选择主要包括适应性原则下的目标选择、组织模式选择、方案选择以及方案评估方法选择等,下面以目标、组织机制与评估方法为例给予诠释:

1. 目标的适应性选择

在复杂系统管理实践中,由于管理目标的复杂性和主体偏好的影响,主体的某个目标只能是基于有限知识和某一个阶段经验的选择,从而可能会造成目标不完整、层次与关联模糊、冲突性目标没有预处理好等不足,需要对目标进行适应性调整。

例如,在目标初步设计的基础上,对目标进行更深刻的筛选、凝练,提取更具本质性的核心目标;多目标体系不是对多个目标简单叠加,如对风险,不能认为若干个小风险之"和"就是大风险;另外,不同属性的目标之间往往不具简单可加性,如我们无法简单将管理质量目标与安全目标相加,而要进一步揭示多目标体系内部的复杂关联性并对目标进行整体性综合,综合的难点主要是如何协调冲突性目标。

2. 组织的适应性机制

根据上面的分析，复杂系统管理组织作为柔能力平台，其自身要有适当的运行机制，平台才能提供适应性选择的运行机制。"机制"一词，本意为机器的构造和工作原理，如果把机器理解为一个系统，则其构造与工作原理可视为系统的结构及流程，所以，"机制"可视为一个系统或组织的要素组成、相互关联及输入/输出程序等。那么，复杂系统管理组织平台如何形成基本的适应性机制呢？

第一，根据以下四个主要要素设计组织平台适应性机制：

（1）情景（问题）。复杂系统管理情景与问题种类多、涉及领域与层次多，其中不乏重要的"大情景""难问题"，主体的一切适应性选择行为都必须以情景（问题）为导向，情景（问题）的复杂整体性就是主体在复杂系统思维下的适应性方向，更是适应性目标。

（2）主体。不同的情景（问题）对主体的能力有着不同的要求，例如，"难问题"需要主体有更丰富的经验和知识；"大情景"需要主体必须具有与该情景相匹配的驾驭能力，即主体要有按照相关制度、法规对问题进行决策、提出解决方案的综合本领，这往往比主体具有相关的知识与经验更重要，因为它直接关系到复杂系统管理方案的合法性与科学性。另外，还不能出现主体能力的僭越或缺失。

（3）资源。这里所谓的资源主要是指构建组织平台的基本要素和支持平台释放能力的机制。平台必须形成由个别主体分散能力向主体群整体能力综合的运作机制，这是组织平台最重要的功能。

（4）环境。是指组织平台内部界面、接口的协同性。例如，根据情景（问题）特征选择主体之间关联与协作方式。

第二，根据上述四个要素的动态变化设计适应性机制：

在复杂系统管理实际活动中，上述四个要素会出现各种变化，由此，组织平台应相应产生适应性变更与适应性功能。其中，情景（问题）的变化是根本和主导，起着导向性作用，组织平台的所有变更应该说都是由情景（问题）变化引起的，例如：

（1）平台主体的变更。问题（任务）的变化必然对主体的事权、知识和能力提出不同的要求。因此，平台一定要有变换主体等相应的适应性机制，一般地，变更一般主体情况较多，变更序主体情况较少。

（2）平台结构的变更。情景（问题）的变化，可能会使平台主体之间的相互关联及作用发生变化。这时，会直接要求对平台结构进行变更或者重组，以涌现出新的必要的能力和功能,这通常表现为复杂系统管理模式的变更。

(3)平台机制的变更。主要指平台内部工作流程原理与执行程序等的变更,如在复杂系统管理活动的不同阶段,关联主体、关联方式等都将随情景(问题)的变化而进行适应性调整。

上述复杂系统管理组织平台表现出的多方面"柔性"品质与柔能力,充分体现了它在应对复杂情景(问题)时,通过适应性机制对自身新的驾驭复杂整体性能力的构建。

3. 管理方案适应性评估方法

在7.5节中,我们提出了第二种适应性类型,即管理方案的适应性。这虽然不属于主体行为过程的适应性,但方案作为主体适应性行为的最终结果,它的"质量"必然会成为对主体适应性行为过程"质量"的直接表征。应该如何根据情景与问题的复杂整体性特征,选择对方案质量评估的方法,其中一系列相互关联并前后有序的问题都是复杂系统管理理论中的新的理论问题,需要我们在理论思维原则下,通过基本概念与原理的论证,明确结论。

例如,什么是管理方案质量?从我们初步构建的概念与原理看,复杂系统管理的方案质量主要是用来衡量和评估管理方案能否在方案生命期内维持其预设的功能(效用),特别是,能否在环境情景出现深度变动时仍然保持其功能的稳健性。

这一理论观点揭示了在复杂系统管理的复杂整体性特征下,管理方案的质量内涵,同时提出拟用方案功能与环境情景深度变动之间整体匹配程度来作为评估、度量方案质量的技术路线。

需要指出的是,这里的环境情景变动包括了以下两类情景变动:

(1)复杂系统管理人造实体系统形成前周边环境的情景变动。

(2)人造实体系统形成后,"复杂系统管理—环境复合系统"涌现出的新的情景变动。

这又涉及如何发现和预测复杂系统情景变动,如何度量管理方案与情景变动之间的匹配程度。有关这一方面的内容,将在本书第十章中给予介绍。

综上所述,适应性选择是复杂系统管理主体在管理活动中的基本行为准则与主体行为能力的表征。在管理实践中,适应性选择充分体现了理论思维与实践思维的相互结合,它的主要内涵是主体如何通过对目标的适应性选择和对管理组织平台适应性机制设计来提高管理方案的适应性与稳健性。

本节以上内容即为复杂系统管理的适应性选择原理。

8.8 迭代式生成原理

前面指出了适应性选择是复杂系统管理活动中主体最普遍和最基本的行为准则。本节将介绍体现了主体适应性选择的实际操作程序与管理方案生成原理。

8.8.1 选择过程中的主体行为迭代性

从实践思维角度看,复杂系统管理主体全部选择行为或者选择的全部目的都是确定和提出解决复杂整体性问题的方案。对一个相对简单的管理问题,管理目标清晰、问题结构化程度高,一般可以采用明确目标、严格分析、建立模型及通过优化技术,从若干可行方案中选择解决问题的"最优"方案。我们称这一类方案生成方式为"优化式"生成。但是,对于复杂系统管理中的复杂性问题,这样的"优化式"生成过程会因问题的复杂整体性而遇到困难,这主要是因为:

1. 复杂整体性问题的目标具有多层次、多维度、多尺度、强关联和本质不确定性等特点;

2. 复杂整体性问题难以完全用结构化模型表述;

3. 即使勉强构建结构化模型,也往往会因为模型复杂而难以对模型求解。

这样,在复杂系统管理活动中,虽说主体仍然以解决问题为目标,但各种主客观原因导致主体很难通过"优化式"原理生成问题方案。这时,主体只能根据适应性行为准则来应对问题的复杂整体性。就问题而言,主体在方案选择过程中,还要对问题复杂整体性进行破解,对管理目标进行凝练与综合,对问题属性进行多尺度划分等等,那么,这在实际中是怎样操作与实现的呢?下面我们就来分析这一操作的实际过程。

1. 主体"第一层次"迭代

每个管理主体解决问题的能力都基于自身的学习、知识积累与创造性,概括起来,都是主体自身的一种广义自学习能力的表征。学习对主体来讲是一个复杂过程,特别是为了提高对复杂整体性问题认知和驾驭能力的学习更是一种基于创造性思维的学习行为。它既包括对知识的理解、领会与积累,又包括原创、跨越与顿悟等思维过程。

正如认知学习理论的格式塔学派认为的,最终要在主体的认知上形成一个有组织的整体,即完形,而不是仅仅形成刺激与反应的联结。无论怎样,主体的自学习必须逐渐把握待解决问题的复杂整体性本质,并把学习成果沉浸到问题的情景中去,这显然需要主体认知思维有一个自我迭代过程。在这样一个不断迭代的过程中,主体自身掌握的信息与知识不断丰富起来,对问题及如何解决问题的认知不断全面、完善和深刻起来。这一迭代过程的长短与效果因人水平而异、因问题难易而异、因主体学习效果不同而异。但不论是谁,都不能"一蹴而就",因为这是人的学习与认知规律所决定的。这一类发生在主体个体身上的迭代行为,我们称为"第一层次"迭代行为。它是复杂系统管理方案选择过程中最基础的一类迭代行为。

2. 主体"第二层次"迭代

由于复杂系统管理问题涉及政治、社会、经济、技术、文化等多个领域,而单个或少量主体不可能拥有管理活动所需的全部能力与全部资源,因此,设计并确定复杂系统管理方案,不仅要求各管理主体个体对问题的认知、分析和综合能力均要达到一个较高的水平,还必须由一个多领域个体组成的主体群来协同解决问题。在实际中,因为解决不同的问题需要不同领域的事权与不同的专门知识,这就决定了复杂系统管理主体群的组成一般不能是固定不变的,而要根据问题性质的不同,在序主体的主导性引领下,对主体进行不断选择和对主体群的结构进行适当的重组以形成新的组织平台。

从选择过程视角看,这既是管理主体群,又是组织平台在重组或优化意义下的不断迭代,正是通过这种迭代,组织平台适应性地产生了与所需解决问题相匹配的事权和能力。这是在复杂系统管理方案选择过程中,一类发生在主体群中的迭代行为,我们称其为"第二层次"迭代行为,它是复杂系统管理主体行为选择过程中的组织平台层次或管理组织意义上的迭代行为。组织平台的迭代不是目的,而是为了高质量完成管理方案选择的组织保证;进一步地,需要主体群在这一平台的动态迭代基础上,通过群体共识形成完成好管理方案的选择。

3. 主体"第三层次"迭代

一般地,对于某个管理问题,根据平台工作机制,主体群一开始会形成一个或多个初始方案,通过对这些方案进行多方面的分析与评估,并根据分析与评估结论,主体群或者对原始方案进行修正与完善,这实际上是方案在纵向意义上的迭代;或者通过对原来多个方案进行比对、剔除与重组,这实际上是方案在横向意义上的迭代。在实际管理活动中,无论是纵向还是横向迭代都不只有一次,一般需要多次才能最终完成,这主要是因为:

(1) 对复杂系统管理方案的比对,实际上是一个对管理方案系统综合功能的动态综合评价过程,不仅包括对方案功能的单项评价转变为对方案功能的多项评价,还包括基于方案功能整体意义下的综合评价。特别在评价过程中,有可能随着主体认知的深化与价值观的变化,会多次出现对评价结果的修正甚至反复。

(2)在对方案的比对过程中,相关的数据与信息、专家的知识与经验都十分重要。但是,在实际中,相关数据和信息只有在多次比对中才能不断丰富和完备起来,专家的知识和经验也才能逐渐被释放出来。

(3)总体上说,对方案的选择需要在比对过程中形成主体群的共识,主体群共识之"共",标志着主体群中各个体对问题复杂整体性认知的逐渐集中与趋同。这一过程首先取决于问题自身的复杂性程度,复杂性越高,趋同越困难,比对迭代次数可能越多。另外,还取决于主体价值观的演变,例如,主体的环保意识加强了,可能会否定原先认同的环保质量较低的方案而提出环保质量更高的方案。这表明,原先的"共识"变成了"非共识",这样曲折与反复的迭代方式在复杂系统管理实践中是经常发生的。

由此可见,复杂系统管理方案的选择过程在现实操作层面上,主要是由对方案的纵向或横向迭代所构成。在这一过程中,无论是主体的综合评价、认知提升还是主体群对方案共识的形成都体现为一种"不断比对、逐步逼近、最终确定"的普遍模式。这是在复杂系统管理方案选择过程中,主体群对方案选择与确定的迭代行为,我们称为"第三层次"迭代行为,它也是复杂系统管理方案选择过程中最高层次的迭代行为。

综上所述,在操作层面上,复杂系统管理主体的选择行为表现为一种由"主体个体自学习迭代—主体群体平台迭代—方案形成迭代"组成的三个层次、相互反馈的综合迭代模式。具体程序是主体不断对某一阶段性的方案进行纵向或横向比对、调整和修正,甚至推翻原方案重新设计新方案这样一个不断迭代的过程,并以阶段性方案序列逐次迭代逼近最终方案。

从理论思维看,如果复杂系统管理的某个问题存在一个思维逻辑上的"最优"方案,那主体在现实的方案选择过程中,是通过一个不断比对与修正的迭代过程向这一"最优"方案逼近,我们称此为复杂系统管理的方案"迭代式生成"原理,并常以"比对、迭代、逼近"概括其整体操作程序与流程。

不难看出,从形成方案的技术路线看,前述"优化式"生成原理是把问题复杂整体性一次性地摆到方案的选择行为中,在实践中能这样做并能做成功,一则要求问题不能太复杂,二则要求主体能力非常强,但在复杂系统管理活动中,这两点往往都达不到。而"迭代式生成"原理则是把问题的复杂整体性分解到方案生成过程中的多个阶段,不仅使主体在每个阶段遇到的复杂性只是整体复杂性的一部分,而且采用了多次适应性的方案序列来逼近,这种实际操作行为既体现了主体的复杂性降解准则,又体现了适应性选择准则。

其实,这种迭代式生成原理所表现的比对、迭代、逼近某一复杂整体性问题方案的原理,在其他学科领域也多有运用。例如在数学中,求一个圆的周长是一个"复杂整体性"问题,在人们尚没有发明微积分之前,即人们的认知水平还相对较低的时候,可先分别计算该圆的内接正三角形、正四边形、正六边形、正八边形……的周长,通过正多边形边数的不断增加,形成了一个该圆的内接正多边形周长迭代序列,并以此来逼近该圆周长。当然,这样的用圆内接正多边形周长逼近圆周长的方法,对任何有限次迭代来说均有误差,但可以用增加该迭代次数来减小误差。在实际计算过程中,究竟要迭代多少次,要看我们的精度要求。

8.8.2 选择过程中技术路线的迭代性

如上所述,复杂系统管理方案的迭代式生成原理在操作层面上,集中表现为主体的比对行为,而比对所采用的基本技术主要是综合评价,其关键技术路线包括将评价目标的综合与定性定量结合。虽然在一般意义上,这两方面的核心关键技术在一般管理实际中有着很广泛的运用,但在实际操作过程中,它们自身也都体现出鲜明的迭代性特征,强调这一点,对我们恰当使用技术路线有着指导意义。具体说明如下:

1. 综合目标比对的迭代性

无论是对管理方案的纵向还是横向迭代,应在同样环境下对方案进行同等深度与同一性比对,这就需要主体提出综合评价技术中的综合性目标;另外,综合评价过程中需要主体对每一个阶段的目标进行筛选、对目标之间的关联性进行定性或定量判定;而到下一个阶段,主体要在上一阶段评价的基础上,进行类似的迭代。这是主体采用的目标综合技术路线所反映出来的"迭代式"内涵。

2. 定性与定量综合集成的迭代性

复杂系统管理方案因其复杂整体性,主体一开始往往先要形成方案的顶层设计,这一阶段主要是在已有的科学理论、经验知识基础上,综合主体群的智慧,形成以语言和文字描述为主的直观判断。这就是所谓的方案生成中的定性方法,如对方案目标、功能的总体分析与设计,对问题与环境的关联性分析及形成方案的技术路线设计、方案综合评价指标与评价准则设计等。观察、叙述、案例分析、实地调查等都是常见的定性方法,定性方法的结果多为经验性假设、规划、方案初步设想、技术路线框架表述等。

但是,要提出一个复杂系统管理复杂整体性问题的解决方案,还需要对方案要素之间的关联进行精密的量化描述,因为,一般的语言或文字描述对复杂整体性方案显得过于粗糙,尚要运用逻辑推理、模型、数据分析与模拟实验等方法对问题及方案中的某些部分进行精密计算和严格论证,这就是方案生成过程中的定量方法。定量方法一般要以定性方法及所得结论为基础,运用严谨的逻辑推理与数学演绎进行精密求解与论证,如不同方案之间的精细描述、方案中的参数设定等都广泛运用了定量方法。数据采集与分析、数学建模与模型求解、计算机模拟等都是典型的定量方法。那么,在复杂系统管理方案选择中,如何处理定性方法与定量方法之间的关系呢?

首先,人们在一开始认识、分析问题复杂整体性时,只能以感知的方式说明其外在的表象特征,如主要用语言文字表述思辨性内容,用经验判断与感觉的灵活性建立概念框架,在这一阶段中,人们的归纳、理解、知识、经验发挥了基本的作用,并为进一步采用标准程序和精确手段进行问题的严密和精细分析奠定了基础。

其次,复杂系统管理的定量化与模型化技术,对完整、精准形成复杂整体性问题方案具有直接且重要的影响,特别是对于一类意义重大、高度复杂整体性问题,由于其整体性强,与本质不确定外部环境联系密切,需要在初始阶段的定性认识和理解的基础上,通过数据采集与分析、运用严谨的逻辑推理与数学演绎,对问题进行精密求解与论证等多种定量方法,还可能要对自身的定量结果进行修正,这些也都是在不断的独立型迭代中完成的。

最后,对于复杂整体性问题需要定性定量相结合,因为这一类问题一般具有跨学科、跨领域特点,因而需要多个不同领域、不同学科、不同层次的专家构成专家体系,依靠群体经验、知识、智慧的集成,形成群体共识,这就是定性的综合集成。不仅如此,在运用定量方法时也需要根据总体目标,对其采用多种模型、多种计算工具、多种量化手段的集成,这就是定量的综合集成。定性综合集成与定量综合集成在工具与方法上主要运用信息化、网络化技术,通过建立模型库、数据库、方法库、规则库等实现定量的综合集成,同时建立决策支持平台,作为定性与定量综合集成过程的智力支持。由此可以认为,复杂系统管理复杂整体性问题方案的选择不仅需要运用定性与定量相结合的方法,更需要运用从定性到定量的综合集成方法。

不难看出,在上述过程中,定性阶段与定量阶段内部都会经过多次迭代才能完成,而且定性迭代与定量迭代会相互促进,引发新的迭代需求的产生,形成定性定量相结合的互动迭代特点。

虽然在复杂系统管理方案的选择过程中,会运用多种技术与方法,但定性与定量相结合是最基本、最主要和最普遍运用的技术与方法。无论是在定性综合集成内部、定量综合集成内部,还是从定性到定量的综合集成两者之间的相互转换,都表现为一个不断迭代的过程。正是这样一种多层次迭代方式,在发挥定性与定量方法各自作用的同时,弥补了各自方法的不足,形成了新的更强的选择能力,同时也揭示了主体方案选择操作层面所表现出的"迭代式"生成这一基本原理。

8.9 基本原理的逻辑关联

在前述 7 个基本原理基础上,本节在整体上做一个逻辑关联分析。

根据理论思维原则,如果对复杂系统管理活动中的现象与问题进行抽象分析,并提取其中最根本、最普遍的两个要素,应该是:主体与复杂整体性。

主体,是在复杂系统管理活动中起着主导作用,并具有认识与实践能力的人与人群。没有主体,就没有复杂系统管理活动。

复杂整体性,是复杂系统管理最重要的本质属性。没有复杂整体性,就不是复杂系统管理活动。

复杂系统管理理论中的原理既要在理论思维的属性认知上充分反映复杂系统管理的本质;又要在实践思维的价值意图上充分体现还原论不可逆特征;还要在两者结合上实现理论的逻辑化。所以,原理必须围绕着主体与复杂整体性这两个最根本、最普遍的要素,充分揭示复杂系统管理活动中主体行为与对象特征的基本规律。能否做到这一点是衡量复杂系统管理理论中基本原理的学术质量的主要标准。下面我们就这个问题进行论述。

在本章内,我们一共提出了情景导向、不可分相对性、独特性语境化、物理—系统—管理链递进、多尺度管理、适应性选择与迭代式生成等 7 个基本原理。

首先,情景是复杂系统管理活动中复杂整体性全部信息的载体,在学理上,复杂系统管理活动、情景与问题具有属性同一性,因此,通过情景导向,可以保证复杂系统管理复杂整体性的本真性与独特性。

复杂系统管理中的复杂整体性除一般相对独立的复杂性外,还有相对独立的整体性,但最核心的是其中的不可分的整体性。在实践思维层面上,这主要是指这类整体性中的关联紧密性,如果"硬性"切割这类关联将引起复杂整体性的质性变化,但是,在实践中,并不能认为这类整体性真的是"铁板一块"和绝对"刚性"的。而是可以通过对这类整体性情景或者问题的结构、细节、逻辑与时空尺度进行适度"可分"来实现可操作的整体性破解,这就是本书提出的不可分相对性原理。

独特性是造成复杂整体性的一个重要起因,独特性表现出"高度"非规范性、本质不确定性与难以验证等复杂规律,并且可以通过挖掘情景中的细节和描述细节的语境功能,来作为提炼相应独特性的切入点。对此,独特性语境化就成为应对基于独特性的复杂整体性新工具。

上述几点主要在宏观全局意义上为我们提供了复杂系统管理方法论原则,使我们从宏观全局层面向管理的中、微观层面深入。首先,复杂系统管理是一类复杂性管理,而复杂性管理是通过复杂系统思维范式对管理模式属性的凝练。由此可见,复杂系统管理在管理过程中必然深刻显现为一条物理现实、系统内涵与管理活动有序递进的行为法则,这一法则把对复杂性问题的物理感知在复杂系统思维范式下进行了抽象以及在现实管理活动中得到"落地",从而实现了解决复杂性问题的一体化链式递进。

主体的行为适应性既造就了复杂性,同时也成为"对付"复杂整体性的一种手段。因此,主体可以通过把适应性原则"嵌入"复杂整体性问题方案选择、组织平台机制选择等过程中,形成一类在管理操作层次上以"适应性"为准则的行为,并以此为不可分相对性、独特性语境化的"补偿",它比其他原理更具操作和实施价值。

另外,主体可以对复杂系统管理活动中普遍存在的多尺度现象进行必要的尺度划分,分析不同尺度属性特征对管理问题的影响,以此把管理要素复杂性精细化和基于维度意义上的多尺度整合,开展"多尺度管理"活动。

这样,在主体的适应性选择与多尺度管理两个行为准则的共同作用下,可以使主体管理行为有了可遵循的基本"抓手",增强了主体驾驭复杂性的实际能力。

进一步地,复杂系统管理主体的全部行为,以及行为的全部目的都是设计和提出解决复杂整体性问题的方案。在现实的管理活动中,因为主体能力的局限性,主体只能把问题的整体复杂性分解到方案生成过程的各个阶段,使主体在每个阶段面对的复杂性只是整体复杂性的一部分,从而只需面对某一阶段、难度相对较低的子问题的解决方案,再把这样的阶段性方案组成前后有序的方案序列,并用这一序列来逼近整体问题的最终方案。主体在管理活动实践中的这一迭代式生成方案的方式充分体现了适应性选择准则,是主体在实际复杂系统管理活动中的一类普遍的、现实的操作原理。

具体地说,在复杂系统管理活动中,主体首先以复杂整体性情景为导向,通过对情景虚体认知的"可变性",在宏观全局层面上的不可分相对性、独特性语境化原理,构建了物理—系统—管理链递进范式等行为法则;在此基础上,多尺度管理与适应性选择原理形成了更具操作性的行为准则,而迭代式生成原理则是

第八章 复杂系统管理基本原理

将上述几个原理完全整合到一起,形成了主体行为和操作过程的一般法则。

由此可见,本章提出的 7 个基本原理均源于复杂系统管理实践,并紧密围绕着主体与复杂整体性这两个根本性的管理要素,充分揭示了复杂系统管理现象中的逻辑关系、因果关系、相关关系以及主体行为准则,它们彼此之间有着紧密的逻辑关联性,构成了复杂系统管理理论体的基本原理体系(见图)。在此基础上,可以进一步用前面提出的核心概念与基本原理推导出具有学理品质和理论价值的复杂系统管理科学议题。

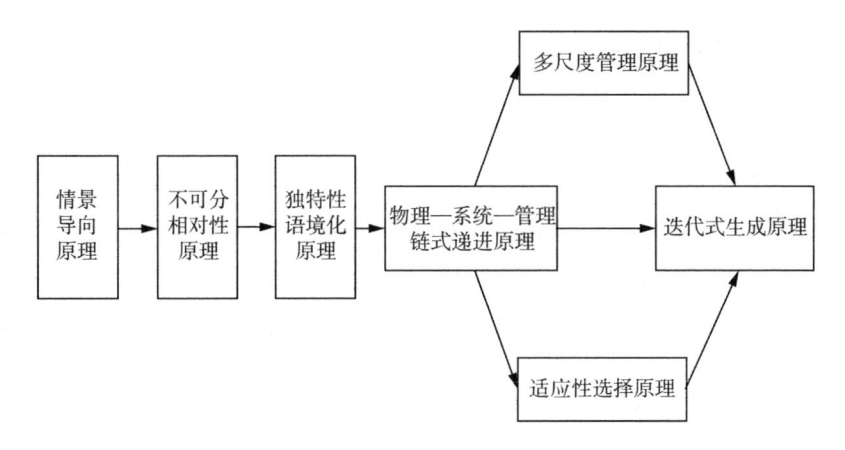

图 8.2 基本原理的逻辑关联

第九章　复杂系统管理基础性科学议题

9.1　科学议题概述

9.1.1　议题释义

　　一般在学术研究中常见的是"科学问题"而不是"科学议题",为什么这里不是"复杂系统管理科学问题",而是"复杂系统管理科学议题"呢?这首先是因为"问题"与"议题"不是同一个概念,其次,这与复杂系统管理正处在发展的初期阶段有关。

　　通常情况下,"科学问题"是指学者们在特定的知识背景下提出的关于科学知识和科学实践中需要解决而尚未解决的问题。它包括一定的求解目标和应答域,但尚无确定的答案,所以,需要尽最大的努力去寻找,去探索。

　　提出科学问题需要明晰、聚焦,不宜泛指。复杂系统管理理论体系中当然有着许许多多的科学问题,研究和解决这类问题,是非常重要的任务,一般是学者通过学术论文或者专业性很强的学术著作来表达对问题的见解。作为介绍复杂系统管理基础性知识的本书不能用一章的篇幅来承担这一繁重的任务。

　　而"科学议题"是指学者们提出的具有一定科学依据和符合客观实际的待议问题或主题,它往往比问题的含义要宽泛得多。有时,一个议题可能是一类具有相同或非常近似内涵与特征的问题。提出科学议题的目的,不是一定要求立即得到求解的答案;更多的时候,是希望引起学术界的关注和研究的兴趣。这一点对于复杂系统管理这样一个通过复杂系统思维范式转移而构建起来的新领域来说,更体现了人们对待正在起步路上的复杂系统管理那种"摸着石头过河"的探索性思维,即一方面在较宽泛的视角下思考和摸索,另一方面,还没有足够的本领做到精准地"踩在"某一块确定的石头上。

　　提出科学议题需要站在比提出具体的科学问题更高的层面上,如本章提出的复杂系统管理知识形态的话语体系建设;或者把思维范式与具体科学问题相结合,形成具有方法论意义的鲁棒性管理等都属于科学议题。但是,不论怎么说,在复杂系统管理理论体系刚刚被设计和构建之时,所有这些都具有极其强烈的探索色彩,需要不断成熟。

在复杂系统管理领域众多的科学议题中,有一些议题更具有基础性,也就是说,这类议题不仅自身深刻地贴近复杂系统管理活动的本质特征与一般规律,而且它们还具有明显的普适性价值与拓展性意义,能够作为其他新的议题的逻辑起点,我们把这类议题称为基础性科学议题。基础性科学议题与复杂整体性属性更为紧密,同时,随着复杂系统管理理论的不断丰富,基础性议题也会不断深化和丰富,这是复杂系统管理理论不断成熟的重要标志。

基于以上思想,本章不采取对若干具体的如决策、技术创新、供应链等功能性或职能性管理问题进行介绍的方式,一则,这类管理问题之多,举不胜举;二则,对具体的问题,需要考虑独特性语境,必然要"对症下药",所以,本章从"议题"本意出发,提出了如"管理质量""本质性管理""管理组织""管理知识形态"等蕴意广泛的议题作为探索对象,有其学理性与现实性。

9.1.2 正在起步路上的复杂系统管理

现实和学理分析表明,虽然复杂系统管理有着巨大的发展空间,但它毕竟刚刚具有领域性的基本雏形,因此,要特别注意研究复杂系统管理发展过程中的学理规范性和范式普适性。

首先,学术思维的高度开放性有利于鼓励复杂系统管理在很多方面从其他学术领域学习到很多东西,并作为复杂系统管理基础性的认知范式与逻辑起点,即应在统一的思维原则下,鼓励多学科交叉与融合。但这一方针不是、不宜,更不能以另外某一个领域的学术体系为基准,把复杂系统管理学术"投影"到该体系基准上,然后用该领域的学术思想、概念与话语方式来打造复杂系统管理学术。这样的"寄生型"学术发展方法不可能成为复杂系统管理理论有生命力的规范化路径;另外,也不能在没有统一的思维原则的情况下,仅仅以某个或多个其他领域的现成结论和方法为基础,将它们"拼装"起来作为复杂系统管理学术体系。

以上路径所以不妥,是因为那样做不能深刻反映出复杂系统管理自身活动与问题在实践层面和认知层面上的本质属性,所以,无法保证是在真正形成复杂系统管理知识并且将它们系统化与逻辑化;至于用一些新的概念与名词来诠释和隐喻复杂系统管理现象与知识,可能具有小范围或孤立的意义,但同样因为缺乏哲学思维与问题属性的实质内涵而导致科学研究内卷化。凡此种种都在提醒我们，开展复杂系统管理研究必须遵循学术发展的基本规律与范式。

在关于复杂系统管理理论发展的认知上，要认识到任何理论体系，它发现的道理、揭示的规律都是相对的真理，即它们都是相对正确、相对深刻和相对全面的。因此，理论只有相对的真理性，不能指望依赖一个理论体系就能够解决复杂系统管理的全部实际问题。特别是在复杂系统管理实践活动中，除了需要理论思维，还需要实践思维、创新思维与其他种种思维。因此，在分析、解决复杂系统管理问题的实践活动中，没有理论是不能的，但也不能存在"理论是万能"的想法，其中，人对现实复杂性的认知、经验与悟性往往有着重要的"临床"作用。

另外，复杂系统管理模式不应理解为是唯一的，如同管理学领域其他管理范式一样，构建和发展复杂系统管理理论过程应该是开放、包容的，要形成"百花齐放，百家争鸣"的态势，才有利于复杂系统管理学术的发展与进步。

构建复杂系统管理理论不是一件容易的事情，将其修正、完善、拓展和提升更需要长期艰苦的探索。考虑到复杂系统管理是一个含义广泛、深远的领域性概念，它与时间、地域、实践、环境、文化、制度、历史、政策等紧密关联，并且又受到主体观察问题的视角、思考问题的方式与水平等影响，因此，复杂系统管理的学术发展必然是一个要经过长时期努力才能一步步完成的任务，甚至永远没有彻底完成之日。

综上所述，当前，复杂系统管理现实对管理理论的构建提出越来越强烈的需求，同时，不断丰富的复杂系统管理实践、越来越壮大的研究队伍以及不断积累的研究成果也都为构建复杂系统管理学术体系准备和提供了许多基础性条件。在这个意义上，基础性科学议题正行走在复杂系统管理实践与理论发展的路上。

下面，我们介绍复杂系统管理7个基础性科学议题。

9.2 议题之一：复杂整体性破解

9.2.1 复杂整体性破解概述

在8.3节中，我们以"不可分相对性"来概括如何应对复杂系统管理中的复杂整体性，其思维要点包括：①这是一种理论思维，是对思维原则的表述；②这是在管理宏观层面上的方法论。但是，作为管理活动，复杂系统管理还需要明确实践思维层面上如何"操作"和理论研究中的如何"情景导向"，因此，需要将管理的"不可分相对性"转化为可操作的现实议题与操作方法，这就是本节提出的"复杂整体性破解"科学议题。

由此可见,"复杂整体性破解"的指导原则是"不可分相对性"原理。在这方面,有以下几个要点:

1. 复杂整体性是复杂系统管理活动、情景、问题的本质属性;
2. 复杂系统管理既然是一类系统实践与形态,即由不同要素组成并有自身结构与层次,这就意味着它是"可分的",所谓"不可分"不是绝对的,而是相对的;
3. 可以通过复杂整体性的"不可分"抽象思维与"相对可分"实践思维的辩证统一来设计如何驾驭复杂整体性的行为准则,以尽量缓解复杂系统管理活动中还原论不可逆性造成的障碍。

这样,在管理实践层面上,复杂整体性可以相对分为多个层面、维度、阶段、尺度的复杂整体性,或分为相对独立的复杂性、相对独立的整体性或基于整体性的复杂性、基于复杂性的整体性以及复杂性与整体性紧密"耦合"的复杂整体性等等,如果我们能够做到这些,那自然会降低复杂整体性对我们的挑战;进一步地,如果我们还能够保证上述分解过程在一定的"补偿"办法下,最终并没有损伤复杂系统管理的本质属性,那表明我们走上了一条有质量保证的破解复杂整体性的现实路径。

因此,在复杂系统管理现场和主体行为层面上,对复杂整体性中的相对独立的复杂性那一部分进行适度降低,此为复杂整体性破解中的复杂性降解;对于相对独立的整体性部分进行适度"剖分",此为复杂整体性破解中的整体性剖分;而对那些复杂性与整体性紧密"耦合"在一起的复杂整体性部分,进行综合性处理,例如,复杂系统管理综合目标就明显表现出复杂性与整体性紧密耦合形态,这时,我们可以对目标集分时段或者分空间交替运用复杂性降解与整体性剖分及方案的有序迭代与逼近,体现对复杂整体性的破解。

概括起来,以上内容可分为两个部分:第一个部分为对相对独立的复杂性的降解,第二个部分为对整体性(包括基于相对独立的整体性和与复杂性紧密"耦合"的整体性)的剖分。无论是"降解"还是"剖分",都是利用对虚体系统认知的"可变性",在虚体逻辑体系中适当、合理地"降低"或者"剖分"复杂整体性,以缓解主体在认知和处理复杂整体性过程中的困难与能力不足,因此,这既是主体在复杂系统管理活动中的基本行为,也是复杂系统管理学术研究的基础性科学议题。

9.2.2 复杂性降解基本范式

一般地,复杂系统管理活动及问题是由各类物质型资源为主构成的具有独特规定性的人造复杂系统实体,自然表现出由硬资源实体构成的物理复杂整体性。这意味着，一个具体、确定、实实在在的复杂系统实体，其物理复杂整体性也是具体、确定、实实在在的。由于任何具体的复杂系统实体都是人们从概念到实体一步步演化而成的，因此也都表现为对系统物理属性及其关联的认知从抽象到具象一步步演化而来的。

因此，在概念与认知的抽象阶段，人们主要是在思维层面活动。在这一阶段，人们依据理论思维把硬系统的属性进行抽象并将属性之间的关联系统化，形成复杂系统属性的逻辑体系，为区别系统实体，我们称此体系为系统虚体。显然，与复杂系统实体的物理复杂整体性不同，系统虚体主要表征了系统要素属性的复杂关联与整体性。

这样，系统虚体通过系统要素属性的逻辑化与系统化，确立并丰富了主体对复杂系统整体属性与功能的认识、支持主体构建系统实体的决策与筹划；并以此通过对系统要素属性之间的各种关联关系的推断，指导复杂系统管理活动。

另外，既然系统虚体是人们依据理论思维建立的要素属性与关联的逻辑体系，人们自身的个性化价值取向与认知水平在很大程度上就会影响和决定如何抽象系统要素属性及如何确定属性关联，也就是说，即使同一个系统的物理复杂整体性形态，也可能由于主体思维方式与价值观不同而形成不同的系统虚体。我们可以利用系统虚体形成过程的这种"可变性"，在不改变系统固有物理复杂整体性的前提下，设计某种技术路线来"降低"和"分解"该系统的复杂性。特别是，在许多时候，这种"降低"与"分解"是在系统要素抽象属性与关联层面上开展的，仅表现为一种概念化和逻辑化形态，更类似于中国古代的"纸上谈兵"和现代的"战争推演"，并没有真正破坏系统客观、固有和实在的复杂形态。但是，它却能够在一定逻辑意义上，帮助我们清晰、简便地认识和分析系统复杂性。

当然，在真实的复杂系统管理活动中，特别是到了系统实体实现的具象阶段，管理主体还是要完整地面对复杂系统实体要素物质性及其物理关联，因此，任何复杂系统管理实践活动绝不能仅仅依据虚体思维的概念、假设和一般逻辑来"纸上谈兵"，更不能一味依据"降低"和"分解"复杂性的思维行事，而要实实在在依据实体思维，把复杂系统各种属性、关联及其固有的客观复杂性整合为一个完整的系统物理实体。

这意味着，复杂系统管理主体在认识和分析复杂系统要素属性与关联性时，可以充分利用虚体逻辑体系的"可变性"，通过各种可行路径适当、合理地"降低"或者"分解"系统复杂性（即所谓复杂性降解），帮助我们搞清楚复杂性背后的规律和道理。当然，这是在系统虚体逻辑体系内帮助管理主体提高认知能力而采用的思维假设与理想化，是一种支持管理主体认知复杂性的手段，是为了缓解管理主体在管理活动中认知复杂性的困难和能力不足,帮助管理主体发现管理复杂性规律的中间过程。

进一步地,在实际的复杂系统管理活动中,需要管理主体运用实践思维面对具体的系统物理实体,"还原"其真实的现实复杂性,绝不能让虚体思维对复杂系统实体的客观复杂性造成任何真实性"破坏"或"损伤"。

由此可见,复杂性降解的完整过程,需要充分体现和保证虚体思维与实体思维相结合、复杂系统个性特征与一般属性规律相结合的原则,并形成复杂系统管理活动的整体性思维。总体来说,在复杂系统管理前期,主体可依据虚体"可变性"原理,通过假设与理想化的"降解"行为,帮助和支持管理主体认知与分析管理复杂性;但在复杂系统管理中后期,需要再通过实体思维"复原"系统固有的物理复杂性,以保证复杂系统实体造物的真实与完整,这就是所谓复杂性降解基本范式。

可以认为,复杂性降解是复杂系统管理活动中管理主体面对复杂整体性问题时的首要与先导性行为准则。具体地说,可以从以下三个方面来理解复杂性降解行为:

(1)"降解"中包含的降低行为,主要是从主体能力提高方面来说的,例如,通过主体自学习来提高自身的分析与驾驭复杂性能力。这时,可以完整保持系统原来固有的物理复杂性形态。因此,降低在一定意义上,更多地体现了一种"整体论"思维。

(2)"降解"中包含的分解行为,主要是在虚体思维层面上对系统原来固有的整体复杂性进行一定的分割以减小原有的复杂性,因此,分解在一定意义上,更多地体现了一种"还原论"思维。

(3)不论哪一种情况,它们对系统实体原来固有的物理复杂性都没有任何实际的破坏,但又都能够帮助管理主体提高分析和驾驭复杂性的能力。同时要注意,无论管理主体采用何种降解行为,都不能使系统原来固有的复杂性发生损伤,更不能使固有复杂性特性发生任何质的变化。

9.2.3 复杂性降解路径

复杂系统管理的复杂性是一个综合性的整体认知,它综合了复杂系统管理活动的环境、组织、主体、问题等多领域、多层次、多维度与多尺度的复杂性,也集成了复杂系统情景与问题的物理复杂性、系统复杂性以及管理复杂性。因此,如何根据复杂性来源和成因设计具体的降解路径和如何把握好降解的分寸,尽量做到"恰到好处"是复杂性降解行为重要而关键的一点。以下是几条基本的降解路径。

1. 提高管理主体认知能力的降解路径

复杂系统管理问题的复杂性主要来源于两个方面：一是本体论观点，即来源于管理环境与问题自身的复杂性；二是主体论观点，即来源于管理主体的认知缺陷，包括知识、经验与能力不足等。在实体复杂性与主体认知之间，如果主体认知能力提高了，相对而言，问题复杂性就降低了。事实证明，管理主体的自学习是提高管理主体认知能力并降低问题复杂性的重要途径；除此之外，通过现代信息技术获取丰富的信息资源来降低因信息缺失和信息处理能力不足造成的问题复杂性也是重要的，因为丰富的管理信息资源与主体资源管理能力能够有效降低由主体的心理或生理因素产生的认知误差，降低因为人的阅历、性格、情绪、思维方式与价值观缺陷产生的认知局限，因而通过运用信息技术能够有效帮助管理主体降解复杂性。

2. 改进管理方法的降解路径

为了降解复杂性，还可以通过改进管理方法来实现，例如：

（1）凝练与统筹管理目标

所谓管理目标凝练是在目标设计的基础上，对复杂系统管理的构成型目标、生成型目标以及涌现型目标分别进行筛选、提取与凝练，突出和保证战略型、基础型目标的地位。

所谓管理目标的统筹在复杂系统管理目标凝练的基础上，通过对部分目标进行剔除、限制或补偿，尽量保证目标之间的整体均衡，兼顾直接与间接、眼前与长远以及功能性、社会性与战略性目标之间的均衡等。

（2）未来情景的"紧缩"

情景概念告诉我们，复杂系统管理的未来情景空间是"充分大"和本质不确定的，不仅存在管理主体能够想象的，也可能包含主体难以想象或无法想象的情景。而且任何一个未来情景出现及如何从当前的现实情景演化成未来情景的路径都是难以确知和难以预测的。

我们无法消除上述这些客观现象与场景，因为这是由复杂系统管理本质不确定性与复杂系统管理—环境复合系统的复杂性造成的，而人是不能完全确知自己从现实到未来的所有情景与所有可能路径。

这时，我们可以采用以下方法：

①以管理主体群的经验与知识为基础，锁定未来情景空间内的一些具体的、特别有意义的情景；

②把未来情景视为对环境状态的预测，通过设定一些条件和参数来生成未

来特定情景；

③设定未来情景空间内的一个子空间，依据一定的原理认为未来情景在这个子空间内的可能性要大得多；

④设定一些有特定含义的情景作为未来情景的阈值，即规定在阈值附近的一个小范围内的任何情景都是可接受的或者都是不可接受的等等。

不难看出，以上各种方法的思想都是通过降低复杂系统管理未来空间的不确定性来降低管理复杂性。

3. 关联性切割的分解路径

一般系统的管理要素常以层次关系为主，横向关联相对较少，目标多为可预测和直接可实现的，因果关系一般是显性的等等，因此，可将管理活动在横向上分解成若干相对独立的部分。这样，系统复杂性也就被"局限"在各个相对独立的范围内和相对独立的职能部门内。这样的情况有利于我们在还原论基础上，提出局部性问题并在各职能部门内解决问题，最终以"集成"方式来解决整体性问题。

但是，复杂系统管理将各部分之间的整体性提高了，各部分之间的横向交互作用更为紧密，甚至超过复杂系统纵向层次之间的相互作用。在影响力上，有些部分之间的相互影响不再是局部的而可能是全局性的，甚至能逐步扩大成为支配全局的整体行为。这时，复杂系统管理的功能设计不再是完全可预测的，因果关系也变得不那么直接和显然。

例如，由于复杂系统要素之间的高度集成性，个别要素的一些微小变动可能被放大，形成整体性后果，使故障发展成为事故。这就是复杂系统管理风险的因果关系会变得模糊，风险难以预见和突发性问题频现的主要原因。我们把复杂系统管理各部分之间的这类强关联和高集成性引发的复杂性称为复杂系统管理中的强关联复杂性。显然，强关联增强了复杂性的复杂程度，因此，可以考虑在管理过程中恰当地切割复杂系统管理局部之间或"局部"与"全局"关联来降低复杂性。

如何对复杂系统管理要素关联性进行切割呢？这是一个理论与经验并重的问题，基本思路如下：首先要认识到所谓的关联性切割，仅仅是管理主体对虚体中属性之间的隶属关联、包含关联、并列关联、因果关联、相关关联等进行物理结构或者逻辑结构分割，是一类在认知思维上的假设与理想化，而不是对复杂系统实体的任何固有物理复杂性的肢解。

复杂系统管理内部关联性切割前要根据属性关联方式进行分析，并按照下面的原则进行：

(1) 对一类关联相对薄弱的情形,我们可以从相对薄弱处切割,被切割后各个部分的复杂性一定会有所降低,然后再对它们进行"拼装",恢复成原系统。

(2) 对一类不存在上述相对薄弱关联的情形,可以通过简化关联模式和强度进行"隐形"切割,降低复杂性后再综合。

以上两个原则实质上都是一个"关联—切割—再关联"的完整过程。首先,管理主体试图将复杂系统管理复杂性整体(相当于一个复杂机器整体)分解为多个复杂性相对较低的部分(相当于机器的不同部件),在对这些部分复杂性逐一分析(相当于对不同部件进行分析)的基础上,再将它们"拼装"成原来的机器(相当于对机器整体性复原)。

需要强调的是,不论采取何种切割方法,决不能在复杂系统管理活动中对实际存在的物理性关联进行真实意义上的肢解,否则将损坏复杂系统固有的物理复杂性。

9.2.4 整体性剖分模式

本节主要探讨如何在中、微观层面,尤其从现实视角和源头入手剖分整体性。

现实视角下的整体性往往表现于结构上的强关联性与运行机理逻辑不清,给人感觉如"雾里看花"甚至"混沌一片";源头入手是指挖掘形成或者诱发整体性的初始起因,然后针对性逆向阻断或消解相关起因以剖分整体性。

例如,本质不确定性与强关联是造成复杂系统管理未来情景出现非遍历性、涌现性及自组织等复杂整体形态的主要起因,因此,"未来"不再是"过去"和"现在"的外推,哪怕知道所有的对"过去"和"现在"而言有效的规则,也无法确保运用这些规则能够准确计算出"未来",或者把"未来"解释清楚。因为在过去与未来的纵向整体中,存在着本质不确定性。这时,要研究"未来",而"未来"又表现为一个复杂性整体,这就要求我们不能用确定性路径解决不确定性问题,而要用不确定性路径解决不确定性问题;即使所谓不确定性路径,也不是传统的有着确定概率分布的随机路径,而是以试错、反馈、修正、迭代,逐步收敛的"摸着石头过河"解决问题的路径。

又如,主体拥有信息量的多少决定了他能够克服和驾驭什么样的不确定性,拥有越多的信息,主体对整体性认知的不确定性便越少。但由于问题的不确定是"本质"的,主体永远不可能掌握问题所有不确定的全部信息,即使主体知道自己知道什么、自己不知道什么,还是避免不了不知道自己不知道什么,这将导致对未来整体性的完整认知要到未来成为事实才有可能实现。换句话说,人们只能在信息维度较低的空间里认识维度更高的复杂整体性,我们除了追求如何使自己知道在维度更高的空间中的情景,更现实的是承认现实并使相关认识的偏差尽可能地小。

以上等等,既告诉了我们复杂系统管理中的整体性的"来龙去脉",同时,也为我们描绘了剖分整体性的行为框架。

现在,我们简要地解释一下为什么使用"剖分"整体性来"破解"复杂整体性:"剖分"的基本意思是用刀将一个物质型的东西从整体上分开,因此,"剖分"整体性主要强调对复杂系统的物理整体性进行分割,而"破解"不仅是对一个包括物理整体性,还包括系统整体性、逻辑整体性的事物进行抽象属性的"改变"、"解开"和"解除",这更与复杂系统管理同时包括理论思维和实践思维的特征相呼应和相贴切,因此,从现实物理感知剖分"下手",达到对整体性的理性"破解"认知,正是实现目的的路径与目的本身。

下面,为方便读者理解,我们以一个具体的复杂系统管理问题为实例来论述本节的核心思想。

众所周知,任何管理活动都有明确的管理目标,管理目标是管理活动的"领头羊",它决定了整个管理活动的方向、对管理问题的认识和采用的管理方法等,这在复杂系统管理领域中也是如此。一般地,目标是目的的具体化,是人在头脑中形成的对管理活动预期要达到目的之主观设想。无论什么管理活动,管理目标都具有全局意义上的引领性、方向性和规定性意义。

在复杂系统管理活动中,管理目标除了通常的体系性、可行性、可实现性等一般性质,还出现了由管理活动的本质不确定性、大时空尺度、适应性,以及非遍历性等引发的物质性(如物理功能)目标与非物质性(如社会责任)目标共存、多层次、多维度与多尺度目标共存、不同目标之间因紧密关联、相互纠缠而使目标体系不可逐一被分解的共存现象等复杂整体性难题。

上节指出,复杂系统管理活动与问题的整体性是指关联、功能与逻辑上的一体化。这样,我们可以在整体性思维的大前提下,思考整体性内部局部关联、结构、功能与动态变化的可分性,这表示在人们的抽象思维中"不可分"的整体性,在一定意义上是相对"可分"的,这并没有对现实的整体性造成什么破坏,如果在管理活动后期,再通过某些整合手段复原管理活动整体性的"本原性",那就在一定程度上实现了对复杂系统管理整体性的剖分了。

以湖泊流域水环境治理这一复杂系统管理活动为例。整体性治理目标为实现"湖泊流域人与水环境生命共同体"。不难理解,这是治理的战略性愿景目标,或者说是治理的终极目标。显然,以当前的湖泊现状为起点到终极目标的实现必然要经过一个长时期的持续性演化过程。伴随着这一过程，湖泊水环境治理将会形成多个各具特征的阶段，每个阶段又有本阶段相应的治理目标，完成各阶段目标后，再进行多时段动态整合和修正，直到逼近最终目标。所以，湖泊水环境治理整体性与过程性应该在特定的时空阶段与话语语境下细化才有恰当、明晰的内涵，这也是复杂整体性对湖泊水环境治理造成的难题。根据这一基本认知，需要我们对湖泊水环境治理整体性过程，进行清晰的时序性阶段分割，尤其要明确当下阶段湖泊治理具体任务更有着实际现实意义。

为此，基于复杂系统思维范式转移，先要明确"当下"湖泊治理的目标是什么。既然是湖泊水环境治理，在直接意义上，控制和降低湖泊水体污染物的总量或者浓度（如生化指标）自然是各个阶段共同的治理目标，所不同的是，不同的阶段提出的控制和降低标准有所不同。我们不妨称"控制和降低湖泊水体污染物的总量或者浓度"为湖泊治理最直接、基本、显性的治理目标，虽然这样的目标表述，有可能会导致产生治理主体短期行为、急功近利和运动式治理等现象，但它仍然是湖泊水环境治理最为现实、常态和可操作的"抓手"。

进一步，我们从湖泊治理过程中的本质不确定性、大时空尺度、适应性以及非遍历性等引发复杂整体性原因以及与区域社会经济紧密关联等深层次特征考虑，就会发现上述单纯的"控制和降低湖泊水体污染物"目标难以完整体现湖泊水环境动力学规律，如污染物供应链形成与运行的经济内涵、多尺度演化的社会性规律等，因此，在上述常态性目标基础上，还应该在复杂系统管理思维引导下，进一步提出深刻体现湖泊治理不同阶段复杂整体性、演化涌现性等本质属性的目标，形成各个阶段湖泊治理更深层次的目标体系与目标序列。

那什么是"当下"阶段湖泊治理决策更深层次的目标呢？这就要以"当下"湖泊水环境复杂整体性主要情景特征为导向。

从总体上讲，当下湖泊在水环境—区域社会经济复合系统往往都处于长期超负荷状态，环境容量已经接近极限而且稳健性、韧性都近乎底线水平，这就是我们长期观测到的湖泊水环境状况脆弱性、反复性、不稳定、不均衡等顽症一直存在的根本原因。因此，在治理决策的思维上，对于这类高度敏感、脆弱、超负荷的水环境，需要在上述常态治理目标基础上，增强基于复杂整体性情景，特别是在"当下"极端情景下的针对水环境稳健性与韧性的湖泊治理目标，力争在深层次机理上将湖泊"治污"转化为"治水"，即对"水环境"的治理。

当然，这一观点并不是否定控制和降低湖泊水体污染物的总量或者浓度为一类重要的治理目标。提出上述新的目标主要体现了对湖泊水环境治理复杂整体性认知，是一种所谓体现复杂性、整体性、稳健性与大尺度的"广义水环境治理"的理念。

这里的"广义性"充分体现了在湖泊水环境治理决策中的复杂系统思维范式转移,新思维的第一层次为水环境对区域社会经济系统发展的支撑与保障作用的安全,包括这类支撑与保障作用的稳健性与可持续性;第二层次为保持水环境系统自身的自组织、自发育与保持良性生态演化的内源性动力;第三层次为水环境能够通过治理主体设计的经济补偿机制等实现水体的保护与修复的正向响应。所以,"广义水环境治理"目标是一种综合体现太湖水环境自组织、自发展与他组织可诱导、可调控的整体性治理目标,它已经远远超越传统水体生化指标的狭义治理内涵。

以上我们在不可分相对性原理基础上,分别从复杂系统管理的复杂性与整体性两个视角探讨了降解复杂整体性的路径,把这些路径综合在一起,就形成了复杂整体性破解基本议题。当然,复杂整体性中的复杂性与整体性从来就是"你中有我"与"我中有你"的,谁也不可能把两者绝对分割成"没有整体性的复杂性"或者"没有复杂性的整体性"。从逻辑上讲,如果能够这样,就从复杂系统与复杂系统管理"退化"为简单系统与简单系统管理了。不要认为这是理论研究上的"不严格",反而充分体现了面对复杂整体性,复杂系统思维范式转移需要我们同时兼顾和综合理论思维、实践思维以及其他类型的思维,而某种"绝对的"单一思维对于复杂系统管理理论研究和实践活动都是不适宜和失之偏颇的。

9.3 议题之二:质性转折的新范式设计

9.3.1 释义

在现实中,当人们面临一个复杂系统管理问题时,首先形成了这个问题是"复杂的"直观感知,或者感悟到运用还原论方法解决这个问题收效甚微,其中的原因是这一问题并不仅仅具有一般系统性,而出现了复杂整体性这一新的本质属性。我们把管理活动与问题属性由一般系统性转变为复杂整体性现象称为基于复杂整体性的质性转折。

质性,或称质,基本意思是本性、本质性,也就是根本属性。管理问题基于复杂整体性的质性转折是问题属性演变客观规律的反映,需要管理主体在新的质性下适应性提出自身行为新准则。在管理实践活动或者管理理论研究中,这类适应性行为准则已经超越了个别主体的感知与经验,而固化为一种针对复杂整体性质性转折的新范式设计,在理论上,也是如何有效开展复杂系统管理的一类基本科学议题。

9.3.2　基本内涵

之所以提出这一科学议题，最根本的原因是一旦管理活动与问题出现了基于复杂整体性的质性转折，原先传统的一般系统性范式将不再有效，会进一步反映在对问题的认识论与解决问题的方法论上暴露出根本性的思维缺陷与能力缺失，进而难以应对质性转折后出现的新挑战。

从整体上讲，基于复杂整体性转折的新范式设计需要完整地在本体论、认识论与方法论三个层面上开展，即主体对事物复杂整体性质性转折怎么看、看到什么与看到后怎么办等等。具体化为新范式设计要运用复杂系统思想、知识与话语体系揭示复杂整体性引起管理活动与问题形成哪些新的特征、出现什么样的基本规律、具有哪些基本原理等。

在这一阶段，要尽可能关注到两点：

1. 明确范式转移的目的，特别是转移后的"落脚点"。例如，针对还原论不可逆性造成的层次间的机理断裂、整体现象成因含糊，提出相应的认识与解决方法，为此，要提供必要的新知识、新方法；

2. 根据复杂整体性形成的独特性场景与语境，提供相关细节，丰富和固化复杂整体性的现实独特性。

在上述工作的基础上，基于复杂系统思维新范式，可以进入一个多原理集成的设计阶段，这一阶段主要包括：

1. 在宏观层面上，首先以复杂整体性情景为导向，通过对情景虚体认知的"可变性"、不可分相对性、独特性语境化等原理，构建物理—系统—管理链递进的行为范式；

2. 在微观层面上，把适应性原则、多尺度划分"嵌入"问题方案的设计过程中，并在适应性选择与多尺度管理两个行为准则的共同作用下，把问题整体复杂性分解到方案生成过程的各个阶段，再把前后各个阶段性方案组成方案序列、逼近最终方案。

以上各点综合在一起，就形成基于复杂整体性质性转折的新范式设计基本内容。

9.3.3　抓住转折的"时间窗口"

从学理上讲，基于复杂整体性的质性转折表示复杂系统管理活动及问题的属性发生了由一般系统性转移至复杂整体性的本质变化，这是人们对事物本质特征认知由直观感知跃迁至理性思维的抽象,属于事物根本性质的变化。

一个系统本质属性发生如此重要的转折必然有其深刻的机理驱动,这种驱动作用与路径应该从系统基本演化中观测和寻找。前面我们曾经提出,一个科学领域中如果出现了一些重大的新情况,会诱发研究对象属性发生重大变化及出现对象质性转移。在这一意义上,凡原来的科学发展形态出现了某种重要危机或者困境,科学发展的革命性转折往往随之形成,并需要新的范式为科学革命服务。

所以,我们不能像自然科学中的实验科学那样,通过一种观测仪器来检测和度量复杂整体性的量的变化,并由具体量变来判断是否达到质变的阈值。现实的方法是关注是否在宏观层面上发生了非常规的科学事件、发现异常性科学现象甚至出现了科学发展危机,并且连带性地造成原来的范式失灵。如果在现实中,开始并且逐渐频繁出现这样的现象,那质性转折涌现的时间"窗口"极有可能正在形成。

对照本小节前面的一段话:"一个科学领域中如果出现了一些重大的新情况,会诱发研究对象属性发生重大变化及出现对象质性转移"以及"在宏观层面上发生了非常规的科学事件、发现异常性科学现象甚至出现了科学发展危机,并且连带性地造成原来的范式失灵,如果在现实中,开始并且逐渐频繁出现这样的现象,那质性转折涌现的时间'窗口'极有可能正在形成"。

经济学家布克斯塔伯正是沿着这一思维范式转移的道路往前走,他写作的《理论的终结》认为,虽然金融危机导致传统的经济学理论"终结"了,但新的科学范式的"窗口"也随之打开,并且在《理论的终结》中表述了他在打开新的"窗口"后对质性转折的新范式的设计。令人惊喜的是,这位著名的经济学家,在这一重要的经济学理论发展质性转折关口,没有按照传统的理论范式来加固理论堤坝以防下一次危机的冲击,而是从复杂系统思维范式转移这一全新的高度和视角,直击经济学理论的本质短板,甚至提出希望通过基于 Agent 建模方法论"预测和避开经济危机,并帮助我们从危机中恢复"。这个方法不假定世界是受数理定义的自动机,相反,它是拼接最近科学研究现实世界复杂系统所得的成果,特别是四个带着技术光环但实际上突出了启发性意义的概念:涌现现象(Emergent Phenomena)、遍历性(Ergodicity)、根本不确定性(Redical Uncertainty)、计算不可约性(Computational Irreducibility)。

布克斯塔伯在打开新的"窗口"后不仅为我们提供了一个理论质性转折的新范式设计的实例,而且直接和精准地选择了复杂系统思维与复杂系统管理这一设计的方法论,这无疑是一件"提升人气"的事情。

9.4 议题之三：复杂性谱线分析

虽然"复杂整体性"是由"复杂"与"整体性"两个相对独立的概念融合而成的一体化新概念，而且"复杂"在这里，并不是通常所谓的繁多、混杂的意思，而是特指"不可分"的整体性属性，但是，正如本书前面多次讲述过的，造成"不可分"的许多原因的确源于复杂系统管理活动中各类复杂机理的驱动与诱导，同时反过来，"不可分"特征也会催生和强化复杂系统管理活动中各式各样的复杂样式与程度。这就是我们在第八章讲到的，由复杂整体性而导致和强化了的相对独立的复杂性，或者进一步引发了复杂性之间以及复杂性与整体性相互纠缠涌现出来的复杂性。

这一基本观点告诉我们，虽然复杂整体性是复杂系统管理的本质特征，但相对独立的复杂性对复杂系统管理活动与问题的影响与作用是全面、深刻和全过程的。特别是，由于复杂性往往比整体性给人以更加生动的直观感知，又因为复杂系统管理的复杂形态、样式与程度自身是"复杂的"，因此，需要我们尽可能地对"复杂性"进行细致的多尺度剖分，并分析不同尺度的复杂性对复杂系统管理与问题的影响，以此为复杂系统管理提供更加精准、有效的支持，这就提出了所谓复杂性谱线分析这一复杂系统管理基础性科学议题。

9.4.1 复杂性谱线概述

在本书"整体性视角的多尺度"(7.4.2节)一节提出，从复杂系统管理功能结构的形成看，具有从构成型功能依次向生成型功能和涌现型功能的拓展趋势，这一演变规律即为复杂系统管理功能谱。

类似地，我们也可以依据一定的标准，对复杂系统管理中的复杂性样式、形成起因及对管理的影响进行秩序性、程度性判别和度量，这就是复杂系统管理理论中的复杂性谱线的基本思想。这一思想实际上是把综合性的复杂性进行多尺度意义上的细分，以揭示不同形态与特征的复杂性在复杂系统管理活动中的不同作用，促进主体对整体复杂性认知与驾驭能力的提升。

根据上述思想可见，复杂性谱线概念的提出主要目的是强化对复杂性精细结构与细微差别的辨识，主要需回答两个问题：一是按照什么标准，二是如何构造这样的标准来分辨复杂性精细结构与细微差别。由于在复杂系统管理中的复杂性源于还原论不可逆性，因此，不可能定义一个精细的定量化标准，再设计某种算法来度量复杂性程度；现实的方法是在一定情景下，分析复杂性形成的原因,如果原因越多,复杂性一般会越严重、越本质。这相当于构造了一个多因子单值映射,造成复杂性的各种原因就相当于不同的因子,而映射值则是复杂性程度,程度的范围则为复杂性谱线。

9.4.2 复杂性谱线分析

筛选出那些对复杂性程度比较敏感的原因与实现复杂性精细结构可视化的工作被称为复杂性谱线分析,这相当于具体构造一个在一定程度上可观测与可定性定量的"多因子单值映射",主要有下面几方面的内容:

1. 系统要素基本特征的复杂性谱线品质。一般地,如果系统构成要素数量由少变多、由同质变为异质或者异质性越来越强,如一个城市系统规模越大、城市构成要素种类越多、城市主体之间的利益、目标与价值诉求越多元化,城市系统的复杂性程度会越高。

2. 系统要素关联性的复杂性谱线品质。如果系统要素之间的关联性由松散变紧密、由单一方式变多元方式、关联的传导与转换内容由少变多,如不仅有物质型,还有信息型、能量型、逻辑型传导,传导速度由慢变快,系统复杂性程度会越来越高。

3. 系统层次性结构的复杂性谱线品质。一般地,系统结构在宏观上呈现出多层次性,那系统就可被分解成微观、中观与宏观等多层次。在不同层次内,系统的部分要素及相互关联会形成相对独立的系统,如果其中的要素异质性强、彼此关联性紧密,那系统会由于这类"强关联"形成鲜明的横向层次性复杂形态;另外,在不同的层次之间,尤其在微观自下而上至宏观的某种动力学机理作用下,可能会形成纵向的复杂的整体性涌现现象。无论是上述横向或者纵向哪一类情况,对多层次系统整体而言复杂性程度普遍都增强了。

4. 系统多尺度内涵的复杂性谱线品质。复杂性谱线在本质上属于多尺度分析范畴。因此,不论哪一个特征维度,只要可分为不同尺度,就有复杂性谱线的表征。例如,在不同时间尺度下,人造复杂系统的功能出现了构成型、生成型与涌现性的不同功能类型现象,这实际上可以认为是一种功能复杂性谱线的表征。又如,在9.2.3节,考虑到多时间尺度,在湖泊水环境治理目标设计中形成了从单一"治污"目标到基于复杂整体性情景,特别是极端情景下的水环境稳健性与韧性的水环境经济补偿机制的"治水"目标,再到综合体湖泊水环境自组织、自发展与他组织可诱导、可调控的整体性"广义水环境治理"目标,复杂性程度越来越高了。

5. 系统与环境不确定性内涵的复杂性谱线品质。不确定性中包括系统内在不确定性,例如结构不确定系统(如随机系统)、结构确定的不确定系统(如非线性系统)表现出来的不确定性、环境情景的不确定性和复杂系统管理—环境复合系统涌现出的新情景的不确定性等等,只要存在这些不确定性形态,复杂性就是必然的。问题在于在各种类型的不确定性中,不确定性越缺乏规律、难以预测,那复杂性就越"严重",至于在这些表现出不确定性的场景中,如果同时还表现出其他强关联、多尺度、适应性等,或者本质不确定性及复杂系统管理—环境复合系统涌现出无法预测的不确定性现象等等,那这样的复杂性必然表现出"严重的"复杂性。

6. 系统主体适应性的复杂性谱线品质。本书7.5节指出,所谓主体适应性是主体根据外界环境与条件的变化,主动改变自身特征、行为、组织模式与功能等,使自身保持与新环境的协调以继续生存和发展的能力的大小。基于这一认知,主体的适应性行为必然会构造出新的现象、情景与问题,而且这些现象、情景与问题往往具有突发性、无先兆性和涌现性,因此,适应性既是一种不确定性甚至是本质不确定性表征,又是一种复杂性表征。

按此逻辑,主体的适应性能力的大小将成为复杂性程度的赋能驱动力。例如,如果主体与外界的关联基本上表现为"刺激—反应"形态,那我们只要关注到环境变动的复杂性,就明白了主体行为的复杂性;但是,如果主体有了稍许的对环境的适应性,同时适应性的反应相对被动也比较简单、反应强度比较小反应时间也比较缓慢等等,那可以认为,造成的复杂性一般在较大程度上可预测和可管控。但是,如果所有以上反应的能力、能量都显著增强,甚至主体为了自身生存和发展,主动改变了相对于环境变化的被动状态,如,在环境尚未变化时主动制造某种变化,或者在变化较小时制造大的变化,甚至"无事生非"、制造极端情景变动,并通过自己的主导型适应性战略来制造极端复杂行为赢得胜利。如果主体把这种新的复杂性谱线变动战略用于复杂系统管理,将得到以多尺度、本质不确定性等为诱因的"严重"复杂性现象,这在一些重大复杂性博弈中常有采用,更值得我们关注和防范。

7. 系统主体认知局限性的复杂性谱线品质。从理论上讲,对复杂性,特别是对程度"严重"的复杂性的认识、破解与驾驭,主要依赖于主体对复杂性信息,特别是对复杂性知识的掌握,对于复杂性的认知越丰富、越完全、越深刻,复杂系统管理中的复杂性谱线现象造成的难题越能够得到缓解。现实中,由于复杂性是复杂的,所以,我们不可能知道关于复杂性的所有信息。在一般情况下,关于复杂性,我们能够知道些什么、不知道些什么,进一步,我们知道自己知道些什么、知道自己不知道些什么,但不论是谁,这些都是有一定限制的,不可能知道

"无穷多",正因为如此,我们一定存在自己不知道哪些还不知道的情景,这将形成面对复杂性的认知盲区,也常常正是这最后一点,导致我们在复杂性面前迷失方位或者失去驾驭能力。

我们用下面的一个简图(图9.1)来对上述内容做一个小结:下图中的直线从左至右表示复杂性的程度越来越严重或者越来越强,也就是本节所谓的复杂性谱线;用自然语言讲,就是复杂性越来越"严重"或者复杂性越来越"复杂"。

在谱线的下面,我们罗列了多个与复杂性程度有着密切关系的各种类型的属性,并标明它们在属性上的主要特征及特征的变化,由此图我们可以对应地看出在整体上复杂性程度是怎样与各种属性紧密关联的。

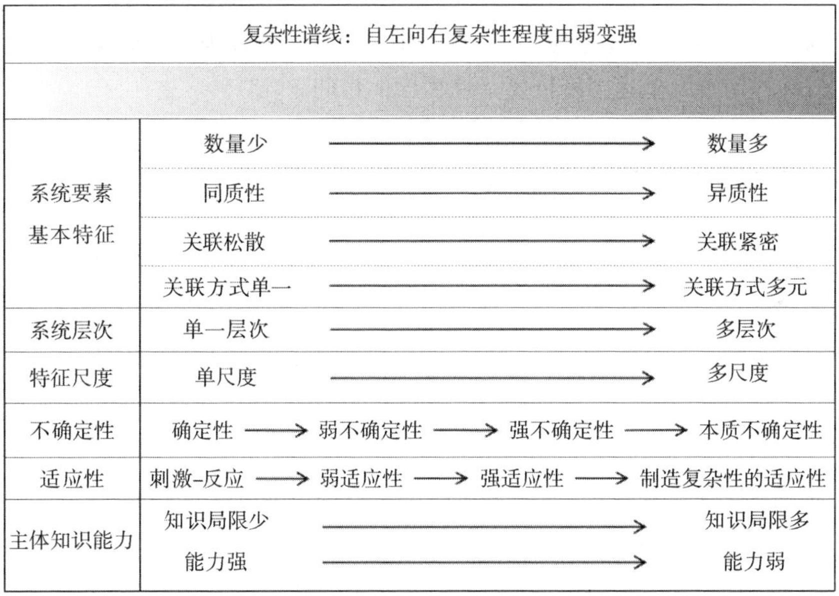

复杂性谱线:自左向右复杂性程度由弱变强		
系统要素基本特征	数量少 →	数量多
	同质性 →	异质性
	关联松散 →	关联紧密
	关联方式单一 →	关联方式多元
系统层次	单一层次 →	多层次
特征尺度	单尺度 →	多尺度
不确定性	确定性 → 弱不确定性 → 强不确定性 →	本质不确定性
适应性	刺激-反应 → 弱适应性 → 强适应性 →	制造复杂性的适应性
主体知识能力	知识局限少 能力强 →	知识局限多 能力弱

图 9.1 复杂性谱线分析图

实际上,与复杂性程度有着紧密关联的属性不仅仅是以上几个,以上只是列举了有代表性的几个,当复杂性具体化后,根据独特性语境化原理,还会有一些充分显示现实世界特征的属性来丰富复杂性谱线图。

9.4.3 复杂性谱线分析价值

复杂性谱线分析为我们提供了复杂性程度与那些与之有着密切关系属性之间的逻辑关系,这实际上也为我们提供了一个如何以改变要素特征为切入点改变现实系统复杂性在谱线中的位置和如何进一步调整系统的复杂性程度的思想。这一思想对于如何操作复杂性降解和破解复杂整体性等都具有非常现实的意义。主要流程如下：

1. 首先，明确改变（一般为降解）复杂性程度，即把复杂性在谱线上的位置向左移的具体需求；

2. 分析实现这一需求主要从哪些关联（一个或者一组）要素入手，并根据要素与复杂性程度之间的关系的知识探索如何调控要素属性特征；

3. 经过多次探索与修正，实现要素属性特征的改变来影响复杂性程度。

不难理解，在上述过程中，要素的属性特征相当于多因子映射中的因子或者控制系统中的控制变量，而复杂性程度则相当于多因子映射中的映射值或者控制系统中的状态变量。例如，通过切断要素之间关联的紧密程度，把要素间的复杂关联简化，或者对主体适应性行为做出限制，多尺度的划分不要过于精细等等都可以在一定意义上达到降低复杂性程度的目的。

9.5 议题之四：鲁棒性管理

"管理质量"虽然是个不常用的概念，但是，对于复杂系统管理而言，却是个有着重要意义的议题。首先，"管理质量"蕴含着复杂整体性，这与复杂系统管理属性是同一的；其次，"管理质量"在管理活动不同职能、专题内，具有广泛的思维内涵。例如，在决策领域，管理质量就是管理决策质量；在风险领域，它就成为风险防控质量；在经济领域，它就成为经济发展质量等等，综合上面所述，在更高层次上研究复杂系统管理的管理质量比在具体领域内研究某个领域的职能型管理活动的质量更有普适性意义。

9.5.1 管理质量概述

对于管理活动，人们经常会谈论管理水平的高低，管理方案的好坏等等，对管理活动与管理方案的这类评价，其核心都是一种关于管理质量的思维与描述。这表明，管理质量是管理学领域的一个非常重要和深刻的概念。

质量的概念始于制造业，最初是针对所制造的物质型产品而言的，如产品材料的物理性能、产品直接使用的耐久性与稳定性等都是人们关于产品质量最直接的感知。人们最初关于工程质量的认知，基本上也是在这一范畴内，是从人造工程硬系统的物质属性，如工程是否坚固，是否经得起环境变化等来衡量工程质量的。

随着人类对"制造"内涵认知的拓展,越来越多的以非物质属性为主要形态的产品也被"制造"了出来,如人们的管理活动就"制造"出了管理方案这样的"产品"。因为管理方案的功能不再以物质属性,而是以其非物质属性,即管理方案的特定规定性是通过对解决某个实际问题的功效与作用来体现的,这就有了管理方案是否合理、有效,是否在整个生命期内都能够保持稳健,是否让人们满意以及满意程度的高低等等蕴意,这实际上就形成了如下的管理质量的基本含义:

第一,管理的确具有质量属性。首先,管理是一类为某种实践(如生产造物实践)服务的活动;其次,管理是一类有最终产品的服务活动,其最终产品是管理主体最终选择和提供的管理方案,这样,最直观和最直接的可以把管理方案的质量当作管理活动的质量。需要指出,因为管理方案是管理过程最终的产品,所以,管理活动的质量除指管理方案的质量,还应该包括制造管理方案的过程的质量,即应该从管理全过程来看待、分析管理活动的质量,将上述两方面汇总起来,统称为管理质量。

第二,对一个管理质量的评价,首先应尊重它在解决实际问题时的客观作用和效果,至于管理主体的满意程度,只能在尊重这一客观作用与效果的前提下,兼顾主体的偏好与价值观,而决不能将主体的价值偏好完全凌驾于管理方案的客观效果之上。

第三,要注意谨防对管理质量概念陷入认知误区。例如,用物质型产品的物理质量来替代管理(方案)质量,其实产品的物质型质量主要是用来描述产品物理性能的属性,包括物理功能的延续性(如产品的寿命)、物理指标的可靠性(如产品的抗压力、承载力)等。而管理质量则主要考虑在生产造物等实践全生命期内,特别是在出现重大情景变化时,管理方案能否持续稳健地释放既定的功能和作用,因此,我们不能把产品(工程)物理质量与管理质量混为一谈。

例如,我国三门峡水利枢纽工程是在世界上泥沙量最多的黄河上建设的第一座水库,在水轮机及水工建筑物抗高含沙水流磨蚀方面,水库调度与水库寿命保持等方面已经证明它的工程质量是值得肯定的,但是由于三门峡工程对水土保持作用的错误估计,没有设计泄流排沙的空洞,泥沙严重淤积,致渭河成为悬河,使渭河流域出现"小水大灾"的奇特景象,时刻威胁当地百姓的生命财产安全,这反映出,当初,三门峡水利工程存在决策失误。这说明在现实情况中,一个重大工程最终的质量需要由管理(决策)质量与工程实体物理质量来综合评价。现实中,可能会出现高决策质量但低工程质量、低决策质量且低工程质量、低决策质量但高工程质量、高决策质量且高工程质量等不同情况。这一案例说明,两者任何一个出现质量低下的情况都会造成重大损失,所以,我们需要追求的是

"双高"质量工程。

当然,如果某项实践活动与相应的管理活动均比较简单,无论是管理方案的设计还是方案的实施都比较容易,故该项实践活动的最终实现也比较容易,这时,管理质量与物理质量之间容易同步和一致,但对于复杂系统管理来说,做到这一点是不容易的,因此,不能轻易地把复杂系统管理质量与复杂人造系统物理质量混为一谈。

9.5.2 管理情景鲁棒性

从上一小节我们体验到,对管理方案而言,情景适应性是管理方案的一种品质属性。在此基础上,自然就引出一个重要的想法,用什么来度量适应性?为了回答这个问题并且不要引起歧义,我们不能直接用适应性来度量适应性,而要引入一个新的概念,这个概念就是本小节出现的"情景鲁棒性"。

本书第七章指出,自然、社会、经济环境以及环境大时空尺度演化是形成复杂系统管理活动各类不确定性特征的重要原因,而这一特征在管理活动中对管理质量的影响最大,这主要是因为管理方案必须在其全生命期内保持有效性与稳健性。同时,管理活动的环境系统与管理—环境复合系统在这一时期内产生的多种情景演化都有可能严重影响管理方案的有效性与稳健性,如果这类影响导致管理方案有效性与稳健性降低甚至失效,这将意味着管理质量不高或者管理质量出现了问题。这一观点表达了我们从对情景变动适应性这一视角来衡量和判断管理质量的一种新的思维范式。

现在来详细分析这个范式。首先,管理主体在设计和论证管理方案时,一般会充分考虑到管理活动所在的自然、社会、经济、自然环境的各种变化对方案的影响。这时,管理主体是把环境作为管理活动的背景来考虑,并在管理方案设计中思考对这些影响的反应,以保证管理质量与环境之间的协调。但是,不论怎样,复杂系统管理活动现实中的这类协调只能是有限的和相对不充分的,这就使管理质量可能出现相应的"不足"与"缺陷",我们简称此为第一类管理环境情景。

在现实中,还会出现如下的情形:一旦管理方案实施完成,一个新的复杂系统管理—环境复合系统也就形成了,这一新的复合系统又生成和涌现出新的情景。而管理方案对此不具足够的适应性,从而降低了管理质量,严重时还会导致管理方案失效,我们简称此为第二类管理环境情景。

不论哪一类情景,我们都能够以管理方案基于情景的变动与演化能否保持自身功效正常释放和保持释放的稳健性作为管理方案质量的一种度量标准,统称此质量属性为管理(活动、方案)的情景鲁棒性。一般地,称前者为第一类情景鲁棒性,后者为第二类情景鲁棒性。这一评价和度量复杂系统管理质量的基本思路为管理情景鲁棒性。

管理情景鲁棒性对复杂系统管理理论有其特别的意义。这里我们再稍作详细说明。首先,如上所述,通常我们最关心的是环境的变化对管理方案造成的影响,即管理方案能否在变化的环境中保持自身的功能,称之为管理情景第一类问题。另外,在管理方案大时空生命期里,复杂系统管理—环境复合系统也会随着方案功能的释放发生新的变化。而这些新的变化又会涌现出新的情景反作用于方案的功能释放,这时管理方案对于复杂系统管理—环境复合系统新的情节涌现是否还能持续保持自身功能,称之为管理情景第二类问题。

为了区分这两类问题,可以分别引入管理方案显性鲁棒性和管理方案隐性鲁棒性两个概念,对于管理情景第一类问题,管理方案能够达到规定的性能水平的属性称为显性鲁棒性;对于管理情景第二类问题,管理方案能够达到规定性能水平的属性称为隐性鲁棒性。总之,不管管理环境自身变化,还是由于管理方案而出现的变化,我们关注的都是管理方案能否和如何应对环境变化。思维管理情景鲁棒性同时包括了上述两类鲁棒性,但隐性鲁棒性在深度不确定的复杂系统管理问题中更加值得关注和防范,以主动避免出现新的情景危害。

由此,我们形成了如下的关于复杂系统管理质量新的认知:复杂系统管理质量主要是通过在管理方案全生命周期内,能否对各种情景变动具有鲁棒性,鲁棒性又可细化为两类鲁棒性,因此,情景鲁棒性是复杂系统管理方案质量的核心特征(属性),是一个用管理方案效能相对于环境变动的稳健性或契合程度来度量的客观属性。

最后,我们指出,管理情景鲁棒性(管理鲁棒性)与管理情景适应性(管理适应性)两者之间有着不同的内涵:管理鲁棒性是指基于管理情景变动,管理方案持续保持功能稳健性程度的评价;而管理适应性则是面对管理环境的变化,管理主体能够及时做出相应调整使自身适应变化能力的衡量。

9.5.3 鲁棒性管理

基于管理质量的基本理念,结合复杂系统管理的复杂整体性属性,本节引入了管理情景鲁棒性这一概念来衡量与评判复杂系统管理质量。基本思想是管理方案能体现情景鲁棒性,管理方案质量越高,管理流程与方法质量也越高。这就从范式意义上表明管理主体在复杂系统管理活动中构成了一类基于情景鲁棒性(以情景鲁棒性为核心目标)的管理模式,我们称此模式为情景鲁棒性管理。

在实践思维层面,复杂系统管理活动有着多种不同类型的模式;而在理论思维层面,则要从不同活动的基本特征入手来提炼模式的属性特征。例如,由于复杂系统管理目标具有多尺度特征,可以认为其是一类多尺度管理模式;从管理方案形成的"迭代式"路径出发,可以认为其是一类"迭代式"管理模式等等。但是,最能体现复杂系统管理的独特属性的应是以下现象:管理主体需在一个相对较短的时间内做出一个在相对长时间内都能持续释放正常功能,即具有鲁棒性的管理方案,而在这个相对长时间内,管理环境因为本质不确定会出现各种可能的复杂情景及情景演化,并可能对管理方案效能的释放造成影响。这样,关于复杂系统管理方案的情景鲁棒性就变得非常重要。没有这一品质,管理方案的功效有可能在方案生命期内受损或失效,这将直接影响到管理主体预期的目标与管理自身价值的实现。

在一般管理理论中,经常有最优管理方案的概念,即基于一定的目标,管理主体通过一定方法,如建立一个结构化的数学模型选择一个优于其他可行方案的方案,得到所谓的最优方案。但对于环境本质不确定的复杂整体性管理问题,要我们准确、全面地提出大时空尺度下的管理目标并寻找到这样的最优方案是困难的。我们只能在尽量顾及本质不确定因素的前提下,选择那些对不确定情景变动可能造成的损害保持稳健性与不敏感的方案,作为整体上可接受的高质量方案。

因此可见,这一思想与传统的最优方案有着很大不同,它总体上更能体现主体对环境本质不确定性以及对管理情景变动复杂性的考虑。这一考虑启发了我们:在一定意义下,情景鲁棒性就是复杂系统管理方案的"最优性",情景鲁棒性管理可视为复杂系统管理中的一类"最优性"管理。

作为一种模式,情景鲁棒性管理有其体现复杂系统管理基本原理的基本流程,例如,根据复杂整体性破解原理,在确立管理方案目标及功能设计的基础上,通过适当的分解方法将某些整体性管理问题分解为若干个相对独立的子问题,并对其分别提出管理子方案;进一步地,在适应性选择与"迭代式"生成原理下,或者直接形成一个与这些子方案兼容的整体方案,或者通过对部分子方案进行调整而形成一个整体性的管理方案。

除此之外,情景鲁棒性管理最重要的是要做好情景预测,通过情景适应性分析,提出阶段性的管理方案,并对其情景鲁棒性进行评判与度量,如尚不认可其质量满意度,则在情景预设、重构等前提下,通过度量方案的情景鲁棒性,再评判和认定,由此反馈迭代直至得到满意的方案(见下图 9.2)。

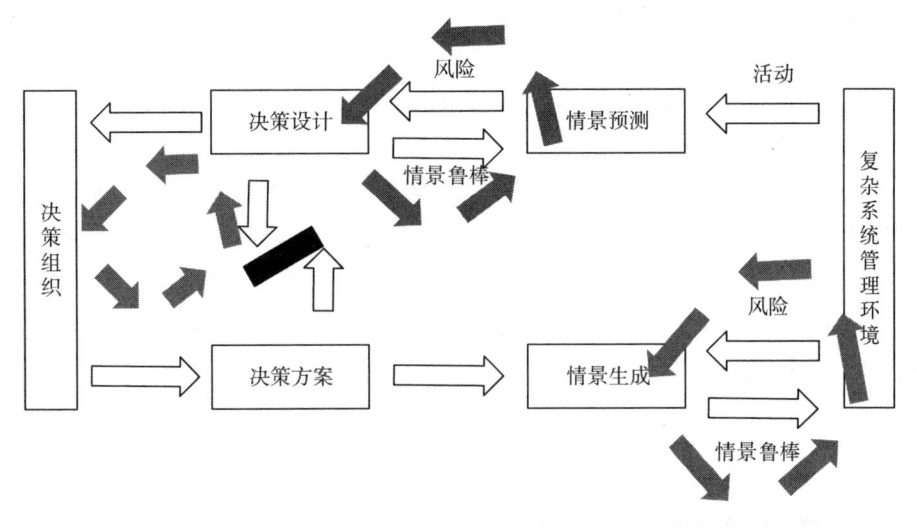

图 9.2　情景鲁棒性管理流程图

9.6　议题之五：本质管理

9.6.1　概述

从学理上讲，复杂系统管理是对复杂社会经济系统中一类复杂整体性问题的管理。具体来说，复杂整体性、不可加整体性与还原论不可逆性等在内涵上是同一的，是人们对某一事物客观本质属性的抽象与凝练。现实中，任何属性都必须依附特定的实体而不能独立存在，同时，任何特定实体也必然具有某种具体的属性，因此，复杂系统管理的实践内涵必然是在对其客观规律与本质属性认知的基础上，对管理问题本质属性进行重构与优化，这就揭示出复杂系统管理实践活动的本质，也是复杂性管理实践的品质标志。

一般地，对人类社会经济领域中的复杂系统管理实践活动，在管理的实施和操作中"怎么做"和"怎么做得好"，决不能仅凭个人有限经验或者"眉头一皱计上心来"的个人智慧完成和实现，而需要对管理实践确立指导思想与行为准则，对实践活动制定具体的计划、流程，选择技术路线，落实关键技术等等，所有这些关于复杂系统管理实践顶层设计和统筹规划的工作是复杂性管理实践成功的保证，而这一切又必须以对复杂性问题客观规律与本质属性深刻认知为前提；认知得越深刻、越精准和越全面，复杂系统管理实践的科学性、操作性、执行力、功效性越强,复杂性管理的整体品质就越高。这就意味着,一般高品质的复杂系统管理需要尽可能直接面对复杂管理环境场景与问题的复杂整体性,并从这一本质属性上分析问题产生、演化的起因,破解问题的"切入点",这一治理理念与范式就是所谓的本质管理。

虽然,在这里,本质管理出现在复杂系统管理理论的科学议题中,但它主要不是研究复杂性管理中的本质,而是研究它为什么和如何作为复杂系统管理活动中的一种基础性的实践原则;特别是由于本质管理在复杂系统管理行为的全局性与过程的完整性上,都鲜明地表现出复杂整体性这一本质是问题属性特征的起因,并通过以复杂整体性视角看问题、想问题、分析问题以及以复杂整体性作为破解问题难点的"切入点"。这样,本质管理已经不仅仅是复杂系统管理具有基础性意义的一类科学议题,而且可以认为是复杂系统管理的一种范式。

9.6.2 本质管理的学理分析

一般地,复杂系统管理问题是"复杂的",这就导致人们往往不易看到问题的实质,而更多的是看到问题之表象,而不同的人,因各自的经历、经验不同,即使同一个问题,也会因人不同产生不一致的表象,至于问题的特征属性、形成机理、演化机制等问题的本质属性更不能表现为显现的表象。这就告诉我们,如果在复杂系统管理中,仅仅依靠问题的表象,很难深刻、全面地认识问题的根源和从根本上解决问题。换言之,对于复杂系统管理,不能只看到现象,看不到本质,或者"头痛医头,脚痛医脚"。

这样,复杂系统管理活动实践必须体现人们对复杂系统本质的认知。而要在复杂系统管理实践过程中实现管理活动的有序性、有效性、目的性及管理方案设计过程的收敛性,就要通过人们在认知过程的更高阶段,使复杂性管理的对象与活动的物理形态上升为更高层面的系统本质,这就是复杂系统管理中的本质管理的基本学理。

因此,本质管理不主要是论述复杂系统管理活动中的一般性道理的知识,也不主要是研究管理活动中具体的技术方法,而主要是依据和遵循管理对象本质属性与管理活动客观规律,设计相应的管理操作与行为的基本准则。因此,本质管理既包含管理对象本质属性,又包含管理实践现象与方法论,是在"半虚半实"层面上提出如何从复杂系统的本质属性出发,发现和挖掘管理问题产生、形成和发展的根源,从根源上提出解决问题的方案,力争从根本上实现管理效果的长效性与稳定性。简言之,复杂系统管理本质管理更强调根本管理、源头管理。

举个我国黄河水沙本质治理的实例:自20世纪60年代起,我国黄河上游峡谷段陆续建设了一系列水利枢纽工程,有效拦截了上游泥沙,基本保持了宁蒙河道冲淤的稳定,但是,自20世纪80年代中期以后,黄河上游冲积平原段,尤其内蒙古主河道出现了大量泥沙淤积,导致主河槽严重萎缩,过流能力大幅降低,这一环境问题,表象在冲积平原段,但水沙关系失衡的根源则是上游持续增加的水利枢纽工程以及部分水库的联合调度改变了冲积平原段的河道水流条件,特别是削弱了有利于河道输沙的大流量机理。据统计,1986年后下河沿汛期2 000 m³/s以上的流量级天数由27.7天减少为3.8天,相应的水量减少近30%,此外,更大尺度的全球气候变暖也导致了天然径流量持续减少。由上可见,冲积平原段表现出"病象",但"病根"却在距离很远的峡谷段,如果从表象出发,就地论事,则难以找到根本"病因"。

但是,由于复杂系统管理的本质属性现实形态极其复杂,故千万不能以为对所有的复杂性问题都能够找到因果性直白、机理性清晰的"根",因为根据复杂系统管理理论,复杂性问题的形成与演化路径、形态与特征并不都如结构化的物理系统那样,有着明显的因果性、机理性、物理性的"根",更多时候,复杂性问题一方面与相对的外部环境有着紧密的关联关系,受到环境各种变化的深刻影响;另一方面,问题自身要素之间也存在各类复杂的显性或者隐性关联,正是这类关联作用的"总和"构成了复杂性问题的"根",而这类关联作用存在于环境问题的物理层面、系统层面、逻辑层面;作用方式既包括多层次、多尺度,又表现为确定性、不确定性,甚至深度不确定性;所有这些作用最终导致复杂性问题表现出多种复杂动态演化性,如突变、涌现、隐没等。

例如,在生态环境保护领域,流域性复杂环境系统不仅构成要素多而杂,而且其中要素、子系统等之间存在着多种复杂关联性。从而当一部分要素状态发生变化后会传导给相互关联着的其他要素并引发其他要素状态变化的所谓多重传递现象。这一过程的多重传递性往往表现出规律复杂、轨迹不确定、难以预测等特征,这就可能出现范围更大、更难以辨识的复杂性;进一步,如果这一过程在隐性的某些动力学机理作用下或者某些偶然性扰动下,逐渐或者逐次出现放大、升级,就有可能导致流域整体性环境状态越过安全阈值,流域水环境不安全现象就出现了。

在这个意义上,流域原来基本安全的系统状态,由于系统自身存在的内源性的本质不确定性、长关联性、多重传导性以及某些偶然因素的作用,出现事先难以发现,也难以准确预测的必然性机理。一切看上去都是正常的,但出现了源于复杂整体性的"本质环境安全风险"。

哪怕这类"本质环境安全风险"的发生是一类小概率事件,但如墨菲定律指出的，从大时间尺度看，这类风险就可能成为现实并且造成大的环境损失，因此，我们在生态环境治理实践中，宜用本质治理原则来应对这类风险并且做好大概率发生的防范准备。由此可见，生态环境治理的本质治理原则，能够提升我们对环境治理实践认知的水平、挖掘治理深度规律和应对复杂治理问题的驾驭能力。

对此，我们不难理解，本质治理不是任何时候非要找到和一定能够找到一复杂性管理问题的物理型因果律的"根"；相反，比物理型的"根"更重要、更现实的是从系统复杂性出发，依据系统关联性和思维整体性，在关联性、逻辑性层面上分析和探讨问题复杂性出现与发展趋势的可能性以及为什么可能和可能性的大小等。这是复杂系统管理实践中更一般、更深刻的"根"，也是本质管理的抓手。

在复杂系统管理实践中，遵循本质管理可以理解成抓住复杂系统管理中多种矛盾中的主要矛盾和矛盾的主要方面。众所周知，在复杂系统管理问题中，有着多种矛盾，每种矛盾所处的地位，对系统或问题的性质、特征与发展所起的作用不同，有着主与次、重要与非重要之分，其中必有一种矛盾相比其他诸种矛盾，处于支配、主导地位，对系统或问题的性质与发展起着决定作用，这种矛盾就叫作主要矛盾。

在哲学中，矛盾是完整的，其中，矛盾的主要方面是指在矛盾内部居于支配地位，起主导作用的矛盾方面。事物的性质，主要是由取得支配地位的矛盾主要方面所规定，如果取得支配地位的矛盾主要方面发生变化，那么事物的性质就会跟着发生变化，而矛盾次要方面不会改变事物的性质，但会对事物产生部分影响，因此，矛盾的主要方面一般作用为问题的主流、主体、本质、性质等，其作用侧重于认识问题。

以上分析告诉我们，在复杂系统管理实践中，为了准确认识问题的本质特征，需要深入剖析取得支配地位的矛盾主要方面；而为了提出科学的解决问题的方案，则要从系统的主要矛盾入手，抓住重点、集中力量解决主要矛盾。这一实践原则与关联要抓住问题本质的理念是一致的，因为所谓问题的本质，即根本性性质，正是由问题中诸多矛盾决定了问题根本性或者本质品质的主要矛盾，尤其由主要矛盾的主要方面作用的结果，所以，复杂系统管理本质管理就是从黄河复杂系统主要矛盾，尤其是从主要矛盾的主要方面为核心靶向的实践原则。

再进一步依据复杂系统基本理论，复杂系统管理本质关联的核心靶向就是聚焦管理问题复杂整体性这一本质属性，同时紧密以管理场景与问题实际为导向，把本质管理原则与管理实践独特的具体性、实在性相融合，转换成复杂系统管理实践活动的实施计划、流程、方法和技术。

以上分析告诉我们，在复杂系统管理实践中，本质管理的学理可以理解为：

抓住复杂性问题的本质属性,同时把本质管理原则与管理活动的具体性、实在性、独特性融合为一体,构成复杂系统管理实践活动的实施计划、流程、方法和技术,提升管理实践的现实执行力与执行质量。

9.6.3 典型实例

下面看几个不同领域的本质管理实例。

例1 1979年3月,美国宾夕法尼亚州哈里斯堡附近的三里岛压水堆核电站二号堆发生了堆芯失水溶化和放射性物质外逸的重大事故。

事故发生的经过大致如下:

事故从核电站冷却系统开始。冷却系统有两个:初级冷却系统内的高温高压的水,经过堆芯(核反应发生之处)进入蒸汽发生器,并淋到次级冷却系统的水管上,加热管内的水。初级系统向次级系统的热转移使堆芯不致过热。事故起于次级冷却系统,次级冷却系统内的水不带放射性,但必须非常纯净。为此必须用冷凝水净化系统进行净化。

1979年3月28日凌晨四时,从净化器的一个封焊口漏出了大约一杯水,湿气进入了驱动仪器工作的气动系统,结果阻断了作用于两个给水泵的两个阀门上的气压。对于水泵来说,它"以为"出事了,于是水泵关闭,冷水就不再流入蒸汽发生器,水流一断,汽轮机也自动停机。

根据程序,这时两个紧急给水泵自动抽水,使之流过次冷却系统,以补充其内的水,但恰恰是两天前的一次维修,两个管道的阀门被置于关闭状态。操作者以为水泵已起作用,但殊不知水泵无法向管道中注水。至于是谁在维修后未将阀门打开,一直是个没有弄清楚的问题。

本来,这一问题是可以被及时发现的,因为控制台上有两盏显示阀门关闭与否的指示灯,但恰恰有一盏被维修牌挡住了,操作者心中对阀门开着从不存疑,也就没有注意指示灯。当几分钟后他们发现了这一问题时,情况已经变得严重了。

下面的事就"不可逆转"了:次级冷却水一停止循环,蒸气发生器就烘干了,堆芯中的热排不出去,反应堆就"急停",但衰减中的放射性物质仍在产生大量的热,并产生极高的温度和压力,而正是在这时,冷却系统出了故障。巧的是,这一次自控减压阀出了故障,没有及时关阀,而且偏偏减压阀的指示灯也出了毛病,它向控制台发生的信号是阀门已经知道要关闭了,而事实上阀门并没有关闭。

以上所有的一切都只在短短的十三秒的"瞬间"发生了:一个错误的信号使冷凝水泵停转,控制紧急冷却水的两个阀门的开关位置不对而指示灯又被盖住,自控减压阀未能及时关阀而指示灯又发出了错误的信号。特别是,所有这一切,操作者都没有发觉和意识到。接下来,两个反应堆冷却水输送泵启动,初级冷却系统的水压下降,温度上升,同时高压注入泵启动,向堆芯迅速注水,这时操作者发现缓压器的压力正在升高。缓压器是一个巨大的冲击吸收器和稳定器,如果向堆芯注入的高压水过多,水就会注满缓压器,压力就会升高,这就消除了保证安全的缓冲余地。这是十分严重的情况,因此,所有的操作手册都标明缓压器压力不能升高,而正是在这时,缓压器的指示仪表表明其压力正在升高。因此,操作者根据"正常"的规范,急剧地降低了高压泵的注水速度。

事故发生后,核电站附近大约20万居民撤出了这一地区。美国总统专门视察了事故现场,并专门组织专家对事故进行调查。事故调查以著名安全专家培罗(Perrow)为首,调查的最终结论认为,任何人对该事故都没有责任,如果非得要揪出一个责任者,那就是核电站系统的复杂性,并在此基础上,提出了正常性事故理论(normal accident theory)。这一理论对于我们认识和控制复杂系统管理现场风险具有重要的意义。下面我们结合复杂系统管理一般现场复杂整体性特点来介绍这一理论的核心思想。

复杂系统管理现场一般都是由大量异质性、彼此紧密关联的要素组成的物理—管理—行为一体化复杂系统,因此,往往个别要素出现故障后传递给另外的要素并引发新的故障,即出现多重故障现象。在现场物理硬系统内部这一传递过程的速度可能极快并使人防不胜防而束手无策。任何有这样特征的系统称为强关联系统,具有强关联的系统在系统行为与特征方面会表现出更多的复杂性,例如,强关联系统常使故障从微观层次向宏观层次"升级",局部小故障可能转化为全局性大风险并造成重大损失。在这个意义上,系统发生风险是"正常"的,因为这类风险发生的根本原因在于系统复杂整体性,即系统要素强关联而致使要素故障产生传递并向系统级事故演化。值得注意的是,这一演化趋势经常是按照难以预料的路径与方式进行的,即充满了本质不确定性,因此表现为明显的本质性风险特征。每当这类风险形成前或风险刚出现时,人们往往无法理解它的成因与演化机理;风险的不可逆转性又使我们无法阻止这一趋势,我们无法使系统复原,从而要么手忙脚乱,要么采取正常的操作反而使情况更为严重。

以上认知对我们运用复杂性思维来审视、认识和分析复杂系统管理现场一类源于强关联的风险的起源与演化具有十分重要的意义。特别是,根据"正常事故理论",这一类本质风险的控制模式和方法不再是在要素层次,而需要在系统整体层次,并且要沿着强关联复杂性思维来设计和组织风险控制体系。

例2 2006年初,中国苏通大桥北引桥施工现场发生了50M跨箱梁左幅移动模块托架坠落的意外事故。事故的直接起因是一根移动模块连接件断裂而导致上部托架和托架推进装置分离,托架坠落时又因与托架推进装置连接的葫芦链条关联,而导致内侧推进装置随之坠落,推进装置又砸到托架上造成横向推进油缸连接钢板损坏,最终造成了财产损失和人员伤亡。

事故发生后通过对断裂口进行电镜扫描分析、金相组织检验等发现,设备设计单位为了防止该轴在工作状态下与下面的连接件发生转动,把下面工件和该轴焊接在一起,但焊接工艺的瑕疵使焊接接头不符合硬度值规定而发生了此次事故。

这次意外事故的关联序列为:为防止设备转动—增加焊接工艺—工艺瑕疵造成焊接处热影响区硬度超标—出现微小断裂—断裂扩大—托架坠落—内侧推进装置坠落—横向推进油缸弹出。

设备制造工艺上的一点质量问题最终导致了一次严重的意外事故。在移动模架的生命周期内,以上所有的环节都是正常的,所有的操作都没有违规,但一个偶然、微小的"意外"被系统强关联性逐次传导并放大了,而那一刻的许多偶然的"意外"最终诱发为一场事故。可见,这是一个"正常意外性理论"的典型样本。

苏通大桥在事故发生后紧急启动了风险突发事件的应急预案,认真地分析原因,及时把安全监控体系扩展至国外设备制造商,尽可能地杜绝任何引发重大风险事故的微小概率的"正常意外"。

例3 传统的湖泊水环境安全是在某一前提下,预设一组状态属性的阈值,以不超过(或者不低于)这一阈值来作为判别水环境是否处于安全状态的标准,因此,传统的水环境安全标准一般是刚性、固化的。但是,如果我们的研究对象是复杂湖泊水环境—区域社会经济复合巨系统,那么,这时对水环境安全的认知就有了新的内涵。

一般地,湖泊水环境复杂巨系统中各类要素之间都有着紧密关联性,这一状况在某些动力学机理大时空尺度作用下,有可能导致湖泊系统整体性的水环境安全形态越过安全阈值,不安全现象就出现了。在这个意义上,这类不安全现象主要源于系统复杂性,例如,复杂系统的结构失稳、隐性关联链作用、深度不确定性等,这就是所谓的由复杂性本质造成的"复杂性安全风险"理念。

鉴于这一理念,应该注意系统"正常"表象下的潜在风险,加强对其监测、预警与防范。由此可见,无论在理论层次,还是在实践层次,复杂性安全风险都是湖泊复杂系统治理中的一个本质管理新议题。

除此之外,湖泊复杂环境治理中关于"安全"的另一个新议题是所谓的水环境本质安全。这主要是指由环境复杂巨系统本质属性引起的安全问题。水环境本质安全致力于在环境系统整体层面和机理层面上深度思考水安全问题,通过把握影响水环境安全目标实现的本质要素与机理,对水安全隐患进行全景式覆盖与追踪;对水问题进行全情景、全过程修复与源头性治理;在这一过程中,本质安全理念在这一过程中,具有先决性、引导性、基础性作用。

"本质安全"的核心就是水环境综合安全性能的全情景鲁棒性与韧性,是一种对水环境"复杂性安全风险"的再思考。例如,从局部看,某项水治理工程对提高工程周边水环境安全水平是有效的,但在更大系统范围内,该工程对水环境系统结构的局部改变可能会使得整个系统在更大时空尺度下产生对某些外界扰动脆弱性的隐患,而这种脆弱性往往又是隐性和潜在的。这样,一个水安全工程的建设在得到局部性的安全"增量"的同时,却又埋下了一个新的安全风险,而当系统状况触动某个脆弱性"诱因"时,可能会出现敏感的"蝴蝶效应",再经过一系列不确定的多重状态传递现象,最终造成复杂整体性安全风险现实。

在水环境安全管理问题上,流域水源地的关联区域,特别是上游关联区域的地理结构、人口结构与经济结构的任何变化都有可能改变水源地的水安全性状,因此,基于本质安全思维无疑更能够提升水源地的水安全保护水平。

另外,不仅水环境,在其他领域的安全管理上,"本质安全"理念也能够帮助我们运用复杂系统思维范式转移看待与分析一般性安全问题,如为了加强安全性,人们会采取把不同部件强制关联在一起来增强牢固性,但这就增加了关联节点与节点的隐性"脆弱性",这又使系统的抗干扰性或者可靠性降低了,本质安全性反而受到影响。综合以上这两点,给了我们深刻的启示:本质管理原则对于多领域的复杂系统管理实践都有着现实意义。

例4 重大工程费用超支是全世界工程界都感到"头疼"的难题。长期以来,世界各地对这一难题始终束手无策,也很难有效的理论把这一难题分析透彻。但是,如果以复杂整体性视角从本质上探索造成这一难题的根源,便能够给我们一些新的启示。

首先,重大工程建设决策目标中往往会比普通工程"注入"更多的政治因素,即在工程决策与管理中增加了多方面的政治思维与政治利益诉求。例如,出于树立政府形象与官员个人政绩需求,决策者希望工程尽快上马,因此会过分夸大工程的价值与美好前景,或强行推行领导者的主观意志、轻率决断重大工程立项;也可能利用政治权力改变工程设计方案,干预工程的正常建设或者扭曲工程招投标程序,从而导致低估重大工程成本概算,埋下了工程成本超支的隐患。

其次,重大工程规模巨大、技术复杂、生命周期长等特点都对工程成本超支起着"推波助澜"的作用。例如,以中国某重大交通工程为例,若按照 100 年的工程生命周期计算,桥墩垂直角度误差不超过 1/100 即可满足要求,但现在工程生命预期为 120 年。经分析,垂直角度误差允许限值将由 1/100 提升至 1/250,这一变化导致了工程生命期提高 20%,而技术标准提高 2.5 倍,技术标准的显著提高将直接导致工程成本呈现非线性增长趋势。

此外,工程材料价格上涨、机械装备故障、工程质量不合格而返工等也都会成为重大工程超支的原因。

但是,以上这些都可以归并为重大工程一类常态化、结构型、可预测、因果关系清晰的超支现象,故被称为常规性超支,相应的风险被称为常规性超支风险。

现实表明,即使把这类原因尽可能梳理清楚,仍然难以诠释清楚重大工程超支的许多现象。如果我们把重大工程建设看作一个有着相应投入/产出的复杂制造系统,投入与产出之间有着复杂的转换机理,这些机理不都遵循着明晰、确定、结构化规律,其中若干复杂整体性本质作用不仅难以结构化和被规则化,还难以被人们认知、发现和关注。

如果在工程超支问题上忽略了这部分要素,我们就难以从本质上或者从深层次与内在规律上找到破解重大工程超支原因的"切入点",要透彻梳理清楚超支问题也是不可能的。

因此,这就要求我们通过深刻揭示重大工程复杂整体性引发的成本超支原因。也就是说,不论超支因素结构化体系如何详尽,它只能描述和概括工程造物过程中一类构成性和程序性活动以及相应的超支现象。但是,重大工程复杂整体性还会在工程造物过程中涌现出一类难以预测、确知和控制的新的造物环节与模块,相应的开支都在原来的成本预算之外,成本超支也就不可避免了。我们把这一类重大工程复杂本质属性导致的成本超支称为复杂性超支,而把基于复杂性超支现象的不确定性和可能产生的危害称为重大工程复杂性超支风险。

因此,对于重大工程而言:

成本超支＝常规性超支＋复杂性超支

成本超支风险＝常规性超支风险＋复杂性超支风险

复杂性超支不仅仅是一个抽象的理论概念,根据重大工程复杂性的不同形态,复杂性超支风险也呈现出不同的物理形态与管理内涵,如

(1) 工程环境复杂性导致的复杂性超支风险;

(2) 本质不确定性导致的复杂性超支风险;

(3) 工程建设过程演化与涌现现象导致的复杂性超支风险;

(4) 工程不同主体利益博弈导致的复杂性超支风险;

(5) 工程创新导致的复杂性超支风险;

(6) 其他或者上述几点的组合。

综上能够看出,重大复杂工程复杂本质属性的确是导致工程成本超支的重要根源,而且这些根源强烈表现出非结构化、本质不确定、整体性演化和涌现等复杂系统本质属性。

9.6.4 本质管理对策

所谓本质管理对策是指主体关于本质管理范式的一般方法论与技术路线。在前面第八章,我们研究了复杂系统管理活动的一般性行为准则,主要学术思想是如何对复杂整体性进行破解,如通过不可分的相对性、多尺度、迭代式等逐渐降低复杂性问题的复杂程度,但是,本质管理则是直接以还原论不可逆性这一本质属性为问题起源以及分析、解决问题的抓手。

另外,本书8.4节指出,独特性是造就复杂整体性的一类重要渠道,从本节所介绍的4个实例也能够生动地看到,虽然复杂性问题的本质是同一的,但本质表现形态的独特性却是千变万化、差异极大的,这些差异不仅表现在本质形态的真实情节和细节之中,而且还深刻嵌入本质性形成的机理中。因此,需要十分注意复杂性情景与问题的独特性对于制定本质管理对策的主要作用。

这一学术思想告诉我们,如果深入探索复杂整体性中的非规范性即独特性,通过独特性中的细节描述与细节语境,能够揭示复杂整体性中的独特性,并帮助我们找到本质管理相应的切入点。

例如上述例1和例2,启发了我们认识重大复杂工程现场正常意外事故的形成机理以及相关防范对策的设计:

重大工程现场本质上是一个"物资—技术—人员—管理一体化"的复合型复杂系统,同时受到工程技术规律—管理程序—人的心理行为等综合驱动与制约,这就是我们常讲的"物理—事理—人理"综合动力学决定了重大复杂工程现场的整体状态与状态的动态变化。因此,重大复杂工程现场的综合管控的复杂整体性本质属性会非常突出和强烈:

1. 工程现场中各要素横向之间的实际关联性大大增强。

2. 现象因果关系不再是直接和显现的,不确定性使得对工程建设现场中的许多问题失去直接可预测性。

3. 现场中某种因素产生的弱小力的影响,可能会被扩散、放大,从局部性变成全局性,从微创性变成灾害性。即工程现场事故所具有的强烈路径依赖,使工程初始状态、初始条件微小差异均可能演化为重大事故。

4. 工程事故常具有不可预见的突发性。事故经常按非常规方式和程序进行,从而使人们在事故之前和当时无法准确识别它。

5. 在事故面前,那些正常操作可能不仅不会减轻事故的严重性,甚至使事故更为严重。

6. 人们会通过增强关联来加固系统,增加系统的安全性,而事物从来是"两面"的,在增强了系统的关联性后,复杂程度也提高了,反而增加了发生事故的可能性。

这些本质性特点使得在重大复杂工程建设现场,即使每一个设备质量尽可能高、每一个工艺环节尽可能完善、每一个人员技术水平尽可能完美、每一个管理程序尽可能严密,复杂性也总会在某一个环节或时刻与某一个偶然性差错"相遇"而导致出现事故的可能。特别是与工程安全有关的任何一个小小的偶然事件,不论其是设备、人员、管理还是环境方面的因素或以上某几方面因素的组合,只要它导致某一个哪怕是非常小的故障发生,工程强关联性就有可能导致该故障的扩大与故障之间相互作用的增强,并因此涌现出系统性事故。所有这些又远远超出现场人员以往的经验与工程设计人员的预料,从而最终使得原来正常的操作成为更大事故产生的起因。

依据以上分析不能不让我们认识到:优良的材料与设备品质、优秀的人员素质以及完善的管理程序无疑对防范工程现场风险具有重要意义,但我们还是应该高度重视复杂整体性对工程现场风险造成的影响,切忌采用就事论事的被动式风险控制模式,而要建立主动的风险防范体系。这一体系要从涉及的工程事故的所有因素集入手,重点是对风险做到"防范为上"。

进一步,在工程现场风险控制模式中,根据工程现场情况一般可以分为以下三种:

(1) 当工程现场相关环节之间呈现强紧密关联但相互影响较弱时,宜采用集中式风险控制模式。

(2) 当相关环节之间呈现弱紧密关联但相互影响较强时,宜采用分散式风险控制模式。

(3) 当相关环节之间紧密关联与相互影响都较强时,宜采用综合集中与分散式风险控制模式。

此外,一旦工程现场出现意外事故,不宜一味把注意力放在寻找"责任人"身上。因为重大复杂工程现场风险控制的责任人可能不是哪一个人,甚至可能任何人都没有责任,复杂性本质使得"责任人"是系统复杂整体性。这就要求我们一定要查清风险的起因以及这一起因引发的重大事故的机理。这一机理往往是安全事故本质上的"责任人",它为我们提供了极其宝贵的案例和样本。

以上述例3作说明,从湖泊水环境复杂系统本质属性出发,可以清晰地认识到:

(1) 湖泊水环境问题表象是"湖泊病",实质是"社会病",湖泊治理不仅要"治湖",更要"治人";人是水环境"社会病"的始作俑者,又是治疗"社会病"的医生。但是,人们常常用简单性思维或者一般系统性思维来看待、分析和处理湖泊水环境及治理中的复杂性,或者仅仅用还原论方法论来处理还原论不可逆的水环境治理中的复杂整体性问题,这就出现了治理思维本真性原则的缺失与错位。

(2) 随着人们对环境治理认知的不断进步,湖泊治理整体上形成了从简单系统—复杂系统—社会生态型复杂系统的思维进化路径。具体地说,湖泊水环境是由人、自然、社会共同组成的社会、生态共生复杂巨系统,该巨系统的本质属性为社会生态型复杂整体性,即呈现出自然—社会共生、去中心、价值共享与有序演化等复杂性形态,因此需要人自身用社会生态型复杂性思维应对湖泊水环境复杂性。

(3) 表象上,水环境"污染物"在湖泊水体中,其实它是全流域社会经济系统的一类"负面"产品并经特定的供应链与物流网络输送到湖泊水体中,因此,有着复杂的自然、生态、社会、经济与人文内涵。水环境治理除了要考虑到传统的水量、水质、生物、化学、气象等自然动力学机理,还与"污染物"制造商、供应商、物流网络、水资源交易、价值转换与最终的水体治理等有着密切的逻辑关联。可以说,水环境"病"既是"生态病",更是"社会病",除了需要配置行政公权力和法治权威,还需要有符合市场机制与供应链管理规律的要素市场化配置模式,如水环境治理成本与经济补偿核算机制、水环境数据资源确权、有效流动与交易等。这些都需要在水环境治理体系中构建一个开放、共享、公平、互信的流通平台。否则,水环境无法形成价值互联网,大数据、区块链等现代技术也无法社会化。由此可见,基于水污染物供应链网络的湖泊水体质量隐喻深化了我们对湖泊流域水环境治理本质属性的理解,即要从湖泊水环境的"生态型"治理转化为"生态型""社会型""经济型"综合治理,需要在治理中注入市场、共生、互信、赋值、交易及联盟等治理思维及治理机制。

(4) 湖泊治理的复杂整体性是治理范式转移的核心,因为它是在新的复杂系统思维范式下对研究对象怎么看和看到什么新东西的回答。当前,太湖治理变革主要是针对太湖流域社会—生态共生复杂巨系统中存在的治理深层次顽疾而言的。显然,这类顽疾如果能够采用还原论方法进行分解逐一解决各个子问题,那顽疾也就不"顽"了,因此,这类治理顽疾必然是复杂而又是还原论不可逆的一类问题,对这类复杂整体性问题采用一般系统论思维即使有效,也往往只能是部分有效或者效能不强,需要基于复杂系统思维范式转移通过认识论与方法论多层次融通才能把控和破解。例如,水环境治理中的污染物涉及固、液、气形态的异质性;顽疾关联要素同时涉及自然性、社会性、经济性与人文性;顽疾的形成涉及难以认知的潜性关联和大尺度演化规律并且最终是所有这些方面的综合,这就决定了对待顽疾不能通过有限次分解而最终得以解决,而只能面对包含着顽疾所有要素与各类动力学机理的复杂整体性情景采取综合集成方法才能获得治理方案。

最后,以上述例4作如下说明:经过本质性分析,可以形成如下关于重大工程成本超支问题的一些新的理论观点与对策:

1. 重大工程成本超支(风险)是由常规性超支(风险)与复杂性超支(风险)综合组成。

2. 常规性超支风险与复杂性超支风险是两类不同本质属性的超支(风险)类型,前者属于工程一般系统性意义下的超支(风险)范畴;而后者则属于复杂系统性意义下的超支(风险)范畴。

3. 重大工程复杂性超支的"责任者"主要是工程复杂整体性,从这个意义上讲,复杂性超支如同"正常意外性"事故一样,是一类源于系统复杂性的"正常意外性"超支,它不宜仅仅用主体能力不足、乐观心理等来解释,也不宜仅仅用直观罗列超支现象与原因的方法来分析,因为这样做只是一种感性认知和还原论思维的反映,缺乏重大复杂工程系统本质思维的深度。

4. 面对重大工程复杂性超支现象,我们必须根据复杂性思维来看待、分析和处理它们。例如:

(1) 我们拟根据重大复杂工程主体行为的"迭代式"生成原理,首先在"第一层次"迭代行为中通过自学习提高主体认识和驾驭复杂性的能力,帮助我们辨识和控制复杂性超支现象。

(2) 依据"第二层次"迭代行为准则,对重大工程概算的主体群结构及流程进行科学设计。

(3) 依据"第三层次"迭代行为准则,对概算方案的"非共识—共识—非共识—……"生成序列进行比对与迭代,不断减少预算误差并逼近成本最终"真值"。

5. 重大工程成本复杂性超支风险是重大工程风险体系中一类本质性的风险形态,它的本质性有着两个层次的内涵:第一层次是一般重大工程复杂性的内涵,第二层次是具体工程独特性的内涵。所以,我们不宜采用一般的样本统计方法或者一般风险源体系评价方法来研究具体重大工程复杂性超支风险,而只能采用类似处理"正常意外性"事故的思维来对待复杂性超支风险问题。

这里，我们看到了一个值得思考的现象，即提出了重大工程基于复杂整体性的"正常意外性"超支风险的认知，从而把工程现场复杂性风险与工程成本超支这样两个原本"风马牛不相及"的问题在本质性思维范式意义上关联起来，让我们摆脱从感性、直观层次上"就事论事"地寻找重大工程成本超支原因，树立了关于重大工程成本超支新的理论思维，不仅能使我们从理论上提高对重大工程成本超支问题的本质性认识，还能在实践中提高我们分析和控制这类超支问题的能力。这一实例生动说明了复杂系统管理中的本质管理的科学意义与实践价值。

由上可知，我们不宜指望存在一种能够适应各种场景，对所有类型问题都适用的复杂系统管理本质管理对策，只有在复杂整体性思维范式下，充分考虑到复杂整体性的具体场景和特征的独特性语境与真实细节，才能确定相应的适应性对策。

9.7 议题之六：管理组织模式动力学

所谓复杂系统管理组织是由管理主体群构成的具有对复杂整体性问题实施管理功能的以人为主体的复杂系统。管理组织模式则是管理组织的主体构成、组织结构、管理流程、事权配置、管理支持、组织整体行为机制形成等。关于复杂系统管理组织与组织模式的研究是复杂系统管理理论的基础性科学议题。

9.7.1 复杂系统管理组织模式概述

9.7.1.1 复杂系统管理组织概述

在本书 7.7 节中，提到了复杂系统管理活动需要相应的管理组织形成解决复杂性管理问题的必要环境与条件，并在整体层面上具有驾驭问题复杂整体性的能力，这实际上是复杂系统管理组织的功能性平台形态，是我们对复杂系统管理组织本质属性的认知。

作为复杂系统，复杂系统管理组织并不遵循"人多力量大"的简单系统原则，而是以构建与提高组织整体行为能力为导向，选择和优化主体，包括主体的层次、事权、专业、关联、能力、知识的完备性与彼此的协同性等，这主要反映了复杂系统管理组织的"他组织"行为。

另外,作为复杂系统,复杂系统管理组织通过内部结构、机制与流程等相互关联与相互作用,涌现出不仅高于单独个体,而且高于多个个体简单迭加的整体性能力,这主要反映了复杂系统管理组织的"自组织"行为。管理组织的整体行为能力则是管理组织"他组织"与"自组织"共同作用的综合结果。其中,"自组织"机理发挥了特别重要的作用。

具体地说,管理组织的宏观功能涌现,反映了组织微观层次的要素与结构具有一种向上整合并在宏观层次上形成新的整体结构与能力的机理,即使我们无法或者尚未完全确知涌现形成的机理是什么,但是,一般都能感知到这类新的结构与能力的涌现现象,复杂系统管理组织模式正是形成这类涌现的推进器和驱动力。在某种意义上,设计和优化组织模式就是对复杂系统管理组织动力学机理的设计。

9.7.1.2 复杂系统管理组织基本功能

复杂系统管理组织内部的管理流程、管理事权配置以及各类管理资源的传导与转换等,如同一部正常工作机器的运作方式,即运作机制。"机制"一词本意为机器的构造和工作原理。如果将机器视为系统,则其构造和工作原理可理解为系统结构及流程。所以机制一词可以指一个系统的组织或系统内部各部分之间相互关联、相互作用的方式与过程。管理组织就是在这样的机制下产生了驾驭问题复杂整体性的能力。这实际上就是复杂系统管理组织的模式。

"模"是指事物存在或为了使事物能够维持某种稳定性状而作用在它身上的原则、规则与方式等,"模式"就是指使这一类作用能够正常发挥的原则、规则与方式的抽象。

换句话说,所谓复杂系统管理组织模式是指复杂系统管理组织在个体品质、行为规范与资源配置的基础上,依据一定的流程及信息转换方式而形成稳定的整体性功能的规则与原理,也就是所谓的组织稳定的整体性功能的形成机理。其中,什么样的机理能激活管理组织的自适应与自组织能力,从而使组织涌现出整体性能力尤为关键和重要。

但是,在一般意义上,就是复杂系统管理组织模式(即机制)不完全一样,但组织模式在整体上应该具有以下最基本的普适性功能,它们是:

1. 认知功能

该功能包括认识管理环境与问题复杂性形态与特征、评价复杂性程度以及相互影响的功能。对于组织而言,认知功能不是指主体群中个体或者部分个体,也不是指他们某个阶段的认知,而是指充分利用组织机制实现主体群对复杂性问题由非共识通过不断比对、筛选、修正最终收敛至共识的能力。

2. 协调(同)功能

该功能指组织对复杂性管理活动中各类问题,如管理目标的多元化、管理主体利益的冲突性、管理价值观的异质性等等具有针对性、适应性的分析,处理和提出解决方案的能力。在以物质、资源类管理方面,拟以综合、协调原则为主;在以人文、利益类管理方面,拟以统筹、协同原则为主。在全局和全过程层面上,则以降解复杂性、全情景导向和"物理—系统—管理"一体化原则为主。

3. 执行功能

该功能主要指组织对复杂系统管理各类活动、方案的落实与策略履行。既然组织面对的是复杂性问题,那么就不能以简单思维或者一般系统性思维操作和执行管理活动,也不能仅仅依靠经验性的技巧,而要根据复杂系统思维与复杂系统管理基本原理,除了注重方法论层面上的创新,还要注重管理实践层面上的执行原则与抓手选择。例如,在环境治理执行实践中,普遍发现了企业由于追求不当利益而在污染物排放问题上弄虚作假的行为,对待这一问题就不能仅仅以道德要求进行执行,而要设计有效的经济奖惩机制,但传统的监控技术与手段又难以获得真实的数据与信息,这又需要在执行过程中,运用物联网、区块链等信息技术提高环境治理执行的现代化水平。当这些执行力,治理组织机制与模式的复杂性提高了,治理成本也增加了,由此可见,复杂系统管理组织的执行阶段与过程自身就充分表现为一个复杂系统。

9.7.2 复杂系统管理组织力系解析

9.7.2.1 复杂系统管理组织力系

按照系统属性,复杂系统管理组织是以社会人为基本要素形成的具有基本结构和基本功能,能够涌现出对管理问题复杂整体性驾驭能力的复杂系统。

由不同层次、不同属性的干系人形成具有上述功能的组织,必然有其基本机理。从复杂系统管理特征出发,弄清楚这一基本机理,我们才能掌握复杂系统管理组织机理的一般规律,设计可行、有效的管理组织模式。

人们从物理学到生物学再到社会学的统一认知角度出发,发现了用"力"的概念可以表述系统内部要素之间广义的关联关系。例如,欧阳莹之在 *Foundations of Complex-System Theories*(1999)中说,一个集合要成功地形成一个系统,其中要素之间的黏合作用必须很强……如果黏合力大于将要素分开的力或者被外部吸走的力,这个集合就能够形成一个整体上有稳定结构的系统。

根据这一思想,不论来源于外部还是它们自身,复杂系统管理组织内部的这种"黏合剂"一定存在,否则各个主体一定处于独立或者游离状态。

这样,在一般意义上,我们可以借鉴"力"这个概念描述复杂系统管理组织中个体之间的相互关联。由于组织中个体是"人",因此,这里的"力"不仅要遵循社会科学与人文科学的基本原理,还要体现复杂系统管理组织的特殊内涵,不能简单地套用物理学中的机械力、原子力等概念。具体地说,复杂系统管理组织中个体之间的"力"要服从政治学、社会学、经济学、心理学等基本规则下的委托代理关系原理、管理行为学与心理学原理等,即是一种受到多类型力深刻影响的"力系"。

我们在组织及组织模式研究中引入"力"的概念,完全是一种对复杂系统管理组织内部关联形式形象化的表述。因为在实际管理中,管理组织主体之间的各种相互关联与关系、影响与作用,既不能像物理力那样被仪器测定与度量,也难以被人们直观感知与明晰界定。正因为如此,借用"力"这一概念,仅仅是借助物理学的基本话语,通过形象化思维的手段帮助我们构建复杂系统组织管理的话语形态,便于理解管理组织微观层面个体及个体之间的基本行为机理。

总结以上内容,以下三点特别重要:

(1) 一个具有某种稳定形态的复杂系统管理组织,其主体之间"力"的作用是强大和稳定的,否则,主体之间力的相互作用不可能维持彼此的关联并使组织具有稳定的结构。

(2) 复杂系统管理组织主体之间"力"的作用不仅表现在强度上,还表现在力的种类、特征和形态多样性以及所有这些的动态变化上,正是这种多样性,才使得管理组织表现出不同的功能以及功能的演变。

(3) 复杂系统管理组织功能是组织整体意义上的行为表征。它既与组织内主体之间力的相互作用、力的种类、特征和形态紧密关联,又与外界环境与内部自组织形态紧密关联。这说明管理组织宏观层面上的功能,必然要通过微观层面上的个体状态与行为、中观层面上的模式与机制,即组织内部的力学原理的多层次递阶作用才能在宏观层面上形成。

9.7.2.2 复杂系统管理组织力系解析

仅仅指出复杂系统管理组织主体之间的"力"的作用是不够的。更重要的是主体之间表现出的力的复杂形态以及基于复杂形态的自组织是如何使复杂系统管理组织涌现出整体层面上的复杂行为与功能。

所谓形态，即事物的外部形状、内部构形以及整体神态。形态是事物的客观属性，不同事物的形态是有差异的。事物形态在一般情况下是不变的，即使因某种原因有所变化，一般也只是局部量的改变，不会出现整体质性改变；但是，在有些情况下，主体各自的力的形态并未出现明显变化，但主体出现了适应性行为，发生了自组织现象，也可能使系统呈现重要的整体性变化。

现在，我们来对复杂系统管理组织主体进行力的复杂形态分析。任何复杂系统管理组织都是在一定环境下形成的，由多种类型主体组成的人工复杂系统。这里的环境除了一般的自然环境，更重要的是国家或区域的政治、社会、经济及历史文化环境。

正因为如此，环境为复杂系统管理组织主体提供了法制力、行政力、经济力以及文化力的根据与渊源。这里的"提供"既包括了对主体行为的支持，又包括了对主体行为的约束，即使是经济力、契约力等，也会受到政治、社会环境的深刻影响。

根据一般委托代理原理，在复杂系统管理组织中，存在着具有最重要地位的所谓序主体，序主体在许多场合中有着重要的决策权、话语权与事权。序主体或者是某个个体或者是某个组织，因此，都具有社会人身份。社会人首先是个体人，因此，序主体必然在实际行为中表现出其个人独立的心理与行为偏好、文化与价值取向等，如自身的记忆、知识、信息、感觉、认知、判断，以及学习、创新和对环境的自适应能力等。

这样，序主体在复杂系统管理组织的实际管理活动中，将不只拥有自身某种力的形态，更重要的是把这种力的形态与环境赋予的法制力、契约力与文化力融合在一起，具有对主体群整体性的引导性、规定性、制约性或者催化性作用。

至于管理组织中的其他主体，他们更多地表现为一般社会人（经济人），因此，在复杂系统管理组织中多以经济力和契约力等与其他主体建立关联关系。由于不同主体的法律观念、契约精神、文化价值不同，虽然都以经济力和契约力为关联纽带，但在法律力、文化力等共同作用下，会表现出各自力的各种不同形态与变异。

管理组织中所有主体在力的综合形态上还会出现各种多样性与变动性，因此，在实际中，管理组织中每个主体的力的综合形态，包括力的综合作用的性质、强度与影响范围等都不是固化、一成不变的。这是因为每个主体在不同情况下，自身的行为、心理及其社会性特征都会发生自适应与自组织变化。

9.7.3 复杂系统管理组织动力学

9.7.3.1 复杂系统管理组织行为动力学机理

在复杂系统管理组织研究中,最困难的是微观个体行为是如何形成宏观组织行为的。其中非常重要的是要说清楚中观的动力学机制即组织模式是怎样运作和发挥作用的。前面关于管理组织主体之间的力学分析正是为此构建了一种理论框架。当然,这只是一种尝试和探索,完全可以运用另外的概念和原理来分析复杂系统管理组织主体之间的关联与结构,并在此基础上进行复杂系统管理组织模式的研究。

另外,即便构建了这一理论框架,期望通过中观结构将组织微观个体行为、中观模式机制与宏观整体功能连贯起来,揭示它们之间的行为是如何传导与转化的也是十分困难的。这主要是因为在这三个层次的行为已不是相同属性行为形态的简单变换,而出现了基于本质不确定性、多层次的复杂系统管理组织在自组织与适应性作用下层次之间的功能涌现与隐没。

下面我们通过对两种机制的分析来研究这一议题:

基于各个主体的自然属性、行为属性、社会属性、关联属性,复杂系统管理组织内部所有主体的力系的整体形态及其动态演变,就是复杂系统管理组织的综合性内部动力;而环境与复杂系统管理组织之间的相互影响产生了综合性外部动力,在这两种动力的共同作用下,形成了管理组织的宏观组织行为与功能。这是从组织微观个体力的复杂形态到组织宏观整体行为与功能的动力学机制。

具体地说,上述机制由以下两种基本机制所构成:

第一个机制:自组织机制。这一机制是指管理组织内部主体主动地、在目标驱动下按照相互默契原则的力的关联规则,各尽其责又相互协调地自动形成组织的有序结构,自发形成整体行为或主体之间的分工与合作关系。这一过程受管理组织内主体自发行为驱使并产生从无序向有序转化的整体性变动,简称为复杂系统管理组织的自组织机制。这一机制因为有人参与,因此充分体现了人的适应性,复杂系统管理组织结构、功能的适应性变化其原理大抵都在于此。

第二个机制:广义进化机制。这一机制是指由于宏观的某种限制(如资源的限制)引起的外部制约而产生的进化机制。如在组织主体之间局部作用扩展到全局的自组织过程中,其组织结构与运行方式会根据外部环境的变化而不断自我完善,以提高自身对环境的适应能力。

复杂系统管理组织整体行为与功能的形成及演化过程取决于在上述两个基

本机制共同作用下,每个主体力的复杂形态、主体力系之间相互作用方式和程度的变化,最终导致的管理组织宏观结构与整体行为的演化路径。

由此可见,在复杂系统管理组织微观主体层面与宏观组织层面之间,存在着一个以主体各种力的复杂形态为基本元素的相互作用过程,它们构成了一个介于微观与宏观层面之间的"中观层面"的动力学原理,这一"中观"动力学原理即复杂系统管理组织宏观行为与功能的形成机理,也是复杂系统管理组织的组织模式。

有必要在这里把这一重要过程的内部运作情况再做些分析。首先,每个主体作为个体,因其社会定位及职能定位不同而有着某种规范的内部力系与外部力系。内部力系是自身与组织内其他主体之间的各类力的关联体系,而外部力系则为自身与外部环境之间各类力的关联体系。这两类力系相互耦合、变化,呈现为动态、演变的形态。这里的形态不仅包括力的类型,还包括力的"强度"、"方向"以及力与力之间的反馈与传导转换方式。所有这些力的相互作用的整体形态与演变过程,相当于一部机器完整有序运行的工作机制。复杂系统管理组织的整体行为与功能就是这部机器运行与工作的整体结果。

按理说,最初人们在设计和构建复杂系统管理组织时,有着明确的目的与功能预设,因此,也必然有着对各类主体力系的规定性。一开始,人们更多的是对组织主体进行选择,对组织基本结构进行设计,对组织基本功能进行安排,这些都是对管理组织的"他组织"。实际上,组织内部的主体之间在力系复杂形态作用下还会自发形成新的超越当初预设的组织整体行为与功能,这就是所谓的复杂系统管理组织的"自组织",复杂系统管理组织整体行为与功能实际上是上述他组织与自组织的综合结果。这就是所谓的复杂系统管理组织宏观层面上的整体行为涌现。涌现是复杂系统管理组织的宏观行为与功能中不能由微观主体力系直接或简单"相加"而获得的部分。关于复杂系统管理组织整体行为涌现主要有以下理论观点:

1. 涌现是管理组织在组织整体和宏观层面上的新的行为与现象,而这些在主体微观层面上都是没有的。也就是说,宏观涌现与微观个体力系之间存在"断层"。涌现现象的这一复杂性表明,我们不能按照传统思维范式思考在某个或某些微观个体与宏观涌现之间直接确立某种因果关联,而应思考如何协调众多微观个体(包括它们的动态变化)之间的关联方式可能在中观层面形成一种机理性功能,正是这种功能在宏观层面可能出现新的涌现现象并能够解释为什么可能。

2. 组织涌现现象的产生往往不需要组织内有新的主体出现,而主要是由于已有主体自身的力系属性发生了变化或者整体力系之间出现了新的关联方式,或者这两种情况同时都出现了。这样,管理组织宏观结构可能出现了变化,也可能因为一部分主体的行为发生变化,而导致组织中绝大部分主体的行为产生变化。主体之间这种一系列自组织行为经过组织中观层次的运行机理的作用会逐渐放大,最终演变为难以预测的整体行为与功能,管理组织新的形态与功能的涌现也由此而生。

3. 组织涌现现象形成于组织的动态演化过程中,这一阶段主体力系的复杂形态既不同于上一个阶段,往往也不同于下一个阶段。在下一个阶段中,无论是主体力系自身,还是主体力系之间都可能出现新的、人们预料不到的动力学现象。这些现象可能阻断主体之间某些原有的关联性,也可能产生某些新的关联性。这说明在复杂系统管理组织整体行为与功能的形成过程中,无论主体自身的力系形态,还是主体力系之间相互直接而显现的关系都会产生一系列复杂而深刻的演化。

4. 上述情况使人们事先一般无法完全预测涌现现象,但对后来观测到的涌现现象一般可以解释它的起因与路径由来。即我们可以在观测到涌现现象后,在宏观认知框架下,通过用微观主体力系形态之间的关联以及中观层面的机理来做出一定的解释。换句话说,我们不能事先用微观主体力系的相互关系来直接推算,但我们可以在宏观层面上引入一些新的思想和概念作适当的解释。

由上可见,由复杂系统管理组织微观层次上主体力系的复杂形态,到中观层次主体之间力系的相互作用与演化,直至宏观层次组织整体复杂行为与功能的涌现,这是我们认识与分析复杂系统管理组织模式动力学这一基础性科学议题的主要技术路线。

以上仅仅是对组织涌现认知的基本逻辑,通常,可梳理一般的复杂系统涌现现象的学理性。对于一个复杂系统而言,系统的细节主要是由微观层次的个体行为决定的;系统的运行机制与模式主要是由中观层次的个体关联与结构决定的,这样,在中观层次,必然会隐没许多个体行为的自由度与特征,而突出关联与结构的因果性、相关性与逻辑性,从而导致系统中观层次的行为与形态往往不能完全通过微观层次个体行为与形态来表述,即我们感知到系统中观层次上出现了不能完全由微观个体行为解释的新的现象与内涵;再进一步,微观与中观层次所有作用也会在系统宏观层次上形成某些新的、能够被感知的整体特性与功能,由于这类整体特性与功能融合了中、微观层次的所有作用,因此,其中大概率会出现既未曾在微观层次,又未曾在直观层次出现过的现象与特征,自然也就不能由系统微观或者中观层次上的行为或者机理完全诠释。

另外,即使这类宏观层次现象存在某种客观机理,但这类机理在复杂系统中跨多个层次,表现出高度复杂性,或者因为我们的认知水平与技术手段尚不足以帮助我们揭示这一机理,导致我们往往只能在宏观上感知到这一现象,但对这一现象背后的复杂成因与演化路径不确知、知之不完整,甚至基本不知;如果再受到传统的还原论与确定性因果律思维的影响,使我们一直企图用中观甚至微观行为来完备地诠释宏观特性与功能,那往往都不能成功。这样,这类在复杂系统宏观层次可感知,但在中、微观层次却未曾出现的现象就成为令人们感觉"突然出现"却又不明就里,因此困惑不解的一类现象,"涌现"这一概念就成为这一现象最生动的隐喻与语言符号。

上述分析有利于我们对组织涌现现象的内涵有更深的理解。

9.8 议题之七:知识形态与获取路径

复杂系统管理须臾离不开知识:分析和解决实际问题需要知识;学术研究是以知识为资源生产新的知识的过程;理论是全体学问中最核心的部分,知识是理论体系基本要素或单元,而理论体系则是相关知识的系统化与逻辑化等。

从人的思维规律讲,知识是人类的一类特殊的人造逻辑系统,复杂系统管理的知识的形态、特征、形成方式与获取路径不仅要遵循人类知识生产的一般规律,而且还会受到复杂系统思维范式的影响,而当今复杂系统管理理论刚刚走在起步的路上,所以,关注复杂系统管理知识的一些相关议题自然有其基础性意义。

9.8.1 知识形态概述

《中国大百科全书·教育》关于"知识"条目是这样表述的:"所谓知识,就它反映的内容而言,是客观事物的属性与联系的反映,是客观世界在人脑中的主观映象。就它的反映活动形式而言,有时表现为主体对事物的感性知觉或表象,属于感性知识,有时表现为关于事物的概念或规律,属于理性知识。"从这一定义可以看出,知识源于外部世界,所以知识是客观的;但是知识本身并不是客观现实,而是主体通过人脑对客观事物的特征与联系的反映。

知识是有形态的,即知识的形成和样式。在人类历史上,知识的形态是演进的,最初,人们在实践活动中通过大脑思考而获得对实践活动的认知与感悟,久而久之就形成了对实践活动某一方面的心得与体会。这样的情况多了,心得与体会也会逐渐丰富和深刻起来,以后人们在遇到类似的场合下,会自觉或不自觉地将这些心得与体会用于后续的实践中,并在多次成功的基础上进一步扩充与完善。人们通过体验或观察获得的心得与体会就是人们的经验。经验可能是对某一问题或现象的认知,也可能是一种解决问题的办法或技巧。在不同时间、地点的具体实践中,人们往往会多次重复产生类似的经验,这样的经验更容易被人们认同而被固化。固化的经验在经历了多次检验后会变得更可靠、更有价值,对实践的指导性也更强,这就是知识的雏形。

简言之,经验可以看作知识的"初级"形式,但是,由于个人的实践与经验,特别是个人大脑主观思维的局限性,个人的知识难免存在零散、肤浅和谬误等问题,但通过对无数个人知识的多次、不同情境下的检验和修正,作为人类共识的知识的正确性、深刻性与普适性等都会提高许多。

上述从经验与经验固化形成的知识,除了形成过程缓慢,知识"质量"也有其局限性。在农耕文明或自然经济时代,由于对客观事物反映的深刻性以及所担负的对实践的指导性要求都相对简单,这样的基于经验形态的知识形态与价值一般尚能够适应客观实践的需求。但是,当人类经过欧洲资本主义萌芽以及后续的大规模工业革命进程,特别是近年来快速发展的信息科技和社会变革,不仅出现了全球性社会之大变局,而且出现了人类对知识的高质量要求,从而导致知识形态与知识形态演进逻辑出现了重大转折。

当今,在复杂系统管理丰富的实践土壤中通过个人经验感知,再逐步固化为复杂系统管理知识的基本方式,虽然还有一定的有效性,但从知识普适性、深刻性等质量标准看,显然有其严重的不适应和不适宜。首先,随着人类社会经济科技等各个领域管理实践的复杂程度越来越高,仅仅知道局部、表面的现象远远不够,而经验主要源于人们对事物表象与外部的认知与总结,难以挖掘和揭示事物本质与内在的规律,加之个人实践时空范围的局限性又使经验的普适性受到严重制约,因此,经验形态的知识越来越不能满足人们认识复杂系统与复杂整体性问题及复杂性管理的需要,人们需要越来越多地深度揭示关于复杂系统管理本质与内在规律的原理形态知识。

原理形态的知识是人们通过大脑的理性思维,准确、深入而不仅是经验性和表面化地对现实世界中事物本质与规律的理解以及形成的一种论断性表述。原理形态知识的重要作用是它提炼出的基础性和形式化论断可以帮助人们在操作层面确立行为准则与运作规则。显然,这类原理形态的知识远比经验形态的知识要深刻得多、可靠得多,不仅具有更广泛的普适性,还具有更稳健的操作性,这意味着,复杂系统管理知识形态发生了重要转折。

另外,实践表明,随着人类社会的进步,除了在纵向深度上,而且在横向广度上,知识之间也越来越多地出现了交叉融合,特别是现代信息技术为人们提供了多种先进的工具,支撑不同学科的知识之间通过集成与融合形成新的原理形态,甚至具有理论突破性的知识,这就是科学界称为"大科学"时代的到来。大科学时代提供的多学科组成的"大科学"成为新的交叉形态知识生成和发展新的强大平台,许多重大知识的发现和完善都是在这样的平台上实现的。这一现实告诉我们,人类的知识形态与知识生成路径正经历着经验形态－原理形态－大科学形态的演进趋势。我们拟在这样的历史大背景下思考关于复杂系统管理知识形态与生成路径。

9.8.2 复杂系统管理知识形态

总体上,复杂系统管理知识是复杂系统管理客观现实属性与联系在人脑中的主观映象。在不同语境下,知识可分为作为人类社会共识的知识和个体头脑中的个人主观知识,前者多表征为关于复杂系统管理概念、原理、范式与命题等,我们这里探讨的复杂系统管理知识主要是指这一类知识。

在复杂系统管理领域,虽然可以直接借用其他领域现成的知识来解释、解决不少具体问题,但是,既然复杂系统管理是在复杂系统思维范式转移后形成的一个复杂性管理领域,因此,从整体上说,这一领域不能没有充分反映和深刻揭示自身复杂整体性本质属性的原理形态的知识体系,并应该有形成自身原理形态的知识体系的学理链和基本路径。特别是因为复杂系统管理还是一个新的领域,学术体系与理论体系的建设都还处于"初级阶段",因此,既少有成熟经验与存量资源,又不能简单地采用"拿来主义",所以,在当前的复杂系统管理知识创造初期,不仅凸显出"从无到有"的特点,更要遵循知识形成与内涵的规范性,以下几点在当前复杂系统管理知识创造过程中,值得认真思考和关注:

1. 要慎重对待复杂系统管理核心概念的学理适合性。概念是知识体系中人们对客观事物本质属性凝练后的语言表述。在这个意义上,复杂系统管理核心概念需要深刻揭示和体现复杂系统管理本质与内涵,并且表现方式必须为科学术语而不能是"大白话"。例如,首要的是"复杂系统管理"这个最基础的概念,如果仅仅按照自然概念来确定它,那就只能是"望文生义",得到"复杂的系统管理",而"复杂的"赋予了强烈的主观色彩,这样,"复杂系统管理"这一概念就会产生歧义。为了解决这一问题,需要对"复杂系统"的内涵以及"复杂系统＋管理"的内涵进行规范,这又引发了近百年来科学界关于"复杂性""复杂性词汇""复杂性科学""复杂系统"认识的进化,需要对不同的关于"复杂系统"的思维路径进行适合性选择,这就是为什么本书为了厘清用什么样的"复杂系统"样式来与"管理"相融合而形成特定的"复杂系统管理",前后一共占用了几章篇幅的原因。

设想,如果不是这样,我们有多少种对"复杂系统"的感知,就会有多少种关于"复杂系统管理"的概念,复杂系统管理还能有确定和统一的思维原则与科学内涵吗?

2. 原理连贯的自洽性。知识创造不可以主要依靠人造"新名词"作为知识形成方式,本书第三章复杂性与复杂系统章节中详细介绍并区分了基于复杂性词汇的复杂系统观与基于方法论的复杂系统观,并且在通盘比较后,以基于方法论的复杂系统观为思维原则确立复杂系统管理基本学理与核心概念,并专门论述了在此基础上,"复杂系统+管理"成为"复杂系统管理"的适应性与融通性,其原因就在于不可使复杂系统管理的知识生成缺乏清晰的思维起点与牢固的学理基石。

3. 复杂系统管理概念形态的知识价值不仅表现在它的个别内涵上,更重要的是有了概念,可以以概念为基础或通过概念与概念的组合,结合经验对复杂系统管理实践活动中的现象进行分析,力求对现象中的逻辑关系、因果关系、关联关系等进行合理的解释并提炼出新的概念以及形成理论体系中所谓的原理,一个原理就是一个相对独立的知识单元。这反映了复杂系统管理基本概念的自洽性,在逻辑上,基础性知识要具有拓展、生成新知识的能力。

作为例子,本书在提炼出复杂系统的复杂性属性基础上,将复杂性与管理活动与管理问题多种属性相融合,构建了不同语境下的基于复杂性的多个重要的新概念,并且在第五章指出:"复杂性"作为复杂系统管理领域的一个核心概念是对复杂的管理活动、情景与问题属性的凝练,因此,具有重要的自洽性与拓展性;在复杂系统管理的特定语境中,让"复杂性"与其他话语组合在一起,可以表达更丰富的话语内涵,如,"复杂性问题"是指一种不能或不宜用还原论处理的管理问题、"复杂性思维"是指主体采用的复杂系统思维范式、"管理复杂性"是指管理活动中蕴含的各种形态的复杂性(复杂整体性)、"复杂性管理"则是指一类在复杂系统思维范式转移基础上的管理模式等。

另外,本书以情景导向、复杂整体性破解、物理—系统—管理链递进、独特性情景语境化、不可分相对性、多尺度管理、适应性选择及迭代式生成等作为基本的原理形态的知识并确立了它们之间的逻辑关联;还有,情景概念不仅作为复杂系统管理核心概念、情景导向作为复杂系统管理基本原理,基于情景的鲁棒性管理是基础性科学议题,情景建模还作为复杂系统管理关键方法论并且与大数据驱动相结合,形成跨学科的大数据驱动的复杂系统情景建模技术,所有这些,形成了复杂系统管理知识形成相对完整的一条学理链:往深一步思考复杂系统管理,可从"问题为导向"提出以"情景为导向"原则(管理思想创新)—基于复杂系统管理情景(核心新概念)—情景鲁棒性(新的基本原理)—鲁棒性管理(新的科学议题)—复杂系统情景建模(方法论)—大数据驱动的情景建模技术(新的关键技术)。

从此案例不难看出,以管理思想变革为源头,只要复杂系统管理知识单元内涵具有较强的逻辑自洽性,不仅在学理上能形成多个相互融通的新知识内容,而且颇为宝贵的是能够构建较完整的学理创新链,使复杂系统管理学术与理论体系具有强壮的自组织、自成长能力。

以上论述与实例从多方面告诉我们,在构建复杂系统管理知识体系的过程中,要使作为复杂系统管理原理的知识具有自身鲜明的学理内涵与话语载体,既不能用"大白话"代替科学话语,也不能简单套用其他领域的术语,没有深刻、自主和有拓展力的概念与原理,学术思想、理论观点和知识主张就难有通过话语进行叙事和表述的场所和平台,学术研究就像在真空中呼吸,是不可能的。

概言之,在复杂系统管理知识品质上,需要关注从经验性知识向原理性知识与融通性知识的转换与升华,千万不能停留在自然概念上或者用花哨的"新名词"代替知识应有的内涵。

最后,还想指出:当前,由于复杂系统知识体系的形成还在起步的路上,因此,特别要注意防范以下几种可能的倾向:

(1)忽视基础性原理性知识的研究。复杂系统管理研究具有思维范式与学术逻辑的突破性,需要原创性基础理论的支撑,因此,研究者不能为了快速取得研究成果而忽视和避开基础性原理性知识研究,以及仅仅沿袭某一现成的技术方法体系开展研究。否则,不仅会使得复杂系统管理自身难以实现真正的学术突破,而且复杂系统管理技术方法的研究也难以取得具有基础性的学理支撑。

(2)研究问题逻辑模糊。基于自然概念的复杂系统与复杂系统管理都是模糊的概念,这给复杂系统管理理论研究带来实际困难。从基本逻辑上讲,复杂系统管理主要研究的对象是社会经济复杂系统中一类复杂整体性问题,因此,那些完全遵循自然规律而不具有社会人文性的复杂自然系统问题不宜纳入复杂系统管理问题范围之中;完全把复杂整体性管理问题视为复杂机械系统或者自动控制系统,采用完全的工程技术方法来解决也是不适宜的。进一步,对复杂系统管理中的人的行为准则与现象的复杂性研究,相当大的程度上不宜仅仅采用传统的基于刺激/反应式的"控制""管控"思维与手段,而需要运用共享、融通、共治、多中心、适应性等现代思维与新的研究范式转移,这里要特别注意的是不能以事实上的简单系统还原论思维研究复杂系统管理。

(3)数学工具化倾向。管理问题数学化在管理科学研究中发挥了并将继续发挥重要作用,同时,我们也要充分注意到,复杂系统管理中的复杂整体性以及综合集成方法体系的内涵告诉我们,数学不仅不具备对复杂性问题的全部描述与分析的功能,而且往往由于数学面对现实复杂性不得不"大力度"地要求降低复杂性来"适应"数学化范式的制约,这必然会"损伤"复杂系统管理的真实世界情景与人的行为的复杂性本质。这样,即使数学模型再新颖、技术技巧再"漂亮",也可能是用一个简化而失真的"复杂的问题"来替换原本实实在在的复杂性问题,这一倾向很容易脱离复杂系统管理的实践。

9.8.3 复杂系统管理知识获取路径

这里所谓的知识获取路径显然不是指从书本上或者是在课堂上学习而得到相关知识的方式,而是如何创造第一手知识的渠道与手段。例如,历史上,经过中世纪科学与早期现代科学革命,现代科学的许多基本特征与范式开始成形,如使用精密仪器与数学方法,通过观测和实验的经验证据对自然现象进行描述、预测和解释,从而获得了许多学科的新知识,这里面就有知识获取路径的选择与优化。

不难理解,学科领域不同,研究对象不同,获取知识的渠道与手段自然不同,大如自然科学、社会科学与人文学科不同领域,中如同属自然科学的数学与化学,小如同属化学的无机化学与计算化学,它们的知识获取路径都不一样,但从方法论来总结和归纳,不外乎理论分析、实验、实证、数学模型等等。

本节专指复杂系统管理知识获取路径,但不宜从方法论这样的方法一般规律和原则的高度来讨论,而应该从复杂系统管理本质属性与相关知识类型分类视角,尽可能以最大共性来梳理典型的知识获取渠道与手段。

首先,从根本上说,复杂系统管理的原理形态的知识都是以客观现实中的复杂整体性问题为基础的,相应的知识是对客观问题关切与回应的凝练与抽象,因此,那种严重脱离实践和完全依据假设缺乏实践检验而获取的知识,往往既缺乏真正的理论深度又严重缺乏真正的实践意义,对复杂系统管理原理形态的知识建构来说没有多少长久的价值。

其次,由于复杂系统管理是一个内容极其丰富的实践领域,因此必然具有领域知识内涵的丰富性。其中,每个知识领域都是在研究和解决某类现实(或理论)问题中沿着相应的研究(技术)路线被发现、创造和完善并按照知识形态用标准化范式记录下来,因此,我们不宜对每个具体的问题来罗列知识获取手段:第一,问题数量之多,不可穷尽;第二,缺乏属性特征,难以条理化。我们需要的是充分体现复杂系统管理属性特征的知识分类及其相关知识获取的基本路径,以此给我们开展复杂系统管理理论研究提供方法论启示。

如前所述,就其信息属性,复杂系统管理活动与过程的知识大体可分为三类:

第一类:基于先验知识的对复杂整体性管理活动及过程的机理性认知信息,如复杂整体性问题中的科学性,规范性反映,基本表现出规范、确定、因果、可测等特点,这类认知信息多采用不同状态与特征量之间的因果关系来表述;

第二类:基于多种原理的对复杂整体性管理活动及过程的相关性认知,如复杂整体性中的跨层次、介尺度关联性反映,多表现出可理解、可感知等特点,这类认知信息多采用不同状态与特征量之间关联关系来表述;

第三类:对复杂整体性管理活动及过程的基于某种现实独特性认知,如复杂整体性中的语境性、偶然性的反映,多表现为独特、唯一、不可复制等特点。

这样,我们就不难找到相对应的知识获取路径,具体地说,对第一类,一般通过类似于自然科学、工程技术科学的方法与手段获得相关知识,并用机理性因果律来表述,如定量描述或者数学模型表示;对第二类,多采用不同状态与特征量之间关联关系来表述,例如传统的基于样本采集的统计方法和现代大数据驱动方法等;对第三类,多采用特定语境下的独特话语来表述。

复杂系统管理之所以表现出复杂性,就因为第一类规则性知识不多,第二类相关性知识普遍,而第三类特点显著,但独特性、稀缺性特点又使我们无法从同一类型情景的母体中提取其统计规律作为代表(表示)。尤其是,对于情景的独特性部分,需要不断贴近真实世界的现实场景并充分关注场景的细节和细节的变化才能够"近距离"地分辨清楚情景复杂整体性的"细微末节"。并通过复杂整体性细节以及复杂性关联细节来获取什么样的微观细节会使宏观形态的复杂整体性成为"可能",而不是企图揭示在某种微观动力学机理下使宏观复杂整体性成为"必然"的知识。为此,可以在真实场景下设定多种情景细节的构成要素,以体现复杂整体性中的社会性、人文性与偶然性,这在方法论意义上,可以理解为关于全情景复杂整体性知识的获取路径。

还有一条重要的共性获取路径,那就是在当今"大科学"时代,许多新知识(技术、方法)都表现出交叉学科的特点和在多学科组成的"大科学"平台上形成的趋势。一个典型的实例是,作为复杂系统管理知识的复杂系统情景建模技术,该技术采用包括自然语言、定量分析、全景式质性分析、广义算法、新符号系统、大数据驱动、人工智能等综合集成方法体系,该体系核心是针对复杂整体性建模思维范式,对情景过程与场景自治性、联邦性混杂(hybrid)系统的微观机理进行还原性演绎,以论证和小数据为主构成情景机理(第一类信息),以何人/事/时/

处/因/果/何去何从/将如何等情景语言进行情景时序性"切片"采样,获得局部与微观复杂性认知(第三类信息);在整体论方面,以论证为辅和大数据驱动形成情景关联逻辑(第二类信息);针对总体上情景样本的稀缺性,将统计概念泛化为"情景耕耘"方法,运用计算机模拟技术使离散情景"切片"采样在一定尺度与粗粒度下形成情景"切片流",再经多层次融合形成管理过程与现场的宏观全情景涌现与情景演化(全景逼近与过程复原)。

综上所述,关于复杂系统管理的知识形态与获取路径充分表现为复杂系统管理领域的一个至关重要的科学议题:"知识形态"是复杂系统管理学术研究的基本内涵与主要内容,"获取路径"则是复杂系统管理所以能够解决具体问题和具有实际应用价值的技术方法保证。

9.9 复杂系统管理科学议题逻辑关联

复杂系统管理科学议题主要是复杂系统管理实践与学术研究中的基础性、全局性问题,不难看出:

1. 随着复杂系统管理的发展与学术研究的深入,科学议题的涉及面将越来越宽泛、内涵将越来越深刻;

2. 从管理的实践思维与理论思维出发,科学议题既包括理论层面的学术性问题,又包括实践层面的操作性问题。

因此,不宜仅仅把复杂系统管理科学议题局限于几类抽象的理论研究问题,而需要兼顾学术性与操作性,即使某一类以学术性为主的议题,也可以从研究视角的多尺度出发,使其包含一定的操作性。特别是,纯粹的抽象科学议题一旦"落地"与实践相结合并能够在实际应用中解决问题,往往需要将"纯粹的抽象"做适当的现实化,这似乎"降低"了"科学性",但恰恰是科学性的现实生命力的体现。

根据上述基本认知,本章按照人们对复杂系统管理领域的认识论与方法论一体化的基本逻辑,首先对最基础、最直接的科学议题"复杂整体性破解"进行了诠释,既强调了在质性上不可"破坏"复杂系统管理的"复杂整体性"本质属性,但也要明确,这是理论思维层面上的一种"虚体"认知,在现实中,需要把"不可分"相对化,采用多种对整体性的"破解"技术,也只有如此,理论思维与实践思维才能够融通并发挥出一体化的作用。

有了以上议题作为"开路先锋",可以在稍低层面,但不同视角上提出具有共性价值的议题:

1. 质性转移的新范式设计。
2. 复杂性谱线分析。

接着，为了选择和固定研究复杂系统管理的"切入点"，将管理活动的职能与管理品质融合在一起，提出鲁棒性管理与本质管理两个议题，这两个议题，首先凝练了在复杂整体性情景下，如何突破传统思维和确立复杂系统思维，并将多个管理原理融合起来，抓住了管理活动的主线与在纷繁杂乱的复杂情景中，如何设计主体行为的核心准则，从而在原理层次上，改变传统的依靠主体经验知识处理复杂性问题的做法，变革为通过复杂性思维与原理性知识来驾驭问题的复杂整体性。

考虑到复杂系统管理活动的执行，在宏观层面，需要有确定和稳定的管理组织模式，在微观层面，需要主体具备必要的综合能力，而这些能力都源于主体掌握相关知识的广度与深度以及获取知识路径的有效性，因此，关于复杂系统管理的管理组织模式动力学、复杂系统管理知识形态与获取路径就成为两个基础性、平台性的科学议题。

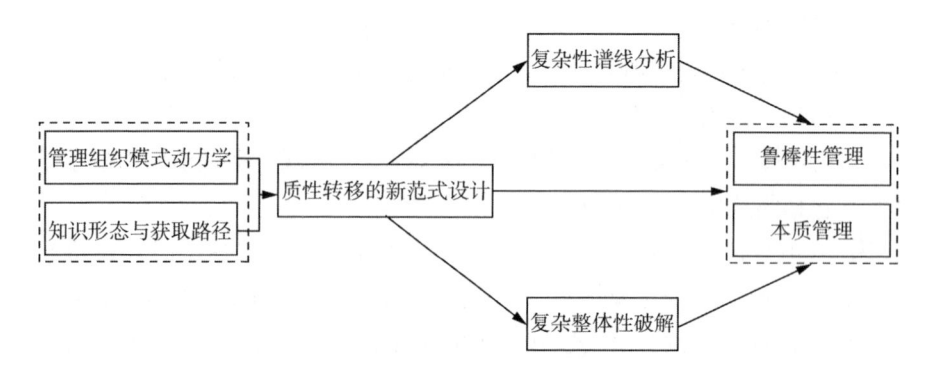

图 9.3 基础性科学议题逻辑关联图

第十章 复杂系统情景建模概论

本书前面各章总体上是介绍复杂系统管理概论与基本理论。从第十章开始,我们准备用四章篇幅递进式介绍复杂系统管理方法体系中的情景建模关键技术,第十章是复杂系统情景建模概论,第十一章是大数据驱动的基本原理,第十二章是情景可计算性与大数据驱动的情景建模,第十三章是大数据驱动情景建模关键技术与流程。

在介绍本章内容之前,我们把本书前面各章中与本章有关的基本内容总结为下面两点,作为本章研究的逻辑起点。

1. "情景"充分体现复杂整体性,是复杂系统管理理论中的一个核心概念;情景导向又是复杂系统管理的一个基本原理,因此,情景在复杂系统管理理论体系中有着特别的基础性与重要性。由于情景自身也是复杂系统,因此复杂系统管理中的情景一般称为复杂系统情景或者复杂情景系统,简称为情景。

2. 复杂系统管理原理性知识包括认识、分析与描述复杂系统管理活动的现象与问题的技术,自然包括相关的模型化(建模)技术,其中,情景建模技术自然是一个重要的内容。

10.1 复杂整体性建模概论

前面指出,在当今复杂性管理活动中,出现了一类还原论不可逆性问题,这类问题的本质属性将导致相应的管理活动、问题、理论发生一系列重要变革,因此需要在管理方法论与方法体系方面有适应性的应对,例如,就模型化(建模)来说,需要构建针对复杂整体性的建模技术。当然,复杂整体性是一种抽象属性,在现实中针对复杂整体性的建模技术需要落实和体现于对某一具有复杂整体性属性的活动、现象或者问题等的模型化技术。

针对复杂整体性的模型化技术,需要我们在相应的建模思维范式转移、模型化学术思想、方法与工具等方面都要尽量从基本原理上尊重和体现复杂整体性的客观性与建模逻辑的严谨性。

英国物理学家安德鲁·利德尔认为,宇宙间的重大问题可以根据其解答难度分为三个级别:C级,可以找到答案的问题;B级,有理论学说但无法通过观测找到依据的问题;A级,根本无从下手的问题。他认为,如何定义事实就属于A级难题。因为,即使科学工具使我们能够了解周遭事物的变化规律,也无法在短时间内解释这些规律机制为什么存在。安德鲁·利德尔的观点无疑对我们在复杂整体性建模过程中如何定义建模对象这一事实难题,如何表征由这一难题所表现出的独特性、唯一性和不确定性以及如何谨慎地处理好复杂性管理问题现象背后深藏着的复杂整体性都是一个十分重要的提醒。

正因为如此,在实践中,我们对复杂系统管理活动或问题的模型化过程必然是一个主体(群体)对复杂性管理事实整体性的认知与辨识过程,这一过程不可能是主体一次性的"一蹴而就"行为,而必然表现为建模主体对复杂性问题事实认知的不断比对、反馈、试错、迭代、逼近、收敛并形成最终结果的整体性过程。

在这一过程中,复杂系统管理活动与问题的复杂整体性和管理主体的智能适应性相互耦合并形成了一个主客体建模复合系统,该系统对建模对象复杂整体性的抽象、描述与表示方式的有序逼近既充分反映了建模对象固有的组织与自组织整体行为,又是建模主体对管理复杂整体性模型化深刻认知的适应性过程。

这里不难看出,在复杂系统管理理论中关于复杂整体性模型化过程,既包含了对象本体的复杂整体性,又包含了建模过程中建模主体自身行为的复杂整体性,还包括了主客体共同组成的更高层次的建模复合系统的复杂整体性。

例如,在建模过程中,主体不仅会因为管理事实复杂整体性信息的不断丰富而同步拓展对管理事实复杂整体性的感知,还会不断深化主体对复杂整体性的认知而表现为一个复杂整体性过程,更会把这两种复杂整体性融合成为建模过程中的复杂整体性,即在建模过程中,建模主体因自身具有的自组织、自适应能力,不仅能够在管理事实提供与涌现出来的大量新的信息与数据基础上,逐步修正与完善原来生成的复杂系统管理模型,还能够进一步深度挖掘出复杂系统管理更多的"已知事实"、"可知事实"甚至"不可知事实",从而使复杂系统管理模型化序列不断有序迭代、逼近和收敛。这一学术思想和技术路线突破了传统的建模主体为一方、建模对象(事实)为另一方的一次性交互完成模型化认知,而是双方经多次交互、反馈、迭代,逐步形成复杂系统管理的模型化,充分体现了复杂系统建模思维的范式转移以及在方法论层面形成的新的技术路径。

10.2 复杂系统情景建模概述

本节主要论述复杂整体性(具有复杂整体性属性的情景)模型化的基本思想。对此,先总结一下对本章内容具有重要基础性意义的关于情景概念的几个观点:

1. 复杂系统管理研究宜把"问题导向"原则进一步深化为"情景导向"原则;
2. 情景是在复杂系统管理活动中最具复杂整体性感知,又最具理性抽象性,同时能够将两者紧密联系在一起的一类现实载体。

因此,虽然对某一个具体的模型化过程而言,其建模对象可能是某一个现象、某一个活动或者某一个问题,但作为方法论,应该在更加抽象的层面上,进一步提炼复杂整体性的"共同体",这一共同体就是情景。换句话说,在复杂系统管理方法论层面上,关于复杂整体性模型化(建模)可以广泛理解为对复杂系统管理情景的建模,简称为情景建模。

这样,在情景模型化过程中,就需要特别关注情景复杂整体性的一些重要内涵,例如:

1. 在管理活动的现在、过去或未来中,都有情景的生成与动态演化,情景是一个有序连贯过程,不能将情景的"未来"与"现在"、"过去"割裂开来;"未来"包含着"过去",但又不完全被"现在"和"过去"所决定。
2. 情景的构成包含了丰富的物理、管理、行为、文化、心理等要素;情景既有反映客观自然规律的结构性成分,又有反映社会规律的半结构性成分,还有反映文化、价值偏向的人文规律的非结构性成分,更有这三者的相互融合。
3. 复杂整体性意义下的情景既有由人设计和规定的构成成分,又有基于系统要素之间相互关联生成的成分,还有系统复杂性自组织的涌现成分。
4. 在复杂整体性意义下,情景空间及演化路径往往表现为结构多层次、多维度、多尺度、多粒度以及各种程度不确定性等特征。

在传统的管理与决策研究中,建模方式主要包括质性建模、结构建模、流程建模、仿真建模等,因此,出现了定性、定量、各类实验建模技术,也可以认为是对情景结构化、定格化或者基于静止断面离散化的建模。但在复杂系统管理中,作为建模对象的情景所具有的复杂整体性、动态演化性,及自组织涌现、隐没与突变等特征是无法仅仅按照上述传统建模思想实现的。例如,运用传统的统计模型对未来情景状态进行预测,表明了其建模思想是基于历史数据与信息完全包含着未来状态,或者历史运行动力学规律对未来完全有效。但是,情景的复杂整体性告诉我们，未来的情景包含着现在与过去，但不完全在现在与过去之中，而且现在到未来的路径是本质不确定的；在认知上，关于未来，主体存在着不知道自己"不知道"的认知盲区，所以，无法完全掌握有关未来的尚未成为现实的情景信息。这就需要我们运用新的思维、手段和方法，通过一类综合性的符号体系对复杂系统情景进行模型化。可见，复杂系统情景建模的核心思想是以情景复杂整体性基本形态为导向，突破传统建模还原论、简单化思维，综合多领域、跨学科手段，构建能够体现情景复杂整体性的符号体系，并在该可计算、可视化符号体系平台上实现情景整体行为与演化的重构、再现与预测。

复杂系统情景建模技术的价值在于通过对情景的抽象表示，生成蕴含着复杂整体性的过去、现实或者未来的情景以及情景的动态演化，辅助人们开展基于情景的复杂性管理问题分析与决策等活动。所有这些，在传统的建模方法论下都是难以实现的，因此，复杂系统情景建模技术与复杂系统管理之间体现了两者共生进化的基本关联。

总结前面的内容，现对情景建模进一步强调以下几点：

1. 情景的复杂整体性中蕴含着情景的"全息性"，即从信息集看，情景是情景要素及关联、情景结构、情景形态、情景演化等所有信息的"总和"，并体现在情景的时空、层次、维度、尺度及动态变化与演化等所有方面，因此，情景建模是对情景的"全景式"模型化，而不只是关于情景的质性、架构，某一状态或者某一静止形态的建模。

2. 鉴于对情景复杂整体性的认知是一个不断深化、逼近与收敛的过程，因此，复杂系统情景模型化过程将是建模主体的一个不断试错、检验、回馈、修正与逼近的闭环迭代过程，其中常常会出现建模效果不佳甚至建模失控的情况。因此，在复杂系统情景建模过程中，要充分关注模型抽象粒度与分辨率综合平衡。因为，一味强调建模的高分辨率或细粒度，都会带来如建模目的、成本与可实现性等问题。比较稳妥的做法是，在一定的建模目的性下，根据复杂系统管理的具体目标，平衡建模需求、建模技术和建模成本，尽量做到使建模目的、建模过程复杂程度与建模效果整体上"恰到好处"。

3. 情景整体性属性要求建模过程尽量整全化，例如，要考虑到情景特征在不同维度或者不同尺度之间的耦合作用、复杂管理活动中的微观—中观层次的机制作用是怎样涌现出宏观层次上的新的情景整体性、情景局部之间的"强关联"作用是如何使情景复杂性从局部向整体"升级"的，如一个故障情景是如何逐步演变成局部事故，再进一步酿成全局性灾害的，或者管理活动—环境复合系统是如何涌现出新的整体性情景的，等等。

4. 在复杂系统情景建模过程中思考"整体性"还要包括情景的整体性和建模主体建模中的适应性相互影响形成的情景对象—建模主体复合系统的整体性,而不是建模主体为一方、情景为另一方的主客体分离的整体性。

10.3 复杂系统情景建模的基本内涵

以上分析告诉我们,既然情景是对复杂系统管理活动或问题的结构、功能、环境与演变的复杂整体性现实感知,那么,可以认为对情景的模型化在一定意义上就是对复杂整体性建模的现实化手段之一。

从内涵上理解,复杂系统情景建模是对某一个被完整、清晰界定的情景运用何时、何地、何人、何事、何因、何果、为何、将如何等情景性语言和建模符号进行整体性抽象描述,其基本要点包括:

1. 对某个特定情景发生与发展的时间和空间范围等进行界定与描述;
2. 对特定情景的重要情节、事件,特别是与待研究问题有着紧密关联的核心情节与事件的发生与发展以及相应的基本动力学机理进行界定与描述;
3. 对特定情景发生与发展过程中不同主体的特征信息,如个体心理、行为、习惯、目标、偏好和职责等信息进行界定和描述,重点是确立和挖掘个体微观行为、行为交互以及与情景复杂整体性之间的因果或者关联关系;
4. 对特定情景发生与发展过程中不同组织的目标、利益、功能、结构、流程与行为等信息进行界定和描述,重点是描述和抽象不同组织行为及行为相互关联与情景复杂整体性之间的因果或者关联关系;
5. 对特定情景的重要情节、事件的内容、预期、冲突和约束等信息的界定和描述,重点是描述和抽象特定时空背景,动力学与个体行为和组织功能之间的因果性与关联性;
6. 对特定情景发生与发展与所处的自然、社会、经济、政治和文化等环境的界定和描述,分析特定情景与环境的相互作用,对复杂系统管理—环境复合系统新的情景做出预期界定和描述;
7. 对特定情景物理形态与动态变化进行描述与抽象,重点是对情景物理要素关联与结构特征(丰富性、时空性、传递与转换模式和运行方式)进行梳理和分析。

综上所述,关于情景模型化过程的学术内涵可以进一步简约表述为:建模主体在不同的关键时空点上,取得情景复杂整体性的定格"切片"采样;再进一步运用基于情景演化的基本动力学原理与规则获得描述情景演化的由有序情景"切片"组成的"切片流",进一步,以此"切片流"整体逼近某一特定的全景式情景。

对复杂系统情景建模而言,重点是确定模型包含哪些情景要素和如何对个体行为、事件与情节等进行描述和抽象,由于多数复杂系统管理问题都是基于情景要素(时空、任务、个体、组织、问题和社会)进行描述和抽象的,这就有利于复杂系统管理建模者统一建模思路以及模型后期的对问题进行分析及形成解决复杂性问题的方案。

10.4 复杂系统情景建模方法论

在科学研究中,方法论的设计与选择根本上是由所需解决问题的思路、路径与特征决定的。首先,如前所述,建模主要是针对一个现实设计和确定一种代表(表示)的行为和技术,模型化则是建模的具体过程(流程),因此,当上面几节介绍了复杂系统情景建模概论与内涵后,本节自然就要进一步介绍复杂系统情景建模方法论及其主要相关问题。

复杂系统情景建模即为在复杂系统思维范式下,用规范性和程序化的情景语言与符号系统对特定的复杂系统情景进行抽象描述;其次,从学理上讲,复杂系统情景自身就是一个复杂系统,因此,复杂系统情景建模即为在复杂系统思维范式下,用规范的和程序化情景语言与建模符号系统对特定的复杂情景系统的情景要素、结构、形态与演化进行整体性抽象表示。所以,确定复杂系统情景建模方法论,就需要把建模的特定目标与情景的本质属性有机结合在一起,并且在方法论意义上提供相应的新的建模范式。而基于复杂系统思维的情景概念对于情景建模方法论具有积极的引导性意义。

从方法论角度出发,在管理学研究中,研究者需要以某种符号系统作为媒介来对管理活动和过程进行抽象描述。1988年,Ostrom提出了可供社会科学家使用的三个"符号系统"。他指出,除了我们比较熟悉和用自然语言进行认证的定性方法和用数学语言描述的定量方法,还有第三种研究方法:计算机和程序化语言。我们可以用计算机的标准化程序语言来描述自己的思想,并且借助计算机的辅助来讨论过去、分析现在和预测未来。这一方法论原则告诉我们,我们可以在传统的定性、定量方法的基础上,借助计算机技术实现对复杂整体性情景模型化。

具体地说,任何情景,无论是在某一个特定的时空点上,还是在某一个时空范围内,它作为一个复杂系统的整体形态与完整的动态演化过程,不论表现出怎样的复杂性,都有其基本确定的机理和某种因果规定性,即所谓的动力学规律。

这类规律多为情景中的客观性、自然性反映，表现出规范、确定、因果、可测等特点。对于情景而言，这类规律的重要功能如同构建一座大厦并使之保持稳定和特定样式的基础性架构，又如同引导并制约汽车在高速公路上安全前进的交通规则。这样，复杂系统情景建模最基本的是要在整体上表现出情景规定的形态、行为、样式、特征与属性的基础性架构和动力学机理。

所以，情景建模首先和最基础的就是如何凝练出情景的这一类动力学机理，并通过对机理的表示和描述来明晰情景本质属性、整体结构、时空分布与演化规律。在这一阶段，起重要与基本作用的是人们所掌握的关于情景的知识，特别是原理性知识，这类知识也可能是对大量的情景信息数据进行计算机模拟和实验挖掘出来的。这一方法论思想有效解决了情景复杂整体性难有显性结构化动力学数学模型的难点，近年来，这一思想已经发展成为本书后面两章介绍的大数据驱动的情景建模方法。

其次，如果复杂系统情景中全部或者主要都表现为上述确定、因果性的动力学规律，那情景就可能不那么复杂了。现实中，情景中还存在着大量的表现为各种形态不确定性（随机性、模糊性）的相关性，相关性也是一种机理，它反映了情景形态的可能性多于现实性的规律，多表现出可理解、可感知、可设想等特点。在许多时候，情景的复杂性恰恰是这类相关性造成的，如果这类相关性出现在情景的跨层次、介尺度之间，或者表现出隐性、滞后、长链特点，那给情景造成的复杂性尤为明显。这样，复杂系统情景建模要确定一定的方法类，如采用不同状态与特征量之间关联性知识来代表（表示）这类架构和规则。

再次，复杂系统情景不仅在一般意义上是复杂的，复杂性还往往是独特的、稀缺的，因此，一般不能指望从同一类型情景的母体中提取其统计规律，特别是，对于全情景复杂整体性的独特性部分，更需要不断贴近真实世界的现实场景并充分关注场景的细节和细节的变化。这样，在复杂系统情景建模过程中，需要通过情景的复杂性形态细节以及复杂性关联细节来揭示什么样的微观细节的独特性会使宏观行为的复杂整体性成为"可能"，而不是企图揭示在某种微观动力学机理驱动下使宏观复杂整体性成为"必然"。

为此，支撑描述细节的数据（信息）源必须非常广泛，既有以特定目的开展的观察性研究数据，也有非研究性质的真实数据，如多种机构日常监测、记录、储存的与问题相关的各类数据，既包括了从实际管理过程中产生的实时大样本数据，也包括了专门管理部门搜集的小样本数据。在数据采集的基础上，可以在真实场景下设定多种情景细节，以体现复杂整体性中的社会性、人文性与偶然性，这在方法论意义上，应该理解为通过社会性、人文性实现全情景的复杂整体性，并找到应对建模非规范独特性部分的范式化切入点。

　　综上所述,复杂系统情景建模方法论既需要把体现情景本质属性、整体结构、时空分布与演化规律的基础性动力学机理挖掘出来,并表示和描述为情景的整体架构和整体演化趋势,还需要在宝贵的独特情景样本或线索基础上,以计算机系统为"土壤",把少量宝贵的情景现实与线索当作"种子"进行播种、培育,让其生长,最终得到一类内涵基本相同的情景"果实",再以这些"果实"的基本形态为基础,形成多样性的情景"真实世界",这就是复杂系统情景建模方法论的核心路线。

第十一章　大数据驱动的基本原理

11.1　大数据概述

在我们了解了复杂系统情景建模的基本内涵、范式与方法论之后,自然会聚焦于复杂系统情景建模基本原理与操作性技术。在直接回答这一问题之前,我们先在本章用一定的篇幅做一些前序性的知识准备,如关于大数据内涵及大数据驱动的基本原理等,然后,在下一章再详细介绍大数据驱动的复杂系统情景建模原理与技术。

1. 大数据概念

当今时代,现代信息技术飞速发展并成为推动社会进步的强大力量。首先,互联网的出现引起了全球性社会经济活动的重大变革,一个由各种类型和规模独立运行和管理的全球性计算机网络是一个能量巨大的全球性信息和服务资源。随着智能手机、平板电脑和移动互联网的兴起,互联网与移动通信相互融合的移动互联时代开始了。2007年,云计算诞生了,云计算是一种基于互联网的计算方式,通过这种方式,成千上万台电脑和服务器连接成一片电脑云,并在远程数据中心里,共享的软硬件资源和信息可以按需求提供给计算机和其他设备。

接着,在互联网概念的基础上延伸和拓展出了物联网概念,它把所有物品,包括电器、汽车、设备、森林、湖泊、房屋……基于信息传感设备和IP地址并通过新一代互联网连接起来,甚至扩展到了任何物品与物品之间均可进行信息交互的程度,即物物相联以实现智能化识别与管理。2008年,大数据概念被提出,大数据是指所涉及的数据资料量的规模巨大到无法通过人脑甚至主流软件工具在合理时间内完成采集、整理、分析,从而成为帮助人们决策或管理的信息。

概言之,大数据是对大量、动态、能够持续采集的数据运用新的处理模式以及新工具、新模型的融合与挖掘手段而获得更强的分析力、洞察力与决策力的信息资源。

具体地说，当今高速发展的 IT 技术，特别是互联网技术使信息采集更加方便，成本更低，例如，个人电脑、各种传感器、各种将语音、图片、视频、档案、草图等非数字资料数字化的技术、自媒体技术以及各种可穿戴智能装备等极大地扩展了信息获取渠道。此外，在广域网与广域网之间互相连接的网际网络技术提供了传输共享这些数据信息的技术，使各种数据信息在流动中与其他数据信息连接而产生新的价值。

2. 大数据特征

根据上面的介绍，不难总结出大数据的以下 4 个特征，简称为 4V：

(1) Volume(大量)。大数据的特征首先体现为数据量大，这主要是大数据已经不是专门由取样得到的数据，社交网络(如微博)、移动网络、各种智能工具、服务工具以及传感器与网际网络等都成为数据的来源。

(2) Velocity(快速)。数据(信息)存储与处理速度快，大数据的产生非常迅速，主要通过互联网传输。生活中每个人都离不开互联网，因此，每天每个人都在提供大量的资料，数据无时无刻不在产生；同时，大数据对处理速度有非常严格的要求，而服务器中大量的资源都可作为处理和计算的数据。

(3) Variety(多样)。广泛的数据来源，决定了大数据形式的多样性，文字、图片、音频、视频等任何形式的信息都具有产生数据的作用；但是，由于不同形式的数据的因果、关联作用大小不一，因此，其实际使用价值也各有大小，而我们不能仅凭先验认知就认定哪类数据作用一定大，哪类数据作用一定小，需要对大数据进行一定的甄别。

(4) Value(价值)。这里的价值不是指某个数据或者某一部分数据的价值，而是指大数据集的整体性价值。所谓大数据集(整体性)的价值即为数据集整体对解决某个问题的作用及大小。一方面，由于大数据的量大、快速与多样等特征，我们不能指望所有获得的数据都有重要的作用，在这个意义上，似乎单个或者一部分数据的价值降低了；另一方面，大量、多样的数据又为我们提供了完整描述问题整体性的资源。例如，通过大数据方法论中的机器学习方法或数据挖掘方法，能够从大量的似乎不相关的各种类型的数据中，提炼出对复杂情景或问题深层次规律与未来隐含趋势等有价值的新知识、新方案，这就体现出大数据集的价值来。

11.2 基于情景建模的大数据观

基于上述大数据基本概念与特征，再结合前面关于复杂系统管理的认知，我们重点梳理一下复杂系统管理领域中大数据的价值观,特别是在复杂系统情景模型化研究中的大数据意义。

1. 为方便起见,我们姑且把大数据概念之前的数据时期称为"小数据时代"。在小数据时代,围绕着数据的研究方法论概括地说成所谓的"样本观",即将研究对象的全部数据称为总体,将研究中实际观测或采集到的一部分数据称为样本(sample)。人们以样本作为总体的代表来研究总体,相应的样本属性值就是样本数据。人们之所以以样本为代表代替总体来研究总体,是因为在小数据时代,数据采集技术困难,成本高,因此,以样本替代总体可以节约时间与成本。当然,用总体的"一部分"数据来研究总体一定是不完整的,不论用什么样的(统计意义上的)技巧,基于样本观而造成的总体信息的缺失是难以从根本上得到克服的。于是在复杂系统情景研究中,仍然沿用这样的样本模式与方法,其缺陷可能更为严重。

这是因为,复杂系统情景本质属性为复杂整体性,如果在情景模型化研究中采用传统的样本观,实际上是对情景整体性的还原论分解,这不仅会对情景整体性直接造成损伤,而且也难以"捕捉"到情景整体中的"小概率"那部分,因为既然是"小概率"那部分,对这部分的样本数据及其信息的搜寻就如同"大海捞针"。相反,在这一点上,大数据的大量、快速、多样性等特征可以有效弥补这一重要缺陷,即使大数据并不是每个数据都有较大的作用,但是,大数据意义下的数据集不仅在整体上能够不断逼近情景各个层面、维度与尺度的细节,而且还能够挖掘出原本以为彼此无关的数据之间的深度关联性,使大数据更加表现出情景自身客观全景性。因此,对复杂系统情景而言,基于还原论的样本观难以体现和保证整体性;而大数据的特征则使逼近整全化情景成为可能,这为我们提供了一种复杂系统情景模型化的手段。

2. 复杂系统情景除了表现出上述整体性,还表现出各类复杂性,特别是那些通过隐性、深层次、多重关联才能够显现出来的复杂性。如果想构建机理性的结构化数学模型来揭示这类复杂性则是非常困难的,但是,在携带着情景信息的大数据中,"先天"地隐含着各类复杂性"痕迹",当我们采集足量的多样性数据并利用有效的深度挖掘与分析,就能够在一定的精度上,把这类复杂性揭示出来,哪怕仅仅是某种弱关联性。而在样本化的小数据思维中,这一类弱关联性由于样本的不完整,很容易被人误认为是某种小概率偶然性。特别要强调的是,这一类弱关联性如果恰巧是复杂系统情景中的某一个很难被人们感知到的关键细节,则大数据无疑为我们加深和精准认知复杂系统情景本质属性提供了有力的新工具。

3. 复杂系统情景除了包括复杂整体性形态,还包括情景的复杂演化路径。因此,在复杂系统管理研究中,仅仅对某一静止时刻情景状态而不是对情景动态过程进行研究,往往不能完全满足分析和解决复杂整体性问题的需要,这就要求我们依据时间维度对过去、现在与未来的情景进行有序和连贯性的全过程演化研究,而情景的这一连贯性动态演化必然会受到某种复杂的动力学机理的支配,但我们很难有能力完全掌握住这样的动态演化的动力学机理并进行有效管控。

这一困难可以集中地表述为主体在缺失先验知识、个人经验、结构化动力学模型认知的情况下,要将情景的"过去"、"现在"与"未来"连贯在一起,并且承认情景的"现在包含着过去,但并不完全包含在过去之中,未来也不完全包含在过去与现在之中"。这意味着,复杂系统情景不是一种能够按照历史和现在的确定性动力学原理外推的系统,因此,也就不可能如拉普拉斯指出的:"我们可以把宇宙现在的状态视为其过去的果以及未来的因。如果一个智者知道某一刻所有自然运动的力和所有自然构成的物件的位置,假如他也能够对这些数据进行分析,那宇宙里最大的物体到最小的粒子的运动都会包含在一条简单公式中。对于这智者来说没有事物会是含糊的,而未来只会像过去般出现在他面前。"

这个智者就是拉普拉斯妖,拉普拉斯妖是基于经典力学可逆过程而诞生的。但是复杂系统本质属性是还原论不可逆性,复杂系统未来情景也不是对复杂系统某一状态变量的预测,而是对一个复杂系统未来复杂整体性的预测。对未来可能出现历史上和现在都从未出现过的情景的预测,必然远远超过人们的想象与"确定性动力学原理的外推"能力,也不可能是运用小数据样本方法论能够解决的。

总结前面的内容,概括起来,复杂系统情景是人的复杂性管理活动与过程在现实世界空间中的包含所有细节的整体,从这些细节携带的信息(数据)中尽量挖掘和寻找到复杂性管理活动与过程的痕迹与踪迹。由于痕迹及踪迹在当今技术条件下是可以被追踪、观测、描述、度量的,并进一步可量化成为复杂性管理活动与过程情景在数据空间中的映射或者投影。

进一步细看情景:它包括了自然、社会、时空、组织、个人、任务等情景构件,这些构件可以依据何时、何地、何人、何事、何以、何因、何果、何变等各类关联组成情节、情景及演化。情景的这一信息特征可以概括为复杂整体性、关联要素"无穷多"、异质性与非结构化等。这与大数据特征(巨量性、实时性、多样性、深度价值)之间有着紧密的学理同一性。基于大数据方法论宜运用于情景模型化研究,特别适合如三度(维度、尺度、粒度)缩放、跨界关联、全息情景、场景导向等情景模型化研究。

这就让我们确立了一种基于情景模型化的大数据观,即通过对情景复杂整体性的感知、认知、经验、知识、理论、联想、假设、猜测,多渠道采集数据,利用对情景关联要素数据序列进行独立性检验等大数据化手段,形成某一动力学机理下的情景核心要素集;接着,以大数据为基础,由空间网络、事件时序与情景空间异构数据融合技术及情景时空状态描述、情景演化动力学机理分析等手段,利用机器的无限运算以及其他统计分析能力,完成数据模式化分析与价值发现,最终在情景空间中,实现不同时态的复杂系统情景的历史重构、现实镜像或者未来预测。

11.3 大数据驱动释义

以上,我们在方法论层面上把大数据特征和大数据方法论对复杂系统情景模型化的潜在作用做了逻辑关联性分析,从学理上认识到大数据思维与方法论对复杂系统情景建模有着积极的意义和作用。

在复杂系统管理领域,上述学理可凝练为大数据驱动的复杂系统情景(建模)模型化技术。本节在一般意义上,先就大数据驱动这一基础性概念做一诠释。

现实世界中,人们直接观测、采集、感受到的仅仅是数据。数据源于人类实践活动与过程的同步或者滞后的记录或者提前预测,自然包含着某些情景的若干信息,但数据一般不完全包括某一特定情景所有信息,而只是情景的局部表征与痕迹。当今,一方面,各种先进技术能够帮助我们方便地获得大量的情景数据资料,另一方面,在人们企图直接用数据进行情景建模时,仍然会感到数据缺失、质量不高等问题。但是,由于人们能够采集到的数据量越来越多并有办法提高数据质量,还能够运用越来越多的方法挖掘出数据自身附有的某一情景的信息以及不同信息之间的关联信息。所以,我们可以使数据集潜在的情景价值,即关于整全性情景重构、仿真和预测的价值逐渐"外部化",这样的经过一系列处理并获得新的价值思想称为大数据(情景价值)思维。

在许多语境中,人们把大数据思维及其连带的活动统称为"大数据",这里的"大数据"不是一个狭义的概念,可以泛指为在海量数据基础上的一种思维、一种资源、一种工具、一种手段、一种算法、一种研究范式、一种智慧等等。但不论怎样,切不能把大数据理解成大量、大规模数据以及传统统计方法中的大样本数据。大数据的价值不是固定的,它的"价值维度"将随着人们处理、挖掘数据能力的提高而提升、随着对数据价值目的性的明确而拓展。例如，人们所以产生大数据（情景价值）思维，是因为从学理上认识到大数据对复杂系统情景建模有着积极的意义和作用，并且通过对大数据基本内涵、特征，基本价值的研究，厘清并设计出情景模型化的大数据潜在价值"外部化"的具体路径来，大数据的价值就逐步显现出来了。

现在，我们可以专门来诠释"大数据驱动"这一概念。毋庸置疑，"大数据驱动"已经成为当前社会各界使用频度极高的一个科学术语，它是由大数据＋驱动组合而成的一个偏正结构的词组，中心词是"驱动"。这个词组的完整结构应该是"A用大数据驱动B"，是个主谓宾结构的句子。这里的A是主语，是主体；驱动是A的动作（行为），是谓语；而"大数据驱动"是A将大数据作为资源、方法或者工具进行驱使，使大数据赋能或产生某种价值，因此，大数据是状语；B则是驱动的对象、目的，是宾语。这样看来，"大数据驱动"是被"掐头去尾"后的一个词组，好像"汽油驱动"的完整意思是"司机用汽油驱动发动机"一样。

由此可见，大数据驱动首先要有驱动主体A与被驱动对象B，这里的B可能是一个事物，如通过驱动得到某个解决问题的方案，也可能是一个行为，如驱动情景模型化。所以，大数据驱动一般都是以B作为驱动目标（目的、导向）的。明确了这一点，就不难理解大数据驱动的核心是实现某一目标（目的、导向）的大数据驱动原理以及设计具体的驱动程序与流程。

一般地，凡某一个目标得以实现，必然体现为获得某种价值。大数据驱动表明，大数据原本潜在、隐性的价值属性在被驱动的过程中，逐渐地被显现和涌现出来。好比用菜籽榨油，油料原本在菜籽之中，通过压榨（驱动），菜籽就成为现实的食用油了。

在这个意义上，大数据驱动的基本意思是根据某一目标导向对大数据蕴含的相应潜在价值进行提取（挖掘），使大数据潜在的某一价值现实化，称此为价值"外部化"。由此可见，对大数据驱动内涵的理解要紧密围绕以下两个问题：

1. 要搞清楚大数据具有什么样的潜在价值能够满足某一目标需求。

2. 要梳理清楚如何能够满足这一目标需求的原理并设计具体的使大数据价值"外部化"的范式与流程。

下面通过人们对信息（数据）认识路径的简单回顾，帮助我们进一步理解大数据驱动的释义。

在现实世界中，人们直接感知和接触到的是各种各样的活动现象与行为、各种各样客观事物的状态与过程。起初，人们运用各种相对简单的方式，如声音、语言、文字,随着人类社会的发展,人们又增加了数字、图形、影像和视频等方式来追踪、观测、采集、记录、存储和数据化这些资料,所谓数据化是一种将各种非数据形态的资料转变为可量化的符号的过程。

可见,人们起初直接感知和接触到的是非量化资料,后来逐渐转变为被量化的资料,即数据,再进一步有了数据的数字化,数字化为计算机处理信息与数据提供了重要技术条件。今天,获取数据的手段越来越多样性、成本越来越低、频率越来越快,处理数据并从中挖掘有用信息的技术越来越先进,一类起初不被人重视的数据集由于其特有的4V特征而被人们另眼看待为一个新的、被称为"大数据"的符号集合,并通过各种技术显示出它的多方面的宝贵价值。

打两个比方,第一个比方:数据好比杂乱无章的金矿石,数据的大数据化好比将金矿石提炼成金块,这是大数据驱动的初期工作,而把金块提纯并且做成精美的金冠则是相当于大数据驱动的后期工作。第二个比方:一根原生态树根好比具有某种潜在价值的数据集,如果将它劈开当柴烧了,好比人们最初认为数据只有用来计算的价值;但是,木雕艺术家不仅具有艺术思维与智慧,而且具有必要的工艺技术与工具,一根树根在他手中被做成了一个高雅的根雕艺术品,价值飞涨,这就相当于数据经过驱动和深度挖掘,潜在的宝贵价值"外部化"了。在这一过程中,艺术家不仅具有大数据智慧,而且具有运用数据处理技术而驱使潜在价值外部化的本领,这中间的根本差别是小数据是计算思维,而大数据是算计智慧。

平时,在相关研究中常见有"大数据环境"说法,这一说法一般理解为提供和支撑形成、采集大数据与挖掘大数据价值的平台与条件,如物联网、各种传感器等,从大数据中提取有用价值的分析工具、算法等软硬件及相关装备等,都属于创造和提供了"大数据环境"。

另外还有"大数据背景"说法,从时代性高度理解这一说法,可以认为是指大数据时代的社会、经济、技术,特别是信息技术的总体形态、水平与特征;较为细致的理解,则是信息基础设施提供的基本能力、数据的存储和传播技术,如互联网、云计算、物联网与移动终端共同构成的使大数据价值得以体现的平台。

但是,不论怎样,都不宜将"大数据环境"或者"大数据背景"理解为"大数据驱动",有时,我们会看到,在某些研究中,研究者把上述三者混为一谈,其结果只是大数据环境或者背景下的"大量数据运用"研究,并非"大数据驱动"研究。

11.4 大数据驱动的基本内涵

本节主要是在大数据驱动基本释义的基础上对大数据驱动的基本内涵做较为详细的诠释。

1. 数据驱动与大数据驱动

数据是源于人类实践活动与过程的标识与痕迹记录，这就决定了数据具有这些活动与过程某些属性、特征等信息，并因此具有可以被我们利用来认识、分析这些活动与过程的潜在价值。如果我们将数据中的这类潜在价值通过一定的技术提取出来使之为某个现实需求服务，这种思维与行为方式就是所谓的数据驱动。根据人类活动与数据的不同属性，现实世界的资料数据化是人类活动、行为、事实形态与特征信息在数据空间的映射或者投影（量化为数据）。而数据驱动则是从数据空间中对某些数据集进行处理并将形成的价值逆向反转至人类现实空间的某一个活动（事件），并在其中发挥其实际价值。

为区分术语的意义不至于发生歧义，我们把在大数据概念诞生之前的数据称为小数据，所以，所谓数据驱动，一般也就是小数据驱动。

由于大数据时代之前的数据采集、记录手段落后，数据十分稀缺，又缺乏对数据进行深度加工利用的技术和工具，数据的交流和共享也困难，而数据的价值恰恰是需要在交流中才能够得以体现，因此，虽然数据驱动的基本蕴意非常简单，但在很长时期内，人们为了通过数据驱动获得其中的价值，只能在方法上"动足了脑筋"。例如，要非常明确地界定价值需求，即问题的目标；为了节约数据采集的成本，尽量控制样本数据量并用尽可能少的样本数据获得尽可能好的满足需求的价值。所有这些在现实中都不是一件很容易的事情。

例如，为了描述一头完整的大象，我们采集了100个数据，如果这100个数据都源于大象的一条腿部，那数据驱动给我们的价值就是得到大象是一根粗而壮的肉柱子的结论；只有这100个数据均匀地分布在大象的全身各处，才会让我们获得大象还有大大的耳朵、长长的鼻子等关于大象的精准认知价值，而显然这并非一件易事。

随着管理从系统性到复杂性的演变，主体期望通过挖掘数据潜在价值的需求越来越强烈，好在整体上的数据采集、记录、分析、挖掘等成套技术也越来越先进和完善，在这样的背景下，大数据驱动这一新的方法论就应运而生。

大数据驱动的基本释义在前面已经做了介绍。大数据驱动与数据驱动的不同之处，首先在于大数据的内涵比数据的内涵要丰富得多，因为有了互联网（信息物理设备)、云计算(信息处理平台),可以对人类一个活动或行为相关的"所有"踪迹的数据形态进行搜集和分析(统计技术、机器学习、数据挖掘、可视化),从而创造了前所未有的可量化的维度,过去不可计量、难以存储、不易分析和不便共享的很多"踪迹"(信息)都能够被数据化并被迅速传送、分析和利用,因此,"大数据"最初其实是最接近映射客观世界的数字写真,所以,从客观载体看,现实世界中只有数据、没有"大数据",后者只是人们的一种主观思维形成的意识。

简言之,在小数据时代,由于数据来之不易,每个数据都是宝贵的,人们的关注点自然是如何让数据具有代表性和不浪费每个数据的价值。而原始大数据量多、质差、混杂、序乱、不精确、虚虚实实、疏疏密密、结构不相同、格式不一致,因此,为了不让"鱼目混珠",需要在驱动的前期对数据做必要的"预处理"工作,以提高大数据质量和挖掘数据"隐藏很深"价值的效率。

另外,在许多时候,描述一个复杂现象和解决一个复杂问题仅仅依靠大数据驱动提供的价值还不够,还需要将大数据驱动与理论分析、结构化模型与计算机模拟综合集成在一起,这就形成了更为强大的研究复杂系统管理关键方法体系。

除此以外,数据驱动对主体而言,主要是根据确定的需求,接受数据提供尽可能多、尽可能好的价值,在这个意义上,数据驱动需要表现出主体对数据集之间某种单向性。但是,对大数据驱动而言,由于数据采集的高速度、高频度,驱动过程中通过对新的数据的挖掘而不断形成新的价值,这将同时导致主体不断深化对问题的认知,并进一步对数据集提出相应的新的价值需求。在这个意义上,大数据驱动表现出的是主体与数据集之间某种双向互动性。

2. 大数据驱动的基本内涵

从整体上说,最需要运用大数据驱动这一"重量级"方法论的,往往是一类复杂整体性问题,因为对于一般可加整体性问题,我们可以通过还原论对问题进行分解,对分解以后的相对简单的问题,一般采用成熟的定性理论、数学模型方法等,即使涉及数据,基本上也能够在基于小数据意义下的样本统计方法解决问题,因此,对相对简单的问题,上述这些传统方法提供的功能加上研究者的经验、知识与悟性基本上也就能够满足研究的需要。

另外,一个相对简单的问题,问题要素之间的关联和整体结构中确定性和结构化成分都比较多,因此,采用结构化的数学模型不仅能够清楚描述问题的动力学机理,而且还能够对问题的未来发展趋势与状态进行准确的预测,在这一过程中,如果涉及数据,那一般样本统计方法也就能够解决问题。

但是,正如我们前面所述,解决复杂整体性问题,必须首先实现复杂系统思维范式转移,从而出现了还原论不可逆、本质不确定性、独特性情景语境、适应性、迭代式认知路径等新的认知范式；紧接着，必然引发研究方法论的范式转移，例如，由先验知识和假设驱动的方法转移为"真实世界"研究方法，而"大数据"最初其实就是最接近映射现实世界的数字写真，是人类活动、行为、现象形态与踪迹量化后在数据空间的映射或者投影，因此大数据驱动的方法论就成为研究复杂整体性问题新的可行方法论之一。

具体地说，当一些传统的方法难以应对复杂整体性问题新的本质属性时，一种由传统方法与新的创新方法综合集成得到的新的方法体系自然应运而生，这一方法体系中的多种方法分别针对不同需求，又在整体上协同互补涌现为更强壮的整体能力来驾驭和破解复杂系统管理的复杂整体性，在这一点上，大数据驱动是其中一种有着重要赋能价值的新工具。

另外，根据上述大数据驱动的多视角释义以及与一般数据驱动的比较，我们认为，在"驱动"意义下，在不同的语境中，"大数据"具有包括思维、资源、工具、智慧或者范式的广义内涵，从这一点出发，我们可以从不同视角来认识以下大数据驱动的思维内涵：

（1）大数据驱动的认知思维

大数据驱动不在于数据"多"，而在于能不能从数据集中提取出满足某一事物与行为的价值需求，例如，能不能从表面"杂乱无章"的数据集中提炼出人类某项活动的有序化规律，特别是这一规律并不是强烈因果性和显性的；能不能将破碎、断续化的情景数据片段复制、重构、拼装成一幅相对完整的情景（场景、情境），即实现基于初始情景碎片数据的"破镜重圆"；能不能通过大数据价值的"外部性"转换成某种原本缺失但又是某一决策或管理不可或缺的资源，支撑了主体破解"巧媳妇做无米之炊"的困境。

（2）大数据驱动的增强优化思维

研究者在明确问题研究需求的前提下，通过大数据驱动技术赋能路径，以大数据价值的"外部化"增值来提高研究和解决问题的水平。这体现了规范的大数据驱动的基本思维。其基本思路大致是，某个复杂问题使研究者缺乏先验的知识和依据成熟的理论作为机理来构建结构性的优化模型时，大数据驱动将是一种新的、有效弥补优化知识短板的方法论。

（3）大数据驱动的综合集成思维

本书前面论证过大数据与情景在复杂整体性属性上具有学理同一性，这就决定了大数据驱动具有描述和应对复杂整体性的潜在价值，并在一定的技术路线下，需要将这样的价值转换为现实的情景建模功能。特别是，对于复杂系统情景建模而言，传统的建模模式中的还原论与结构化思维，很难适应情景复杂整体性特征,而基于大数据驱动与其他模型化技术共同构成的建模方法体系,从一个包括理论分析、数学模型、计算机实验、大数据驱动与小数据独特性语境化的综合集成建模符号体系的角度较好地应对了复杂整体性情景价值外部化需求。

(4) 大数据驱动的涌现与适应性思维

大数据驱动过程中产生的源源不断的新的高频、高速数据不仅使现实世界越来越丰富和完整,而且在一定的范式下,能够涌现出过去和现在不曾出现或者已有理论与机理无法解释的新的现象、特征与问题,其中,许多已超越人们的传统认知和想象力。这时,大数据驱动"雪中送炭"般地帮助我们依据适应性思维形成对原来情景与情景演化的新的认知与想象,这无疑极大地拓展了我们对现实世界复杂性与未来世界深度不确定性的理解和认知,有利于我们做出更有依据和鲁棒性的决策方案或者风险应对举措。

(5) 大数据驱动的范式转移思维

依据大数据的复杂整体性学理,作为方法论的大数据驱动必然体现了复杂系统思维范式转移。例如,依据大数据的形成逻辑,原始大数据集中的数据充满了构成性、生成性与演化性并存、量多、质差、序乱等特征,因此,它无法告诉我们诸如哪些是"精确的",什么是"因果的"之类的信息。但是,从逻辑上讲,大数据的巨量性可以无限接近情景或者问题的现实整体,而数据之间普遍关联性又能够通过对与某个缺失数据相关联的足够多的数据信息挖掘而获得该数据的信息,或者通过足够多的哪怕是弱关联的数据的分析来提高重要信息的质量。这意味着,大数据强烈的关联性蕴含了它的完备性品质,因此,虽然它不能直接揭示"为什么",但能够告诉我们整体上"可能是什么"和总体发展方向上的"未来可能是什么",这对于理解复杂世界更有实际意义。

当然,我们还应该看到,关联关系主要是研究现象与现象之间的关系,即"看见看得见的东西",主要是对问题相对表层的思考;而因果关系主要是研究从现象到本质之间的关系,即努力"看见看不见的东西",主要是对问题相对深层的思考。因此,如果我们完全用相关关系替代因果关系,有可能因为"屏蔽"了复杂性问题的许多深层次机理分析与揭示,而仅仅在表象意义上分析问题,可能导致将复杂性问题简化为简单性问题,因此,我们不能只看数据不问机理,特别要注意到大数据思维本质上是"技术性思维"的互联网化,它企图利用计算机的无限运算以及其他统计工具的分析能力,完成数据模式化分析。我们不能把技术思维当作对复杂系统管理的复杂整体性思维的全部,而应该明白,复杂性管理中还有社会、政治、文化等宏观层面、人的心理、认知、行为等微观层面要素,需要跨学科、多领域的复杂系统思维来完善、补偿大数据驱动计算思维的局限性,只有这样，我们对大数据驱动内涵的理解才能够尽可能完整。

11.5　大数据驱动的基本原理

本节探讨的所谓大数据驱动基本原理不是针对某一个具体目标，而是在一般普适性意义上对"通过驱使大数据来实现某一价值"这一类行为原则与操作准则的原理认知，具有综合方法论和现场操作性的范式意义。

在这一基本认识的基础上，以某一个具体的价值需求为导向，嵌入相应的问题等特征，就构成了一个"通过驱使大数据来实现某具体价值"的基本原理，再进一步设计适当和完整的技术方法链、具体的流程，就能综合构成完整、有序、可操作的"大数据驱动"基本原理。

在下面介绍大数据驱动基本原理之前，再一次指出：即使大数据具有许多优势，也不意味着在任何情况下运用大数据驱动都是必要和适合的。当然，一般面对一类复杂整体性问题时，大数据驱动与其他方法协同，构成一种多符号类型的方法体系有其独特的能力优势，这里所谓的"问题"除了直接表现为某一个科学问题，还可以是某一个任务、某一个现象、某一个过程等，我们都统一抽象表述为"问题"，因此，下文中宜把"问题"理解为某一个具有确定目标和价值的复杂整体性活动与过程。基于此，大数据驱动的基本原理可以简要表述如下：

1. 复杂整体性导向原理。从整体上说，需要动用大数据驱动方法的往往是为了研究一个具有明确目标的复杂整体性问题，问题可能是一项复杂的决策活动、某个企业进行的组织模式重组、某项重大工程的前期规划与可行性分析、制定某个重大突发事件应急预案，也可能是复杂系统情景建模等。

对复杂整体性问题，直觉感知上要尽可能完整、明确问题的环境、时空、社会、组织、个人、任务、事件、关联、因果关系、动态演化等，并在此基础上，在理性认知上尽可能将问题的架构、特征、属性概念化与逻辑化，界定清楚研究问题的边界、环境、对象类型、时空特性、研究目的、理论依据、基本假设等。争取形成关于问题研究的完整结构化架构与逻辑体系。

按照系统的语言来统一表述上述各点，它们虽然是不同领域内不同的活动与过程，但都是某一复杂系统的实践活动。在一定的机理下，该复杂系统把一定的资源作为投入，而系统的价值就是系统的功能，如果在该系统价值实现的过程中，大数据也是其中的一种资源，并将自身的潜在价值转换为系统的现实价值，那大数据价值的外部化过程就是大数据驱动的表征，称此为复杂整体性导向原理。

2."大数据化"原理。当今,人们通过人—人、人—机、人—网、网—网交互和迭代,构成现实问题活动与过程的关联要素集;并以活动与过程踪迹的量化形态作为在数据空间中的映射或者投影,尽量整全的数据集就是最原始的大数据集。需要指出的是,这里的数据并不是小数据意义下的样本数据。样本是采用恰当的方法,尽量用样本数据中蕴含的信息来回答先验的研究假设,其要点是以尽量少的样本获得对研究整体来说尽可能高的价值。而上述最原始的大数据集不是针对某个研究假设专门设立的样本数据集,而是在各种广泛的意义下,对问题活动与过程踪迹采集得到的数据,采集的渠道包括互联网、各类传感器、可穿戴智能装备、个性化网际网络信息和非数字化数据的存储与数字化技术等。

数据是复杂整体性问题现实状态、特征、行为、踪迹的客观度量与记录,因此,在一定程度上,复杂整体性问题可以以连贯或关联的数据表征自身物理世界的规律与演变,即以数据及其关系与逻辑的整全化在特定的范围内来刻画复杂整体性问题的物理世界图景。但是,由于数据的获取受制于测量方法与技术手段的限制,并且受到主体对问题认知的思维、水平及视角主观性的影响,因此,在刻画复杂整体性问题的物理世界图景的过程中,数据必然会出现多方面的品质缺陷,如数据缺失、标准不一、语义差别、杂质严重等。

另外,复杂整体性问题不断增加的新的数据需要经过检验以决定它们能否与原来数据一道用来刻画问题图景而不会发生理论冲突或者逻辑冲突,这样,就需要对原始数据经过多道清洗、筛选、去杂质以提高数据质量与价值"品位"。这意味着,在建模初始阶段,在一定范围内允许或包容数据存在缺陷等情况的发生,但应该对将要在大数据驱动中发挥价值作用的原始数据采取针对性的举措,以提高数据质量。

由于原始数据中各种混杂情况都可能存在,所以,数据的"大数据化"原理包含的内容比较宽泛,但这些内容最本质的特征都可概括为数据规整化。数据规整化是通过各种模式识别技术、统计监测手段、传感器感知技术和软件中间件技术等,将不同信息载体记录、传输和保存的非数据化信息转换为数据化信息,并将非结构化数据和半结构化数据转化为结构化数据,接着实现数据的数字化,例如:

(1) 形式统一化:现实中的数据存在形式多种多样,例如数值、文本、图像、音频数据等,不同形式的数据难以交互,甚至不同数据所描述、监测的实体不同,故经常需要将其形式统一化。统一数据形式即将描述同一实体的不同形式数据转换为同一类可识别实体特征的数据形式,并且同一实体的数据应统一于相同的精度、尺度、量纲和粒度,使其符合特定的数据模型和格式要求。

(2) 语义统一化:数据的含义称为数据的语义,对数据的解释一般是指对数据语义的解释,数据和数据的语义是不可分的。不同数据间可能会存在同名异义、异名同义等问题,统一语义表示需要将不同形式、来源的数据通过语义映射将针对同一主体的语义统一转为可用于全局共享的语义表示,使得各局部、各表现形式间的数据,具有一致的意义和语义,便于交互和处理。

以上数据归整化的作用在于:无论是信息内涵的数据化,还是数据的数字化,通过语义形式统一化来对齐实体,构建数据集成基础架构,为数据形式一体化和统一化,进行跨界深度融合提供前提保证,因为只有信息的深度融合才能够不仅使我们基于相关性"看见看得见的东西",也能使我们基于因果律"看见看不见的东西"。

总体上说,对数据的上述各类处理以及更正数据错误的数据清洗、降低数据维度的数据采样、提高数据完备性的数据融合等操作,统称为"大数据化"原理。

3. 核数据提取原理。现实中,对任何一个具体的复杂整体性问题(情景),都能够通过各种方法采集到无数多个多少携带着该问题某一信息的数据,如果考虑到该问题一定时段的动态性,那这样的数据还会不断增加,因此,从实际操作看,大数据驱动建模需要我们从该问题的"无穷多"的数据中提取出"有限多"最能体现和蕴含问题特征的数据。

现实中的任何一个具体的复杂整体性问题都可以看作某一类问题中的"这一个",而这一类问题一般都具有基本相同或者高度相似的动力学机理,这一机理决定了该类问题的本质属性、整体结构与演化规律。而"这一个"问题则是以该动力学机理为核心,并"嵌入"了独特性语境或者各种偶然性的现实载体。

因此,建构一个复杂整体性问题(情景),首先要能够基于该类复杂整体性问题的动力学机理,建构能够表征该类问题基本架构、属性与规律的问题(情景)核心,由此保证了该类问题的本质规定性与稳定性。这对复杂整体性问题(情景)建模无疑是最重要和基本的。至于对具体的"这一个"问题(情景)建模,则是在此基础上,嵌入独特性语境与各种细节。

以上分析也说明了,在复杂整体性问题对应的数据集中包含着分别表征问题动力学机理性、相关性与独特性的数据类。当问题的机理无法从理论或者其他渠道获得或证实时,人们只能在起初对问题的直观感知基础上,通过感知、联想、假设、经验、知识与想象力的启发,提出关于问题基本动力学机理的认知、猜想和隐喻,并尽可能地以相关数据为核心构建问题的机理性基本结构与演化法则。由于动力学机理类数据是问题"全数据"集的子集,因此,这实际上是在大数据驱动过程中进行的一次关于复杂整体性问题的复杂性降解行为，这将极大地发挥大数据在构建复杂整体性问题基础性架构上的价值，故称为复杂性降解原理或者核（核心情景）数据提取原理。

这里的"核"表示"核心"，即在复杂整体性问题整个"无穷多"的信息数据中，它们是最能够表征复杂整体性问题动力学与基本架构的"核心"。核数据提取原理虽然尚没有形成一个问题的具体、独特的精细结构，但它给了人们关于这一类有着相同或者高度相似动力学机理问题的基础性架构与行为属性的主要示范与启示。在它的基础上，不断增加或者变动其他相关性与独特性数据，就能够获得多种既有基本相同核心，又有各自不同特性的复杂整体性问题的情景。

我们还可以换一种思路来认识和理解核数据提取原理：复杂整体性问题的相关信息极具丰富性和多样性，每一种信息都有自身的来源或者形式，这被称为一种模态，如源于人的触觉、听觉、视角等不同感知，信息的载体有语言、文字、视频等，因此，人对问题的认知就是一个多模态集合。为了能够对复杂整体性问题有比较全面而深刻的认识，就需要对多模态进行融合，即通过多种方法实现处理和理解多源模态信息，获得对问题整体认知的模型。在这一过程中，用表征问题动力学机信息或者基本规则性信息的数据来多次训练阶段性模型，最终得到的不是某一个问题，而是某一类具有相同（相近）动力学本质问题的共同的基础模型。构建了这一类基础模型，相当于确立了一类动力学共同的基本架构，而构建某一个具体问题的模型则相当于只需要在基础模型的"毛坯房"基础上，做好个别独特性房屋的"室内装饰"。

核数据的提取原则主要有两点：一是用尽量少的数据维度"张成"尽量整全化的问题本质性架构；二是由核数据构成的问题架构与现实问题架构的平行镜像在整体结构、特征、演化规律方面不要产生本质上的差别，如同按照同一张建筑设计图纸建造出来的两间房屋，其基本架构、整体样式与核心功能等总体上是一样的，但是因为两个房主的文化与偏好的不同，故房屋内部装饰格调、色彩各有差异。

4. 复杂整体性整全化原理。在关联思维原则下，把问题数据及数据之间的各类关联关系进行整全化连贯、衔接、聚合，重点研究问题"破碎性"数据如何融合为问题的整体性，"整全化"就是实现问题"整体性"的操作过程。

整全化过程是在核数据构建的问题基本架构基础上进行的，基本架构可以看作整体性问题的基础性结构，大数据自身携带的各类信息属性和特征相当于新的材料，整全化则是在基础性结构上加入这些材料使问题情景不断完善和丰富起来。

具体地说,整全化是让数据(连同它们自身携带的信息价值)在抽象数据空间中依据时间、空间、事件、关联与演化等规律与规则形成现实问题的平行镜像,并保留其复杂整体属性。这就要求我们主要以大数据信息为线索或基础,通过经验、假设、想象力、预定义,特别是动力学机理这一类基础性知识,不断将大数据所携带的基础性信息与小数据独特性信息嵌入基本结构中,再经过不断迭代生长出品位越来越好的平行镜像来。

在实际中,整全化技术主要是运用计算机可计算的结构化技术路线,在微观层次上,确定如何对问题活动与过程的自治性、联邦性混杂场景的微观机理进行还原性演绎,采取以论证和小数据为主构成问题机理,以关键语言进行过程时序性"切片"采样,获得对局部与微观复杂性的认知;而在整体层面上主要研究如何以论证为辅和大数据驱动形成问题关联逻辑,针对复杂整体性问题样本的稀缺性,将统计概念泛化为运用计算机模拟技术使问题离散"切片"采样在一定尺度与粗粒度下形成问题"切片流",再经多层次融合形成问题活动与过程的宏观情景涌现与情景演化(全景逼近与过程复原)。

在整全化过程中,主体对问题、数据内涵、数据之间关联性和数据蕴含的价值有着各种各样的理解,新的相关数据又不断涌现,新的数据与原有数据之间无论客观相关性与可融合性,还是主体主观上对这些问题的理解都不尽相同,因此,依据整全化原理得到的结果不仅不是唯一的,也没有一个所谓的"标准"答案。

这说明,某个复杂整体性问题在数据空间中的映射或者投影数据集极有可能会反向地重新"溯源"出一个并非与原来问题"一模一样"的新形态,而且随着映射或者投影数据集的不断丰富,逆向"溯源"出的活动与过程也可能越来越丰富和新颖,以致"溯源"出的问题新形态超过甚至颠覆了人们的预设或者想象。这意味着,在现实活动与过程和原始大数据集之间的映射或者投影的关联性是动态、不可逆与非一一对应的。但不要认为,这只会给我们制造麻烦,相反,正因为如此,大数据蕴含的关于情景生成的一些稀罕的价值才能够在这一驱动过程中被挖掘出来。

综上所述,现实复杂整体性问题大数据集的价值不仅仅是现实复杂性活动与过程踪迹的记录,也不仅仅是驱动它们来逆向仿真或复原原来的现实问题,而是通过大数据驱动(或者和其他方法协同使用),把大数据集蕴含的许多深层次信息、知识提取和挖掘出来,转换成为人们深度理解、分析、驾驭复杂整体性的认知与能力。当然,所有这些都不是主要依靠理论假设与数学模型完成的,而是依据大数据思维的智慧与一系列数据价值"外部化"的赋能技术。

第十一章　大数据驱动的基本原理

5. 反馈学习校核原理。以上各点表述了基于大数据驱动构造了一个人造虚拟系统作为复杂整体性问题活动与过程的平行镜像，并以此镜像为平台提供大数据价值释放的技术路线与环境支撑等。但大数据驱动的结果在整全性、拓展性、功能性、适应性、有效性等方面是否具有较高质量，还需要通过某种校验手段，如本节介绍的反馈学习检验原理进行效果检验与评估，并根据检验结果对驱动的各个阶段进行调整，防止在驱动中训练环节的过拟合，提高结果对新鲜数据的适应与容纳能力以保证大数据驱动的可信赖性等。

由于任何具体的复杂整体性现实活动与过程都具有路径依赖、不可逆和演化不确定性，因此，不能简单地以对某个现实的"仿真"程度来评估大数据驱动价值的"好坏"和是否可信赖。在宏观上，任何平行镜像都是在虚拟空间中出现的一个可能现实，在这个意义上，大数据驱动得到的任何虚拟镜像都有其一定的真实价值性。

同时，为了评估或者校正某个具体的大数据驱动过程及价值的普适性与鲁棒性，可以将该大数据驱动的平行镜像在时间轴上后向平移，使大数据驱动的镜像生成的"未来"，实际上已经是现实世界某一个真正的现实，再将大数据驱动得到的"未来"与现实世界中的这一真实现实进行比对，以比对结果来指导对情景模型的修正，进一步完善、提高大数据驱动的功能价值。这一阶段重点主要借助反馈学习思路，研究大数据驱动是否能够体现出复杂整体性活动与过程的本质属性，从驱动流程输入一致性、相容性、驱动结果输出可信性等构建校核评估体系，研究大数据驱动可信度和建模迭代终止准则，此即为大数据驱动过程的基于反馈学习机制的校核原理。

综上对大数据驱动基本原理的论述，在一般意义上，可总结为以下几个基本理论观点：

1. 在现实世界中，作为原生态形态，只有数据，没有天然的大数据，数据无处不在，而大数据是人们思维产生的一种理念，是把数据经过一定处理并在一定语境中有其特定内涵的一个概念。在不同语境下，大数据可能是一种思维、一种资源、一种工具、一种手段、一种算法、一种研究范式，更是一种智慧；将数据转换为大数据的过程不仅是人们运用某些现代信息技术的过程，更是人们在思维上将"计算"提升为"算计"的过程。在现实中，学者无论如何不能把"大量数据"当作"大数据"。

2. 大数据与复杂整体性具有学理同一性，从而大数据作为资源供给与揭示复杂整体性需求之间具有共同的逻辑起点，大数据驱动往往是破解复杂整体性问题方法体系中的一个重要（但不是唯一）的部分。

3. "大数据驱动"是具有潜在(隐性)价值的大数据被实现某一个价值目标所驱使,并在实现这一目标价值过程中释放大数据自身价值"外部性"的过程。

4. "大数据思维"本质上是"技术性思维"的互联网化,它力图利用机器的无限运算以及其他统计分析能力,完成数据模式化分析与价值发现,但可能的陷阱在于错把技术性思维当作思维的全部,应该明白,解决复杂整体性问题的思维除了技术思维,还有社会、政治、心理、认知与文化等思维。

5. 在具体操作过程中,大数据驱动强调的相关关系主要揭示现象与现象之间"看见看得见的东西"的关系;而因果关系主要揭示从现象到本质之间"看见看不见的东西"的关系。如果我们一味用相关关系替代因果关系,有可能出现用相关性替代因果律来认识复杂整体性,导致将复杂整体性问题简化为简单整体性甚至简单非整体性问题,因此,我们不能只问数据,不问机理和独特语境;认为数据科学是"后理论时代"开始的观点需要谨慎。在实践中,包括大数据驱动,从来就没有一种方法是万能的。

6. 在一定意义下,大数据驱动可以认为是一类"破镜重圆"的思维、技术与能力;在复杂整体性问题导向下,大数据驱动的基本原理可以形象化为核心知识"立柱"、大数据"画龙"和小数据"点睛"。

第十二章　情景可计算性与大数据驱动情景建模

本书第十章介绍了复杂系统情景建模的基本理论,第十一章介绍了大数据驱动的基本原理,并在情景建模的大数据观的基础上,形成了大数据驱动的思维与基本原理。当然,仅仅在学理上搞清楚这些还远远不够,还得进一步确立大数据驱动复杂系统情景建模的基本原理、具体的技术路线与建模流程等操作层面的所有环节,这些就是本章与下一章的主要内容。

这些内容可分为两个层次。第一个层次主要内容是如何将大数据驱动与情景建模融合在一起,形象化的表示就是怎么通过大数据把情景"计算"出来。这就得先明白情景能不能被计算出来,理论上就是情景的"可计算性"问题,在这个问题分析清楚以后,就可以对大数据驱动复杂系统情景建模的基本释义、原理及技术路线一一做出交代。第二个层次主要内容是进一步梳理清楚大数据驱动复杂系统情景建模技术路线与主要流程。

不要认为前面两章已经论述了情景建模、大数据驱动基本原理等内容,事实上,本章才开始将大数据驱动与情景建模两个概念紧密融为一体,形成了一个新的大数据驱动复杂系统情景建模方法论与方法体系,其中不乏新的思想与内涵。

本章主要介绍第一层次,下一章主要介绍第二层次的内容,另外,为简单起见,"复杂系统情景"今后一般都简称为情景。

12.1　情景的可计算性

由于大数据驱动情景建模比传统的概念化建模或者数学方法建模涉及更多的新的思维和跨学科知识,因此,我们在具体介绍大数据驱动情景建模之前,先就一般感知直白地梳理一下大数据驱动情景建模的基本思想。

1. 首先,情景建模是对情景的表示和描述。任何一种表示和描述都需要一定的工具和方法。近年来,人们形成了这样的学术观点:在科学研究中,这类工具和方法被定义为某种语言和符号系统，并以它们作为媒介对情景进行表示和描述，多年来，常用的有自然语言和数学语言。最近，人们越来越普遍使用计算机程序化语言作为表示和描述的工具。这样，计算机程序化语言也成了一种新的情景建模语言与符号系统。即情景可以借助计算机程序语言和特有的符号系统进行建模。

2. 其次，按上面所述，情景能够被计算机按照一定的程序以一种新的结果形式得到，情景就能够（被计算机）"计算"出来。其实，没有必要对这一观点感到吃惊，这就看我们是如何理解被计算机"计算"了。所谓计算机计算（以下简称为计算），实质上就是计算机运用一套程序语言和计算机能够读懂和理解的规定法则，使原来的一些要素（例如数据）在相应的法则之下转换为一个新的结果（计算结果），或者说，该结果用计算机语言进行表示和描述了。现将此思想作进一步拓展：只要我们运用计算机程序化语言，将某些输入按照一定的法则转换成某个输出，即输出被输入表示和描述了，这一转换就是一种"计算"，都可以认为该输出是被计算机"计算"出来的，至于输出结果仍然是数据还是其他载体形态都不是本质的。因此，如果输出的形态为情景，那就可以认为情景被"计算"了，或者可以认为情景是可计算的（具有可计算性）。

现在，按照上述思想诠释数据与情景建模的融合性，这里的数据主要都是情景要素在数据空间中的映射、投影与记录，这些都离不开计算机环境。这说明，大数据驱动情景建模自然要借助计算机技术与语言，以情景要素数据为输入，输出则是对情景的表示和描述。这同时体现了情景可以借助计算机程序语言和特有的符号系统以及广义的计算概念进行建模，用"大白话"来说，就是情景是"可计算的"。

当然，通过计算机来"计算"情景，远比对数据进行的一般数值计算要复杂和困难得多。就情景而言，复杂整体性属性决定了它的许多形态和特征难以用自然语言或者数学语言来表示和描述。例如，人们往往只知道情景中的演化与其相关的影响因数，但无法用数学方法来描述影响的程度和影响的机理，即使构建出关于影响的数学模型，也因为难以求解而不能使用。这时，就要将难以解析的数学模型转换成一种计算机可计算的形式，再通过计算机计算的反复迭代，找出关键性影响因数，分析影响的大小与方式。

另外，我们也发现，运用计算机程序化语言和计算模拟技术表示和描述情景时，能够显示出以下几方面的优势来：

1. 计算机程序化语言有较强的能力来表述情景的演化过程，能够较好地处理一些因复杂性难以直接量化的参数。

2. 计算机程序化语言在处理并行过程或缺乏规则的过程时，特别适合应对情景要素的活动方式和顺序不能完全事先定义的演化过程。

3. 在处理情景整体性时，计算机程序可以设计成模块化结构，并在不影响其他模块的情况下，修改部分模块，这实际上使得研究方案易于修改、更新和扩充以及和其他方法融合。

4. 计算机技术"擅长"从微观层次上对个体行为进行模拟，故可以通过建立由异质性智能体组成的人工系统自下而上地研究系统微观层次与宏观层次之间的下述相互作用：

（1）计算机技术可以较好地描述情景中人的心理、行为等不确定和其他难以度量的要素。

（2）计算机技术可以运用规则和有序迭代方法，处理不能给出显式解的问题，并给出相当于系统演化的过程。

这样，就启发我们充分运用计算机程序化语言与计算模拟技术来描述情景复杂整体性中的许多让人"头疼"的困难，例如：

1. 情景中有多个独立异质主体，主体之间有着各种复杂关联，在一定的环境与资源制约下，主体可以通过关联优化与重组并形成情景的复杂整体性。

2. 情景演化以及路径的复杂性重要原因是独立主体根据环境等变化而采取适应性行为。

可以看出，情景的上述状况与功能可以等价转换为计算机能够读懂、接受、理解和执行的形式化"条件/行为"（IF/THEN）语句。如果假设主体行为能力是有限的，在单位时间内对情景整体的影响亦是有限的，在有限资源、有限环境变化范围下，情景整体形态与行为集合也是有限和可编码的，那在一定的计算功能支持下，上述情景整体形态与演化能够在一定程度上得以重组、再现或者预测，这就是所谓的情景是可计算的，或者情景具有可计算性。在这个意义下，在计算机系统中，传统数值计算、计算机实验以及对情景的重组、再现或者预测模拟都属于（较简单的）情景可计算性。

由于绝大多数人最初接触计算的概念是从数学计算引入的，所以，当讨论计算的时候，人们会马上联想到数学中的计量或者数值或矢量的运算，由此形成的思维模式是必须对客观事物进行量化处理，然后，才能进行基于（数学模型）数值的计算。事实上，在计算机科学中，关于"计算"有着更广泛的含义，"计算"的对象可以是关于数值计算"量"的编码，也可以是没有"量"的概念的编码，例如采用编码的方式对文字的处理，只是在某一规则下的先后位序不同；如字母的排序规则，A字符排在B字符前边。

因此，计算包含了两个主要方面，即对处理对象的可计算描述和操作，对处理对象的可计算描述对应着计算机科学中数据结构的相关方法；采用数值或非数值的编码来表示处理对象，采用适当的结构来表示它们之间的关系。

相应地，对处理对象的计算操作则对应一段处理程序，这样的一段处理程序既可以基于一组数学方程（公式），也可以基于一组规则。基于方程的计算对应于计算机中最基础的机器指令是数值运算与逻辑运算，而基于一组规则的计算可以用接近自然语言的"IF/THEN"形式规范化表示，对应计算机的机器指令主要是逻辑运算。

这样，计算机需要描述的处理对象可以用数值或编码表示，计算可以用基于方程的计算或基于规则的操作程序，计算机就把基于数据的模拟情景用计算机程序"计算"出来了。

对于情景可计算性，还需要强调以下几点：

1. 可以为复杂系统情景中各个部分的活动建立有限、离散的逻辑空间，将现实情景中各个部分的活动映射在这一逻辑空间上，并根据空间映射关系所需要满足的精度，将逻辑空间进行细分。

2. 可以为复杂系统情景中各个部分的演化过程及相互作用建立有限、离散的时间序列，将现实情景中各个部分演化过程映射在这一时间序列上，并根据时间映射关系所需要满足的精度，将时间序列进行细分。

3. 复杂系统情景及其各个部分在每一个时刻的状态可以用一组有限的、无歧义的特征值描述，通过对特征值的适当划分，可以对情景需要满足的状态描述精度进行设定，这实际上是设定了情景模型化的精细度。

由此可以看出，情景可计算性让我们能够在计算机上构造出一个"人工情景"。这里的"人工"不是社会性、经济学与管理学意义下的"人造现实"的意思，而是指运用由人发明的计算机技术等构建一个具有现实世界情景基本结构、特征、形态与演化的虚拟镜像。该镜像包含一个开放的环境、有限的相关资源以及一套情景中各要素相互关联作用的规则。其中的人工主体可以是人或组织，有生命或无生命、有智能或无智能等。

构建人工情景的主要思路是通过提取情景的基本运行动力学机理，利用计算机技术构建具有现实情景特性与功能的人造系统，研究情景在动态演化过程中人工主体的记忆、学习、适应和相互作用以及相关资源的配置，观测、分析和调节情景在其环境中涌现出的复杂整体性宏观形态。

在一个由计算机构建的动态人工情景中，每个计算对象都具有自身的数据结构和相应的计算处理方法，并可分别对应现实情景不同层次或结构的计算处理方法。在这一过程中,下一层次要素的活动是上一层次要素变化的基础,上一层次要素又会对下一层次要素产生影响,人工情景在结构和功能上的自组织、自适应就形成了人工情景整体上的动态性及多层次之间的自演化性,体现了情景复杂整体性意义上的自下而上的涌现与还原论不可逆性。

随着当前计算机硬件的不断升级、计算速度不断加快,计算机领域中基于代理的编程技术和网络技术的发展,以及计算机图形等可视化技术的不断成熟,利用人工情景思想研究复杂系统情景建模已经变为现实。

本书后面介绍的所谓情景耕耘技术就是一种基于计算机技术的人工情景生成技术。

情景可计算性对情景建模来说是个极重要的理论基点,因为,既然可以运用计算机程序化语言与计算技术使情景在计算机系统中被表示和描述,即把情景"计算"出来,成为可交互和具有沉浸感的虚拟数字情景或者让情景"破镜重圆",而且还能够保证一定的计算"质量",那么人们再借助可视化手段就可以"耳闻目睹"现实情景的虚拟镜像。这就解决了情景建模的核心技术路线。进一步,将此与大数据驱动的基本原理相融合,不仅形成大数据驱动情景建模的基本原理,而且具备了完整的技术路线架构;接着,在一系列关键技术设计完成后,可实际操作的大数据驱动情景建模流程也就"应运而生"。

12.2 大数据驱动情景建模释义

大数据驱动情景建模的学理逻辑首先源于大数据与情景属性的同一性,即大数据与情景两者具有共同的本质特征和逻辑起点,这一点让我们明确了以情景建模为目标,实现大数据情景价值外部化的学理逻辑。

在还原论意义下,情景可分解为离散化要素集,这样,源于现实情景要素的信息及数据集在一定意义上就是情景的"支离破碎"的表征,信息越丰富、完整的数据集越能够整全地表征情景。虽然情景数据集与情景之间不是一一对应和彼此完备的,但是,大数据集合中蕴含着丰富的情景价值是毋庸置疑的。

在此基础上,大数据驱动情景建模的基本意思是指,在情景建模目标驱使下,将"大数据驱动"作为一种转换模式,表征为数据空间中的一种映射,该映射逆向构建某一情景的"平行镜像",从而实现大数据中蕴含的情景价值"外部化"。

值得指出的是,由于"大数据驱动"转换模式不是唯一的,因此,建模最终的形态、建模的质量也不是唯一的,这些都与建模主体的建模目的、视角、模式设计及建模方法等有着密切的关系。

以上是从逻辑层面上诠释大数据驱动情景建模的内涵,进一步,真正要能够驱动大数据情景价值外部化,要有具体的技术路线与流程设计。这相当于要让"驱动"成为一种把大数据情景价值由潜在性向"外部化"转换的"转换器",即要让"驱动"具体化为实现价值转换的一种范式。

从今天的科学哲学眼光看,和"大数据"捆绑在一起的"驱动"很大程度上不仅是一种"算法",更是一种解决价值转换的方法、有条理的步骤、流程与具体操作程序。从技术与人的共生进化关系看,上述内容表明,"大数据驱动"之实质是人通过设计的程序、方法与步骤,运用必要的工具体系增强自己将大数据潜在的情景价值外部化的能力,而在当今,这种工具体系的基础应当是计算机算法。这就让我们进一步明确了大数据驱动情景建模是以现代计算机技术为基础,通过设计一整套"算法",即转换的方法、有条理的步骤、流程与具体操作程序来实现大数据情景价值的外部化。

在学术研究实践中,人们使用科学语言来实现学术思想和理论的表达、传播、交流与传承并形成特定的学术话语。学术话语从最初的语言、文字、数学符号逐渐推广到规则、逻辑、指令、程序化处理和思维方式,这一拓展性认知使我们不难理解,学术话语的范式与人们最近作为哲学普遍性思维方式的"算法"之间具有高度一致性或高度相近性。

既然现代科学哲学把"算法"作为当代一种具有哲学普遍性的思维方式,由此,凡是能够把一件事情放置到一个逻辑化的程序中,并用包括计算在内的某些方法来处理,这套路径(规则、流程、步骤)就是一个"算法"。进一步,可以将自然语言、实验科学、理论推演、计算机仿真与数据密集型科学等综合集成在一起,构成一种"广义算法体系"增强人们对问题,特别是复杂整体性问题研究的描述、诠释与解决能力。大数据驱动情景建模正是在这个意义上,针对复杂整体性问题(如情景建模)构造出的一种新的"广义算法体系"技术。

12.3 大数据驱动复杂系统情景建模的基本原理

大数据驱动情景建模的基本原理是指人们对这一特定的建模过程的思维原则、技术路线、流程设计的逻辑关系、因果关系、关联关系等进行提炼后提出的一种范式。基本原理一般由若干相互关联且独立有序的原理组成,一个原理就是一个相对独立的知识单元,它主要是针对大数据驱动情景建模活动与过程中,建模主体在普适性意义下所采取的行为原则、操作准则和主体对建模本质属性的认知。

如前所述，情景可计算性主要解决了运用计算机程序化语言与计算技术把情景"计算"出来的学理，确立大数据驱动情景建模的基本原理，其内核应该与一般意义上的大数据驱动基本原理一致，即第十一章大数据驱动基本原理的情景建模版本。

原理的重要作用是它蕴含和提炼出的基础性和形式化的规则与逻辑，指导人们如何可重复操作建模过程中的基本程序与运作规则，并得到基本的成功。这些原理的构成关系可以用图 12.1 表示。

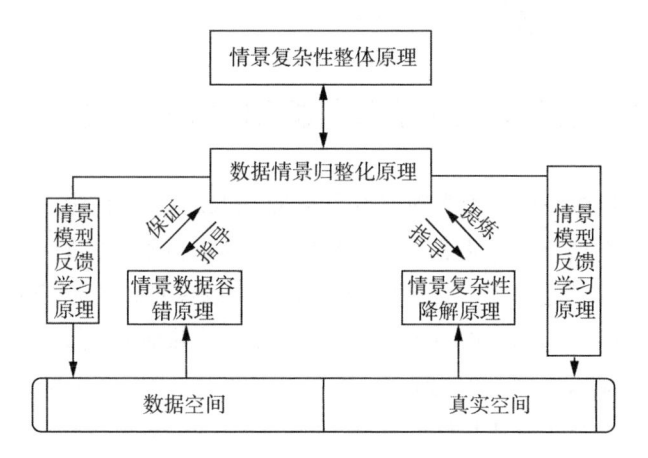

图 12.1　大数据驱动的情景建模原理关系图

情景复杂整体性原理。从情景的构成环境、时空、社会、组织、个人、任务、事件、关联、因果关系以及管理与决策活动的情景要素等构成的整体现象、现象演化及演化路径，分析情景的特征与大数据特征及其互相关联。研究情景自身的边界、特征及其基本属性、核心属性。

情景数据容错原理。由于包含情景要素信息的数据对情景建模的价值不是完美的，其中暴露出不精确、不完备、格式不一致、不是"确凿无疑"的问题，甚至随着新数据的不断产生，数据本身由于不断重新定义而产生对情景认知的"困惑"或歧义等，因此，应从数据质量、作用、价值等维度，研究对数据交互校验、修正、洗清、筛选的方法以及数据质量标准以及数据质量提升路径。

情景复杂性降解原理。现实中，复杂整体性情景是一种载体方式为"无穷多"情景要素数据集，因此，在理论思维层面，情景建模将该数据集沿着逆向路径向情景的整体有序性转化，在实践思维层面，则依据由"无穷多"情景要素数据提炼出"有限多"核心情景要素数据集，并保留情景本质属性及体现整体情景的基本动力学机理。主要研究情景要素数据复杂性降解方法、流程、步骤和停止准则。

数据情景归整化原理。大数据驱动的情景建模是在关联思维原则下,把情景要素数据携带的情景潜在价值通过时间、空间、逻辑等多维度进行整体化连贯、衔接、聚合,重点研究从"破碎"和"整合"双向交互技术,构建实现情景复杂整体性的技术链。

情景模型反馈学习原理。大数据驱动的情景模型在整全性、功能拓展性、适应性、有效性等方面是否具有较高质量,需要通过反馈学习原理在产生新的数据基础上进行功能检验,并根据检验结果对模型进行调整、迭代,在有效性、误差控制等方面提高模型的质量。

12.4 大数据驱动复杂系统情景建模的技术路线

技术路线是指研究者为实现研究目标而采取的技术手段、具体步骤及解决关键性问题的方法等研究途径,技术路线一般是指科学研究的准备、启动、进行和取得成果的有序化过程。合理的技术路线可以保证既定研究目标的顺利实现,因此要明确和尽可能详尽阐述清楚每一步操作步骤;如有可能,可以使用流程图或示意图加以说明,以达到一目了然的效果;技术路线应尽可能详尽,每一步骤的关键点要阐述清楚并具有可操作性。

大数据驱动情景建模的技术路线是依据情景与大数据学理同一性、情景可计算性以及在大数据驱动基本原理基础上,设计如何运用计算机程序化语言与计算模拟技术把情景"计算"出来的多个步骤,并使之成为完整的有序链;对每一个步骤要明确既定任务、目标与相应的方法与工具等。以下为大数据驱动情景建模的技术路线图。

步骤1:概念情景分析及情景结构化。明确拟建模情景的形态与边界,首先从被感知的情景中通过自上而下的情景分析得到概念情景,即对现实情景运用学术话语与逻辑体系形成概念层面的抽象表示;进而将情景结构化,包括归纳、提取情景要素、关联、行为、结构和作用等;梳理情景整体层次、主体与组织层次及基元层次特征,得到结构化情景。

进一步通过自下而上的情景构建把概念情景转化为计算机可实现情景,主要把概念情景中那些在一定意义下通过各种方法可结构化的半结构化甚至非结构化情景转变为结构化情景。这一过程可使现实情景进一步抽象与符号化,从而使计算机能够"读懂"概念情景结构与关系,明晰情景要素之间的逻辑。

步骤2:情景数据的大数据化。即对数据进行的"精加工"。由于情景数据限于最初的测量、采集、记录的目的,而并非完全为了情景建模的需要,因此,就

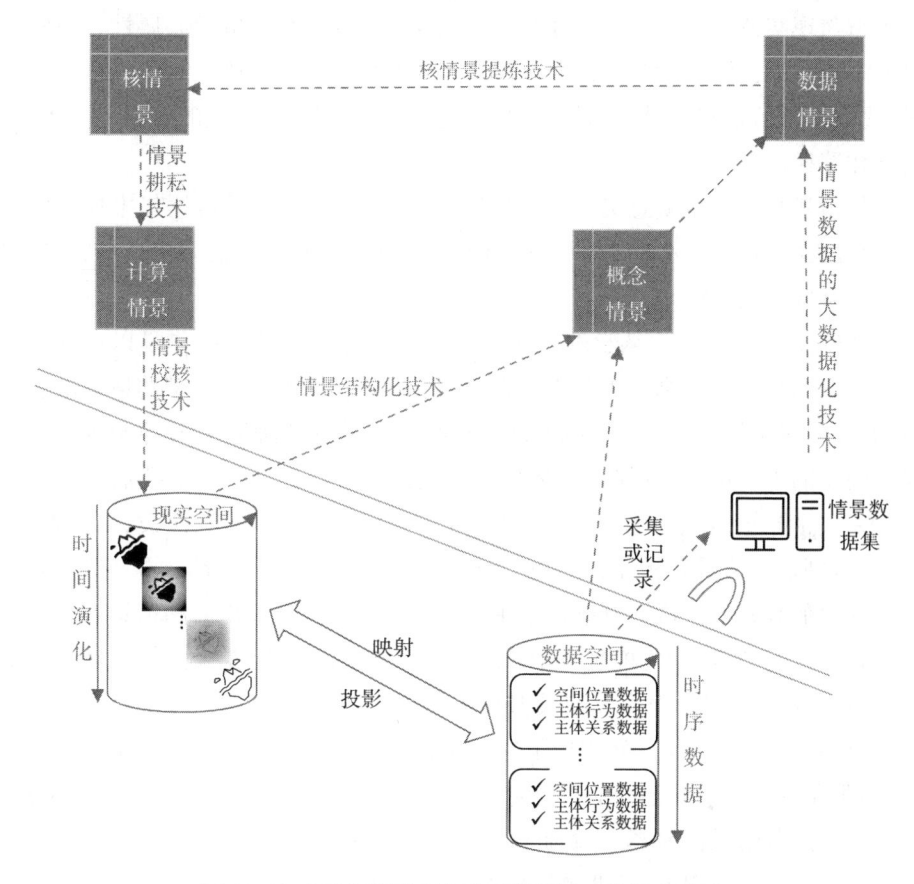

图 12.2　大数据驱动的复杂系统情景建模技术路线

情景建模需求而言,数据质量自然存在各式各样的问题,如数据缺失、标准不一、语义差别等,需要经过多道清洗、筛选、去杂质以提高数据在情景建模意义上的品质要求和它们的情景建模价值;另外,在情景建模过程中,还有不断增加的新数据需要经过检验以决定是否将它们用作情景建模,所有这些数据就不再是原本的情景数据,而成为情景建模"大数据"。

步骤 3:核情景数据提炼。从"无穷多"情景要素数据集中提取出有限多个最能体现和保留情景本质属性、整体结构、时空分布与演化规律的要素数据及相互关联信息,构建情景核心基础类模型。这类情景要素数据成为情景建模过程中的情景核心数据,简称为核情景数据。这一步骤的质量主要由建模主体掌握的关于该情景属性、特征的知识与想象力所决定。

核情景数据的提取原则主要有两点:一是用尽量少的要素种类与数量"张成"尽量完整的情景表示空间;二是在建模过程中,由核情景要素数据构成的情景模型与现实情景的平行镜像在整体结构、特征、演化规律等核心属性方面两者是基本一致的。因此,本部分重点是通过掌握关于情景的核心知识和重要的预设,提取体现情景本质属性的核心要素数据以及与核情景相关的典型环境、情节与演化路径。

核情景数据的重要意义是由规模庞大、高度无序的情景数据集中提炼出一类充分蕴含着情景核心动力学机理、体现情景本质属性的信息,并由它们构建出该情景基础性的"核"。

步骤4:情景耕耘。从学理上讲,大数据驱动情景建模的操作是以自身携带某一情景信息的大数据集为基本要素,让它们(连同它们自身携带的情景信息价值)在抽象虚拟情景空间中依据时间、空间、事件、关联与演化等规律与规则形成某一情景的平行镜像,并保留该情景复杂整体性属性。这就要求我们只能以数据的一些情景要素信息为线索或基础,通过我们的经验、知识、假设、想象力、预定义,特别是核情景来构建具有基本动力学机理的一类基础情景,再将情景大数据所蕴含的独特信息嵌入基础情景中,经过不断耕耘,培育出新的情景来。

这样,我们在情景建模过程中,可以以基础情景为"原株",大数据自身携带的信息属性、特征相当于新的诱变技术来培育出新的情景品种(或部件)。显然,大数据在这一过程中,充分体现了它的基础性和驱使性作用,故将此过程称为"大数据驱动",而它相当于通过培育得到的新的情景品种。情景大数据越丰富,培育出的新的情景品种越多,称此为情景建模中的大数据驱动的情景耕耘技术。

步骤5:基于反馈学习机制的校核。大数据驱动的情景建模本质上是构造一个人造虚拟情景系统作为现实情景系统的平行镜像,并以此镜像为平台对相关科学问题进行研究,这自然有其可信赖性问题。由于任何具体现实情景都具有路径依赖、不可逆和演化不确定性,因此,不能简单地以与某个现实情景的"仿真"程度来评估大数据驱动建模的"好坏",在宏观上,任何平行镜像都是在虚拟情景空间中所可能出现的一个情景,在可能性意义上,情景耕耘得到的任何虚拟情景都是"真"的。

但是,就对具体虚拟情景模型分析、预测功能而言,可以将模型在时间轴上后向平移并以迄今为止的真实情景为背景进行分析、将镜像生成的未来结果与真实现象进行比对,以比对结果作为反馈学习模式修正、完善模型,提高模型功能质量,此即为基于反馈学习机制的校核技术。本步骤重点考虑借助反馈学习思路,研究情景模型是否能够体现情景本质属性,可以根据建模目的,从模型输入一致性、模型相容性、结果输出可信性等综合视角构建校核技术体系,确定建模迭代终止准则。

基于此,大数据驱动情景建模技术路线完整地表征为在情景建模过程中,将"大数据驱动"作为一种明确的思维原则与生成模式,通过充分挖掘和发挥数据中蕴含的情景潜在价值,并设计具有范式意义的有序转换体系使这些蕴含的价值能够有效、稳定地转换为构成某一情景整体形态的现实价值。

需要指出的是,这种"全景式"情景生成过程是通过多次迭代实现的,因此,其构建的情景有着不同的质量属性,有时更多的是有限"全景"或是大概率复原,但其技术路线都不是表现为通过理论假设而是依靠数据挖掘为主获得复杂整体性情景。

具体地说,由于数据是人们实践活动情景的同步或者滞后的记录,既包含着,也只能部分包含着情景信息,因此,大数据驱动情景建模必然"天生的"具有这一信息"缺陷",不论人们如何想方设法提高基于大数据驱动的情节建模质量,但是,理论上的"整全式""全景性"情景建模,或者大数据情景价值完全"外部化"在现实中都是不能够实现的。

12.5 大模型与复杂系统管理情景建模

本章以上几节的核心内容是在情景可计算性原理基础上,论述了大数据驱动复杂系统情景建模的基本原理,以及由可计算性原理确定的情景建模技术路线,至于沿着这一技术路线梳理出的关键技术与建模流程,则在后面的第十三章中做进一步介绍。如果把这些内容有序完整化,可以认为,在整体上就形成了大数据驱动复杂系统情景建模的基本范式。

但是,恰恰在当前这一时间点上,一项被称为大模型的生成式人工智能技术,虽然"小荷才露尖尖角",但已经足以引发人类产业与科学研究范式的变革,甚至改变了人类知识生产方式。特别是,由于大模型技术是以大数据为基础,并运用云服务提供天文量级算力与一系列先进的算法,让大模型涌现出革命性、突破性的巨大能量受到各界关注。

大模型产生的基础是大数据,这自然就让我们联想到大模型对复杂系统管理情景建模的意义和作用,虽然在广义的情景与情景建模认知上,大模型从ChatGPT代表的文生文,到DALL·E代表的文生图,再到Sora代表的文生视频,都可以认为是大模型复杂系统情景建模的不同样式。但是,严谨的大模型复杂系统情景建模学理与范式需要深入系统地研究,例如,大模型驱动情景建模的释义、内涵、建模原理、技术路线与关键技术等学术问题,搞清楚哲学问题需要较长时间,故而不是本书探讨的范围。但是,在大模型核心思想、本质特征与赋能形态都基本明确的情况下，本节初步探讨大模型与复杂系统管理情景建模的基本逻辑关系以及将大模型应用于复杂系统情景建模的可行性，此即本节的主旨。

12.5.1 大模型概述

在一般意义上，"模型"有"大"就有"小"。通常情况下，"小模型"参数较少、结构简单、表达能力相对较弱，难以处理复杂的数据模式和关系。由于这些特征的制约，小模型的计算资源较少，运行精度较低，一般只适用于快速原型开发、轻量级应用等场景。

而大模型通常是指具有庞大规模参数和复杂计算结构的机器学习模型（或者神经网络模型）。具体地说，庞大参数规模可达到具有数百万到数亿参数，而具有强大泛化能力的大模型一般会拥有数百万到数千亿参数。例如，自2022年5月开始，GPT-3以几何级数量增加知识储备，每天新增词汇量高达450亿词，相对于2021年，GPT-3每天新增的词汇量整整增加了10倍；至于复杂的计算结构，包括大量的计算资源和空间用于训练和存储，进行分布式计算和特殊的硬件加速技术等。总体上说，大模型的功能目的是提高模型的表达能力和预测性能，能处理海量数据，完成自然语言处理、计算机视觉、语音识别等复杂任务，应用场景非常广泛并可应对复杂的任务和数据。由此可见，由于参数规模、计算结构以及应用场景的多样性，大模型可泛指多类具有这类基本属性特征的模型，而且随着应用场景越来越丰富，大模型的种类也越来越多样。概言之，大模型的"大"除了体现在参数数量庞大，还具有训练数据量大、计算资源需求高等特征，这些都离不开大数据和大算力的支持。

当今，有两类功能强大、最具影响力和突破性的大模型。一类是2022年11月30日由OpenAI公司开发的语言模型ChatGPT，其中，GPT的全称是Generative Pre-Trained Transformer（生成式预训练Transformer模型），加上Chat，突出其主要应用于聊天场景。在功能上，ChatGPT能够通过学习和理解人类的语言并根据上下文进行思想互动；为使ChatGPT与普通人有"亲近感"，ChatGPT的功能模态设计成一个对话机器人，即以人机聊天的形式发布，这让它在普通人面前可以通过交互，展现出惊人的拟人对话能力，它不仅能够学习、理解和分析人类语言，谦虚地陪人聊天，而且能够回答各种复杂的专业性问题；本质上它是一种由人工智能技术驱动的自然语言处理和高水平文生文工具。尤其可贵的是，ChatGPT对自然语言问题和提示做出表述清晰、语法正确回答的能力，在不断迭代中正在增强。

ChatGPT的"文生文"采用了称为Transformer的用于处理序列数据的深

度学习路线。如果真的把 ChatGPT 当作一个"机器人",给人鲜明的感觉是这个"人"知识渊博、出口成章、善于学习、聪明和悟性高,它的这些"本领"主要源于其背后有着巨大的数据库与语料库,具有快速的搜索与综合能力,能够在与用户的交互中反馈、迭代和实现指定主题的语言合成等。概言之,ChatGPT 是大数据、大知识、大训练、大算力、大用户与优质算法的综合体。

另外一类大模型的标志性代表是 2024 年 2 月 16 日由 OpenAI 发布的 AI 文生视频大模型 Sora。Sora 作为首个文生视频大模型,具备图文成片、语音理解、多镜头生成和物理世界模拟等强大能力。其目标不仅是做一个视频生成工具,而是成为一个物理世界模拟器,为真实世界建模。Sora 基本功能是图文成片,包括文本成片与图片成片,在文本成片上,Sora 能够根据用户提供的文本描述,完整、准确地生成一定长度的高品质视频。图片成片上,Sora 不仅能够从文本生成视频,还能够从现有的静态图像开始,准确地动画化图像内容,或者扩展现有视频,生成背景细节复杂的场景。在强大的物理世界模拟能力方面,Sora 具有模拟现实世界人和环境行为的能力,而这一能力并非依赖固化的 3D 建模工具,而是纯粹通过模型多尺度与动态演化而自然涌现的。

Sora 对现实物理世界的理解与模拟,展现出惊人的视觉效果,其背后的技术原理包含了文生视频相关技术的一系列重大变革。Sora 的大体技术架构与以往的视频生成大模型相比,优势可能在于找到了更好的表征视频数据的方式;并且通过视觉数据向量化,将带有时间和空间信息、可以自由排列灵活度极高的视频和图像的生成模型作为一种高度可扩展和有效的表示,对视频、音频、文字进行统一的表征并对视频进行降维处理;Sora 甚至能够接受带有噪声的图像块(及条件信息如文本提示)作为输入,并训练其逐步生成精致的视频,直到出现生动、连贯的场景。

后面的分析可以看出,以上两类大模型的这些技术思维与功能对于复杂系统情景建模都具有宝贵的优势。

12.5.2 人类与技术发展的共生进化

在本书 10.2 节,我们提出了一个核心观点:情景是复杂系统管理活动中最具复杂整体性感知又最具理性抽象性,同时能够将两者紧密联系在一起的现实载体,因此,复杂系统管理情景建模本质上是对复杂整体性建模,包括复杂系统情景在整体上表现出的情景形态、行为、样式、特征与属性的根本性架构和动力;情景所具有的复杂整体性、动态演化性,及自组织涌现、隐没与突变等特征。

在第十二章中,我们还根据大数据驱动基本原理设计了相应的大数据驱动复杂系统情景建模技术路线，不难看出，其中的许多技术要点与关键技术手段都是基于大数据思维与技术，针对克服复杂整体性给我们造成的困难或者补齐能力上的缺失。但是，必须承认，这种努力的成效只能是有限的，在情景建模实践中，大数据驱动仍然表现出许多不足与问题。正如我们在本书11.5节的最后部分表述的：对于复杂系统情景建模而言，大数据驱动具有重要的作用，但是，"大数据不是万能的"。

不要以为上述情况只是大数据技术的一个孤立现象，其实它反映了人类发展与技术进步不断共生进化的基本现象与普遍规律。我们不妨在这里就这个更具普适性的问题稍微花点时间讨论一下，对我们再回来以更开阔的视野讨论大数据和大模型是有帮助的。

宇宙及宇宙中一切事物都是不断变化和处于进化之中的。大约125亿年前，"大爆炸"形成了宇宙；大约38亿年前，宇宙中的地球有机分子结合在一起形成了有机体；大约7万年前，地球上出现了"智人"，而"智人"中的一支进化成了今天的人类。由此可见，人类只是地球上数百万种生物中的一种。生物是多样的，遗传变异与自然选择是生物进化的主要原因，其中，自然选择更为重要，它揭示了生物与环境相互作用与进化的结果与规律。进化并非目的性的，而是高度不确定性的，是一种偶然产生并与环境变化更适应事物与现象的属性；同时，生物的基因变异为进化提供了有限的选择可能，因此，进化不可能突破选择的现实有限性，也就是任何进化现象与进化结果都不是"法力无边"的，生物界如此，技术界也是如此。

当今，地球上的生物有动物、植物、真菌、病毒、原生生物与原核心动物六大类，数百万种，彼此之间互为环境和条件，相互依存，共同进化，此乃基本意义上的共生形式。多样的共生关系是事物进化的手段和特征，其中，组合在一起相互依存的共存关系是共生的"底线"，而相互合作、贡献超过竞争的共享形态则是更有意义的共生样式。由于社会环境发展的不确定性与人类的适应性，原有的共生形态出现了瓦解、重构、优化，或者诞生了新的共生关系与形态，这就是人类社会的共生进化。

科学技术是人类社会的一种建制。人类社会是进化的，技术当然也是进化的；社会越复杂、待解决的问题越复杂，人类对新技术的需求越迫切，技术的进步与发展就越快，这是大趋势，但是，什么背景下，是什么问题触发了什么样的新技术的产生则是不确定的。用上述共生基本观点认识人类技术的进步以及人类与技术的共生进化关系为我们理解大数据与大模型提供了新的启发意义。

任何具有确定功能和属性，有着基本边界的技术，本质上都可以视为一个系统。技术的软硬件相当于系统的要素或者构件。一个新技术出现了，但一定不是绝对的"无中生有",在某种意义上,新技术总可以看作原来某种技术"基因"的遗传变异或者新的组合样式,而这一切根本上是由环境变化与现实需求导向的,新技术就是对这类环境变化适应性的结果。在这一过程中,人类发明的新技术对人类自己与人类社会的发展起了重大作用,同时,新技术的功能以及功能衍生也具有影响人类生存发展的"反作用"。这意味着,人类发展的新需求会驱动技术的进化,而技术的发展也会影响人类的进化,在人类技术发展的总体趋势上,新技术越来越表现出人类生命性、智能性;同时,技术也越来越提高人类的生命力与智能性水平。例如,服装技术改变了人类皮肤的作用、汽车增强了人类双脚的行走能力、电脑提高了人类大脑的功能、望远镜与显微镜提高了人类双眼的功能、医疗技术延长了人类的寿命、人造器官移植重构了人类的机体,总之,人类在技术的进步中越来越嵌入了技术属性。

于是,当今人类与技术之间越来越表现出一种共生进化的新关系,两者就像生物世界中两种生物,相互依存、相互促进、相互共生、相互进化。在人类的复杂需求导向下,技术的进步越来越快,进化的层次越来越高;同时,人类依靠技术进步的推动,自身能力越来越强大、认知和驾驭复杂世界的水平越来越高。总之,技术在进化中越来越注入了生命性,人类在技术发展中也越来越嵌入了技术属性,人类与技术这一共生进化关系为我们描绘出这样一幅未来的图景:人越来越依靠技术,越来越体现技术属性、越来越技术化;而技术越来越表现出人的生命性、越来越像人,人与技术彼此逐渐互相渗透、融为一体。

在这一思维下,我们就不难理解,当今为什么科学界称生物意义上的人属于"碳基生命",而人工智能机器人是一种"硅基生命"。

现在,我们再回到我们原先讨论的大数据、大模型与复杂系统情景建模问题上来。首先,大数据驱动是用一种中心化的相关性智慧来思考不确定性与如何整全性描述一个复杂情景,这比传统的"小数据"智慧,要有长足的进步。但是,复杂系统情景的复杂整体性又导致大数据的智慧还远远不能应对所有的复杂整体性问题,需要在大数据思维的基础上,产生更具智能性的新技术,正是在这个关键时刻与关键问题上,大模型技术产生了。

12.5.3 情景复杂整体性视角下的大模型

在复杂系统情景建模这一场景中讨论大数据与大模型,必然要从复杂整体性这一属性视角分析、比对它们的特征、优势与功能。

首先,由于大数据与情景的学理同一性,大数据"先天"地隐含着情景中的各类复杂性,大数据驱动情景建模能在更大程度上实现对现实情景在数据空间中的镜像构建。所以,情景越复杂,需要采集的数据量越大,这样的大数据包含了情景中的更多变量、关系和隐含信息,往往具有复杂的结构和高维度的特征。此时,传统的数据驱动模型在处理和分析大规模、高维度、复杂性和不确定性的数据集上的性能较差,常用的解决方法是采用更大规模、更复杂的模型来应对这种挑战。在这方面,大数据既表现出巨大的作用,又"不是万能的"。

为了提升这一能力短板而不断尝试增加模型的参数数量,大模型技术诞生了。一般而言,大模型是指具有大规模参数和复杂结构的深度神经网络模型。它通过对海量数据的学习和训练来识别数据中的复杂模式和规律,从而实现各种任务的自动化处理和预测。类似于人脑利用过去的背景知识和当前感知的数据做出决策,大模型通过学习模型来适应下游任务并完成机器的决策。在这一过程中,大模型综合了通用任务的结果,并为下游任务提供了良好的表征,类似于人脑依赖背景知识快速适应新环境的过程。为了实现这一目标,大模型主要基于深度学习原理,利用大量数据和计算资源来训练具有大量参数的神经网络模型。通过不断调整模型参数,使其在各种任务中达到最佳表现。相较于传统的神经网络模型,大模型的参数量巨大,具有更强的泛化能力和更高的性能,能够更好地适应各种复杂的场景和需求。

大模型本质上还是一种数据驱动的方法,模型仍然是数据驱动过程中的一个关键组成部分,是大数据驱动的一种新质表现,大数据不仅是训练大模型的基础,而且在大模型的发展和优化过程中起着核心作用。除此之外,大模型的输出还应反映出人类的价值体系,通过监督微调和人类反馈的强化等方法来纠正模型的表现,实现大模型与人类偏好的对齐,避免出现不符合价值体系的输出,因此,大模型的运作还需由基于人类知识形成的价值体系来驱动。综上,大模型是一个基于数据与价值双驱动的模型,比单纯的数据驱动更有智能特征。这对一个对情景复杂整体性认知严重缺乏的主体而言,要完成从"杂乱无章"的情景信息数据中提炼出整全性情景知识无疑是提供了一种堪比"雪中送炭"的强大工具。

下面我们在比较细致的粒度上分析和诠释这个问题。

12.5.3.1 情景复杂整体性视角下的 ChatGPT

即使我们还没有深入研究大模型驱动复杂系统情景建模的一系列学术问题。但是,基于以上理解,并不妨碍我们以下面两点作为逻辑起点来探讨大模型对于复杂系统情景建模的意义与作用:

1. 从复杂整体性全局大视角认识大模型能力优势,明确大模型作为技术范式解决复杂系统情景建模的学理性。

2. 以大数据驱动情景建模基本原理与技术路线为"参照系",在若干关键要点上,比对大模型的优势。

本小节主要讨论上述第 1 点内容,核心内容是在认识论层面上,分析大模型思维与情景复杂整体性的描述与抽象之间是否具有逻辑性。

复杂整体性是复杂系统情景的本质属性,一种技术能够用于复杂系统情景建模,表明该技术具有描述和抽象复杂整体性的潜能。根据这一原则,我们来系统梳理一下大模型是否蕴含着这一潜能。大模型作为一种生成式"机器人",被赋予了某种认识世界的智能思维。在这方面,现实世界既包括复杂的"物性",又包括复杂的"社会性"与"人性"(人的存在的本性),是"物性"、"社会性"与"人性"的一体化,世界的构成与变化既包括结构型、半结构型与非结构型,世界内部层次之间、部分之间以及要素之间的关联形态丰富而复杂。

大模型充分认识和理解到这一点,因此,大模型采用了多方法论,包括定性、定量、仿真、大数据等综合集成体系作为认识现实世界方法论基本点。它关于现实世界知识的认知路径既不是一个简单的过程,也不是个别人或者少数人一次性就能完成的任务。例如,ChatGPT 的大数据+机器学习+微调变换+人机对齐的程序模式就充分体现了这一路径。大模型中参数数量的增加可以类比人类大脑的逐渐成长,好比人随着年龄的增长,大脑也在成熟,而大模型的训练数据与通过多层神经网络从数据中进行学习和模式识别,相当于个人不断学习,提高自己的认知水平。

另外,人类知识只有在开放的环境中展开相互交流与思考才会不断进化与发展,在这一过程中,语言发挥了极其重要的作用。哲学家维特根斯坦曾说过:语言的边界就是世界的边界,甚至是思考的边界,这与当今大模型方法论发展有着惊人的吻合。ChatGPT 正是在以下三个相关的自然语言处理问题上取得突破性创新:

(1) 是否可以对人类自然语言进行建模?即能否用一个模型来表述这样的语言?

(2) 如果上述语言模型能够实现,是否可以将其作为世界知识模型?

(3) 这样的语言模型是否具有人类的认知能力和思考能力?

ChatGPT 训练出一个人工神经网络,对上述三个问题给出了相对肯定的回答,即 GPT 是一种大型生成式语言模型,它能够在数据基础上进行自主学习,并能够生成复杂的文字。按此逻辑,如果我们能够搜集到足够多的情景数据并且拥有足够强大的计算能力,就可以"创造"出关于情景复杂整体性的知识,换言之,ChatGPT 提供了人类不依赖理论而由数据驱动的关于情景复杂整体性知识的新的生产方式。

12.5.3.2 情景复杂整体性视角下的 Sora

为方便本小节的讨论，我们先把本书前面关于情景及建模的核心内涵梳理如下：

1. 复杂系统情景是一个有序、连贯的"情节"及变化的整体性故事，复杂整体性是其属性。

2. 复杂系统情景建模是运用某种情景语言与符号体系对情景复杂整体性的描述与抽象。

3. 情景模型化过程的学术内涵为：建模主体在不同的时空点上，取得情景复杂整体性的定格"切片"采样；再进一步运用基于情景演化的基本动力学原理与演化规则获得描述情景演化的由有序情景"切片"组成"切片流"，并以此"切片流"整体逼近特定的全景式情景，隐喻为情景的"破镜重圆"。

依据上述思维，我们平行地分析一下 Sora 的基本思想与技术路线，重点是与上述情景建模中的"切片"采样与"切片流"生成进行比对，由此认识基于情景耕耘的情景复杂整体性生成与 Sora 文生视频的逻辑一致性。

Sora 是文生视频大模型，具有独到的文本解析与理解复杂命令并将其转化为视觉故事的能力，这种能力中包括不需要对三维空间、物体等有任何特定的预设偏好，而是通过对视频的学习，在一定程度上就能够理解人类的现实物理世界，由数据规模驱动预判物理世界中物体之间的关系。

Sora 的"本领"不仅使生成的视频长度有很大提升，而且视频内容稳定，它基本上是通过生成帧，在帧与帧之间创造时间上连贯的动画，这和大数据情景建模中的由有序情景"切片"组成"切片流"，并以此"切片流"整体逼近特定的全景式情景（"破镜重圆"）基本上是一致的。

现在我们来分析一下 Sora 关键技术路线展示出的优势：

1. 统一视觉数据。Sora 采取了一个新的 Diffusion transformer 模型，该模型融合了扩散模型与自回归模型的双重特性，由此，更适合作为图片生成和视频生成的底层技术框架。

这样，Sora 就在足够量的训练视频基础上，用多模态模型给视频做标注，把不同格式的视频编码成统一的视觉块（patches）嵌入，然后用足够大的网络架构＋足够大的训练批次＋足够强的算力让模型对足够多的训练集做全局拟合。在这个新架构中，Sora 提出了一种用 Patch（视觉补丁）作为视频数据来训练视频模型的方式，即把视频和图片切成很多小块，就像是拼图的每一小块一样。这些小块就是 Patch，每一个补丁就像是电脑学习时用的小卡片，每张卡片上都有一点点信息。通过这种方式，就能把视频压缩到一个低维空间，然后通过扩散模型模拟物理过程中的扩散现象来生成内容数据，从一个充满随机噪声的视频帧，逐渐变成一个清晰、连贯的视频场景。不难看出，在本章前面介绍的大数据驱动复杂系统情景建模中，与此充分相似的情景耕耘模块的基本思维也是把许许多多的各自携带着一点点情景信息的情景"小碎片"根据对情景知识的掌握（如整体结构、动力学机理或者其他规则等知识）一步步由局部向整全化或者由现在向未来动态演化。

2. 通过世界模型打通虚拟世界与现实世界的边界。所谓世界模型是对真实物理世界进行建模，Sora 就是理解和模拟真实世界的模型基础，它让机器像人类一样，对世界有一个全面而准确的认知，尤其是理解当下物理世界存在的诸多自然规律，这一理念对提升大数据驱动情景建模质量有着重要意义。

本书 11.5 节最后指出：大数据驱动强调的相关关系主要揭示真实物理世界现象与现象之间"看见看得见的东西"的关系；而因果关系主要揭示从现象到本质之间"看见看不见的东西"的关系。如果我们一味用相关关系替代因果关系，有可能出现用相关性替代因果律来认识真实物理世界的复杂整体性，导致将复杂整体性问题简化为简单整体性甚至简单非整体性，因此，我们不能只问数据，不问机理和独特语境认知复杂整体性。而 Sora 注重克服已有模型难以准确模拟复杂场景的物理现象和无法理解因果关系的不足，开始理解部分物理世界的规则，不再认为"看见看得见的东西"完全为实，同时也不能忽视现实世界中的那些基于物理规则的"看见看不见的东西"，这更体现了真实世界的复杂整体性。

现在，我们把 ChatGPT 和 Sora 综合起来看，它们既是人类认识现实世界和知识生产方式的一类新型技术，又鲜明地体现了人在面对复杂的现实世界时认识论与方法论的重大变革，这种变革不再像传统的人类"单打独斗"方式那样，而是通过如下的人与技术的协同，相互促进并涌现出一种具有智能属性的认识复杂现实世界的能力：

1. 大模型看待和理解现实世界，反映了整体性、全局性、系统性原则，它从不只"挑选"出世界的一部分就当作世界的全部，也不随意抛弃构成现实世界所有要素与构件中的哪一件；它不仅重视现实世界现象各种形态背后的可能背景与原因，甚至还要通过深度学习来挖掘深层次的因果性或者关联性。这一认识实际上反映了大模型对现实世界复杂整体性的尊重，这不仅体现了当今人们对复杂现实世界的一种科学思维方式，也保证了基于大模型描述与表示现实世界的认知与现实的辩证统一。

2. 在以上思考的基础上,一种新的关于认识现实世界复杂整体性的知识生产方式也就相应形成了。其形成要点包括:第一,主体生产的知识不再是个别个体和某个时段生产的知识,而是尽可能利用现实世界中过去所有的背景知识以及当前感知的信息数据在相互交流、互动中形成的知识;第二,这些知识还包括人与大模型相互学习涌现出的非常态、罕见甚至难以想象的知识;第三,知识领域极其广泛,获取知识的手段非常多样化,其中,大数据、大模型提供的知识以及获取知识的方法是过去几乎没有见过的;第四,基于大模型描述与表示现实世界复杂整体性(复杂系统情景建模)知识将成为人类一种知识生产新范式。

概言之,无论是描述一个真实的物理世界,还是表示一个真实的人或者是一个真实的物理环境与人的复合系统,在情景建模的复杂整体性这一本质性问题上,大模型均表现出多方面的独特优势。

12.5.4 情景建模关键要点视角下的大模型

在12.5.3.1节中,我们还提出,以大数据驱动情景建模基本原理与技术路线为"参照系",在若干关键要点上,比对大模型的优势。如果这样的优势越多、越强,大模型对于复杂系统情景建模的作用和意义就越大。本小节我们依据大数据情景建模几个重要的关键要点,理解大模型相应的优势。

1. 基于复杂整体性导向要点

这一点在12.5.3节中已经做了较全面的解读。

2. 基于情景价值外部化要点

本书12.2节指出:大数据驱动情景建模的基本意思是指,在情景建模目标驱使下,将"大数据驱动"作为一种转换模式,表征为数据空间中的一种映射,该映射逆向构建某一情景的"平行镜像",从而实现大数据中蕴含的情景价值"外部化";并进一步明确以现代计算机技术为基础,通过一整套"算法",即转换的方法、有条理的步骤、流程与具体操作程序来实现大数据情景价值的外部化。

上述诠释具有十分丰富的学术内涵,围绕着这一内涵来比对大数据与大模型各自的情景价值外部化品质,能够说明很多问题。

(1) "大数据"基本上是一个大规模的数据库,即使在建模过程中会有新的观测数据加入该数据库,但是,数据库一般不会发生较大的变化;但是,"大模型"的基础不仅包括数据库,还包括语料库,特别是由于不断的数据输入(训练、喂养等)与数据输出(判断、利用等),数据库、语料库的规模与内涵一直在持续变动并可能产生数量级变化。

(2) 更重要的是,大模型的核心是大数据+强算力,这导致了大模型不是仅仅从一个静态的数据库和语料库提取数据,它还可以让大量数据进行机器学习,这除了可以生成新的数据库和语料库,还可以利用每一次与对话主体进行交谈与互动的机会,把用户当作最新、最贴切的数据库与语料库,使大模型价值外部化能力得到提升。由此可见,大模型的数据库不仅不是静态的,而且是随着机器学习的进展,数据库的智能化程度还在不断增强。

(3) 大数据的情景价值外部化是通过一整套"算法"即数据转换的方法与具体操作程序来实现的,其中,除了从数据中提取关于情景的认知知识,同时,还充分利用主体对情景机理知识的理解作为核心情景。而大模型思维不再将情景知识与主体(特别是某个个别主体)的理解等同起来,它更遵循深度学习与不断训练迭代,从广泛的各类相关性中获得情景知识,唯有如此,大模型情景价值外部化将比大数据更能体现人类关于情景的认知智慧。

(4) 本书 8.4 节指出,认识情景的复杂整体性不能忽视独特性,分析与解决复杂整体性问题也不能仅仅依靠规范性,而要同时充分关注独特性对复杂整体性的诱发作用。系统复杂整体性的独特性往往表现在情景的微观、局部与细节之中,而语境则是理解情景细节中本质不确定性、多尺度、适应性等的重要渠道。如果需要运用包括文字、语言在内的新的符号系统与算法来描述复杂整体性,那么语境将非常有效地为我们破解不明机理的秩序、不可重复的规律、无结构验证等复杂性的功能。

这样,可以认为,文字、自然语言处理能力等均为释放情景价值外部化的重要工具。在这方面,ChatGPT 经过海量文本数据的训练,逐渐能够准确预测句子中下一个单词,形成同人类相似的语言风格并可以与人对话,只要增加大语言模型的训练数据量,就可以有效提高模型的对策与预测能力。当前,ChatGPT已经能够通过学习和理解人类的语言来进行对话,还可以根据聊天的上下文进行互动并且接近人类水平;随着 AI 技术的快速发展,ChatGPT 还可以根据人们想要理解的内容,将信息进行整合生成,让人误以为 AI 有意识和人格觉醒。显然,大模型的这些优势更有利于揭示复杂情景独特性语境中"非必然"或者"突发的"背后的成因,这正是深刻揭示复杂整体性独特性所必要的。

3. 基于人机智能协同化要点

本书第十二章一开始,我们首先讨论了情景的可计算性,指出情景可计算性即运用计算机程序化语言与计算技术使情景能够在计算机系统中被表示和描述出来,这对情景建模来说,是个极重要的理论基点,这同时也意味着,情景可计算性必然会形成一个有着既定目标与范式意义的每一种人机协同环境。

在大数据驱动复杂系统情景建模流程中,这一人机环境主要表现于建模主体要把概念情景进一步抽象与符号化为结构化情景,从而使计算机能够"读懂"人的概念情景的系统结构与关系、明晰情景要素之间的逻辑关联等,这些都强烈反映出人机之间的关系主要是人为主机为辅,机的作用主要表现为一种机械、被动的执行计算的工具,主动性、适应性与智能性非常缺乏。

而大模型不仅建构了单纯的人机关系,其背后是更强大的万物智能互联网络环境,人充分利用了这一环境的优势,加上先进的自然语言处理能力,为如何描述情景的复杂整体性提供了强大的数据库和语料库,加上先进的算力还能够在多种训练、喂养、学习后产生新的知识,其中包括以前主体很难获得,甚至难以想象的知识,这必然极大提升了情景复杂整体性认知的广度和深度。这意味着,在大模型助力下,计算机与人形成了一种新的人机智能协同生态,这一生态将基于大数据的深度学习提升到基于大模型的生成式人工智能,实现了人类反馈微调和人机智能交互对人机协同性能的改善,从而充分激发计算机智能处理复杂数据与语料的能力,无论对文本、图像、视频和音频等非结构化数据的分析与融合,都比原来大数据驱动流程的"情景数据的大数据化"要方便、快捷得多。

4. 基于情景生成方式要点

任何一种人机关系在整体上就是一种情景生成方式。在大数据驱动情景建模的人机关系中,情景生成方式主要有两个环节,第一个环节为核情景数据提炼,即从"无穷多"情景要素数据里集中提取出有限多个最能体现情景本质属性、整体结构、时空分布与演化规律的要素数据及相互关联信息,生成体现核心属性与特征的情景。

第二个环节为情景耕耘,即主体先要构建一类标志情景基本动力学机理的基础情景,再将情景大数据所蕴含的独特信息嵌入基础情景中,经过不断耕耘培育出新的情景来。情景耕耘的实现更多地涉及人与计算机技术的关联,包括设定情景耕耘的环境、变量、边界条件、关键算法、计算机语言和模拟结果可视化等多个环节。情景耕耘的实现过程一般采用自下而上的研究方法,从决定智能主体的基元层次出发,使智能主体根据变化的环境而不断学习,适应性调整各自的行为并相互作用,最终实现耕耘过程的演化与涌现功能。这是人与计算机的对话与任务交代,因此,在这一过程中要选择计算机可接受与可理解的技术。这一环节的质量主要由建模主体的经验、理解、知识与想象力所决定。

现实中,建构一座大厦,最基本的建材是砂石、水泥等,情景生成相当于构建一座情景大厦,大数据驱动情景建模最基本建材是数据,无论是数据的搜集,对数据的清洗、筛选、去杂质和做规整化处理、核情景数据的提取,特别是对异构情景数据的融合,都从数据级开始,计算机在人所设计的流程中,按步骤执行,如同将砂、石、水泥制成水泥混凝土,再加钢筋,生成钢筋混凝土,一步步建成大厦;此时由于人机关系相对简单,投喂给计算机的基本上都是数据级输入,缺少集成性的预制构件。此外,大数据情景建模无论上述哪个环节,建模主体自身的经验、知识、理解、想象力、预定义的局限性、片面性、偏差性等都会对情景生成质量产生重要的影响。

而在情景生成方式上,大模型认识论形成了一种新的人机智能协同生态,该生态具有许多新的情景生成功能,首先,大模型的数据库与语料库规模空前大,相当于建构大厦的砂石、水泥等建材不仅数量大,而且品种多,还有集成性的预制构件;其次,大模型能将词语、句子、段落和文本分解为数据,目的是寻找在特定条件下同时出现的词汇和句子的模式,一个模式就是一个"算法",除了能够在数据融合的作用下,将文本、图像、视频、音频集成融合,生成新的知识,相当于除了将砂石、水泥组合而成混凝土,还能够形成集成性的预制构件,如果这一模式具有强大的推理和事物泛化能力,则更能够生成新颖的综合性建筑大部件以及颠覆性、原创性建筑知识,相当于创造了一种原创性的建筑方案或者模式,引起建构大厦范式的重大变革。

根据上述情景生成方式的比对,可以进一步体验到,大模型通过大数据＋机器学习＋微调变换＋人机协同的模式,形成了一种数据智能模式,现实中,主体面对如何描述复杂整体性,经常出现自己"不知道自己不知道"的认知困境,这往往使存在认知缺失,甚至认知盲区的主体在情景生成活动中"摸着石头过河"。这时,基于大模型的数据智能能够以自身的推理与演绎能力为主体提供关于"不知道"的多种相关性与可能性,扩大了主体关于情景生成"知道域"的范围,并且提高了"知道的"层次,这是大数据驱动情景模式难以做到的。

总结本节以上内容,可以看到:无论从复杂整体性属性出发,还是从建模关键技术要点出发,在情景建模应用场景中,大模型都具有自身的重要作用与优势。这就启发了我们,可以考虑在原来的大数据驱动复杂系统情景建模技术路线的基础上,充分注入大模型思维、关键技术以及赋能方法,发挥大模型思想与技术在情景建模中的积极作用与优势,让复杂系统情景建模往更具智能化与更贴近人类价值体系的方向进步和提升情景建模质量。

当然,建构实实在在的基于大模型复杂系统情景建模基本原理、技术体系与流程步骤,形成最终的建模范式需要进行深入的分析与设计,工作之艰巨与繁重难以在这里完成,但是,随着大模型研究与应用不断深入,一种新的大模型驱动复杂系统情景建模的新范式应运而生是极有可能的。本节只是对这个初步设想做了一点可行性与逻辑性的诠释。

第十三章　大数据驱动情景建模关键技术与流程

在上一章,我们介绍了大数据驱动情景建模的技术路线,不难看出,技术路线中包括多种类型的技术,一个步骤也与一个或者几个其他的技术捆绑在一起,实施完某些技术也就完成了一个步骤。至于有些独特性和专用性技术,更成为情景建模技术路线中的关键技术。

大数据驱动情景建模关键技术不主要指某一单项技术,而是由多个前后有序、逻辑关系清晰的技术构成的技术链,其整体性意义表现为沿着这一技术链就完整打通了大数据驱动情景建模的技术路线。

根据上述逻辑,大数据驱动情景建模关键技术(链)与前面的基本原理以及与后面的建模流程自然具有高度一致性,这也说明了只要在功能上能够实现情景模型化,就意味着形成了一种关键技术(链)。作为例子,以下介绍一组建模关键技术链。

13.1 关键技术第一板块:现实情景、概念情景与结构化情景的转换技术

情景建模一般均需以某一有着明确物理形态的现实情景为导向,所以,需要根据研究目的对该现实情景的具体内涵与物理边界进行适当界定,不致情景范围过大而难以把控,或者范围过小无法包容问题内涵。我们将这一阶段看作大数据情景建模过程的第一板块,它表现为现实情景、概念情景与结构化情景三者之间有序转换的一条完整技术链,而且在每两两转换中表现出各自具体的关键技术,具体介绍如下。

13.1.1 现实情景的界定技术

1. 确定作为情景建模导向性的问题或现象,重点是其中的复杂整体性表征,如动态演化过程、多层次宏观涌现等还原论无法解决的现象等。

2. 选择情景建模的视角与切入点，如预设情景结构及变化趋势，揭示宏观整体特征的涌现以及梳理主体行为适应性的作用等。

3. 界定情景时空尺度，任何情景都是一定时空意义下的"鲜活体"，不同的时空特征对情景形成与情景形态具有重要影响，因此需要界定好情景的时空规定与特征。

4. 情景建模除了受到建模技术和工具的影响，很重要的是要明确建模主体不同的建模目的，如寻找情景背后的机理，对某一理论观点或假设进行验证、预测情景的未来趋势、探索极端情景状态以及设计对情景复杂性的控制方案等。

上述各点主要可归纳为明确情景建模的目的，对模型化现实情景进行适当的界定和梳理，所采用的技术与工具多为主体对现实情景的直接感知和通过各种途径获得的知识。

13.1.2 现实情景到概念情景的转换技术

前面说到，现实情景主要是情景的物理实体，而情景建模需要把对物理情景的直观感知提升至理性认知，并以某种抽象的符号体系给予表示和描述，这首先要把现实情景在概念层面进行抽象，即运用学术话语与逻辑体系将现实情景转换为概念情景。所谓概念情景就是现实情景的基于抽象概念与逻辑关系构建的情景模型。

考虑到情景的属性是复杂系统，所以，概念情景转换需在系统空间中实现，因此，在概念情景转换过程中，需要以情景直觉感知为基础，经过理性思考形成一个完整的对情景复杂整体性的理解。这样，定性分析技术、质性研究方法以及系统分析技术综合形成的全景式质性分析方法可作为现实情景转换为概念情景阶段的关键技术。

概念情景形成过程主要采用抽象概括与逻辑推导，注重对情景的独特性进行提炼和归纳，这就少不了在现实情景下，采用以语言、文字描述和阐述的定性方法；而质性研究一般采用开放式和非结构化手段来搜集多样性信息，如图片、视频、声音、文档等，或者在现实情景下，采用以语言、文字描述、阐述的定性方法论，这些都适用于对现实情景感知的抽象。

对概念情景而言，不论是情景重构、实现还是预测，揭示情景复杂整体性都是十分必要的，这也是全景式质性分析方法的核心内涵。该技术中的"全景式"针对了情景整体性，即情景大局，而"系统分析"则针对情景复杂性，即情景细节，两者综合非常符合情景的复杂整体性特征。

13.1.3　概念情景到结构化情景的转换技术

在上一章中我们指出，从技术与人的共生进化关系看，大数据驱动情景建模中的"大数据驱动"之实质是人通过专门设计的方法与步骤，并运用适当的工具增强自己将大数据潜在价值外部化的能力。而在当今，这种工具主要是计算机与网络。这就让我们进一步明确了大数据驱动情景建模是以现代计算机技术为基础，通过设计一整套"算法"即转换方法、有序化步骤与具体操作程序来实现大数据情景价值的外部化。

这意味着，当现实情景完成了概念情景的转换后，概念情景中除了包括原来情景中的结构化部分，还包括着一定的半结构和非结构化部分，这对当今一般的计算机来说是难于"读懂"和"理解"的，因此，为了进一步让计算机发挥好情景建模作用，那就要在概念情景的基础上，将情景结构化，即将概念情景以符号、规则、公式、逻辑语言等表示和描述，这就是概念情景到结构化情景的转换。

"结构化情景"不等同于结构化数学模型，它比结构化数学模型更广义，例如一定的逻辑关系或一定的规则与法则均可认为是一种结构化方式。这一过程可使研究者把"概念情景"中的主体、行为、结构、关联、规则等进一步抽象和符号化，从而使计算机能够"读懂"复杂系统管理中情景的结构与逻辑关系。

具体地说，情景结构化按照建模过程可分为情景对象结构化、系统环境结构化、情景结构化的运算以及情景结构化的展示等。

1. 情景对象结构化

情景对象结构化即采用数值或非数值的编码来表示情景中的主体，例如主体的性别、年龄、特长等私有属性以及职务、岗位、家庭角色等各种社会属性。情景对象的结构化描述可以用"分类+状态"的数值或非数值的编码方法加以描述，也可采用适当的结构树、结构表格来表示它们之间的关系。

情景对象的结构化是情景结构化的核心内容之一。情景对象的结构化模型设计可以从归纳和推理两个角度进行。情景对象结构化模型可以是直接从人的感知抽象来获得情景中主体的一般特征，也可以是基于大量的数据分析、挖掘和文献梳理与理论研究来获得主体的一般特征。因为基于面向对象的建模任何时候都通过把对象抽象，并通过对象的属性、方法和关系来刻画对象的特征，因此，在情景建模中可以根据对象建模思想来建立主体结构化模型。

另外，还可以把主体对象视为网络空间中的一个简单节点或比较复杂的智能机器人。需要注意的是情景模型不是，也不可能是对情景中的主体进行完全复制，而是有选择地提取其特征、属性、能力、行为以及与其他主体或者环境的相互关联,通过恰当的方式,将它们在情景建模中表达出来。因此,主体对象建模的属性、方法和关联关系的内容选择应该根据具体建模目的来确定;另外,还需要注意主体、主体属性和关系的创建、更新或演化等问题;最后,在大规模复杂情景建模中,还需要考虑情景主体模板设计问题,通过主体模板的实例化来创建大量主体。

2. 情景环境结构化

情景结构化既需要考虑情景内部主体(对象)的结构、特征和规律及表达方式,还需要考虑情景环境的影响作用。一般来说,情景主体周围的自然环境和社会环境都是影响主体决策和行为的主要环境要素。情景环境的结构化建模转换一般要考虑情景环境的表达方式与主体和环境关联关系的规则两方面内容。

3. 情景结构化运算

情景结构化运算主要是情景结构化的操作,即采用一段程序来表达情景动态变化与运行的先后顺序,这样的一段处理程序可基于一组数学方程(公式),也可基于一组规则。基于方程的计算是将数值运算与逻辑运算通过基本的机器指令来表示,对应计算机的机器指令主要是逻辑运算,如工程供应商与工程承包商之间循环报价的谈判过程表现为一系列报价、决策、反报价等过程;而基于规则的计算可以用接近自然语言的"IF/THEN"形式规范化表示。

作为复杂系统情景,各个情景要素、子情景以及情景层次之间的相互作用,使情景整体呈现出动态演化现象,并不断涌现出新的情景特性,而情景主体在环境动态演化过程中,也会表现出不同的演化行为。因此,只有对情景主体的演化内容、规则和内在机理进行深入研究,才能更好地了解复杂系统情景特征的整体性。大数据驱动情景建模的核心就是把情景主体的行为演化作为切入点,把不同主体行为演化、规则与表达方式作为情景构成和生成的三个主要内容。具体地说,通过对主体演化规则的"内因"和"外因"进行系统剖析,形成主体演化规则的结构化模型,因此,这将涉及大量的规则模型的运算和数据处理。一般常用的主体演化的表达方式采用数据列表的数据记录与更新来表达主体某个关键状态参数的动态变化,或利用各种类型的图形(二维或多维图形)来表达主体动态、实时的演化过程。

4. 情景结构化展示

情景结构化展示是运用某种图形或图表方式来表达情景主体关键属性状态、主体关键关系网络状态、系统环境状态等。例如,利用二维空间坐标来表达主体间的关系紧密度,利用某种水生物在大尺度时间中的数量来刻画湖泊的污染程度等。

由此可见，情景结构化过程是指通过一定的方式和方法将概念情景转换成可计算模型。但要注意，并非所有情景都可以结构化，比如，文化、价值观等就很难进行结构化，这是这一阶段的处理难点。

在情景结构化过程中，一定的逻辑关系或一定的法则与程序均可认为是一种结构化方式，这一过程可使研究者把现实情景进一步抽象和符号化，并提取结构化情景中的主体、行为、结构、关联、规则等。

情景结构化可分为宏观层、中观层和微观层，宏观层关注系统整体结构、功能与宏观演化趋势等；中观层关注组织、网络、多层次、多尺度关联性等；微观层关注个体行为、情感、偏好等。情景结构化的目的是用逐步精确的结构化概念情景序列来逼近和实现情景建模。

13.2 关键技术的第二板块：大数据化技术

13.2.1 大数据集形成技术

如上所述，情景结构化实际上是在系统分析意义下，对情景组成要素、关联、结构与功能的分解与梳理，并根据建模目的，得到粗粒度不等的情景信息（数据）集。由于某个被主体界定的情景内涵、边界与独特性并不是天然的，而是被主体研究目的所规定的，这意味着，该情景（也包括拟建模的情景）的情景信息（数据）有其特定的规定性。但在现实的建模开始之时，第一，我们无法确知哪些是情景建模必需的数据，哪些对建模而言是多余的；第二，因为待建模的情景是被人界定的，所以，无法事先提前准备好必要与恰当的信息（数据）集。于是，我们要么根据某些判断临时采集数据，要么将尽可能多的现成数据拿来用，而这些数据虽然数量很多，但原本并非为情景建模而准备的。

举个实例，为了研究水流域环境治理需要对水环境情景建模，这就涉及相当多领域的数据，如通过物联网监测获得的河流水质监测、水源地水质监测、面源监测、企业排污监测、卫星遥感图像，水文监测、气象数据、企业排污、垃圾处理、废水处理数据；各类社会发展如人口、就业、受教育程度、科技水平、法律法规、各类标准规范数据；各类经济发展如生产总值、产业门类、产业规模数据；互联网如搜索引擎、门户网站、社交网络、媒体报道数据等等，这些数据还可分属不同领域与维度，如空间、时间、自然、社会、经济、人文、行为等，还可以分为结构化、半结构与非结构化数据等等。

如果再梳理成纵、横两个维度，在纵向上，情景数据是指复杂系统情景的状态指标的观测结果，并按照其出现时间的先后次序，以相同的或不同的时间间隔排列的数据。这些数据中含有时间序列数据、文本数据、图像数据、视频数据等，反映了复杂系统情景现象或若干现象状态的变化规律；在横向上，情景数据也可以是复杂系统情景在某一时间点上的整体状态，反映了基于特定时间、地点，复杂系统特定内在关系形成的整体形态，因此，从复杂系统意义上看，情景数据是蕴含着不同时间、地点、条件的复杂整体性表征。

复杂系统情景是随时间动态变化的，在不同阶段具有不同的特征、不同的机理，难以统一刻画和度量。但在一个小阶段中，情景呈现出相对稳定的运行机理和形态，因此，某个特定时间点（段）上的情景相当于情景的一个切片（一帧静态照片），而整个动态情景演化相当于情景切片流（一段连贯性的视频），是各切片连贯序列（或者情景数据时间序列）的内在机理与外在形态的综合表征。由于情景的复杂性，从一般意义上讲，情景数据与情景数据时间序列不仅是无穷（类）的，而且是多元异构的，有时间序列数据、文本数据、图像数据、视频数据等等，数据中往往还包含噪声和无用信息，需要进一步进行噪声去除处理。

另外，面对多门类的林林总总的数据，我们其实并不完全知道哪些数据对情景建模是重要、有用的，哪些数据是没有什么用，甚至是完全没有用的；也不知道我们还缺少哪些数据，甚至我们并不知道我们究竟不知道什么。按照惯例，我们一般会认为建模数据"多总比少好"，或者不敢随意"丢弃"什么数据，或者不知道应该补充哪些数据等等。这样，从实质上讲，我们在结构化情景转换完成后，会在一定的认知与知识基础上，根据某一个明确目的和模糊感觉获得一个庞大的数据集。这时，应当把这个数据集理解为普通的数据集，至于大数据驱动情景建模中的"大数据集"，则是在特定的场景与价值引导下，使自身潜在价值能够外部化的数据集，根据这一认知，原来的数据集只是"大数据备选集"。

13.2.2 大数据化技术

那么，我们是否能够直接从"大数据备选集"开始进行大数据驱动情景建模呢？还不能，两个最明显的原因是：

1. 大数据备选集中的数据质量不可避免存在各式各样的"缺陷"，如数据缺失、标准不一、语义差别、杂质严重等，需要利用多种技术来对备选集中的数据进行清洗、修理、规整和精选，剔除那些不具情景价值的数据或者提高那些情景价值不高的数据质量。

2. 大数据备选集中的信息的展示方式有文本、图片、视频、语音等，需要把在不同数据载体上的不同表达方式的非数据化信息转化为数据化信息。

这就需要在大数据驱动情景建模的前期,对大数据备选集中的数据进行各种预处理,目的是从整体上提升数据蕴含的大数据价值,这一阶段采用的这类相关技术称为大数据化技术。

在具体的大数据驱动情景建模过程中会采用哪些大数据化技术,第一要看大数据备选集中的数据类型与特征等,第二要看情景的复杂整体性形态与特征。一般地,如下通用技术可作为解决和处理常规性问题的大数据化技术:

1. 对大数据备选集中多源异构数据进行数据转换,转换成符合数据格式要求的技术,主要包括数据去噪、数据聚集、数据概念化、数据规范化、归纳处理和属性构造处理等,通过数据归并把那些不能够刻画复杂系统情景关键特征的数据剔除掉,将同类型数据进行合并,从而得到精练的并能充分描述复杂系统情景的数据集合。

2. 根据计算机按照其自身的逻辑可处理原则(可计算性),对不同精度、尺度、量纲和粒度的数据本身进行统一化的技术,将描述同一实体的不同形式数据转换为同一类可识别实体特征的数据形式,实现形式统一化;构建全局实体,明确全局实体的语义共享模式;研究局部实体向全局实体的语义映射问题,实现语义统一化;基于对齐数据与现实实体,建立数据集成架构;研究数据集中管理与跨平台互操作问题,使实体模型具有动态更新,实现基于语义的数据集成应用等。

3. 在对复杂系统情景理解和分析的基础上,通过数据携带情景信息的特征,在尽可能保持数据集核心功能前提下精简数据量,提高数据质量的技术,如数据降维、归一化、标准化、半结构数据转换为表格数据、文本数据转换为唯一标识编码、异常数据核实等。

4. 情景数据数字化后,数据可以表示为叠加了噪声的情景时间序列。噪声会掩盖实际情景内在机理的本真性,导致建模质量的下降,因此需要有针对情景时间序列中噪声的处理技术。情景时间序列中主要有测量噪声和系统噪声两种噪声类型。测量噪声是指在观测被误差污染信息的过程中,由测量仪器或观测手段引起而与情景本身无关的噪声。假设情景状态 z_n 满足 $z_{n+1}=F(z_n)$,测量的数据为 $x_n=h(z_n)+\omega_n$,其中 $h(\cdot)$ 是把情景状态变量映射为测量值的光滑函数,ω_n 是随机数,序列 $\{\omega_n\}$ 被称为测量噪声。这里噪声是伴随情景时间序列在测量的时候被叠加进来的,也称为外部噪声,一般是可以去掉的。

系统噪声是指情景内小的随机数在每一个阶段的干扰所产生的反馈,由主要情景内小的随机波动的传播激发随机波动引起。也可能由情景内在事件随机发生引起,从而直接影响了情景的演化,此时,情景满足 $z_{n+1}=F(z_n+\eta_n)$。其

中 η_n 是情景噪声,这里的噪声与外部环境无关,而是在情景演化过程中,作为一种输入进入情景并影响了情景的演化,这类噪声也称为内部噪声,是无法通过简单的滤波技术去除的,需要借助情景的演化特征进行处理。

13.3 第三板块关键技术:核情景要素的提炼技术

13.3.1 核情景形成技术的基本思想

我们试想,当数据集在完成情景结构化和被大数据化之后,数据集中的数据基本上分属于情景动力学类、相关性类与独特性类这三种不同类型。不难理解,在这三类数据中,动力学类数据最能体现和携带情景本质属性、整体结构、相互关联、时空分布与演化等重要信息,因此,需要我们尽可能多地以这类数据来驱动情景模型的基本架构与演化规则,来获得高质量的情景基础模型。我们称这类情景要素为情景建模过程中的情景核心要素,它们构建的情景简称为核心情景(核情景);相应的要素信息(数据)称为核情景信息(数据)。核情景数据蕴含着丰富的情景系统动力学信息,是数据空间中最接近现实复杂系统情景本质属性的数字写真。

核情景的重要意义是由情景的"核"来确定一类具有同样基础性动力学机理与本质属性的情景(类)。核情景"最大程度上"代表着这一类情景机理、规律和本质属性,在核情景构建的情景(类)基础上,再添加那些描述独特性与细节的信息,就形成了同时具有某一特定动力学机理与鲜明独特性意义的("这一个")复杂整体性情景,包括定格或暂态情景,或者定格或暂态情景的动态演化,这就是复杂系统情景整全性模型。

情景建模中的核情景提炼技术主要是从现实情景的"无穷类"情景要素集中提取出有限多个最能体现和保存情景本质属性、整体结构、时空分布与演化规律的要素子集,该子集最能够从本质上体现情景基本动力学机理与行为规则,某些参变量蕴含着对应的情景本质特征,这样的操作体现了情景建模的复杂性降维思想,由上知,提取能够体现情景本质属性与基本动力学的核情景并由此构建情景基础模型是大数据驱动情景建模过程中的关键步骤,而提取核情景方法则是这一阶段的关键技术。

核情景要素的提取原则主要有两点:一是用"尽量少"的要素"张成"尽量完整的、包含所有可能情景的情景空间;二是由核情景要素构成的情景模型与现实情景的平行镜像在整体结构、特征、演化规律方面没有本质上的差别。为了避免过分专业化,下面简要定性地介绍这一学术观点,有兴趣的读者可阅读其他的相关书籍。

1. 情景要素降维技术基本思想

前面提到核情景要素是"无穷类"情景要素类中能够体现情景本质属性、整体结构、时空分布与演化规律的有限多个情景要素,我们可以通过一系列定性定量等方法选择一些要素作为"备选"的核情景要素,并且为了不发生遗漏,往往会多选出一些。但是,这有可能会造成要素"冗余",例如,我们选出的情景要素中可能是来自同一维度,也可能来自不同维度,但他们基本上反映的是情景的同一属性特征,因此具有强烈的相关性,这就造成了核情景要素的"冗余",需要对这样的冗余数据进行降维或剔除处理。

现考虑两个情景数据时间序列之间是否存在相关性。假设 $\{x_n\}_{n=1}^{N_1}$ 和 $\{y_n\}_{n=1}^{N_2}$ 分别是复杂系统某一阶段的两个子系统 X 和 Y 通过观测或实验产生的情景数据序列,如果它们在统计上是相互依赖的,称子系统 X 和 Y 是耦合的,这意味着可以从子系统 Y 中获取子系统 X 的某些信息,反之亦然。测量两个平稳序列间统计依赖性的最基本的方法是正交关联函数法,这种方法的优点是计算简单方便,但它只能测量线性依赖性,无法测量非线性依赖性,虽然也可用高阶正交函数测量非线性依赖性,但计算将变得复杂多了。我们这里主要是诠释一下相关的基本原理。

由于情景数据序列是非线性的,互信息法是测量非线性数据序列统计依赖性的一种常用方法。当 X 和 Y 耦合时,它们之间有公共的信息,这种公共信息的多少可以由 $\{x_n\}_{n=1}^{N_1}$ 和 $\{y_n\}_{n=1}^{N_2}$ 之间的互信息量来度量。当子系统 X 和 Y 没有耦合时,意味着 X 和 Y 之间没有公共信息,即互信息为零,此时从统计意义看,从给定的 $\{y_n\}_{n=1}^{N_2}$ 不能获得 $\{x_n\}_{n=1}^{N_1}$ 的信息,反之亦然,表明此时获得的这两个数据序列是独立的。当子系统 X 和 Y 有最大耦合时,意味着两个子系统之间有确定性关系,此时,几乎所有的 $\{y_n\}_{n=1}^{N_2}$ 是 $\{x_n\}_{n=1}^{N_1}$ 的函数,反之亦然。在这种情况下,表明其中一个情景数据序列是多余的,因此,在整个复杂系统情景中,当两个子系统具最大耦合时,只需考虑其中一个即可,另外一个作为冗余可以去掉,从而实现降维的目的。

由此看来,互信息可以认为是情景两个子系统耦合强度的一种度量,能较好地反映两个系统的耦合情况,但它的计算比较麻烦,需用直方图方法求分布密度函数。用广义互信息测量统计依赖性可以解决这个问题,但要求其中一个数据序列满足一致分布,否则要通过复杂的转换才能使用,于是,进一步有了新的不需要预先假设数据序列满足一致性判别的统计依赖性判别方法。

2. 核情景要素正交性技术的基本思想

复杂系统情景会随着时间产生演化,因此,在复杂系统情景建模的数据处理分析过程中,以时间维度为基础,根据复杂系统现实情况,把复杂系统情景按空间维度、行为维度、问题维度、职能维度等进行一级分类(实际问题中,根据复杂系统对象不同,空间维度、行为维度、问题维度、职能维度等一级维度的划分方式可以进行调整),分成刻画复杂系统的 N 维正交空间,进一步对 N 维度中的每个维度进行细分,找出刻画二级维度的正交空间,依次不断进行下去,根据需要不断形成新的更下层级的正交空间。根据复杂系统情景的实际特点,每个层级的细分维度数和细分层级数都可以不同。

图 13.1 为水环境生态治理情景多层级核情景正交空间示意图,其中,一级节点形成最小维度空间,各二级节点又形成最小维度空间,依次下去,根据需要不断形成新的更下层的维度空间。

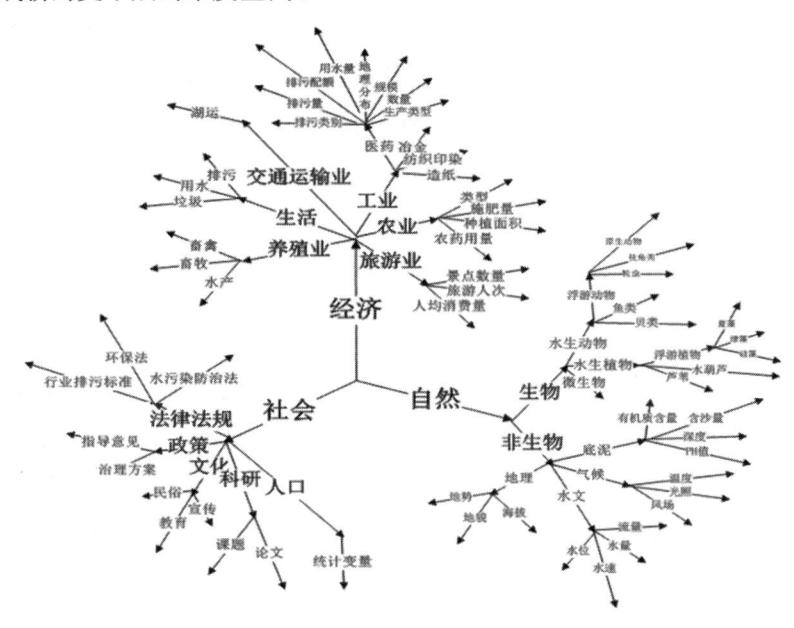

图 13.1　水环境核情景正交化提炼过程

13.3.2　核情景要素的提炼技术

基于上述思想,先对观测或实验获得的 K 组情景数据序列按照时间或空间或问题或职能或行为等维度分为 L 个情景数据序列集合,每个情景数据序列集合中包含若干组情景数据序列,这是复杂系统情景在某些维度内在特征的呈现形式。对每个情景数据序列集合,按 13.3.1 节中的方式先检验其中任何两组情景数据序列之间的独立性,如果它们有统计依赖性,则删除其中一组情景数据序列;再检验其中任何一组情景数据序列与另外剩余数据序列之间的统计依赖性,如果它们有统计依赖性,则删除该组情景数据序列。经过多次上述处理过程后,第 l 个情景数据序列集合中,任何一个时间序列都不依赖于其他 I_l-1 个情景时间序列,$l=1,2,\cdots,L$。再从第 l 个情景时间序列集合中任取一组情景数据序列,检查其与其他情景数据序列集合之间的统计依赖性,如果存在统计依赖性,则删除该情景数据序列。经过上述过程,最终形成 $I_1+I_2+\cdots+I_L$ 组情景数据序列,组成核情景数据序列。

13.4 第四板块关键技术:大数据驱动的情景耕耘技术

本节是大数据驱动情景建模全过程的核心部分,即在以上三个板块的基础上,本板块将大数据情景驱动原理与情景可计算性理论相结合,依据广义算法思维与复杂整体性建模的多符号体系的技术路线,计算机将在数据空间"计算"出现实情景的平行镜像;也正是在本板块,大数据情景驱动价值得以在计算机环境中外部化为可交互和具有沉浸感的虚拟数字情景,情景耕耘就是实现这一价值转换的关键技术。

下面我们先对什么是情景耕耘做一简要的介绍。众所周知,任何复杂系统情景不仅是复杂的,还往往是独特的,因此,在整体上也就是"稀缺"、少样本的。因此,我们一般不能指望从大量已知的情景样本中提取其统计规律来构建出新情景来,而只能在少量宝贵的现实情景要素数据或线索基础上,以计算机系统为"实验室",把少量宝贵的现实情景要素数据与线索当作"种子"进行播种、培育,让其生长,最终得到一类基础性情景,进一步"植入"各种不同的关键要素信息而得到各种不同的情景"果实"。再从这些"果实"形成的动态演化过程以及从这些"果实"的类型、特点中分析、预测和重构关于复杂系统情景的知识与规律。我们称这一由计算机"计算"出情景的技术为情景耕耘。联系前面的 13.3 节,如果这里作为"种子"的情景要素就是核情景要素,情景耕耘技术就成为大数据驱动情景建模技术路线中具有承上启下作用的重要而关键的一环。

需要说明的是,情景耕耘与一般的计算机仿真方法之间有着很大的不同。计算机仿真需要以某个真实系统为"标杆","仿真"追求逼真,而情景耕耘因为是对复杂系统情景的模拟。而任何具体的情景现象具有路径依赖、不可逆、演化等不确定性或突变性,因此,就不能用我们所见到、所见过或所认定的某个情景作为"真情景"来评判情景耕耘结果的"好"与"坏"、"是"与"非",也不能预期一定是哪一条情景演化路径是可接受和最好的。应该把情景耕耘结果理解为在一定的假设与法则下，经过情景自身的自组织、涌现等以及复杂系统管理—环境复合系统的相互耦合作用，在情景空间中所形成的一个可能情景及一条可能演化路径。在"多样性"与"多可能"的意义上，情景耕耘的任何结果都应被视为不确定的"真实"之一。

在这一板块，关键技术都围绕着如何将数据空间中所蕴含情景信息的数据有序化、整全化为情景整体，形象地讲，即如何通过情景碎片的数据载体实现情景的"破镜重圆"。

13.4.1 异构情景数据的融合技术

情景要素信息充分表现出异构性，而情景的"破镜重圆"则需要将它们整全化在一个情景之中，这就需要关于异构情景数据的融合技术。异构数据融合技术可分成基于阶段的异构数据融合、基于特征级别的数据融合和基于语义的数据融合三种类型的技术。基于阶段的异构数据融合技术是指在不同阶段数据挖掘的过程中，数据的不同形态进行融合，这类融合技术的数据之间没有交互作用，难以实现数据的内在融合；基于特征级别的数据融合技术是通过提取每个异构数据的特征，然后对特征进行分析和处理；基于语义的融合技术需要了解每个数据集以及跨数据集的特征关系，并认为提取到的异构数据的特征是可解释的。这些异构数据融合技术都是考虑一个节点上的多源异构数据，并不完全适合于复杂系统的多节点异构情景数据融合。

异构情景数据的融合技术还可以分为包括基于空间格网的异构情景数据融合，基于多尺度时间的异构情景数据融合和基于行为或者决策的异构情景数据融合等。基于空间格网的异构情景数据融合主要从空间视角对异构情景数据进行融合，应用空间智能技术和Smart格网模型，把复杂系统情景的空间区域切分为格网单元，每一格网单元对应于一组数值，是复杂系统情景在格网空间的相关情景数据值，数学上可以表示为矩阵，计算机实现中可以表示为二维数组。基于多尺度时间的异构情景数据融合主要从时间视角对异构情景数据进行融合，把各时间点的情景数据按时间尺度记录下来，构成多变量数据序列，对不同类型的数据进行归一化处理。对不同尺度的时间按最小时间单位进行统一化处理。基于复杂系统情景的异构数据融合主要从复杂性视角对异构情景数据进行融合，根据复杂系统对象的维度，例如从经济、社会、自然等不同维度分别对情景数据进行分类，可以对二级维度进行进一步的分类，不断归并相同维度下的同类数据，构建多级维度的数据空间结构。

13.4.2 建立耕耘模型的技术

情景耕耘模型是计算机模型的一种。情景耕耘模型应该能够直接和可操作地表示和描述复杂系统情景要素、相互关联与动态演化,并且这一操作不能看作建模者的个人技巧,而应该成为一种范式;另外,建立情景耕耘模型是以现实情景为导向的,因此,必然体现情景内涵的引导性与规制性,即要在基本范式原则下,以具体情景内容为导向,选择构建模型的技术,而不能出现以技术为导向的"技术主义"。下面我们以水环境治理现实情景为背景,介绍建立耕耘模型中的技术选择思路。

1. 系统环境的建模。不管是自然环境还是社会经济环境都对复杂系统管理中的主体具有重要影响,因此,在情景建模过程中需要将环境与主体之间的重要关系考虑进来。如湖泊流域自然系统中的要素主要有风场、流场、温度、光照、营养盐、藻类、水生动物、淤泥等,这些对水环境治理中人的决策行为与决策规则关系极大,因此,建立流域环境模型是建立耕耘模型的核心之一。具体地说,流域环境模型包括自然气候环境的动态性、河流营养盐传输与扩散的自净方程、湖泊水动力方程、湖泊营养盐扩散方程、藻类生消方程、水生动物捕食方程、淤泥吸附解吸方程、水生动物死亡方程等等。以上这些方程都是随时间变化的连续型动力学方程,因此需要使用有限元差分等离散化技术以便计算机能够求解。

2. 主体对象的建模。将现实情景抽象为计算机模型,是建立情景耕耘模型的重要基础。耕耘模型不是也不可能是对复杂系统情景的完全复制,而是有选择地提取情景核心特征并构造情景的有效表示方式。例如,在湖泊流域自然系统中,湖泊中每个位置都有一个坐标与之对应,湖泊坐标与湖泊情景形态是一对多的关系,湖泊有污水排放量、水生物生长率等基本静态属性,湖泊动态变化过程需要每个时间周期对其每个点的变化进行统计,例如其水生物生长情况、平均温度等属性,一个点的情况对应多个时间点的状态记录;河流与湖泊连接,有多条河流入湖泊,河流包括流速、水量等基本属性,一条河流需由多个河段坐标确定;河流上有多个排污口与之对应,排污口的位置由排污口坐标给定,排污口包括汇总的污水排污量、氮、磷元素的排污情况等。通过这种刻画,我们就可以把湖泊流域自然系统构建起来,完成对主体对象的建模。

3. 主体演化规则的设计。主体是情景的中心,主体行为规则的设计是建立耕耘模型的关键。在主体行为规则的约束下,主体在情景环境中经过多个周期的不断迭代,以揭示情景的演化趋势。比如在湖泊流域的社会系统中,政府、公众和企业分别有各自的环境行为,各自的行为规则,这些规则互相影响,进而形成不同情景演化，需要建立不同规则与不同情景演化之间的关联模式。

4. 耕耘模型数据结构的设计。主体在情景演化中一般存在着多种演进方式，包括主体与主体之间的数据交互、主体与环境之间的数据交互等，这些情景数据的交互，可以看作数据结构之间的一类操作。通过适当的数据结构描述来表达情景结构，解决情景耕耘中"耕耘什么"和"如何耕耘"问题。例如，如果主体之间关系表现为一个较为复杂的网络结构，可以借助数据结构设计来表达主体之间的信息传递、主体属性的演进等数据处理过程；对于复杂的情景模型，可以将模型交互和数据交互适当分离，这样，模型构建不但比较清晰，而且运行效率也会比较高。

5. 数据分析表达。在情景演化过程中，会产生大量的中间结果，对于这些中间结果进行分析和处理，可以得到许多有意义的启发与暗示，这就需要在模型中采用统计分析等数理方法。另外，除了中间数据的处理，在情景演化过程中，还需要将模型的具体表达用形象的方式展示在计算机上，这就需要使模型可视化，以便让人们更直观地看到情景的演化过程，形象地揭示情景的演化规律。

13.4.3　情景耕耘模型的计算机实现技术

情景耕耘的实现更多地涉及计算机技术，包括设定情景耕耘的环境、变量、边界条件、关键算法、计算机语言和模拟结果可视化等多个环节。情景耕耘的实现过程一般采用自下而上的研究方法。从决定智能主体的基元层次出发，使智能主体根据变化的环境而不断学习，适应性调整各自的行为并相互作用，最终实现耕耘过程的演化与涌现功能。这是人与计算机的对话与任务交代，因此，在这一过程中要选择计算机可接受与可理解的技术。

1. 耕耘环境的选择。此即构造适当的情景耕耘环境，选择适当的工具、编程、调试方式。通常包括如下具体任务：①针对情景耕耘数据处理内容，整合必要的数据处理软件或公用程序模块，以提高情景耕耘建模效率和增加模型的有效性；②针对情景耕耘数据处理规模，选择合理的情景耕耘运行方式，如单机计算、分布式计算、同步协同计算或其他计算技术；③针对计算过程和实验结果的数据量等数据存储要求，确定合理的情景耕耘数据存储体系，如本地硬盘存储或网络存储等；④根据情景耕耘流程与处理能力，确定是否要求对耕耘的中间数据结果进行后期的离线分析，以及是否需要定义与其他数据分析软件接口；⑤根据情景耕耘结果呈现等方面的特殊需求，考虑是否需要专用设备，如专用图形处理设备等。

2. 耕耘边界条件定义与实现过程。边界条件是指情景耕耘过程中的限制条件和控制参数,例如规定演化迭代的计算次数、主体对象的总数是否改变等。例如,定义主体对象的总数不变,允许新的主体对象进入系统以及改变人工对象在系统结构中的关系等。这些边界条件决定了对情景耕耘模型的开发与控制。情景耕耘的实现过程通常需要给出可计算的细化模型、计算程序流程图和适当的数据结构描述、情景耕耘实现的具体步骤、主要的功能模块,以及数据的变化或流动过程,所有这些一一都要有确定的技术选择。

3. 模型变量与初始数据设计。情景要素变量包括若干个自变量和因变量,情景耕耘研究中需要对变量分类,定义各个变量的属性,并对它们之间的关系进行可计算化描述,包括基于数学公式的量化描述和基于"条件/行为"(IF/THEN)的规则描述等,进而观察和评估自变量的变化对因变量产生的效应,初始数据是情景耕耘开始计算的起始条件,是对情景及环境初始状态的描述。

4. 关键算法与数理模型。关键算法是针对情景耕耘模型各层次所设计的与现实系情景演化规律相对应的算法,例如对应智能主体的基元层次的遗传算法,对应智能主体层次设计的自组织算法等;数理模型更多的是指情景耕耘模型中描述情景不同层次动力机制的数学方法,以及对情景状态进行评价的各类数理模型等。

13.5 第五板块关键技术:情景模型化的校核技术

13.5.1 基本释义

大数据驱动的复杂系统情景建模本质上是构造一个人造情景系统作为现实情景系统的平行镜像,而情景耕耘技术则是在一定的范式下,在计算机环境中构造出可交互和具有沉浸感的虚拟数字情景。建模主体希望,一旦构建了这一模型,就可在该平台上进行功能、函数级的计算,实现对复杂整体性问题的分析和优化;或者根据一定的目的,在可控的条件下,通过多次和可重复的方法来研究情景系统的变量与变量、变量与系统、系统与系统之间的关系,发现系统要素之间的内在逻辑关系;更重要的是,还可以模拟各种真实世界中可能但难以再现的场景,如突发事件、群体性事件的应急处置与调度、自然灾害及战争模拟等,并在此基础上,为针对实际场景的快速反应与行动决策提供支持。

虽然在这一过程中,作为主体的建模者有着上述明确的目的并掌握了必要的基本技术,但是,面对复杂的情景现实,他们对情景认知的深刻性,从现实情景、概念情景到结构化情景的逐次转换过程的恰当性,作为研究依据的理论的科学性,对耕耘技术路线与流程的设计的精准性,使用的关键算法适用性等,对最终得到的现实情景模型质量都有着重要的影响。这里所谓的模型"质量"是指用耕耘出来的平行镜像来实现上述目的的可能性、有效性与稳健性。这意味着,情景耕耘的结果在实际应用阶段,有可能出现偏差、失效甚至误导,因此,如同产品质量需要检验一样,对于情景耕耘形成的情景模型,要进行一定的"质量"检测并且在检测的基础上做好对情景模型的修正、改进与优化,以提高情景模型的可信度和可接受性。这具体包含两部分内容,第一,对情景耕耘模型的质量评估,第二,对情景耕耘模型的校核,而校核为主要内容。

13.5.2 模块化校核技术

虽然情景耕耘模型是整体性与全过程的耕耘流程的最终结果,但是,该流程由结构性的有序模块链组成,也就是说,在某种意义上,建模流程的逻辑与内涵对最终的模型"质量"有着重要的影响,因此,我们可以通过对耕耘流程的结构性分解,在流程的各个步骤中对耕耘模型进行校核,从不同层次、阶段上改进和提高模型质量。

1. 数据校核

情景耕耘流程涉及多领域各种类型的数据并会遇到一些难题。例如,由于本质不确定性以及保护隐私和安全的需要,数据的真实性、完备性与有效性会受到影响,为了在大数据化阶段保证耕耘输入数据的质量,必须重视对情景耕耘所有用到的大数据集中的数据进行校核。

2. 逐块校核

情景耕耘校核是一个分层、分步骤、由情景细粒度到粗粒度的逐层校核过程,具体可分为概念情景校核、结构化情景校核与耕耘情景校核等。

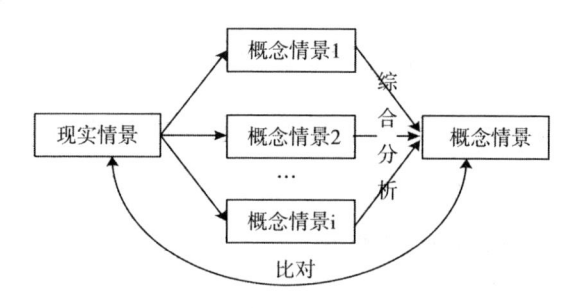

图 13.2 概念情景校核示意图

(1) 概念情景校核:在某种意义上,情景耕耘流程最初始和最基本的是一个将现实情景映射到概念情景的行为,对于同样的现实情景,不同的主体基于感性认知得到的概念情景常常不同。也就是说,可将一个现实情景转换为多个概念情景,究竟哪一个概念情景更符合现实情景和更能保留其本质属性,需要设计多主体协同与多次反馈迭代方法来最终判定,具体如图13.2所示。

(2) 结构化情景校核:结构化情景过程是将概念情景转换为计算机能"读懂"的形式的过程,对于同样的概念情景,不同的结构化技术会产生不同的结构化情景。一般地,这一模块的校核可以通过以下几个步骤完成:

①结构化情景是否如实反映了概念情景的层次结构和边界;

②结构化情景是否包含了概念情景的主要主体;

③结构化情景是否表达了概念情景主要主体之间以及与环境之间的交互关系。

在这一过程中,也可以采取逐步逼近的方法,首先分析出最重要的主体和交互关系,然后次之,再次之。

(3) 耕耘情景校核:在情景耕耘阶段,主要是按照时间维、空间维与事件维进行建模,形成若干小模型,并逐步逐层融合为整全化耕耘模型。鉴于此,校核工作一般分为单元模型校验、集成模型校验和整体校验技术路线进行。如图13.3所示。

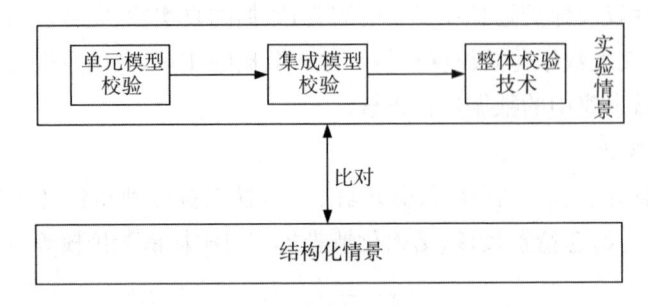

图 13.3 实验情景校核示意图

以上概念情景校核、结构化情景校核、耕耘情景校核除自身阶段需要比对迭代外,几个模块整体上还需要进行大循环校核工作。

13.5.3 反馈学习型校核技术

虽然在以上叙述中我们把情景耕耘流程分解为若干个模块,并且尽量对每一个模块都设计了校核环节,但毕竟情景耕耘最终形成的是一个复杂整体性情景,因此,耕耘结果的质量根本上还是要看耕耘结果的整体性功能与效用。这就需要我们在单个模块之上的整体层面对计算机"计算"出来的耕耘结果进行评估和校核,并不断在整体上实现对它的改进与优化。换句话说,以上主要体现了还原论思维的校核,而这里则主要体现了整体论思维的校核,对大数据驱动情景建模或者情景耕耘而言,显然,这一工作更为本质与重要。

首先,我们先介绍一个作为学习方式的概念,即反馈式学习。人们在认知或者学习过程中,需要不断提高认知水平或者不断修正自己所学知识中的谬误,这就需要有一个相应的平台,例如,这一平台具有某种对人的认知或者学习所获进行补充和纠正的反馈机制。可以设想,这样的反馈机制本身就是人的学习的一种方式,或者说,反馈就是一种学习。其基本范式为构建一种反馈机制作为评价与校核环境,需要时,我们可以把待校核的情景模型放到这一环境中进行调试,在一定的评价标准和规范流程下,该环境会告诉你一系列的调试信息,如整体情景的质量,对照某些指标存在哪些偏差或者缺失,如何纠正偏差和提高整体质量等等。这样的调试可以在不同的预设条件下重复多次,就像人们通过多次健康检查不仅获得自身的病患情况,而且获得如何使自己更加健康的途径和办法。

这种运用反馈学习思想构建对整体性耕耘情景质量的校核和提升技术称为反馈学习情景校核技术。现在的关键是如何构建这样的可操作技术。下面简要介绍一种技术设计思想。

情景耕耘本质上是构造一个人造虚拟情景系统作为现实情景系统的平行镜像,在这个意义上,情景耕耘也是对现实情景系统的计算机"仿真"。这里的"仿真"基本内涵是利用模型系统模仿真实系统并达到与真实系统的高度一致性,即"真"就是真实系统的形态与演化等。

但是,仔细分析,这里的情景耕耘技术与传统的计算机仿真技术之间有着非常重要的区别:传统的计算机仿真技术是通过对现实系统的识别和机理分析,构建出一个在功能等方面尽可能与真实的现实系统一致的模型,所以,仿真模型以真实系统为"标杆"并尽可能与其真实性逼近,即力求与之"逼真",此即为评价和校核仿真系统质量的唯一标准。

而情景耕耘的现实情景由于本质不确定性、适应性、自组织及涌现等复杂整体性会成为一个复杂的"活"系统,情景内除了结构型机理,还有半结构型与非结构型成分,情景的复杂形态与演化等无法完全用结构化的动力学模型来表征,因此,人们对它的复杂整体性往往不完全确知,甚至完全不确知。例如,一个情景有着 M 维动力学机理,但我们往往只知道其中的 N 维机理,且 $N<M$。这样,另外的 $M-N$ 维的动力学机理我们既不知道它的存在,更不知道它在情景复杂整体性形成过程中的作用。这表明,情景耕耘形成的未来情景只能是以基于核

情景要素构建的一类动力学基础模型"家族"中可能成为现实的"某一个",而就是"家族"中完全真实的"那一个"。事实上,复杂系统未来的情景在成为现实之前一直是未知的。

根据上述学术思想,我们可以设计如下的基于反馈学习的评估和校核情景耕耘结果的技术:

第一步:运用情景耕耘技术形成一个基于现实情景平行镜像的虚拟情景,该模型的分析、解释与预测功能是我们关注的模型质量的重点;

第二步:在已经成为历史的情景演化过程中,选取某个时间点为起始点,选择迄今为止的时间为评估和校核的时间段,在这一时间段内,情景都已成为历史现实,即任何情景要么已是历史,要么已为当下,即都成为历史或现实的"真"。我们可以将这段时间再细分为不同的时间长度,相当于得到有着不同起点和终点的情景演化过程,不论哪一个过程,都有自始至终完整的真实情景数据序列,这在整体上,相当于产生了一个具有共同核情景的情景"大家族"与现实演化路径。

第三步:将待评估和校核情景耕耘模型向后平移并作为这一数据序列时段内的情景动力学模型,开展各种分析、解释与预测等校核工作。不难看出,对这一数据序列时段,这一校核工作已经"退化"为基于某一个特定现实情景的"仿真"校核,因为这时作为校核对照物的数据序列时段任何一个情景在现实中都已经是真实的。

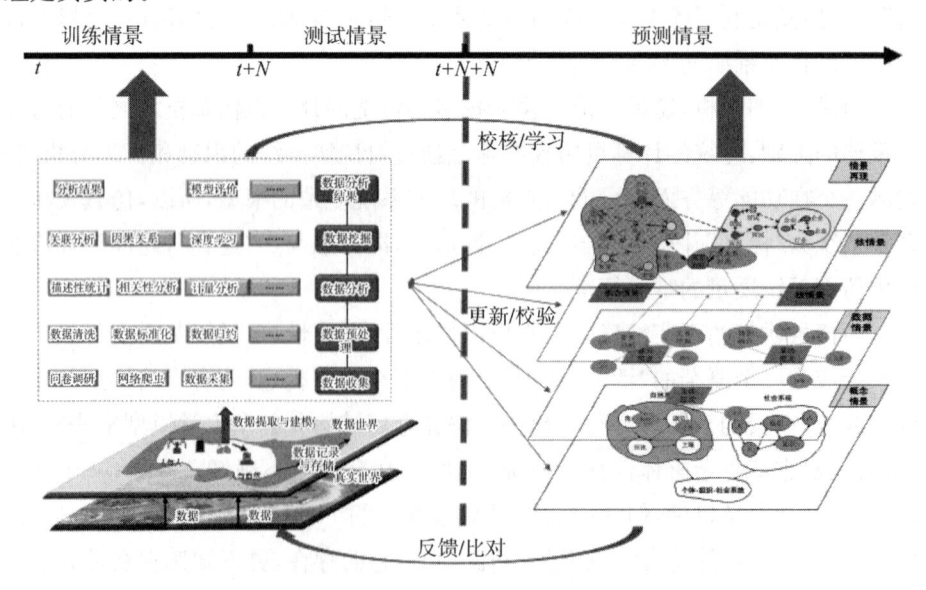

图 13.4　反馈学习机制的校核技术图

第四步：在以上步骤完成的基础上，开展对耕耘模型的综合评价与质量提升与优化工作。

综上所述，本部分重点为借助反馈学习思路，从情景耕耘模型的整全性、适应性、防过拟合、提高泛化能力等方面，研究模型是否能够体现复杂系统管理与决策问题的情景本质属性及重要的独特性，从模型输入一致性、模型相容性、结果输出可信性等构建校核技术体系，研究模型可信度和建模迭代终止准则。图13.4 对此技术进行了示意。

13.6 大数据驱动的复杂系统情景建模流程

在大数据驱动的复杂系统情景建模原理、技术路线和关键技术支撑下，大数据驱动的复杂系统情景建模的整体性流程就不难设计和形成了。

大数据驱动情景建模的流程是大数据驱动情景建模基本原理和关键技术的整体化和逻辑化形成的具体路径，是情景建模完整操作的范式。这一流程表现出如下三个明晰的特点：

1. 整个流程与情景建模原理在学理逻辑上高度一致，并且在流程的各个重要阶段都有相应的关键技术作为支撑，而且各个关键技术自身也是原理的技术化，并且能够释放出完善的整体性功能。

2. 该流程表现为通过以数据为起点和运用多符号系统，挖掘大数据集自身蕴含的情景信息价值，并沿着数据→数据情景信息→情景要素→情景碎片→整全化情景这一有序转换与迭代过程，最终实现大数据情景价值的外部化。

3. 该流程在还原论方面，对情景自治性、联邦性混杂系统形态的微观机理进行还原性演绎，以论证和小数据为主构成情景机理，以何人、何事、何时、何处、何因、何果、何去何从、将如何等情景语言进行情景时序性"切片"，获得局部与微观复杂性认知；在整体论方面，以论证为辅和大数据驱动形成情景关联逻辑，针对管理"情景"样本的稀缺性，将统计概念泛化为"情景耕耘"方法，运用计算机模拟技术使离散情景"切片"在一定机理与动态规则下形成情景"切片流"，再经多层次融合形成情景的独特性、宏观涌现与演化（全景逼近与过程复原）。

其中的核情景提取与情景耕耘技术充分反映了大数据驱动的复杂系统情景建模理论思维、基本原理、操作流程的独特性与统一性。

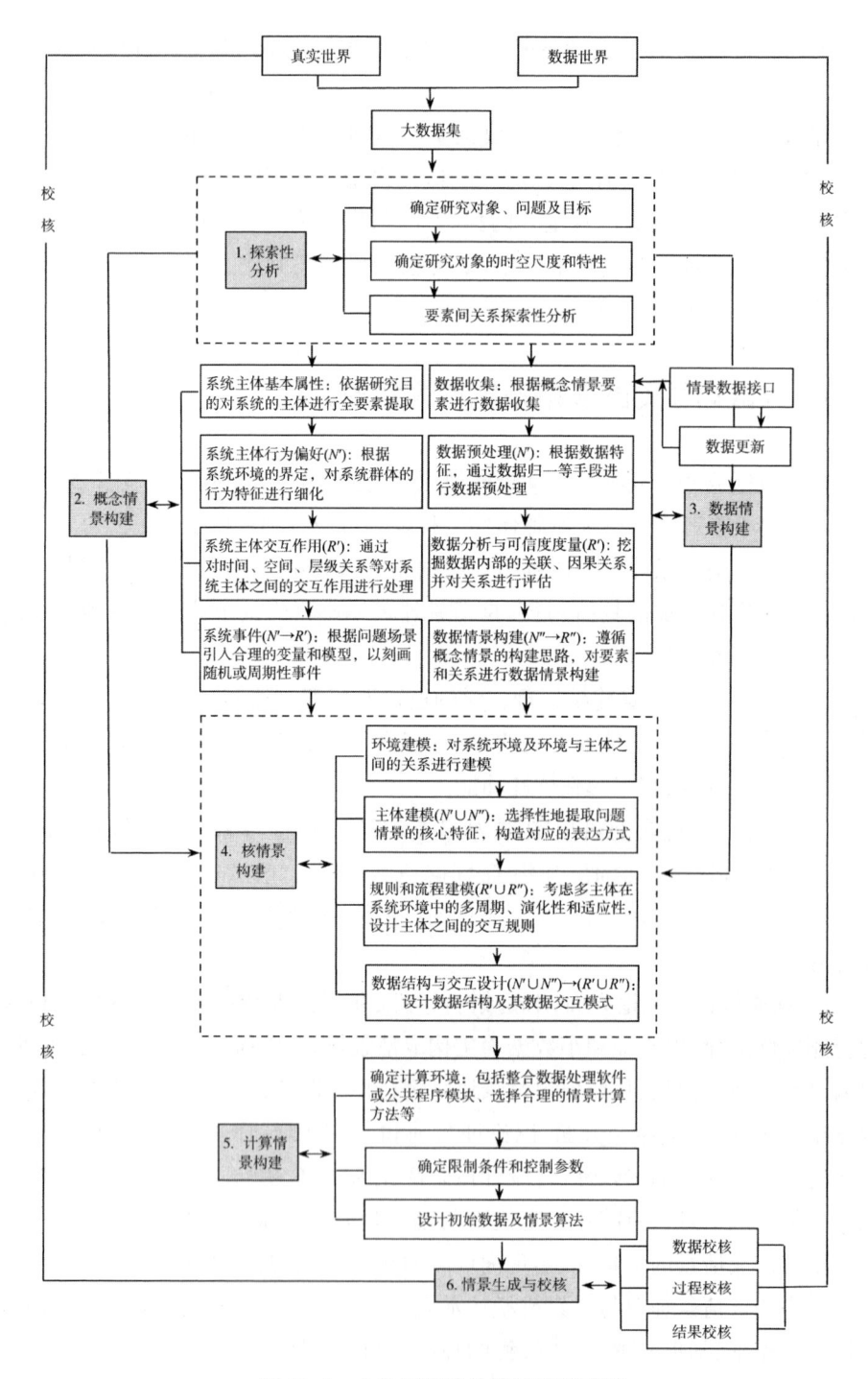

图 13.5　大数据驱动的情景建模流程

图 13.5 表达了大数据驱动的复杂系统情景建模整体性流程。其中：

步骤 1：探索性分析。根据问题研究需求，界定特定的现实情景，明确情景建模目标，形成对现实情景基本认知。

步骤 2：概念情景构建。概念情景主要包含四个部分，即主体基本属性、主体行为偏好、主体交互关系以及事件。其中，主体基本属性是指依据研究目的对主体进行要素提取，在这个阶段尽可能做到全要素选取。主体行为主要是根据环境的界定，对社会群体的行为特征进行细化，得到要素集。主体交互作用是指通过时间、空间、层级关系等对情景主体之间的交互作用进行处理，得到关系集。事件主要是根据问题场景引入合理的变量和模型，对事件基本特征进行刻画，即实现从要素到关系集的转换过程。

步骤 3：数据情景构建。数据情景首先是根据概念情景要素属性进行数据收集，并根据数据特征，通过数据清洗、标准化和归一化等技术手段进行数据预处理，得到可处理的要素集，然后利用大数据技术挖掘数据内部所隐含的关联、因果关系，对这些关系进行进一步可信度度量与评估分析，提炼并形成更深层次的新的关系集。最后，在可处理的要素集与新的关系集基础上进行建模，完成数据情景构建。

步骤 4：核情景构建。核情景的构建需要将概念情景和数据进行融合，形成"情景"和"数据"的统一整体，在此基础上实现环境建模、主体建模、规则和流程建模、数据结构与交互设计等。其中，环境建模是对系统环境及环境与主体之间的关系进行建模。主体建模需选择性地提取情景的核心特征，构造对应的表达方式。规则和流程建模则需要将各类关系进行融合，在充分考虑主体在系统环境中的自组织、涌现性和适应性的前提下，设计主体之间的行为交互规则。数据结构与交互设计是指主体在情景中的演化可以看作主体之间，主体与环境之间的数据交互过程，因此需要设计数据结构及其数据交互模式。

步骤 5：计算情景构建。计算情景的构建首先需要确定计算环境，包括整合数据处理软件或公共程序模块；选择合理的情景计算方式，如单机计算、分布式计算、确定数据存储体系；确定中间结果数据是否需要离线分析；确定与其他数据软件交互的接口；确定是否需要专用设备，如专用图形处理设备等。在计算环境确定之后需要根据主体间的交互流程图、数据结构等方式确定计算过程中的限制条件和控制参数；此外，还需要对系统中的自变量、因变量和控制变量进行设计，描述变量之间的关系，并对初始数据进行设计。最后，根据研究需要设计算法，例如，采用演化算法实现主体目标的优化，或采用学习类算法模拟人类决策过程等。

步骤6：情景生成与校核。在得到情景计算结果之后,如运用反馈学习方法,将结果情景与现实情景、数据情景进行对比校核,分别从情景数据集、情景模型的构建过程和情景模型的生成结果进行逐层迭代校验,通过迭代的方式不断提高模型品质。

第十四章 复杂系统管理实例

本章安排了三个不同领域的复杂系统管理实例,数量不多,因为既然是复杂系统管理实例,就不能仅仅对实例中的相关概念做点介绍或者对某个原理做些解释,而要尽可能把从问题的背景起直到如何分析和解决问题,包括思路、方法与结论介绍清楚和完整。这样,篇幅自然会比较长,否则,不完整的介绍只能算是说明性的举例,难以完整和全过程体现复杂系统管理的内涵。

14.1 实例1:基于复杂系统管理的重大工程核心决策范式研究

14.1.1 重大工程核心决策问题概述

决策是重大工程管理中一类重要的实践活动。特别是其中一类关系到重大工程建设全局性的核心决策问题更具战略性、整体性意义。例如,工程规划论证、工程整体方案设计、投融资模式等都是这类决策问题,因为它们在宏观层面上要明确而准确回答工程要不要建、能不能建、如何建、风险有多大、有没有和能不能破解"卡脖子"技术等重大问题,必须将这类核心决策问题分析好、解决好。

一般地,以下三类实际问题都属于重大工程核心决策问题:

1. 工程建设中的"基础决定性"决策问题。这一类决策一般对重大工程实体的功能、质量及运营具有全局性影响,如工程选址、工程整体方案设计等。

2. 工程建设中的"需求创新性"决策问题。这一类决策常常面临着难以完全预知的自然环境与技术难题,对工程建设具有举足轻重的作用,需要通过重要创新才能解决,如重大工程关键技术选择与主要施工技术方案设计等。

3. 工程建设中的"发展战略性"决策问题。这一类决策中涉及的工程功能与建设目的与国家和区域社会经济发展等宏观战略有着直接紧密的关系,如重大环境改造工程的立项、跨境重大工程建设等。

14.1.2 重大工程核心决策问题的基本属性

重大工程核心决策问题不仅意味着该类问题处于整个工程决策活动的核心位置，还意味着解决这类决策问题具有较大的难度。而"难度"一词除了蕴含着问题自身固有的某种属性，还与主体的认识与能力不充分有着很大关系，因此具有很大程度的主观成分。但是，作为对重大工程核心决策问题的科学研究，应当尽量排除附加在研究对象身上的各种感性、主观和表面的因素，而聚焦于研究对象自身固有的、本质的品质，这样才能揭示出关于重大工程核心决策问题的客观规律。这就要求我们深度凝练和抽象重大工程核心决策问题的基本属性，并在其基本属性范畴内开展科学研究。

"属性"意为一个事物专有、基本和稳定的品质的抽象，它决定了该事物能够区别于别的事物和作为自身独特性、固有性的质的表征。那么，重大工程核心决策问题的基本属性是什么呢？

1. 复杂性

首先，无论哪一种类型的重大工程核心决策问题，就决策活动而言，最核心的都要提出相关的决策方案，而任何一个决策方案都是决策主体设计与筹划的一个具有相应功能的人造系统。但因为重大工程自身以及重大工程—环境复合系统可能出现各种变化，导致主体设计与筹划的功能并非都能保证如期实现，甚至还可能出现主体并未设计与筹划，也不期望出现的"异化性"功能。这说明重大工程核心决策问题的预期功能实现要比一般工程决策复杂得多。

其次，作为系统形态的重大工程核心决策问题构成要素数量多、要素之间关联错综复杂、问题呈现出层次性，特别是在整体层次上往往涌现出机理尚不清楚的复杂现象，这表明，重大工程核心决策方案从设计、形成到实现的过程本身既体现了路径依赖性，又充满了各类不确定与动态演化的特点，这就使得重大工程核心决策活动过程可能出现各类复杂现象。

再次，这类决策问题的环境往往高度开放和高度动态化，并且高度影响决策过程及方案功能释放；决策主体多元化、异质性会导致决策目标、价值偏好出现矛盾或冲突，即使决策主体没有出现行为异化，也可能因为认识不足、能力缺失或者传统方法失灵而无法驾驭这类问题的复杂状况。由上可见，重大工程核心决策问题与过程充满了各种形态的系统复杂性。

2. 整体性

在一般的决策活动中，经典的分析和解决路径就是把该决策问题分解成若干部分，把各部分都研究清楚了，整体也就清楚了；如果对部分的研究还不清楚，可以再继续往下分解进行研究,直到弄清楚为止,这种方法论称为还原论。还原论方法主要是由整体往下分解,研究得越来越细,这是它的优势。但对重大工程核心决策问题,仅仅使用还原论往往是行不通的,主要原因如下:

(1) 这类决策问题与重大工程环境之间一般都有着非常紧密的耦合关系,环境的各种变化都会对问题产生深刻的影响,特别是,问题的形态与形成往往就是环境作用的结果,因此,如果我们把问题与环境之间的关联切割开,那就无法完整地认识和分析问题了。

(2) 这类决策问题存在于工程建设与管理活动的情景之中,越是复杂的核心决策问题,越和情景有着"基因"与"血脉"的关联,越需要我们在问题所处的整体情景中看问题、想问题和分析问题,找出解决问题的决策方案。这就要求我们通过对情景进行自上而下和自下而上的分析和综合来解决问题,而不能肢解情景,让问题与情景分离。

(3) 这类核心决策问题一般都会表现出多种动态性,如突变、涌现、演化等,这些动态性的变化机理非常复杂。究其原因,许多时候并不是明晰的因果关系在起作用,而是问题要素之间存在紧密、复杂的显性或隐性关联性,各类关联在时间维度上又会发生变化并以各种方式传导至其他要素,而问题正是这类复杂关联作用造成的。

以上这些都告诉我们,如果我们在研究和解决重大工程核心决策问题过程中仅仅运用还原论把一个完整的问题分解为多个相互独立的部分,再一步步单独研究各个部分,这势必就把问题的各部分之间、问题与环境之间的复杂关联与结构肢解了,问题中固有的不可分割的那部分品质也被破坏了。这说明重大工程核心决策问题存在一类不能完全用还原论方法处理(或简称还原论不可逆性)的品质特征。

一般地,如果事物具有还原论不可逆性,我们称这一事物具有"非可加整体性"或者"复杂整体性"。那么,重大工程核心决策问题就属于"非可加整体性"或者"复杂整体性"问题。

综上所述,重大工程核心决策问题既充满了各种形态的复杂性,又具有不能用还原论方法处理的"非可加整体性"或者"复杂整体性",而且问题中的复杂性既有要素、关联与结构直接形成的复杂性,又有整体性传导、衍生和引发出来的复杂性,还有复杂性与整体性相互纠缠与耦合形成的在更高层次上涌现出来的复杂整体性。对此,我们既不能纯粹通过还原论方法肢解整体性,也不能采用某种手段来"压缩"复杂性,这就是说,无论是整体性还是复杂性,都是重大工程核心决策问题固有、本质的属性。

概言之,重大工程核心决策问题的基本属性为"复杂整体性"。按此逻辑,重大工程核心决策问题即为一类"复杂整体性问题"。

14.1.3 重大工程核心决策的复杂系统思维范式转移

重大工程核心决策活动有着多样性的复杂整体性内容与形态,因此可以从不同视角来凝练其属性。例如,核心决策问题可以根据不同尺度提出不同目标,故可认为这类决策是一类多尺度决策;决策方案形成往往遵循迭代式路径,又可认为这类决策是一类迭代式决策等等。但是,最具属性本质的是重大工程生命周期长、环境变化复杂、决策活动形成的决策方案需要在工程长寿命期内保持持续、稳定地释放出应有的功能,特别要有关于环境情景不确定变化的稳健性。这样,决策方案关于情景的鲁棒性就成为重大工程核心决策的重要品质与属性。

将重大工程核心决策的属性凝练为情景鲁棒性体现了我们对核心决策的复杂整体性的本质认知,这就使我们找到一个实现重大工程核心决策问题关于复杂系统思维范式转移的新的起始点,并在此基础上,进一步延伸其他范式转移路径。

复杂系统管理的一个重要的基本思想是"语境"的重要性,其基本意思是不能指望有许多现成的基本定律与规则成为解决不同的复杂系统管理实际问题的"万能灵药"。非常重要的是,对一个具体的复杂系统管理问题,要通过深入分析、深度挖掘,形成具体的独特环境与特有的动力学机理,因此,在关于复杂系统思维范式转移基础上,要将具体的重大工程核心决策问题的独特性特征与复杂系统管理基本范式相结合,构成独特的新的范式要点。

14.1.4 基于复杂系统管理的重大工程核心决策范式要点

以下介绍本实例复杂系统管理范式要点:

要点1:基本范式

首先,"基于复杂系统管理的重大工程核心决策范式"是指在复杂系统思维范式下的重大工程决策行为准则和流程规范。具体可以分为以下三个阶段:

1. 一般地,在重大工程核心决策过程中,人们首先是在直观上感知到决策问题作为某种人造系统物理层面的各类复杂性,特别是对物理层面上决策问题的直观感知,它们是决策问题进一步被抽象的原生态母体。这是重大工程核心决策的物理复杂性阶段。

2. 因为复杂系统管理依据的是复杂系统认知,所以对重大工程核心决策问题的分析要逐步抽象至复杂系统层面,并运用复杂系统思维与话语体系表述、提炼核心决策问题的关联逻辑与属性特征,这就是决策问题的物理复杂性向系统复杂性的转换,也是对决策情景核心要素与结构的抽象和提取。不难看出,这一转换主要在理性思维层面上进行,包含着决策思维的复杂系统范式转移,为进一步形成决策方案提供准备。

3. 依据管理学概念、原理,将决策问题的系统复杂性形态与认知再一次转换成管理学相应的概念、原理、逻辑与话语体系,形成既蕴含着复杂系统思维内涵又充分体现复杂整体性决策本质属性的管理科学问题。在这一阶段,通过理论、实证、模拟等手段和"迭代式"路径,逐步得到决策问题的最终解决方案,这就是系统复杂性向管理复杂性的转换阶段。

以上三个阶段的转换构成了基于复杂系统管理的重大工程核心决策的基本范式(如图14.1所示)。

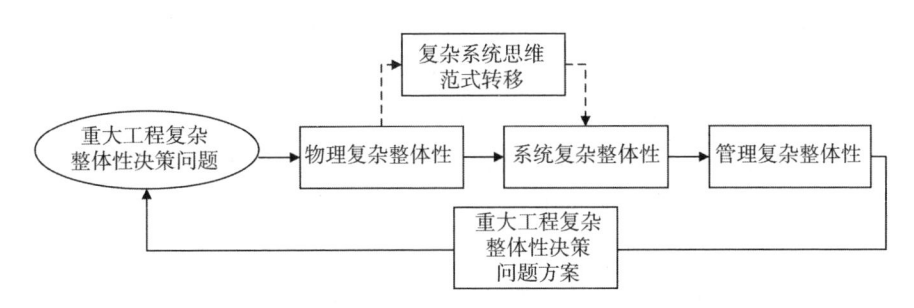

图 14.1 基于复杂系统管理的重大工程决策基本范式

要点 2:降解与综合

重大工程核心决策问题的整体性不能理解为它就是一个"铁板一块"的决策问题。大多数情况下,应将其理解为一个可以进行适当分解、彼此有着错综复杂关联的决策问题群,这里的问题群内部具有层次性、时序性、顺序性、逻辑性等,还包括子问题之间的冲突性、协同性、涌现性与隐没性等,所有这些构成了核心决策问题的复杂整体性。

针对这一状况,我们可以依据工程虚体可变性原理,通过假设与降解行为,在一定尺度和粗粒度上把决策问题群降解为若干个相对独立和相互关联的子问题群,进行各子问题的分析和解决。在这一过程中,有一部分子问题独立性较强,个别解决了决策就基本结束,但还有一部分与其他问题有着紧密关联性的问题,不能够视为可独立解决的,即属于一类复杂整体性决策问题,此类问题需要依据复杂系统管理的综合集成方法论来分析解决。

如港珠澳大桥工程可行性论证阶段共被分解成29个子决策专题,最终形成

46份决策报告。子专题涉及面广,有港珠澳大桥工程对区域社会经济发展及远景交通的影响;有工程在国家路网中的近、中、远期作用分析;有大桥建设工程量规模、技术标准、桥位走向及各桥位桥型方案论证;有工程施工期及运营期对自然环境影响评价;有不同投融资模式及相应的工程项目经济效益分析;还有对项目跨界建设、施工、管理中需协调解决的各类问题等等。这29个决策专题各自有着一定的问题边界,其中有不少可按照独立性问题解决,但还有些重要的问题,如"一国两制三法"对工程建设法治环境的影响与对策、大桥桥位桥型决策与白海豚保护决策之间的冲突等都具有高度的复杂整体性,不可能仅仅采用还原论方法来解决。

要点3:组织的适应性与柔性

重大工程核心决策活动由决策主体群组成的决策组织实施。既然重大工程核心决策问题具有复杂整体性,而决策环境又具有深度不确定性,那么,决策组织需要充分利用组织与自组织作用涌现出驾驭问题复杂整体性的能力,并且通过制定决策组织内部的运作规则与流程来保证上述驾驭能力的持续性与执行力。这样,重大工程决策组织可以理解成一个平台,其主要职能不是直接为重大工程核心决策问题提供具体的方法和方案,而是提供形成决策方案的环境与条件。

关于重大工程决策组织是一类"平台"的认知,体现了重大工程决策组织的"自组织"与"自适应"特征,重大工程决策组织的整体行为能力的涌现,特别是对决策问题复杂整体性驾驭能力的涌现,主要是决策组织"他组织"与"自组织"综合作用的结果。其中,"自适应"与"自组织"机理发挥了特别重要的作用。这样,对重大工程决策组织设计和优化,特别重要的就是它的能够涌现或增强新的驾驭决策问题复杂整体性能力自组织机制。一般复杂整体性决策问题越多,需要决策组织的适应性与柔性能力越强。

要点4:方案的迭代及收敛

在实际的重大工程核心决策活动中,一般在复杂性降解原理下,把决策问题总体复杂性分解到方案生成过程的多个相对独立的阶段,从而使决策主体在每个阶段仅仅面对整体复杂性的一部分,这样易于得到某个局部阶段的、复杂性相对较低的问题的决策方案,再把各个阶段这样的方案组成方案序列,并用这一序列的迭代来形成整个阶段和整体问题的方案。

主体在决策实践中的这一"迭代式"生成方案的方式既充分体现了复杂系统管理的复杂性降解准则,又充分体现了适应性选择准则,是主体在实际决策活动中的一类普遍、有效的行为方式。

14.1.5 典型案例

1. 案例1：苏通大桥工程整体方案决策

苏通大桥是中国最长河流长江上最东边一座跨径最大的大桥，预期工程全生命为100年；过程环境复杂、技术难度大，大桥工程核心决策体现了多层次、多领域、多尺度的复杂整体性。

在该工程决策复杂整体性分析的基础上，最先要对大桥工程整体方案决策问题进行分析，主要过程如下：

从总体方案的顶层设计起始端出发，按照决策问题逻辑关联的有序性，最终将大桥工程整体方案凝练为桥梁与隧道两个方案的综合比选。

需要说明的是，在复杂系统管理范式中，对同一类或者同一层次的决策问题，需要在方案分析时进行同等深度的比对，"同等深度"是指对不同方案要进行内涵相同与综合价值可比性分析，不能受主体任何先验和主观偏好的影响。另外，在处理价值综合比对时，不能将各自价值简单"迭加"或者"加权迭加"，而往往要根据不同问题的背景、功能及不同价值之间的复杂关系而采用价值"涌现"思维，如采用"一票优先"的底线思维原则。例如，苏通大桥在桥梁与隧道整体方案综合比对时，虽然相关价值体系包含了许多内容，但最终在工程安全性这一价值上，桥梁方案因具明显的价值重要性意义而被采纳。

在最终决策方案的形成路径上，苏通大桥工程整体方案充分体现出明显的"不断比对、逐步逼近、最终确定"的过程特征（如图14.2所示）：

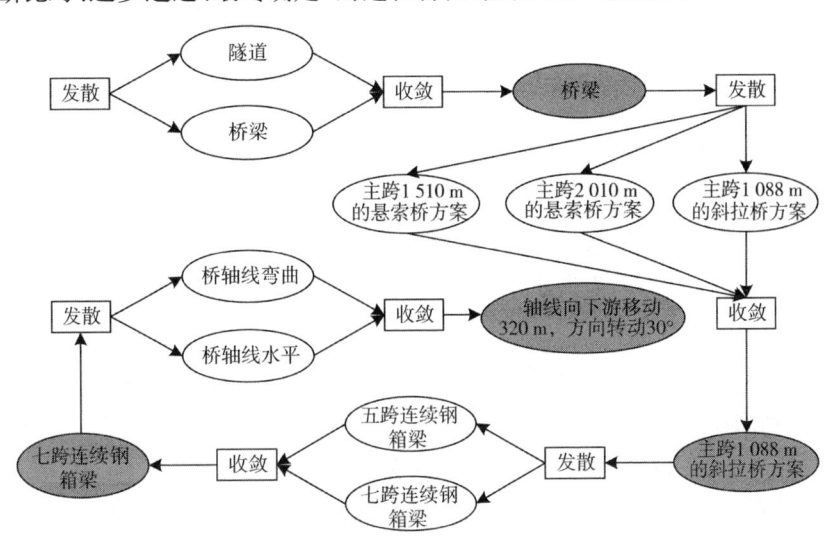

图14.2 苏通大桥工程整体方案决策的收敛过程

（1）首先考虑是采用桥梁方案、隧道方案还是桥隧结合方案；

（2）在确定桥梁方案后，是采用悬索桥方案还是斜拉桥方案；

（3）在确定双塔双索钢箱梁斜拉桥方案后，是采用五跨连续钢箱梁方案还是七跨连续钢箱梁方案以及桥轴线设计方案，等等。

具体来说，先是在可行的隧道和桥梁两种方案中，通过综合比对选择了桥梁方案；在确定选择桥梁方案后，考虑到通航要求桥梁跨度必须大于1 081 m，可供选择的桥梁方案主要是大跨径悬索桥和斜拉桥，包括主跨1 510 m的悬索桥方案、主跨2 010 m的悬索桥方案以及主跨1 088 m的斜拉桥方案；在确定主跨1 088 m的斜拉桥方案后，可选用2 026 m的五跨连续钢箱梁方案和2 088 m的七跨连续钢箱梁方案；在确定七跨连续钢箱梁方案后，需要确定桥轴线，通过最初方案到优化方案再到最终方案的轴线向下游移动320 m，方向转动30°。

可以看出，苏通大桥整体方案比选是一个逐层推进式方案比选的过程，即剔除明显不宜的方案后，对保留的方案进行同等深度研究和比对（包括详细设计和计算分析），步步推进形成最终方案。其中，桥型方案以及主梁、索塔、斜拉索结构方案等都采用了这一方法，通过对方案开展同等深度研究并逐层推进确定。

总体来说，作为一类复杂整体性决策问题，决策问题的降解与综合、决策组织的适应性与柔性以及决策方案的比对、逼近与收敛等复杂系统管理范式在苏通大桥整体方案决策中得到普遍而有效的运用，大大提升了决策的质量，保证了决策的科学性，对苏通大桥能够克服众多的决策难题起了至关重要的作用。

2. 案例2：港珠澳大桥工程桥位与中华白海豚保护复杂整体性决策

港珠澳大桥是由隧、岛、桥、路组成的跨海交通集群工程，港珠澳大桥桥位选择主要是确定大桥着陆点的位置及在珠海口外伶仃洋海域中连接大桥珠海、香港和澳门三地的走线方案，属于港珠澳大桥工程核心决策问题之一。大桥桥位决策问题的整体性是因为该决策由若干不可完全分解的子问题综合而成，复杂性则主要是由决策主体之间的利益冲突、自然环境和生态环境的复杂多变以及决策问题相互缠绕造成的。例如：港珠澳大桥的走线将对粤港澳三地的城市规划、交通网络布局等方面产生直接影响，因此三地政府均立足于各自立场对着陆点及线位走向提出种种意见，其中不可避免地存在着彼此利益之间，以及局部利益与整体利益之间的冲突；另外，港珠澳大桥桥位方案的确定必须在掌握港珠澳大桥所处气象、水文、河势、地震、生态环境等基本资料的基础上才能降低决策风险,但实际上,人们这方面的能力往往是有限和不充分的;还有,大桥桥位决策问题中的子问题相互关联与相互嵌套,如确定着陆点时,需要考虑桥位走线自然条件、技术能力的可行性,而着陆点的决策结果又是桥位走线问题的某种前提与基础,导致桥位走线与着陆点决策相互制约;特别是,港珠澳大桥桥位所处位置可能穿越珠江口中华白海豚国家自然保护区,因此制定桥位方案时需妥善处理好大桥建设与中华白海豚保护问题。

众所周知,繁衍生息于广东珠江口的中华白海豚属于国家一级保护动物,保护中华白海豚是港珠澳大桥桥位决策的一个刚性制约,也是港珠澳大桥建设的重大社会责任。中华白海豚保护决策的具体内容主要包括是否允许大桥穿越保护区,能否以及如何减少对白海豚保护影响等问题,这意味着大桥线位走向若要穿越保护区会面临着相当大的障碍,如大桥工程的建设和运营不能对中华白海豚的生活环境、生存空间及个体造成直接或间接的负面影响或伤害。

要解决这一问题有两种可供选择的思路:①调整保护区范围/功能区划,即中华白海豚保护完全服从大桥建设;②调整大桥线位走向,以绕过保护区,即工程建设完全服从中华白海豚保护。根据推荐的工程线位比选方案,如果选择调整大桥线位走向,则北线方案和南线方案将均不能满足要求,这大大限制了工程方案选择空间,且上述方案均是中交公路规划设计院经过多方面综合评价得出的有比选价值的方案,若对此方案进行大幅度调整,将带来工程造价激增、工程技术难度加大等问题,不利于工程总体目标的实现。因此,从大桥线位走向来看,大桥线位必然会穿越白海豚保护区。这样,大桥走线决策将转化为如何解决大桥线位穿越白海豚保护区的正面冲突以及一系列后续问题。因为白海豚保护问题和大桥桥位方案问题分属生态环境保护与国家重大工程建设两个不同领域,各自都具有一定的刚性但又必须作为一个整体性问题协同考虑,这是港珠澳大桥工程复杂整体性决策问题的典型代表。

基于对该决策问题的上述分析,首先从整体性层面对大桥工程桥位与白海豚保护采取了以下统筹策略:①降解性策略:充分利用还原论,将桥位决策问题分解为更细的子问题并对各子问题进行决策,如将桥位决策进行"先着陆点后桥位,着陆点与桥位相辅相成"的同步异步相结合的决策方法。②综合性策略:由于大桥工程建设必须考虑对珠江口中华白海豚的影响,经过仔细分析,采取了以下柔性策略:在桥位决策前期先在空间上将白海豚保护问题作一定的"屏蔽",即暂不考虑对白海豚的影响;而在桥位决策后期,如果桥位走线穿越白海豚保护区已成定局,则让白海豚保护问题在空间上"回归",再聚焦如何应对白海豚保护问题,体现两项决策问题的整体性。

在具体策略中,采取了桥位走线在工程可行性上的"底线思维",即让桥位走线尽可能减小对白海豚的影响,同时用其他资源来补偿白海豚生活空间资源的损失,如对白海豚保护事业进行经济上的生态补偿,以保证工程建设与白海豚保护的空间冲突向利益统筹与均衡转移。

上述决策策略的完整过程如图14.3所示,大致划分为以下三个阶段:①将大桥桥位决策中的白海豚保护在"工程虚体"层面上暂时"屏蔽",以扩大桥型桥位的决策可行性,这样做体现了大桥桥型桥位决策复杂整体性中的桥位这一"核情景"。该阶段决策主体初步确立了粤港澳三地着陆点以及三大类六个桥位走廊方案。②在"工程实体"层面上,将白海豚保护"回归"大桥桥型桥位决策问题,此时第一阶段得到的桥位方案作为白海豚保护"回归"的输入要素,形成大桥桥型桥位决策的复杂整体性全貌,并对回归后的决策问题"全景"进行决策。该阶段主要是为了避免大桥建设在白海豚保护区与生态环境相关法律冲突,使中华白海豚保护区的面积不因大桥建设占用而减少。具体的过程是,从最初的保护区不调整到推倒重来,临时调整保护区内功能区。③鉴于大桥桥位不得不穿越白海豚保护区,将调整后的大桥桥位方案作为整个桥型桥位决策的"底线",并尽可能地对白海豚保护采取必要的生态补救措施,使大桥对白海豚的影响降到最低,有利于白海豚的未来生存繁衍。由此可见,整个工程桥位与白海豚保护复杂整体性决策方案生成是复杂系统管理范式下逐渐迭代、逼近的动态过程。

从全过程看,对港珠澳大桥工程桥位与中华白海豚保护两者融为一体,并不可以采用简单还原论方法解决的复杂整体性决策问题,首先在直观感知阶段,体验到工程桥位走线的技术复杂、自然环境严峻、工程造价高、生态保护要求严、白海豚保护难等物理复杂性;在此基础上将各类物理复杂性逐步提炼、抽象至复杂系统层面,形成多主体利益多元化、工程价值与环境价值异质性、工程目标体系多尺度、多维度冲突以及决策全情景的深度不确定性等系统复杂性;再进一步综合这些系统复杂性,在决策过程中通过对决策问题优先级、资源制约条件的分析,对现实中的"时空重合"两个决策问题通过空间"屏蔽"再"回归"而成为时间有序的"时空伴随"决策序列,再以经济资源换取空间资源的原则使不同子决策问题整体化,并最终得到现实中的复杂整体性问题的决策方案。这就体现了所谓的物理复杂性—系统复杂性—管理复杂性三阶段连贯、融通的复杂系统管理范式。

第十四章 复杂系统管理实例

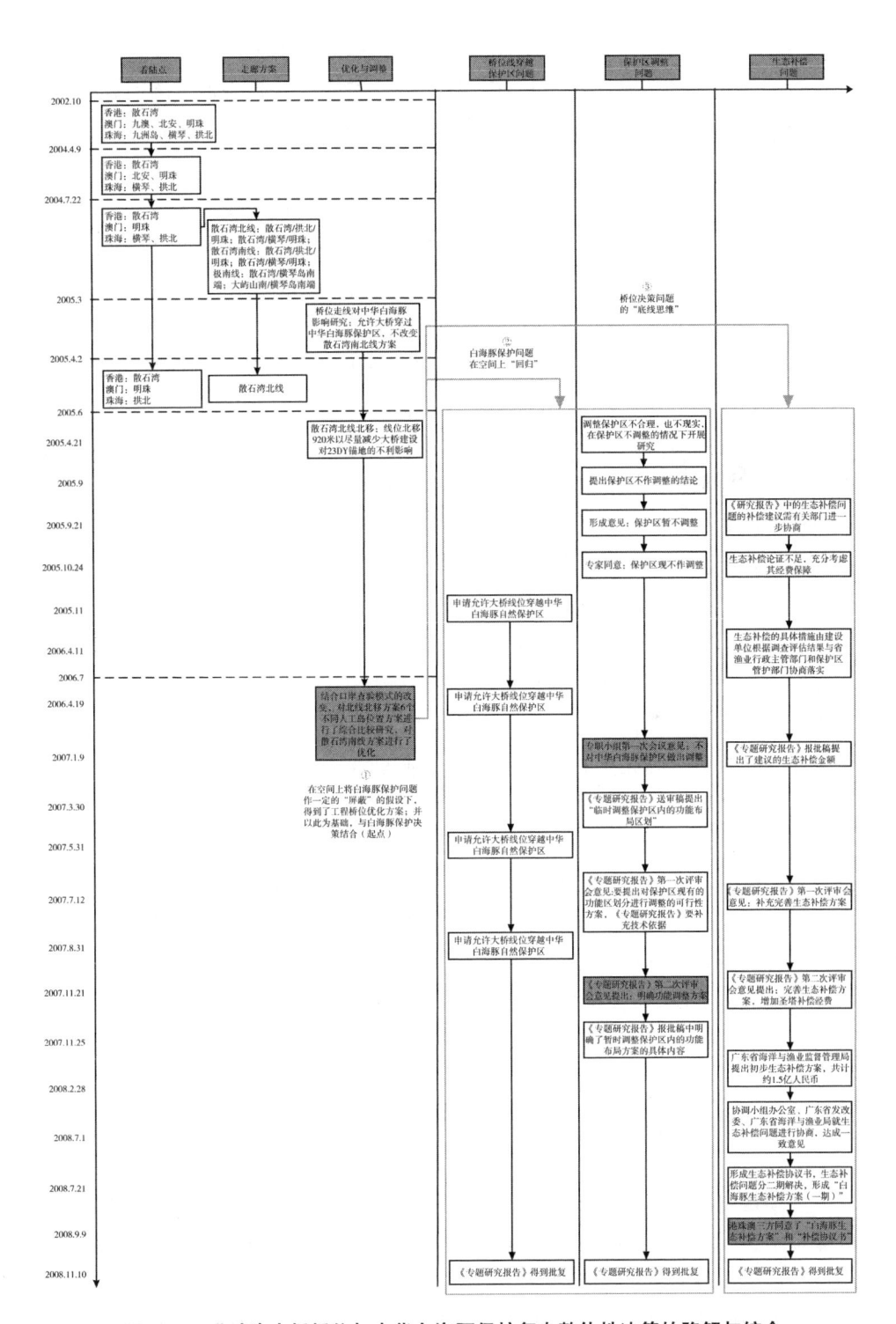

图 14.3 港珠澳大桥桥位与中华白海豚保护复杂整体性决策的降解与综合

另外,在决策组织形态上,不同决策问题其核心决策主体不同,同一决策问题的核心决策主体也会有所变化,决策问题复杂性越高,其决策主体层级越高、职权越大。具体来说,在上述第一阶段,着陆点决策主体为大桥三地协调小组、三地政府和中交公路规划设计院;在确定了香港侧着陆点为大屿山礴石湾以及珠海和澳门侧的两组着陆点后,对整体着陆点组合和桥位走线方案进一步比选、考究、论证时,决策主体除了上述之外还有国家发改委和中央政府各有关部委(包括交通运输部、水利部、港澳办、环保局、总装备部、农业农村部等)。在上述第二阶段,允许桥位线路穿越白海豚自然保护区的主要决策者是农业农村部渔业局,调整保护区和生态补偿主要的决策者是三地政府。这一方面是由于相关部门的职责与权限不同,另一方面是由于不同问题对三方的利益影响程度不同。桥位线路穿越白海豚保护区主要影响中国大陆珠江口海洋生态环境和珍稀动物的生存,这些问题由农业农村部渔业局负责,因而它是该问题的政府主管部门。调整保护区和生态补偿关系到三方拿出多少资金、各承担生态补偿的哪些项目和任务,这涉及三方利益,因而这两个决策问题的主要决策者为三地政府。在上述第三阶段,生态补偿方案和保护区功能区调整的研究,开始是由南海水产研究所主要负责,当确定了临时调整保护区内部的功能区划后,调整保护区内功能区的方案由广东省海洋与渔业局负责,并且进行相关材料补充。决策组织组成所以出现上述变更主要是由于随着该决策问题具体内容的重点不断变化,需要决策主体具有相适应和充分的决策事权与专业能力,这充分体现了复杂系统管理范式下决策组织的柔性与适应性原则。

当前,重大工程管理中的决策失误等问题给各国重大工程建设带来了严峻挑战!对此,国际工程管理学术界越来越认识到:重大工程决策实践需求与决策理论、方法创新之间的冲突已经达到"紧张点"。在这方面,复杂系统管理将成为重大工程决策管理领域一类新的思维范式、实践范式与研究范式。本实例的理论探讨与典型案例表明,复杂系统管理学理逻辑与学术内涵将极大地帮助我们更科学地应对和解决好重大工程核心决策复杂整体性的难题。

14.2 实例2:基于复杂系统管理的太湖水环境治理变革研究

太湖是中国长江三角洲重要水源地。太湖流域是指以太湖为分水线包围的河流集水区,即太湖水系和支流流经的整个地区。当今,太湖流域已成为我国大中城市最密集、经济最发达和最具活力的地区之一。长期以来,太湖水环境对我国长三角地区社会经济发展起了巨大的推动与支撑作用,同时,随着社会经济高速发展、城市群崛起等,太湖流域水环境质量恶化的问题越来越严重,使太湖成为富营养化"重灾区",为此,国家大规模地开展了对太湖流域的水环境治理。

"太湖水环境治理"是指对太湖水环境开展有目标、有组织、有规划的干预和管控活动,以增强太湖水环境与流域社会经济生态系统的整体协同有序性、缓解社会经济发展对流域自然环境的负面影响以及防止水环境问题继续扩大与严峻化。

本实例主要在复杂系统管理思维指导下,揭示太湖水环境社会型生态复杂巨系统的复杂整体性属性以及构建太湖流域"人与水环境生命共同体"的新认知;诠释太湖流域水环境治理变革的必要性、主要内涵与聚焦点;凝练太湖流域水环境治理变革的基本构件与逻辑;分析基于复杂系统管理的太湖水环境治理变革基本要点,从一个新的思维视角,为当前我国太湖流域水环境治理变革提供新的动能。

14.2.1 太湖水环境治理概况与反思

1. 太湖水环境治理及现实问题概况

自2008年实施《太湖流域水环境治理总体方案》以来,太湖流域水环境问题总体上得到了较大缓解与改善,太湖流域水网水环境质量明显提升,主要水质指标的平均浓度皆有所下降,连续多年未发生大面积湖泛问题。但是,目前太湖流域水污染排放总量依然处于高位,生态环境负荷重,暴发大面积蓝藻甚至引发湖泛风险依然可能。总体上,太湖治理效果的脆弱性、反复性、不稳定、不均衡等顽症一直存在,湖区的水质呈现出较为剧烈的波动状态(如图14.4所示)。这些严峻的现实让我们清醒地认识到:虽然经过十多年的高强度治理,但因为受制于边际效应递减规律,太湖治理已经进入爬坡过坎攻坚阶段,治理要求更高、治理难度更大、机制类治理弱点以及治理机理性动能不足和不均衡现象逐渐凸显和严重。

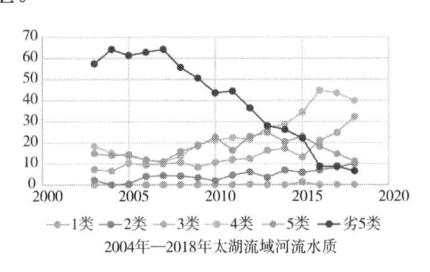

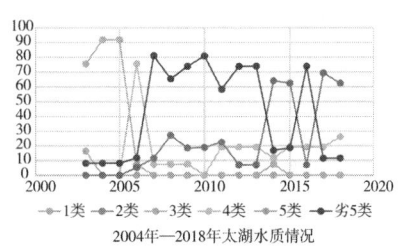

2004年—2018年太湖流域河流水质   2004年—2018年太湖水质情况

图14.4　太湖流域河流及太湖湖体水质变化

上述情况表明,太湖流域水环境问题是该流域在快速工业化、城镇化进程中出现的水资源支撑力趋弱、水资源短缺、水生态损害、水污染严重等相互交织、纠缠的复杂整体性问题,是当前摆在我们面前太湖水环境—区域社会经济复合型复杂巨系统如何总体协调、可持续的难题,这一难题对我们如何应对自然环境—社会经济复合型复杂系统的管理思维与驾驭能力是一个巨大考验。

2. 太湖流域水环境治理反思

太湖水环境在多年治理之后仍然存在多方面严峻问题的现实,说明了太湖水环境是一个高度开放、多时空尺度、多层次、多机理的复杂系统,并且存在系统性、机理性治理动能不足的情况,需要我们进行认真总结和反思,以下是我们总结和反思的几个基本观点:

(1)湖泊水环境问题表象是"湖泊病",实质是"社会病",人既是水环境"社会病"的始作俑者,又是治疗"社会病"的医生。但是,如果人们用简单性思维或者一般系统性思维来看待和处理太湖水环境及治理中的复杂性,或者仅仅用还原论方法来处理水环境治理中的复杂整体性问题,非但不能有效解决问题,反而可能使问题更为严重。

(2)治理主体在太湖治理的复杂整体性面前,往往表现出能力不足甚至认知存在盲区的情况,这时,如果主体还是只凭据传统的、有限的知识和经验做出决策,其结果可能会违背客观规律或者难以揭示深层次规律。

(3)无论太湖水环境中的净水、污染水和对水的治理都涉及水的价值、产权、产权配置、转让与交易等,因此,水治理机制中应该包含如水资产确权、定价、交易、治理成本与补偿机制等水资源市场机制,而不宜仅仅依靠行政力、法治力,还需要经济力、市场力等共同对复杂水环境治理赋能。

(4)当今,现代信息技术是提高太湖水环境治理能力的重要技术之一,例如,在当前治理机制中出现的数字资产化与资产数字化就必须运用价值互联网等现代信息技术赋能。

上述反思将引导我们从对太湖水环境治理现实问题的直观感性进入一个更高层次的科学范畴,思考什么是太湖水环境及其治理的本质属性,并深刻认识到太湖水环境治理的复杂系统思维范式转移的必要性。

14.2.2 太湖治理复杂系统思维范式转移

1. 范式转移概述

一个有一定历史与积淀的科学范畴或领域,一般都有该领域学者共同体认同的基本思想、基本学理、基本方法与话语体系,从而保证该范畴或领域的连绵不断的学术生命力。对此,我们认为该范畴或领域形成了一种科学研究范式。

范式(paradigm)作为科学概念,其基本原则可以在本体论、认识论和方法论三个层次表现出来,它分别回答了事物存在的真实性问题、知者与被知者之间的关系问题以及研究方法体系问题,并由此规范研究主体对领域问题的看法以及协同他们的行为。

一个科学领域如果出现了一些新的情况,例如,对象属性发生了重大变化、对对象的看法有了重大转变等,从而导致原有稳定的范式不再具有解决问题的能力或者能力变弱;与此同时,如果一个新的适应性范式出现了,这就是所谓的范式转移(paradigm shift)。既然我们对太湖水环境及治理的新认知是水环境—区域社会经济复合型复杂巨系统,因此,对太湖水环境治理的思维范式转移将是必然的。

2. 太湖治理思维范式转移要点

太湖水环境治理思维范式主要是指人们关于太湖水环境这一重大对象实体、问题与行为的认识论,即在理性思维层面上对太湖水环境形成了怎样的看法,如太湖水环境的本质属性究竟是什么?如何解决太湖水环境问题才能做到认识与实际的统一,治理才能够有效和可持续?特别是,根据当前太湖环境现状需要我们依据什么样的思维原则做出治理变革,这就是所谓的太湖治理思维范式转移。

无论从太湖水环境治理的哪个要素来分析,太湖水环境治理思维范式转移表明了人们关于太湖水环境本体论、治理活动认识论都出现了"质性"新思维,新思维的内核是形成了关于太湖水环境是复杂系统及水环境治理是复杂系统管理的认知,即复杂整体性是太湖水环境治理的本质属性。

由此,可以凝练出以下关于太湖治理复杂系统思维范式转移的基本要点:

(1) 太湖水环境治理整体上形成了从简单系统—复杂系统—社会生态型复杂巨系统的思维进化路径,该巨系统的本质属性为社会型生态环境的复杂整体性。

(2) "人与自然生命共同体"是这一思维范式转移下的本质价值。具体地说,第一,太湖水环境自身是一个生命共同体;第二,太湖流域人的社会也是一个生命共同体;第三,社会与水环境组成的整体又是一个更大的共同体,因此,太湖流域整体上形成了多个共同体耦合的复杂体系;第四,每个共同体内部以及共同体之间相互依存、互惠共生、协同进化。如果人类对流域环境无序开发、肆意攫取,必然伤及人类社会自身的可持续发展,最终将导致整个复杂体系衰败或瓦解。

（3）表象上，水环境的"污染物"基本上在湖泊水体中，其实它是全流域社会经济系统生产的一类"负作用"产品。因此，水环境治理除了要考虑到传统的水量、水质、生物、化学、气象等机理，还与"污染物"制造商、供应商、物流网络、水资源交易、价值转换与整个水体治理活动等有着密切的逻辑关联。因此，水环境治理治的既是"生态病"，更是"社会病"。

（4）水环境治理除了要配置行政公权力和法治权威，还需要有符合市场机制与供应链管理规律的要素市场化配置机制，如水环境治理成本核算与补偿机制、水环境数据资产确权、有效流动与交易机制等。这些都需要在水环境治理体系中构建一个开放、共享、公平、互信的流通平台，否则，水环境治理中无法形成价值互联网、大数据、区块链等现代技术的社会化。这表明，治理变革需要在治理中注入市场、共生、互信、赋值、交易及联盟等思维及机制。

（5）太湖水治理变革本质上是人的行为、价值、偏好、利益观与社会发展模式的综合性变革与重构，因此，治理策略既有物理层次的湖泊水体保护与改善工程，更有社会层次的治理主体自身行为模式、治理主体理念的变革和新的湖泊水环境共生系统的重组，因此应以"湖泊病"背后深层次水环境生态性、社会性、经济性共生的全景式情景为本体，构建新的关于水环境情景治理变革认识论和相匹配的方法论。

不难看出，依据复杂系统管理思维，太湖水环境治理思维范式转移的本质内涵是将太湖水环境治理的认识论、方法论与实践论整体性地纳入复杂系统思维轨道。这对于通过治理思维变革，提高太湖治理效果与持续性具有重要的指导意义。

以上对太湖水环境治理现状的总结与对当前治理思维局限性的反思，导致了我们对太湖水环境治理复杂系统思维范式的转移，而思维范式转移的目的是构建新的更为有效的治理模式，这就为下面"基于复杂系统管理的太湖治理变革"这一重要议题提供了逻辑起点。

14.2.3 基于复杂系统管理的太湖治理变革

1. 太湖水环境治理变革概述

所谓太湖水环境治理变革是指在复杂系统思维范式转移后，治理主体在解决现有治理体系理念、认知、模式与技术时面对的难题，特别是以破解水环境治理问题的复杂整体性为导向，补齐复杂性治理短板、增强驾驭复杂整体性能力、形成治理新动能的实践活动与行为。

比较太湖治理复杂系统思维范式转移，太湖水环境治理变革更多的是在实践层面上对治理变革活动的"筹划"与"执行",旨在将治理思维转移变成真实的治理现实活动。所以,太湖水环境治理变革主要是思维范式转移后的治理活动"做什么"和"怎么做",简称太湖治理变革。从学理上讲,太湖治理变革就是复杂系统管理的太湖水环境治理实践,或者是基于复杂系统管理的太湖治理实际应用。

2. 基于复杂系统管理的太湖治理

基于复杂系统管理的太湖治理内容十分丰富、内涵十分深刻,其中的治理基本范式、治理知识及获取路径、治理复杂性分析与破解、广义治理目标及治理目标中的新内涵、湖泊水环境本质安全等都在本书前面有关章节中有所论述,不再在这里重复或者细说。下面用几个新问题来表述基于复杂系统管理的太湖治理新内涵。

问题一:太湖治理变革组织平台与能力现代化

从人的实践活动本质看,太湖治理变革是构造一个具有新的水环境治理功能并有一定稳定结构的人造系统,为此,需要有完善的组织模式来完成所有相关的治理职能。一般地,该组织模式由以下三个分系统综合而成,它们是:认知系统,该系统主要旨在认识太湖流域水环境问题的复杂性、评价复杂性程度以及所产生的问题,不断完善"水环境物理复杂整体性—系统复杂整体性—管理复杂整体性—形成复杂性治理方案"的基本范式;协调系统,该系统主要用于对太湖治理变革的组织设计与协同、治理目标的凝练与综合等,也包括治理流程和各个治理子系统之间的接口与协调等;执行系统,该系统主要用于对被治理系统的具体操作,侧重于具体治理方案的控制与执行。

以上三个子系统构成了太湖治理变革组织平台,其中前两个部分的职能并不是直接或者主要为太湖治理问题提供具体的方法和方案,而是提供形成方法与方案的环境与条件,因此,与传统治理功能相比,其重要功能是形成驾驭治理复杂性的现代化能力。例如,基于治理问题的复杂整体性特征,借助现代信息技术,形成对太湖流域水环境治理中各类弱因果、强关联信息的挖掘与分析;通过太湖流域水环境治理数据要素的市场化配置,实现数据资产的有序流动并形成价值流与价值增值网络;进而在复杂整体性视角下,重构太湖流域水环境治理资源获取与配置方式,并在此基础上,构建一个以环境信用为载体的提供太湖流域水环境治理信用通证服务的环境;设计政府与市场二元协同作用驱动的现代化治理体系。

问题二:复杂系统太湖治理中的数字资产市场化配置

根据太湖治理的复杂系统思维范式转移,太湖水环境属性同时具有自然性、社会性和经济性,因此,治理变革需要遵循自然规律、社会共生规律及价值流动与要素市场化配置规律,需要在当前治理模式中注入市场、共生、互信、赋值、交易及联盟等现代治理原则。例如,需要研究破解水环境信息(数据)孤岛、难追溯、可篡改、不可信难题,需要改变现有的以行政权力为单一基础的中心化信用体系,实现去中心、分布式、多自治节点共同参与的信用体系,使水环境治理活动形成符合市场机制的可持续模式,实现水资产价值互联互通和自由交易,把水环境网络升级为价值互联网。

这样,就要研究水环境治理价值与数字资产市场化配置,包括:治理要素数字化、数字资源资产化、数字资产互通与智能合约设计等以更好地服务水环境治理变革实践。在这中间,重点是探索如何运用复杂整体性情景建模技术研究水环境治理数字资产智能合约的安全审计以及水环境治理数字资产风险评估、识别与预警,为有效规避合约漏洞的风险、提高数字资产应用的鲁棒性等提供技术支撑。

通过以上变革性工作,针对当前水环境治理中的经济性"短板",构建水环境治理变革中的价值互联和数字资产交易平台。

问题三:水环境长时间尺度演化的复杂性分析

复杂系统管理太湖治理要强化对太湖治理问题的复杂整体性的分析,实现对太湖水环境多尺度动态演化规律的认知,以进一步做好对重大极端水情景的风险预警与有效防范。

为此,在太湖治理和信息检测手段上要改变现行的"大数据+铁脚板"方法。这种方法不仅费时费力,而且数据主要源于浅表水域,缺乏水流域底层与历史痕迹性信息,因此,难以深刻了解水环境长时间尺度前世今生的演化规律。中国科学院南京地理湖泊研究所采用的沉积记录法,通过对湖水沉积物的成分分析,构建了太湖百年时间尺度水生物群落的演化轨迹、速率等动态时变模型,再结合流域气候—社会经济信息以及人的行为与自然耦合框架模型,进一步在百年尺度上精准分析、模拟、预测太湖水环境治理相关问题。例如,用此方法通过水质中的重金属污染的时空差异性和驱动因素动力学分析,追踪到镉、镍、铅等高污染元素的来源主要是工业点源、大气沉降以及农渔业等,从而提高了确定水环境治理方向的精准度;另外,从沉积物中叶绿素和类胡萝卜色素等物质含量变化,可以推断出在过去的一百年中,1950年的藻类与1990年的草类两大富营养化事件对太湖的严重影响。显然,这类水环境全情景演化模型充分体现了复杂系统管理的综合集成方法,对太湖治理的预测预警、生态修复等政策制定都有着重要的作用。

第十四章 复杂系统管理实例

问题四：基于 GEP 的太湖水环境生态补偿机制

多年来,人们在创造巨大的物质财富的同时,也加速了对太湖水资源的攫取,破坏了太湖水环境原有的平衡,造成了优质水资源的退化。水环境治理要做到可持续,理所当然地要对水环境这一生态系统的资源价值进行补偿。为此,我们首先要在太湖水环境治理变革方法的设计中,考虑到在人类福祉和社会经济的发展过程中,水环境系统一直提供着必要的(资源性)产品与服务,这些产品与服务都是有价值的,其价值总和称为生态系统生产总值(GEP, Gross Ecosystem Product)。具体计算生态系统生产总值时,可以把生态系统提供的产品与服务形态进行分解,核算每一个分解项的物理量或者功能量,再通过一定方法计算各自的价值量,这就是生态产品与服务的定价,相加则成为生态系统价值的总值。这实际上是生态系统的一种潜在价值,还需要进行货币化的评估,使之转化为现实的经济价值,即生态产品的价值实现。这当然需要在基于复杂系统太湖治理方法体系中加强水资源价值性与治理市场化的设计,特别需要加快建立太湖治理中经济制度和经济运行机制设计。

由上可见,GEP 核算不仅为太湖水生态产品价值实现提供了基础,也为如何实施生态系统价值补偿提供了某种逻辑依据。在构建生态补偿市场机制方面,拟在完善水生态资源资产产权制度的前提下,建立全流域排污权交易制度以及太湖流域水环境治理专属金融平台,开展排污权交易、水治理互担保与风险共担、治理信用评估、水治理税务等业务。

问题五：水环境复杂整体性情景建模技术

情景概念在复杂系统太湖治理技术设计中有着重要的作用,因为情景在整体性上是水环境的一类系统复杂整体性行为,需要我们对各种可能的情景做出应对规划。但是,情景集中体现了水环境的演化、多尺度、涌现和自组织属性,所以,对其情景重构或者预测都是困难的;另外,一个现实的情景就是一个特定语境条件水环境的表征,这样,任何太湖水环境情景不仅是复杂的,还是独有的,因此在整体上也是"稀缺"的。我们只能在少量宝贵的水环境情景样本或线索基础上,以计算机系统为"土壤",把少量现实情景概念与线索当作"种子"进行播种、培育,让其生长,最终得到各种不同情景"果实",再从这些"果实"形成的动态演化过程以及从这些"果实"的类型、特点中分析和预测水环境情景及其治理的知识与规律。我们称这一类关于情景生成的计算机模拟方法为水环境治理研究中的情景耕耘方法,它的核心内涵是一类关于复杂整体性的建模技术。

情景耕耘是在"情景空间"定义下的计算机情景重构与预测技术,它以"一个"或"一些"情景的动力学为基础,通过预定义与假设,对"一类"具有相同本质和动力学机理的水环境及治理行为进行"情景空间嵌入",再把某些独特现象与细节通过语境"嵌入"某一类情景空间中,以丰富我们对现实水环境情景的认知。

从建模过程看,情景耕耘方法在某种意义上可以把过去和现在的水环境情景"搬到"计算机系统中,在现实水环境情景的计算机"替身"上进行可控、可重复播种,并通过生长出来的结果告诉我们水环境已经发生过和正在发生的情景的"昨天"与"今天",还可以在计算机上构建虚拟的水环境情景可能的"明天",为我们展现太湖水环境—社会经济复合系统的未来情景图像,在这一技术中,关于极端未来情景的预测尤其重要,因为极端情景对于复杂水环境安全风险与本质安全都有着重要的意义。

问题六:太湖水环境治理综合集成支持平台

针对复杂系统太湖水治理的复杂整体性,拟在治理变革体系中构建水环境治理支持平台。治理支持平台是一个包括理论、实验、数学模型、计算机模拟、智能工具及人机交互机制的人—机一体化系统;该系统辅助开展相关的治理问题分析、治理方案设计、治理问题情景生成、治理过程推演及治理绩效评估工作,以提升治理主体的综合能力与水平。该平台的核心技术为一种以大数据、区块链、人工智能协同驱动的复杂整体性建模技术与分析工具,能够为治理活动提供情景语言与建模符号体系。

在该平台提供的基本功能基础上,治理主体可根据不同的治理问题需求,实现平台功能的可选择、可更新与可拓展,同时,可以借助平台开展水环境治理专项研究,如对太湖蓝藻暴发、饮用水安全等水环境突发公共事件进行预警及应急对策等。

太湖水环境治理是当前我国长江三角洲生态文明建设的重大战略任务。本实例以太湖水环境治理深层次现实情景为导向,面对新挑战,以新的治理思维、理论框架、社会规则与技术创新为综合性抓手,为增强太湖治理能力、提升治理绩效,提供新的思维范式与实践赋能。

在复杂系统科学思想指导下,本节揭示了太湖水环境作为社会型生态复杂巨系统的复杂整体性属性以及关于太湖流域"人与水环境生命共同体"的治理目标新认知,并以此开展对太湖治理思维范式转移及治理变革的研究。

本节提出的基于复杂系统管理的太湖治理变革新模式,不仅体现了复杂系统管理作为管理学的一个新领域在当今太湖水环境治理研究中的实际作用,更表征了复杂系统管理对加强生态环境治理顶层设计与整体谋划的重要现实意义。

14.3 实例3：供应链韧性：适应复杂性

多年来，供应链管理始终是管理学的一个经久不衰的研究领域，除了一般的传统问题，当前供应链研究中的科学问题逐渐呈现出以下新特点：随着人类社会经济活动范围与规模越来越大，供应链涉及的要素越来越多、内部要素关联形态越来越多元化、供应链与外部环境之间的相互影响也越来越紧密，从而出现了一类既体现供应链内部复杂内涵又体现供应链外部社会环境复杂变化的新问题。

长期以来，在供应链研究领域已经形成了一些规范的思维与行为约定，并有足以让人信任的范例，即已经形成了研究供应链的基本范式。但是，实践表明，对于上述一类供应链新问题，它们既与供应链内部复杂性有关，又受供应链外部复杂社会环境影响，还受供应链管理者复杂行为的干预，其复杂性导致了供应链原来基本的研究范式往往不再具有原先的能力或者出现了能力"短板"，需要我们在思维方式上进行新的变革并从思维范式转移的高度来应对这一新的挑战。我们研究的供应链韧性就是这样一类典型的复杂新问题。

近年来，政治因素、国际形势等使得供应链产业链频繁受到冲击，导致供应链中断风险陡增。中共中央政治局 2021 年 12 月 6 日召开会议，分析研究 2022 年经济工作，其中强调"结构政策要着力畅通国民经济循环，提升制造业核心竞争力，增强供应链韧性"。从而使供应链韧性这一原本属于企业层面关注的问题上升到了行业、地区和国家层面战略，供应链韧性问题因此与国家安全与经济发展密切相关。当前，研究供应链韧性具有重要的现实性、重要性和急迫性，具有重要的理论意义和应用价值。

14.3.1 供应链韧性概述

人们认识事物的过程一般分为两个阶段，第一个阶段主要是通过感官获得对事物表面现象与外部联系的认识，具有直接性、形象性的特点，属于"生动的直观"感性阶段。例如，通过人的感觉，发现树枝和胶棒都有抵御外力或者把外力吸收的作用，但是，树枝的这一作用比胶棒小，更容易断，而胶棒相对不容易断。接着是人们认识的第二阶段，这一阶段主要是运用抽象思维获得对事物的内部联系和本质规律的认识，具有间接性、抽象性的特点，属于"抽象的理性"阶段，一般要借助科学概念来完成。例如，树枝的韧性比较差，胶棒的韧性比较强，在这里，韧性是个科学概念，表达了一个物体（事物）在受到某种外力作用时通过自身的抵御而抗拒断裂的能力大小。

在中文中,"韧"字从韦,从刃。"韦"本指"复合皮张",特指经过加工的熟牛皮。"刃"指"刀刃",指用刀去割。熟牛皮不易被刀割破。所以说,"韧"在一定程度上表达了物体受到外力作用时虽变形但不容易断的能力(性质)。当然,世上的物体(事物)种类千变万化,故"断"也有各种断法,不是千篇一律,如一刀两断、藕断丝连、断了骨头连着筋等。

为了进一步研究物体"断"的内在联系和本质规律,人们以"韧性"为概念作为物体受到外力产生断裂现象的抽象,以加深我们对物体断裂现象的认识。例如,在材料学中,韧性可分为断裂性韧性和冲击性韧性,表示材料在断裂或变形过程中吸收能量的不同形态的能力。在系统动力学当中,韧性可理解为一个系统在受到外界干扰时表现出的持久力和复原力或者动态维持稳健状态的能力,这都说明了韧性作为科学概念的意义。

一般地,供应链是一个以供应商、生产商、分销商、零售商和消费者等为基本要素组成的将产品或服务提供给最终用户所形成的网链结构的动力学系统,因此,供应链系统也就有"断"和"不断"现象,即具有所谓的韧性品质属性。

在现实中,供应链是一个同时具有社会性、管理性、经济性和技术性的动力学系统。因此,对于供应链韧性的认知,适宜意会并将其放入具体供应链管理场景中,这样,供应链韧性除了保留着最基本的原生态"断"与"不断"内涵,还将有着各种生动管理意义的稳健性、鲁棒性和可靠性等意蕴,只要我们发挥想象力,恰当选择话语体系和逻辑起点就能够捕捉到供应链韧性的不同样式及其蕴含的科学价值,使供应链韧性研究丰富多彩。

14.3.2 供应链韧性的实例

下面列举几个不同样式的供应链韧性的实例。

例1 割青麦作饲料事件

2022年5月份,我国山东和河北部分农村少数农户将已经灌浆的小麦用收割机割了以后,以每亩1 500元卖给饲料厂喂牛。事情曝光以后,出于对粮食的爱惜和对粮食安全的考虑,网上谴责声一片。随着国家部门过问、专家发声、农民算账等等,经现场调查与深入分析,大体梳理出了事情的梗概:事情源于2021年涝灾,山东和河北等地玉米青贮受损,到了2022年5月份左右牛羊饲料断食,因此割了青麦做牲畜饲料应急。这是一个局部地区的少量可控行为,不是有人故意破坏粮食生产。

如果我们从供应链韧性视角来思考和分析这件事,可以得到更深刻的思考:首先,天气的不确定性使局部地区2021年畜牧业青贮饲料减产,并导致2022年春夏之交部分畜牧场饲料供应链断裂,部分企业以已经灌浆的小麦作青饲料应急。如果从传统的粮食供应链看,这有其不合理性(不比较农户的经济收入)。但是,如果从粮食业与畜牧业组成的现代大农业供应链来看,这时的供应链韧性不仅要考虑到粮食供给,还得考虑到肉奶品供给也不能断裂,这实际上是涌现出的一种新的"大农业"供应链或者一种农业产业集群供应链概念。显然,这种供应链韧性因为源于一类既体现供应链内部复杂形态又体现供应链外部环境变化的新的复杂问题,因此,韧性自身也就表现出新的多样性和复杂性。而割青麦作饲料是一种通过"大农业"整体供应链内部结构调整与功能切换来防止局部供应链断裂并保证整体供应链韧性稳定的应急举措,这不仅在供应链韧性管理上有其科学性与合理性,而且启发我们可以运用供应链韧性思维来优化供应链结构。

以上实例机理清晰、物理性较强,基本内涵均为供应链断裂的防控。但供应链韧性不只是这类简单地在物理层面上理解断裂和解决断裂,韧性毕竟是一类动力学系统的本质属性,因此,供应链韧性的问题不会都如此直白,而要根据不同供应链形态拓展供应链韧性的内涵。

当前,特别需要用复杂整体性思维与自组织方式看待供应链韧性。例如,一个现实供应链出现了问题,表面上可能与韧性概念没有直接关联,但如果能够运用拓展性的韧性思维找到分析和解决问题的新的"切入点",意味着我们可以运用韧性管理来设计解决问题的方案,下面就是这样一个有启发性的实际案例。

例2 汽车货运空驶空载问题

2008年9月,中央电视台《焦点访谈》提出一个现实问题:我国公路上的货运汽车空驶空载现象严重,货运汽车将货物送达目的地后,基本上空载返回,消耗了能源并增加物流成本。如果能够就近顺便捎货返回,车主可增加收入,货主则可降低物流成本,整体上还有利于绿色低碳交通行为。这是一个物流供应链管理问题,设计和构建一个新的供应链模式是减少汽车空驶空载情况的主要方案。

调研发现,国外也有类似的问题并有成功的解决案例,例如,针对这一问题专门设计一个物流信息服务平台,空载车主和需运货的货主双方都可在该信息服务平台上提供信息和提出需求,平台则根据双方信息及数据库信息,为车货主双方进行最优撮合配对,提供一对一精准服务。显然,只要配对成功,无论车主、货主还是信息服务平台都能够各自获益。在此启发之下,江苏某高校教师进行了细致的市场调查。令人感到意外的,无论是车主还是货主对此信息服务平台方案热情并不高,甚至表示出不认同,不是大家对这样一个平台的基本逻辑有不同意见,而是车主、货主彼此不相信对方提供信息的真实性与可靠性,担心自身利益受损,车货主双方互不信任,都认为自己存在信用风险,信息服务平台虽然能够提供信息服务,但不能保证所有信息都是真实的,车货主之间的信用危机也就无法破解。

因此,解决该问题关键不是信息服务,而是如何构建一个保证信用与解决信用危机的模式,如果有了一个这样的高可信性模式,信息服务平台就有了关于信用安全的韧性,平台也就能够通过稳定的信用韧性品质为车货主双方的契约行为赋予守信这一灵魂。如果该平台还进一步开展车主双方网上交易活动并承担相应的经济责任与法律责任,那车货主自然更放心到该平台上签约,接受平台的一揽子服务。

由上分析,一个解决车辆空载空驶、实现车货主双方共赢的供应链模式设计遇到了信用危机,却在表面现象的背后找到了基于信用韧性的解决问题的路径。根据这一基本学理,设计这一平台方案的技术路线如下:

(1) 平台除了提供信息服务,在功能上通过信息、交易一体化以同时承担社会责任、经济责任、法律责任与伦理责任,多维度实现自身信用韧性品质最大化;

(2) 平台不能仅仅是一个软件系统,更应该是社会上一个规范的实体型企业,以便让广大车货主信任;

(3) 这一实体型企业的主体自身要有高等级社会美誉度,特别是有优良的社会信用;

(4) 平台还要有先进、成熟的信用制造技术,其核心功能为制造信用,固化韧性。

由此可见,该服务平台不是直接供应运货车辆,也不是一般的货物中转的物流园区,它的核心功能就是基于智能化技术制造信用和提供无车承运智慧物流方案,所生产的信用则成为一种无车承运智慧物流供应链的"强链""固链"剂。

从2008年提出这一问题到2015年成立这个平台企业,该平台既做信息服务,又做网上交易,在不长的时间内就吸引了数十万车货主,为众多客户创造了经济效益,同时也以其制造的高质量商业信用不断固化和提升信息服务平台功能的韧性,公司营业收入逐年增加,成为国家大物流集团中唯一一个智慧物流板块。

以上几个不同领域的例子表明,在一定意义上,可以将供应链韧性凝练和抽象为供应链系统功能稳健性与整体行为适应环境复杂性变化的一种能力标志,是供应链系统应对环境复杂变动维持自身生存或某种稳健状态的整体性品质。当前,由于供应链本身结构越来越复杂以及供应链主体社会行为的深度参与,供应链日趋表现为一个社会型复杂系统,具有社会性复杂整体性特征,而供应链韧性正是供应链社会性复杂整体性的重要表征之一。

为什么在当今要重视关于供应链韧性的研究呢？

（1）供应链韧性在供应链研究中是一个具有整体性、全局性与内在深刻性的概念，在很多场合下，对供应链韧性的研究往往能够挖掘和揭示出供应链表面不易被发现的本质内涵与深层次规律。

（2）供应链研究出现了越来越复杂的新的科学问题，而这些问题许多都直接或间接与韧性内涵有着关联性。

（3）供应链现实形态越来越表现为一个由多种异质性主体组成的、与社会环境有着紧密关联性的社会型复杂系统。而供应链韧性正是基于供应链内部复杂形态以及与外部复杂环境紧密关联的综合表征，具有供应链复杂系统整体品质意义。

14.3.3　供应链韧性研究的复杂系统思维范式转移

以上指出了供应链韧性是其母体供应链复杂系统的基本属性，因此，社会型复杂系统自然成为供应链韧性的本真性载体，也是我们研究供应链韧性的思维逻辑起点，这就是供应链韧性研究的复杂系统思维范式转移。

复杂系统的复杂性除了若干基本规范性，多体现于不同的独特性场景中。因此，研究供应链韧性需要沉浸到具体的供应链复杂系统场景中，将一般的"以问题为导向"研究范式转化为"以情景为导向"的复杂系统研究范式，尽可能在供应链情景中看韧性、想韧性和分析韧性，找出韧性问题的本质属性与解决方案。

多年来，我们较多地在供应链内部、在供应链微观层次上研究主体之间的各种关系以及由此形成的各种问题。但是，如前所述，当今的供应链是一个高度开放的社会型复杂系统，并且随着供应链系统与社会环境之间的复杂关联不断加深，供应链韧性管理问题越来越蕴含着深刻的社会复杂性，这为研究供应链韧性提供了一条基本的技术路径。

与供应链韧性概念有着紧密关联的有供应链风险、供应链稳健性、供应链安全等概念，因此，供应链韧性问题的表征多体现于供应链风险的防范、基于底线思维的供应链安全等。显然，这些问题在当前的供应链管理实践中，有着特别重要的现实意义。这样，供应链韧性研究的价值主要不是看它应对平凡常规情况下出现的问题，而主要是看它应对极端情景或者突发情况下处理韧性危机的能力。

事实上，学术界早已十分关注这一动向。2020年12月1日TPP管理咨询在网上发表了一篇《2021年五大供应链挑战》的文章，作者预测性地提出增强供应链的弹性、增强供应链的灵活性、增强供应链端到端的可见性、改善干扰或变更的供应链管理和从数据中获取价值等是今后供应链研究的五大挑战。不难看出,这五大挑战的共同内涵实际上就是供应链韧性的风险与管理。而从2021年至今,我国供应链出现的现实情况的确印证了这些挑战,有些甚至是非常严重的。但就学术界而言,在这近两年时间里并没有对这些挑战给予足够的重视,或者很少将相关的理论研究真正运用到真实而急需的现实中。

关于供应链韧性理论研究的这一严重滞后和脱离实际的情况,有可能随着供应链社会性复杂程度增强而越发严重,这是需要我们十分重视的。事实上,当今供应链要素不再仅仅关系到原材料、配送和库存等,而已经事关股价稳定、经济安全和战略性物资供给。供应链韧性的内涵也不再仅仅涉及供应链产业链内部企业级主体,实际涉及面已经关乎地区、国家、国家集团甚至全球范围;在供应链韧性形态上也出现了一系列如短链化、本土化、分散化、绿色化、稳健、强健等新的韧性概念,甚至在国家和国家集团之间出现了打击和削弱对方供应链韧性、强化和固化自身供应链韧性的"韧性武器"。

所有这些,都将把对供应链韧性的研究提高到一个关乎国家战略与竞争力的新高度,并迫切需要改变供应链韧性(安全、风险、应急)研究理论脱离实际的状况。供应链韧性研究,不仅要发表理论性论文,更要为国家供应链韧性重大现实问题提供实实在在、可行有效的解决方案。

14.3.4 供应链韧性的基本学理

供应链韧性研究不仅要在宏观上对社会型供应链属性有新的认识判断,而且要对供应链韧性提出新的学理逻辑。供应链韧性是供应链抵抗环境变动引发断裂的品质抽象,直接的理解如物理性断裂、功能性失能等;拓展性理解如供应链某种品质的稳健性、鲁棒性和可靠性等。这样,供应链韧性的本质就是供应链整体适应性与社会环境复杂性之间保持契合或均衡的能力。这一理论观点揭示了在复杂整体性意义下研究供应链韧性的产生、形成、演化与管控等科学问题的基本学理。

既然供应链韧性蕴含着复杂供应链系统的复杂整体性,那韧性自然既包含着相对独立的整体性,又包含着相对独立的复杂性,更包含复杂性与整体性相互耦合与纠缠形成的复杂整体性,那就可以从供应链整体适应性与供应链社会环境复杂性两级之间来诠释供应链韧性的基本学理:在复杂系统管理理论中,面对各类不确定性,特别是环境的深度不确定性,复杂系统通过他组织与自组织产生多种适应性行为来应对复杂性,并使系统整体结构与功能尽量保持稳健,这就是系统的韧性。行为的适应性强,应对环境变动复杂性的能力强,韧性也强;相反,适应性弱,应对复杂性的能力弱,韧性也弱。

但是,适应性造就的复杂性不是低端杂乱性而是高端有序性。一个系统整体上的适应性除了以他组织形式赋予的刚性适应力,更重要的是系统自身以自组织形式形成的应对环境变动的柔性适应力。由此可见,供应链之所以出现韧性,韧性之所以有高有低,关键是供应链是否具有适应环境复杂性的自我调节能力及能力的大小,而这个能力主要是由供应链系统内部从微观到宏观多层次之间的复杂自组织机理形成的,所以,难以指望通过在供应链整体韧性与供应链系统中的几个要素之间建立某种直接的因果性数学方程,就把韧性形成与演化复杂机理搞得一清二楚。同样,我们也难以通过优化几个参数或者变动几个变量,就保证能完全按照某个因果律调节供应链韧性。

另外,在现实中,无论供应链还是供应链韧性,都表现出自身的独特性,正是这样的独特性造就了韧性的复杂性,因此,要仔细研究供应链韧性就要深入研究相应的供应链的独特性。而独特性主要存在于具体的现实场景细节中,所以,研究供应链韧性比较适合采用一种所谓真实世界的研究方法。所有这些都表达了一个重要的观点:虽然供应链韧性概念的基本内涵是一致的,却有着千万个不同的现实韧性样式;虽然韧性的本质是一致的,但是韧性的独特性细节和机理却是彼此不同的,因此,探索供应链韧性的客观规律不宜仅仅用一个公式或者一种数学方法来覆盖各式各样场景中的韧性问题。

14.3.5 供应链韧性的复杂整体性分析

既然韧性是供应链系统整体性品质的一种标志,那么,好的品质往往在许多场景中都能够发挥积极作用,或者启发我们以韧性品质的内涵来改善管理对象的状态、深化对管理对象的认识或者优化管理系统的功能。也就是说,对某个领域的复杂管理问题,如果能够将该问题隐喻为一个供应链韧性问题,再从供应链韧性的复杂系统观出发并与该领域专门理论紧密结合,那就可为解决该问题提供一条新的基于供应链韧性思维的技术路线。当然,要能够这样做,需要我们把待研究的管理问题重新用供应链场景想象和用供应链话语描述,并且其中恰当地蕴含着韧性内涵。这将是对管理研究想象力的考验,同时也会给研究管理难题带来独辟蹊径的可能。

一般地,社会型供应链系统与社会环境之间有着非常紧密的关联关系,环境的各种变化对供应链系统产生着深刻的影响,供应链系统整体性状一般会表现出多种形态、机理非常复杂的动态性,如突变、涌现、演化等,供应链韧性正是在这类复杂、动态关联作用及传导机理的综合作用下形成的,因此,供应链韧性问题往往表现在不同复杂场景的不同层面、不同维度、不同尺度上,如果仅局部性思考如何解决韧性问题,往往无法从整体上解释和揭示供应链韧性的深刻内涵与规律。

下面通过两个例子来阐述供应链韧性思维给我们的启示。

例1 水环境污染治理

湖泊水流域环境治理是当前社会经济发展中的复杂问题。表面上,湖泊污染物在水体中,其实它是全流域社会经济系统的一类污染物产品经过特定的供应链与物流网络输送到湖泊水体中的结果,有着复杂的自然、生态、社会、经济与人文内涵。因此,湖泊水环境治理除了要考虑到传统的水量、水质、生物、化学、气象等机理,还要与污染物制造商、供应商、物流网络、水资源质量、水交易、价值转换与最终的水体治理能力等紧密关联在一起。概言之,湖泊水环境的"病"既是"水体病",更是"社会病",除了需要配置治理必要的公权、事权、法权、科技力量,还需要有符合市场机制与供应链管理规律的水资源要素市场化配置模式,如水环境治理成本与补偿核算机制、水环境数据资源确权、有效流动与交易机制等。这是一种基于湖泊水流域环境治理的韧性思维与治理变革,能够从环境本质的高度切入治理关键点,改善治理"短板",从本质上提高水环境治理效果的韧性与鲁棒性,改变"治理反复,反复治理"的情况。

例2 中小企业发展瓶颈

中小企业是我国社会经济发展的重要力量,同时也存在着如创新能力弱、贷款融资难等问题。长期以来,各方都很重视如何帮助中小企业破解这类难题,但往往限于单体化和就事论事地解决问题,解决问题的成效不明显、不稳定。事实上,在当今我国产业与经济的整体发展中,中小企业是我国产业链供应链的重要组成部分,发挥了不可或缺甚至举足轻重的作用。

因此,一种解决中小企业发展困境的新的思路是加强由大中小企业共同组成的供应链产业链整体韧性,科学筹划不同规模企业在供应链产业链中的不同作用,以提高供应链韧性为整体性目标,充分发挥骨干企业在"补链固链强链"中的引领作用,引导中小企业走"专精特新"发展道路。通过完善大中小企业的梯度协同,推动大企业与专精特新中小企业配套合作,加快培育一批优质中小企业,激发供应链产业链整体活力,做大骨干企业、赋能中小企业,以提升供应链整体韧性、保证供应链产业链安全为全局目标这一新的战略性举措。特别是,在先进制造业和战略性新兴产业领域,以"专精特新、强基固链"复杂整体性管理思想,以提升供应链产业链韧性为抓手,赋予我国中小企业发展新的动能。

虽然以上两个例子尚需深入的分析和艰苦的探索,但在一定意义上告诉我们,供应链韧性已不仅仅是指早期"供应链受到干扰后能够恢复到原始状态或者更加理想状态的能力"的狭义概念。供应链韧性不仅是个供应链品质概念,它有着深刻的内涵和极大的潜在管理价值,需要深度挖掘、长久挖掘。

综上所述,我们看到供应链韧性不仅是供应链管理的一个新概念和新理念,更重要的是,供应链韧性的内涵具有重要的学术潜在价值,可以在管理学领域构建一种新的管理范式,即供应链韧性管理。进一步地,由于供应链作为社会型复杂系统,供应链韧性管理中必然蕴含着对供应链广泛和深刻的社会复杂性的管理,所以,在许多场合下,使用"供应链韧性治理"这个词可能比用"供应链韧性管理"更有宏观意义的包容性。

"供应链韧性治理"除了包括供应链中微观和链内为主的狭义韧性管理,还涉及在宏观和链内外整体层面如何保障供应链的整体稳健性和鲁棒性的问题,这是当前供应链领域一类新的重要研究议题。在这些议题中,重点有供应链韧性的本质属性与典型表征、韧性形成、进化及自我调节、供应链整体安全、供应链韧性"正常衰退"现象复杂性分析,通过复杂性补偿和多模态分析的供应链韧性修复与切换路径以及独特的供应链韧性研究新技术等等,而不宜仅仅局限于在供应链内部微观层面或者生产现场针对物质型资源的"断"与"不断",研究原材料缺货、道路阻隔、库存不足、如何补货等显性机械性断链问题。

最后,以下几个观点可作为我们的主要学术总结:

第一,供应链是一个社会型多中心复杂适应性系统。

第二,供应链韧性表征了供应链结构或功能对复杂性的适应性,是供应链适应社会环境变动复杂性的能力,复杂整体性是它的属性。

第三,传统思维范式对供应链韧性研究出现了能力不足的趋势,需要通过复杂系统思维范式转移形成新的认识论、研究范式与方法论。

第四,供应链韧性理论的学术价值主要不是针对常规问题,而要看它应对供应链失稳、风险、应急、功能退化等韧性危机是否有效和效能如何。

第五,描述、分析、解释和揭示供应链韧性复杂现象和客观规律的方法体系包括一定的数学模型,但不宜只用演绎数学方法计算清楚韧性的复杂性,需要多方法综合集成体系。

第六,供应链韧性有着具体特定的真实世界,分析、解释和揭示供应链韧性复杂现象和客观规律需充分关注供应链的独特性与话语语境,没有两个现实的供应链韧性机理是完全一样的。

第七,当今供应链韧性研究是供应链研究领域中的一个大问题、难问题,具有重要的学术前沿性、现实性与挑战性,而不宜过于被供应链韧性初始定义中的"断"与"不断"捆住手脚。

以复杂系统管理理论思维来研究供应链韧性,既可以深度揭示供应链韧性的本质属性和客观规律,也有助于丰富和完善具有中国特色的复杂系统管理理论和方法。

参考文献

[1] BOOKSTABER R. The end of theory:financial crises, the failure of economics and the sweep of human interaction[M]. Princeton:Princeton University Press, 2017.

[2] CENTOLA D, EGUILUZ V M, MACY M W. 2007. Cascade dynamics of complex propagation[J]. Physica A: statistical mechanics and its applications, 374(1):449-456.

[3] CILLIERS P. Complexity and postmodernism: understanding complex systems[M]. London: Routledge, 2002.

[4] CHRISTOPHER M, PECK H. Building the resilient supply chain[J]. International journal of logistics management, 2004,15(2): 1-13.

[5] DOUGLAS M. The human side of enterprise[M]. New York: Mcgraw-hill,1960.

[6] FLYVBJERG B, BRUZELIUS N, ROTHENGATTER W. Megaprojects and risk: an anatomy of ambition[M]. Cambrige: Cambridge university press, 2003.

[7] HOLLAND J H. Hidden order: how adaptation builds complexity[M]. Boston: Addison Wesley Longman Publishing Co. , Inc. , 1996.

[8] LAPLACE P S. Essai philosophique sur les probabilités[M]. Cambridge: Cambridge University Press, 1825.

[9] LESSARD D, SAKHRANI V, MILLER R. House of project complexity understanding complexity in large construction projects[J]. Engineering project organization journal, 2014, 4(4): 170-192.

[10] NAGEL E. The structure of science: problems in the logic of scientific explanation[M]. Indianapoils: Hackett Publishing Company, 1979.

[11] OPPENHEIM R, PUTNAM H. Unity of science as a working hypothe-

sis. [M]// FEIGL H, SCRIVEN M, MAXWELL G. Minnesota studies in the philosophy of science. Minneapolis：University of Minnesota Press，1958.

[12] OWENS J, AHN J, SHANE J S, et al. Defining complex project management of large U. S. transportation projects：a comparative case study analysis[J]. Public works management & policy,2012,17(2)：170-188.

[13] SHENG Z H. Fundamental theories of mega infrastructure construction management：theoretical considerations from Chinese practices [M]. Cham：Springer,2018.

[14] WU J J, WANG H Y, SHANG J. Multi-sourcing and information sharing under competition and supply uncertainty[J]. European journal of operational research,2019,278(2)：658-671.

[15] 保罗·西利亚斯.复杂性与后现代主义:理解复杂系统[M].曾国屏,译.上海：上海科技教育出版社,2006.

[16] 陈静.大数据融合分析应用的多角色探索[J].中国信息化,2021(6)：100-102.

[17] 陈向明.社会科学中的定性研究方法[J].中国社会科学,1996,(6)：93-102.

[18] 陈永泰,郭悦,曾恩钰,等.基于复杂系统管理范式的太湖饮用水安全治理研究[J].管理世界,2022,38(3):226-239.

[19] 程书萍.重大基础设施工程管理中的适应性选择原理与策略[J].运筹与管理,2017,26(2):153-157.

[20] 戴汝为,操龙兵.综合集成研讨厅的研制[J].管理科学学报,2002,5(3):10-16.

[21] 笛卡尔.谈谈方法[M].王太庆,译.北京:商务印书馆,2000.

[22] 丁东红.卢曼和他的"社会系统理论"[J].世界哲学,2005(5):34-38.

[23] 丁荣余,盛昭瀚.善用复杂系统管理思维 提升解决问题能力[J].群众,2021(14):54-56.

[24] 丁斅.基于不确定性的基础设施工程决策方法研究[D].南京:南京大学,2019.

[25] 郭树言,李世忠,魏廷琤.三峡引水工程:南水北调工程的一个重要发展[J].科技导报,2003,21(5):3-5.

[26] 怀特海.科学与近代世界[M].何钦,译.北京:商务印书馆,1959.

[27] 焦炎.《中国大百科全书·教育卷》出版[J].教育研究,1985(10):1.

[28] 杰弗里·韦斯特.规模:复杂世界的简单法则[M].张培,译.北京:中信出版社,2018.

[29] 金帅,盛昭瀚,丁翔.港珠澳大桥项目协调决策体系演变与启示[J].建筑经济,2013(12):27-31.

[30] 库恩.科学革命的结构[M].李宝恒,纪树立,译.上海:上海科学技术出版社,1980.

[31] 拉兹洛,闵家胤.从贝塔朗菲的著述看一般系统论的起源[J].系统辩证学学报,1993,1(2):60-64.

[32] 李素萍,姚洪兴.多变量时间序列分析及其应用[J].科学技术与工程,2008,8(11):2764-2769,2797.

[33] 梁茹,陈永泰,徐峰,等.社会系统多元情景可计算模式研究[J].管理科学学报,2017,20(1):53-63.

[34] 林勇新,陈予恕,王丹,等.复杂动力巨系统中子系统行为间相关性研究的一种新方法[J].应用数学和力学,2013,34(9):917-928.

[35] 潘启雯.面对"根本不确定性"经济学能做些什么[N].上海证券报,2018-07-14.

[36] 钱学森.基础科学研究应该接受马克思主义哲学的指导[J].哲学研究,1989(10):3-8.

[37] 钱学森.一个科学新领域:开放的复杂巨系统及其方法论[J].上海理工大学学报.2011,33(6):526-532.

[38] 盛昭瀚,霍红,陈晓田,等.笃步前行 创新不止:我国管理科学与工程学科70年回顾、反思与展望[J].管理世界,2021,37(2):185-202,213,13.

[39] 盛昭瀚,陶莎,曾恩钰,等.太湖环境治理工程系统思维演进与复杂系统范式转移[J].管理世界,2023,39(2):208-224.

[40] 盛昭瀚,王海燕,胡志华.供应链韧性:适应复杂性:基于复杂系统管理视角[J].中国管理科学,2022,30(11):1-7.

[41] 盛昭瀚,薛小龙,安实.构建中国特色重大工程管理理论体系与话语体系[J].管理世界,2019,35(4):2-16,51,195.

[42] 盛昭瀚,于景元.复杂系统管理:一个具有中国特色的管理学新领域[J].管理世界,2021,37(6):36-50,2.

[43] 盛昭瀚.重大工程管理基础理论:源于中国重大工程管理实践的理论思考[M].南京:南京大学出版社,2020.

[44] 盛昭瀚.从系统管理到复杂系统管理:写于《系统管理学报》创刊30周年之际[J].系统管理学报,2022,31(6):1031-1034.

[45] 盛昭瀚.大型复杂工程综合集成管理模式初探:苏通大桥工程管理的理论思考[J].建筑经济,2009,30(5):20-22.

[46] 盛昭瀚,游庆仲,陈国华,等.大型工程综合集成管理:苏通大桥工程管理理论的探索与思考[M].北京:科学出版社,2009.

[47] 盛昭瀚.管理:从系统性到复杂性[J].管理科学学报,2019,22(3):2-14.

[48] 盛昭瀚.管理理论:品格的时代性与时代化[J].管理科学学报,2019,22(4):1-10.

[49] 盛昭瀚.话语体系:讲好管理学术创新的"中国话"[J].管理科学学报,2019,22(6):1-14.

[50] 盛昭瀚,张军,杜建国,等.社会科学计算实验理论与应用[M].上海:上海三联书店,2009.

[51] 盛昭瀚,游庆仲,程书萍,等.苏通大桥工程系统分析与管理体系[M].北京:科学出版社,2009.

[52] 盛昭瀚.问题导向:管理理论发展的推动力[J].管理科学学报,2019,22(5):1-11.

[53] 陶艳萍,盛昭瀚.重大工程环境责任的全景式决策:以港珠澳大桥中华白海豚保护为例[J].环境保护,2020,48(23):56-61.

[54] 田广,刘瑜,汪一帆.质性研究与管理学科建设:基于工商人类学的思考[J].管理学报,2015,12(1):1-10.

[55] 王创业,张飞,陈世江.相空间重构理论在基坑位移预测中的应用[J].岩土工程界,2008(1):33-34.

[56] 王海燕,李文,陈文彦.时间序列间统计依赖性测量的一种改进方法[J].南京理工大学学报(自然科学版),2002,26(3):325-329.

[57] 王茜,程书萍.大型工程的系统复杂性研究[J].科学决策,2009(1):11-17.

[58] 吴丽坤.谈术语及术语系统之系统性[J].科技术语研究,2005,7(2):44-48.

[59] 王海燕,隽志如,XU H.需求分布规律变化情况下的报童订货策略[J].中国管理科学,2018,26(4):22-29.

[60] 徐长福.论人文社会学科中理论思维和工程思维的僭越[J].天津社会科学,2001(2):25-31.

[61] 徐长福.思维方式:僭越与划界——人文社会学科中理论思维与工程思维

之批判[J].学海,2001(1):5-14,207.

[62] 许婷,盛昭瀚,李江涛.基于综合集成的复杂工程管理体系研究[J].复杂系统与复杂性科学,2008,5(3):48-54.

[63] 晏永刚,任宏,范刚.大型工程项目系统复杂性分析与复杂性管理[J].科技管理研究,2009,29(6):303-305.

[64] 杨磊,刘洋,郑永磊,等.胆甾相液晶盒贝纳德效应实验[J].液晶与显示,2012,27(3):288-291.

[65] 杨善林,周开乐.大数据中的管理问题:基于大数据的资源观[J].管理科学学报,2015,18(5):1-8.

[66] 杨晓光,高自友,盛昭瀚,等.复杂系统管理是中国特色管理学体系的重要组成部分[J].管理世界,2022,38(10):1-24.

[67] 叶侨健.论系统自组织机制:耗散结构机理图的诠释[J].系统辩证学报,1994,2(2):57-63.

[68] 于景元,周晓纪.从定性到定量综合集成方法的实现和应用[J].系统工程理论与实践,2002,22(10):26-32.

[69] 于景元.从定性到定量综合集成方法及其应用[J].中国软科学,1993(5):31-35.

[70] 于景元.集大成 得智慧:钱学森的系统科学成就与贡献[J].航天器工程,2011,20(3):1-11.

[71] 于景元.钱学森系统工程思想和系统论[J].网信军民融合,2021(12):9-10.

[72] 于景元.钱学森系统科学和系统工程的成就与贡献:从系统思想到系统实践的创新(上)[J].中国航天,2021(12):15-23.

[73] 于景元.钱学森系统科学和系统工程的成就与贡献:从系统思想到系统实践的创新(下)[J].中国航天,2022(1):41-45.

[74] 于景元.系统科学和系统工程的发展与应用[J].钱学森研究,2019(2):99-124.

[75] 约翰·H.霍兰.隐秩序:适应性造就复杂性[M].周晓牧,韩晖,译.上海:上海科技教育出版社,2000.

[76] 湛垦华,沈小峰.普利高津与耗散结构理论[M].西安:陕西科学技术出版社,1982.

[77] 张军.计算实验在社会科学研究中的作用[J].实验室研究与探索,2009,28(6):75-78,90.

[78] 张军.社会科学计算实验的研究范式[J].实验室研究与探索,2009,28(7):61-66.

[79] 张军.用人工社会方法研究社会行为演化问题[J].计算机仿真,2007,24(1):277-280.

[80] 赵梦祺,张昊.探寻太湖生态系统的前世今生[N].江苏科技报,2021-07-30(A11).

附录

本书是作者二十多年对复杂系统管理理论的持续思考的一点阶段性总结。依据关键学术要点，主要逻辑包括：

——中国传统哲学关于本体论的思维概观引导我们在宏观、全局和整体层面上把握住复杂系统管理这一当今管理学新领域的理论主题。

——随着人类社会的发展，管理的实践与本质属性在整体上呈现出从系统性到复杂性的演变趋势，管理学界已经感悟到这一时代性大趋势的到来。

——时代性是管理理论的生命表征，管理理论的价值就是要能够对管理的时代特征及重大时代性问题给予深度关切与回应。

——时代化是管理理论的与时俱进与适应性，管理中国化是管理时代化在中国的具体形态，时代化通过中国化走向中国管理实践。

——管理理论的时代性与时代化是当今中国管理理论与实践发展的基本形式与基本品格。

——复杂系统管理是当今具有时代性的一个管理学前沿新领域，深刻的历史逻辑、现实逻辑与理论逻辑成为复杂系统管理在我国的发展的强大推动力。

——复杂系统管理要建构自主知识体系与话语体系，讲好学术创新的"中国话"。

不难理解，以上一系列思维逻辑都对复杂系统管理学术发展、复杂系统管理的哲学思维、理论范式等具有重要指导意义。正是基于这一认识，作者在探索复杂系统管理的历程中，于2019年3月至2019年6月在我国《管理科学学报》上连续发表了四篇相关文章(《管理：从系统性到复杂性》、《管理理论：品格的时代性与时代化》、《问题导向：管理理论复杂的推动力》与《话语体系：讲好管理学术创新的"中国话"》)，联系本书的内容，不难发现，以上四篇文章表达的主题与关于复杂性管理研究的思维逻辑与自主主体意识是完全一致的。

另外，我国著名系统科学家于景元先生与本书作者于2021年在《管理世界》上以《复杂系统管理：一个具有中国特色的管理学新领域》为题对复杂系统管理学理及理论架构作了介绍，此文也与本书有着密切的关系。

今天，在本书出版之际，将这五篇文章一并附录于后，更能够体现出本书的主旨与学理，敬请各位斧正。

附录 1

管理：从系统性到复杂性

摘要：人们对管理从"简单的"向"复杂的"的认知，开始于感性直觉上的体验，并逐渐向揭示本质属性的理性思维深化。本文基于现代科学技术体系的层次框架，构建了系统科学与管理科学各自标识性概念之间的相互映射。在系统科学思维下，系统性是一切管理活动的属性，任何管理活动既是系统的实践，也是实践的系统。随着人类社会的发展，管理的实践与本质属性在整体上均呈现出从系统性到复杂性的演变趋势。复杂整体性已是各种复杂管理形态的重要起因和深刻内涵，这是我们在当今管理领域实现多学科融合，破解复杂性难题重要的实践逻辑与理论逻辑。

关键词：管理；系统性；复杂性；复杂管理体系

1 管理的本义

人类自古以来，就开始了打猎捕鱼、采集果实、从事种养业、建房、修路、搭桥等生产、造物的实践活动(以下统称为人类的生产活动)。不言而喻，任何生产活动都有其目的性，如一般都有制造、构建某种人造物或者改变某种事物性状的目的，这也是生产活动的功能。

要能够生产出人造物和改变事物性状，必然要有一定的生产环境和条件、生产主体及相关的资源，特别是物质性的"硬"资源，如土地、材料、设备、资金、技术等。显然，这些都是构成生产活动这一整体的组成要素，而生产出的"人造物"一般就是这些"硬"资源最终组成的"综合物"。这说明生产一定是一个从要素到人造物形成的整体性活动形态；再进一步，我们还可以看到，在生产的整体性活动中，这些组成要素彼此之间有着各种关联并在整体上表现出各种关联"之和"，这一般称为生产活动的整体结构。这样，整体性与功能性就成为生产活动的基本品质。

起初，人们的生产活动非常简单，规模也小，往往个人或极少数人就能独立承担并完成。但随着生产活动规模的不断扩大、内容的不断丰富，当个人与极少数人已不能完成某项生产活动时，就出现了一批人共同承担的情况。这时，由于生产活动内容的多样性,人们开始了在生产过程中的彼此分工和合作,其中,有人会根据生产环境与预期的生产目的(目标),不再从事直接的生产活动,而从事生产筹划、组织、分工和协作活动。

实践证明,这样做不仅能更好地保证生产目标的实现,还能使生产活动更加有序和有效。时间长了,人们逐渐感受到,生产过程中的这种专门的组织、协调工作非常有利于发挥集体的力量与智慧,克服困难,实现生产目标。于是,人们不仅越来越认识到这类工作在生产过程中的重要性,而且还主动让生产中的一个(一部分)人专门从事一类生产的组织和协调活动,这样的活动在人类生产活动中逐渐成为一种有着固定内涵和特定属性的活动类型,这就是我们今天所谓的管理的原始形态。

一般地,我们称在人类生产活动中,为实现生产目标与使生产过程更为有序或有效而进行的一类筹划、组织和配置生产资源,分配、安排和协调生产中各类关系的实践为管理活动,在一定语境下简称为管理。

在上述定义基础上,可以对管理活动的内涵进一步解读:

(1) 人类的管理活动最初产生于人类的基本生产活动之中并作用于各类生产活动,管理可谓与生产"形影相随"。各种人造物都是人生产出来的,而管理则在生产中整合、调节、协调及规整人与人的行为及人与物、物与物的相互关系,因此,人类不可没有生产活动,从事生产活动不可没有管理。

(2) 最初,人类的管理活动源于满足生存需要的最基本的生产活动,但随着人类社会的进步,管理活动已经以各种形态出现在人类所有的生产实践活动中,并发挥着巨大的作用。

(3) 人类的每一项生产活动都是具体的、特定的,世界上没有两个一模一样的生产活动,这也决定了与之"形影相随"的管理活动的具体性与特定性。也就是说,世上没有两个一模一样的管理活动,即任何具体的管理活动都会基于具体的生产活动而因时而异、因地而异、因人而异、因事而异、因情而异。

(4) 即使两个高度相似的生产活动,一般也会有不同的管理内容。这不仅是因为各个生产活动情景与细节具有独特性,更因为管理的核心是以"一部分人"为主体,以"另一部分人"为对象。因此,管理者的目标、心理、方法等会融入不同管理者的价值判断与取向,成为不同人的文化秉性与行为习惯。也就是说,管理是"以人为本"、因人而异的活动,管理不能重物轻人,更不能只见物不见人,人在管理诸要素中永远是主导性的核心要素。

(5) 管理活动有着丰富的实际内容,要完成什么任务,解决什么问题,采用什么技术、手段与方法等都要以实际需求为导向,都要有可行的操作性,既要讲效果又要讲成本。因此,面对不同管理模式与方法的选择,管理应当是"适合"与"节约"的,而不应该是"不当"和"冗余"的。

(6) 最后,最重要的是,管理活动既然服务于生产活动,而任何生产活动都有特定的整体目的、整体结构并且表现为一个完整的过程,因此,任何管理也必然具有自身的整体性和过程的完整性。例如,任何管理都有一定的管理环境、特定的管理目标、明确的管理主体、管理对象、管理组织、各种管理资源、需要解决的管理问题及相应的管理方法等。所有这些都是作为一个整体的管理活动的组成要素,这些要素相互关联并整体作用于生产,而管理活动的各个环节又有序地形成了管理的完整性过程。最终,任何管理的整体性活动与完整性过程将综合表现为某种意义上的功能和效能,这也是管理的全部意义和价值。由此可见,整体性与功能性也是任何管理活动两个最基本的品质。

一个事物最基本的品质在哲学意义上就是所谓(本质)属性的概念,即一个事物专有的、基本的和稳定的性质的抽象。本质属性决定了该事物所以是该事物而不是别的事物的根本性品质,也是体现该事物与其他事物区别的固有的规定性。

本文的主要工作就是探讨管理活动整体性与功能性背后的属性,以及该属性随着人类社会的发展而呈现出的演变趋势,这对我们在当今社会重大变革下正确认识管理实践的进步和推动管理学术的创新有着重要的学术价值与实际意义。

2 管理的系统性

20世纪初,在物理学、生物学等不同学科快速发展的同时,人们开始思考和探索各个领域与各种类型的整体性与功能性的共性科学问题。辩证唯物主义认为,客观世界的事物是存在普遍联系的,能够反映和概括客观事物普遍联系并形成一个整体和具有某种功能的最基本的概念就是系统。钱学森先生对系统给出了一个直白的定义:系统是"由相互作用和相互依赖的若干组成部分结合成的具有特定功能的有机整体"。从工程和技术的视角看,系统属性的核心就是功能性和整体性。

20世纪,"系统科学"诞生了,钱学森指出系统科学的出现是一场科学革命,是人类认识客观世界的飞跃。钱学森还认为,系统科学,是一个不同于自然科学、社会科学等科学的独立门类。如果自然科学、社会科学等是按照研究对象领域的纵向性来划分的,系统科学则不论它们所研究的具体领域和具体问题的特质性,仅仅把它们当作抽象的"系统"来看待和研究。这种特点决定了系统科学具有横断科学的属性,即它是一门运用系统的思想和视角来研究其他各纵向科学所涉及领域的各门类问题,并在系统意义上形成这些问题共同的本质属性和规律,建立相应的理论与技术体系。因此,可以认为,在现代人类科学技术体系中,系统科学体系中的许多思想、概念、原理等都对各纵向学科及管理有着更高层次和更具深刻性的概括与解释。例如,管理活动的整体性与功能性这两个最基本品质与系统的整体性与功能性属性具有一致性,为我们在学理上提供了研究管理属性的理论逻辑。

另外,前面指出,管理既是一个完整的整体又是一个完整的过程,就其整体性而言,任何一个管理活动都由管理环境、管理主体、管理对象、管理目标、管理组织、管理问题和管理方案等基本要素构成;就其过程性而言,任何一个管理过程均可分为多个相对独立又相互关联的有序阶段,这些阶段自前往后的递进最终形成了完整的管理过程。因此,管理活动实际上是一类服务于某项生产活动的人造系统。

这样,通过对照系统与管理的基本概念,可以清楚地给出如下基于系统思维的管理的核心内涵:

(1) 任何管理活动都由若干部分组成,如管理环境、管理主体、管理对象、管理目标、管理组织和管理问题等等;

(2) 这些部分在管理中缺一不可,且不同部分相互作用、相互依赖;

(3) 管理的全部意义在于它具有"使生产更为有序和有效"这一特定功能;

(4) 任何管理活动"既是一个完整的整体,又是一个完整的过程"。

上述管理的"特定功能"与"整体性"恰恰是"系统"的核心属性,这再一次说明了管理属性的系统性内涵。

钱学森系统科学思想对我们科学认识管理属性具有重要指导意义。因为从人们的认知规律来看,人们首先是从直观上感受到人类生产活动中物质性资源组成的硬系统的物理性,接着,人们在思维上将生产硬系统的物理性进行上位科学体系的抽象,运用上位科学体系话语体系进行表述,并提炼出管理的系统性这一本质属性。任何管理实践既是系统的实践,又是实践的系统,"系统性"是一切管理活动的本质属性。

3 复杂的管理

多年来,随着人类生产活动的范围与规模越来越大,涉及的要素越来越多,活动内部的关联越来越多元化,人们有了"简单的生产"与"复杂的生产"的直接感知,进而又有了相对应的"简单的管理"与"复杂的管理"的直观体验。需要强调的是,根据管理活动与生产活动之间的关系,"生产活动"是"管理活动"的"根"与"源",因此,"复杂的管理"是从"复杂的生产"衍生而来的。

需要指出的是,我们很难用精准的语言给"复杂的生产"中的"复杂的"下一个定义。另外,从人的认识运动的基本规律来看,我们对"复杂的生产"的认识必须经历两个阶段。首先,人们运用感官对"复杂的生产"活动的外部联系和表面特征进行认识,具有直接性、形象性的特点,属于"生动的直观"阶段,这是认识的第一阶段;接着,人们运用抽象思维能力对"复杂的生产"的内部联系和本质规律进行认识,具有抽象性、间接性的特点,属于"抽象的思维"阶段,这是认识的第二阶段,这一阶段需要借助概念、判断和推理等完成。

我们先就人们关于"复杂的生产"认识的第一阶段进行解读,主要是通过"生动的直观"认知方式来帮助我们"体会"生产活动是怎样变得"复杂的",从中也能够帮助我们概括造成生产活动是"复杂的"的重要原因。

对生产环境而言,"复杂的生产"活动是高度开放的,一般涉及范围较大、生产环境动态变化性强,还可能发生演化与突变等复杂动态现象,这些都会对"复杂生产"的目标设计、功能规划、实施方式等产生深刻影响。

对生产主体而言,"复杂的生产"主体要建立和完善生产指挥系统,制定生产经营计划和技术、工艺文件;负责生产供应链设计和维护,开展技术创新,开发新产品,改进产品质量;处置生产现场突发事件等。面对复杂的生产环境与任务,生产主体普遍都会表现出知识、经验及能力的不足,进而导致生产风险加大。

对生产目标而言,凡生产活动都以形成某种类型的人造物(产品)为其最基本的目的。例如制造型生产活动,其目的可抽象为一种普遍、统一、终极性的内涵,即提供具有某种使用功能的实物形态产品;服务型生产活动的目的则是创造一类以非物质形态存在的可供消费、使用的服务等。生产目的在实际的生产活动中经过分解并与生产活动特定的、个别化的、阶段性的实践相结合,固化为生产过程的预期目标。当今社会人类价值观的进步与现代信息技术的快速发展,使"复杂的生产"的生产目标出现了多层次、多维度、多尺度的拓展变革,如生产与环境和谐、绿色生产模式及价值链重构、企业家社会责任等都成为当代"复杂的生产"的目标内容,无论在新的理念下设计和实现新的生产目标体系,还是协调彼此冲突的目标,都是相当复杂和困难的。

通过以上对生产环境、生产主体与生产目标三个要素的简要分析,我们能直觉体验到"复杂的生产"整体上的确出现了一系列新的形态与特征。自然,这些新的形态与特征会以不同的方式和机理深刻影响对应的管理活动,从而使服务于该"复杂的"生产的"管理"也变得"复杂"起来,形成所谓的"复杂的管理"。

我们也可以通过罗列"复杂的管理"活动的组成要素来帮助我们"意会"这一点,这实际上就是关于对"复杂的管理"的"生动的直观"认识的第一阶段。

3.1 管理环境

现实中"复杂的生产"环境往往使相应的"复杂的管理"面临一系列新的挑战。

一方面,"复杂的生产"活动自身涉及的范围往往比较大,例如,一些制造企业的供应链由数以百千的企业组成,而这些企业分布在全国甚至全球范围;有的工程的本体就很广大,如中国的天然气"西气东输"工程,西起新疆塔里木气田,东至上海市,干线全程超过 4 000 km,这样广大尺度的空间环境必然会呈现出社会、人文、自然形态的多样性并对实际管理活动产生复杂影响。

另一方面,当今我国正经历着历史上最为广泛而深刻的社会变革,进行着全面的实践创新,人们的理念与行为也正在发生着空前的变化,这些对"复杂的生产"的管理模式、方式与方法创新既提供了平台条件,也提出了更加规范的行为约束要求,如生产的环境责任将越来越成为生产主体的刚性行为约束。

3.2 管理主体

"复杂的管理"主体是指对生产决策、实施和运营有决定权、财产权、建设权、监督权、话语权的多方面干系人组成的群体,虽然我们一般称其为管理主体,但实际上它与生产主体一样并不是单个主体,而是一个主体群,随着生产变得复杂,管理主体群也日益扩大,且主体构成成分与内部关系也越发多样化。

例如,在管理主体群中普遍会出现具有引领性和主导性,有着更大决策权与话语权的"序主体",使生产主体群形成层次结构。在宏观层次上,部分主体如政府会构建全局性的"政府—市场"二元治理制度;在中观层次上,部分主体会自组织形成战略性合作伙伴等;在微观层次上,部分主体还会因为主体之间存在不同的利益与价值偏好而引发行为冲突。所有这些新的复杂关系的出现都要求"复杂的管理"的主体群在总体上要有更强的领导力与协调力,要有更有效的运作模式与流程,防范主体行为的异化。

另外,面对复杂的生产环境与任务,管理主体普遍会表现出知识、经验及能力的不足,这一般要通过主体的自学习、自组织来提升自身的水平。主体自学习不仅包含主体群中个体的学习行为,还包括通过主体群重组来实现生产能力的提高,这必然要求"复杂的管理"的主体行为选择与组织模式要有自组织进化功能。

3.3 管理组织

"复杂的管理"不仅问题类型多而复杂,而且管理主体常感能力不足甚至欠缺,在实际中很难一次性构建一个在"复杂的管理"全过程中对所有管理问题都能进行分析、处理的管理(系统)组织。此时,管理(系统)组织在管理过程中,要表现出充分的结构"柔性"和行为"适应性",以某种管理"平台"的模式与功能释放方式(包括变动主体构成、改变管理机制与流程)来提高它的整体驾驭能力。

3.4 管理目标

在"复杂的生产"目标理念下,"复杂的管理"目标的顶层设计需要有基于更多领域、更多层次、更多维度、更多尺度、更多视角的全面的思考,需要主体基于复杂思维进行目标的集成与凝练,需要主体掌握更强的目标分解、分析和综合的能力。例如,有些目标具有不同的空间和时间尺度,这就要求管理主体考虑是把大空间、长时间尺度压缩至小空间、短时间尺度,或者相反。特别是在对整个目标群进行综合评价时,如何在不同尺度之间做好均衡和处理好目标之间的非可加性与冲突,这本身就是一个复杂的科学问题。这样,"复杂的管理"目标设计与选择就不再像传统的结构化的"多目标优化"那样简单了。

3.5 管理问题

在"复杂的管理"中,除了一般管理活动中的各类简单性问题,还出现了一类具有复杂性的管理问题。关于这一点,我们可以根据生产自身复杂程度与生产环境复杂程度这两个维度对"复杂的管理问题"进行简略分类(如图1所示)。其中,由于A区域内的问题(简称A类问题)生产和环境复杂程度都不高,所以,A类问题为简单问题,基本上可以运用人们成熟的经验与已有的知识来解决;对于B类问题,由于环境复杂程度较高,因此管理问题将呈现明显的不确定性与动态关联性;而对于C类问题,由于生产复杂程度高,因此,生产内部结构复杂,即使生产环境相对简单,也可能出现"规矩的"不确定性与不稳定性问题,而且,由于生产内部要素之间的关联性强,容易导致要素之间相互影响的隐性传导和演化。这样,对于B、C这两类管理问题,总体上可以通过制定管理规则并利用成熟的经验与已有的知识来解决;至于其中的一类呈现出系统性的问题,可以运用常规的系统工程等技术来解决。这说明复杂的管理问题中确有相当一部分问题(A、B、C类问题)可以通过一般管理中的常规管理与系统管理相结合的方法来解决。

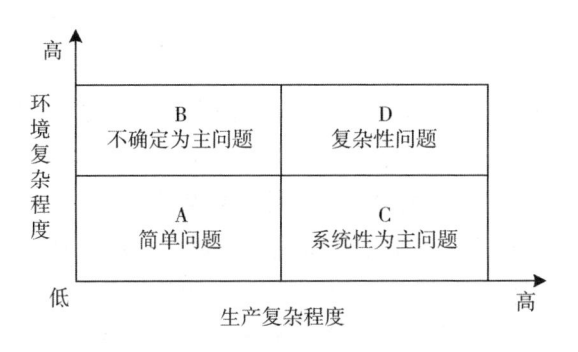

```
高
环
境        B              D
复    不确定为主问题     复杂性问题
杂
程
度        A              C
      简单问题      系统性为主问题
低
         生产复杂程度         高
```

图 1 复杂的管理中的问题分类

但是，对于 D 类问题，即生产与环境复杂程度都高的这一类问题，如异质主体管理组织平台的设计、深度不确定决策与决策方案的"迭代式"生成方法、复杂性引起的生产风险分析与防范、生产现场多主体协调与多目标综合控制以及生产关键技术创新等，一般不能简单地采用针对 A、B、C 三类问题的方法解决，而必须根据复杂系统思维才能有效地解决它们，我们称其为复杂性问题（说明：这里的"复杂性问题"可更多地理解为"复杂的问题"，是一种对问题特征的直观感知，而在"复杂系统管理"理论体系中，"复杂性"则主要是指"复杂的"本质属性，因此，"复杂性问题"是一类具有"复杂的本质属性"的问题，两者是有区别的，但这并不影响我们对本文基本内涵的解读。详见本书附录5《复杂系统管理：一个具有中国特色的管理学新领域》）。

复杂的管理中的复杂性问题出现以下新的特点：

首先，复杂性问题的边界往往是模糊和不完全清晰的。问题内部要素之间除了有确定的输入/输出关系，还有不完全确定甚至非常不确定的关联关系；除了有显性的可确知的关联关系，还有隐性的难以确知的关联关系，而且被我们认定的一些关系或关联要素，在实际过程中还可能因其他因素影响而变异。所有这些都会导致人们对问题的认知往往是模糊、不完全清晰的。

其次，这些复杂性问题一般都很难完全用一种比较明晰的结构化方法（模型）来描述。事实上，"复杂的管理"问题往往同时包含着工程技术、社会经济与人的行为及文化价值观等要素。其中，工程技术要素基本上受自然科学与技术原理支配，一般可以用结构化方式来描述；社会经济领域要素主要受社会或经济规律支配，可以用半结构化方式来描述；而人的行为和文化价值要素往往只能用非结构化方式来描述。这样，这一类管理问题整体上就必须同时用结构化、半结构化甚至非结构化方式才能完整地描述，这不仅大大增加了针对问题的描述难度,而且增添了不同类型表达方式之间相互集成融合的难度。

最后,这里的问题有许多会涉及多个学科和领域,需要多个领域的专家运用多学科、多领域的知识才能解决。但是,根据人的认识规律,管理主体对这类问题的认识必然是一个由不知到知、由知之不多到知之较多、由知之片面到知之全面、由知之肤浅到知之深刻的过程。因此,"复杂的管理"的管理主体对这类问题解决方案的产生将表现为一个不断探索的"试错"过程。在这一过程中,管理方案通常不是一次"优化"形成的,而是根据对问题认识的深度和准确度,通过对备选管理方案的多次比对、修正与完善来确定的。从总体上讲,这是一个由阶段性中间方案沿着一条从比较模糊到比较清晰、从比较片面到比较全面、从品质较低到品质较高的有序路径,不断迭代、逼近,直至收敛到最终方案的过程。

这样,在复杂性问题解决方案的形成过程中,必然要出现和增加许多新的、复杂的环节与接口,如管理主体之间需要更多的协调与沟通,方案迭代过程中需要有更多的前后完善与比对,还要保证对不同类型信息的有效融合和对方案形成进行整体(综合成本、时效与品质等)的评估与优化。

根据上述分析可见,复杂的管理活动中的管理问题可分为三个层次,其中,下面的两个层次主要针对 A、B、C 三类问题,而最上面的层次主要针对 D 类问题,三个层次整合在一起即形成完整的复杂的管理问题体系(如图 2 所示)。

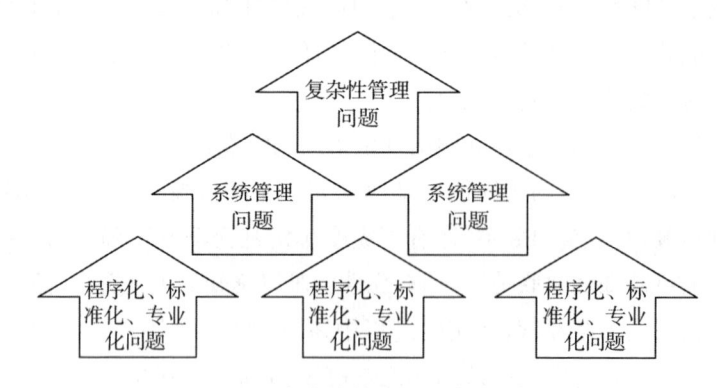

图 2 复杂的管理问题体系

可以粗略地认为,复杂的管理问题体系从整体上把复杂管理活动中的管理问题分为复杂性问题、系统性问题和简单问题三种类型。这种分类固然有问题自身物理属性与系统属性的客观原因,但与管理主体认知能力也有着很大的关系。因此,不能认为任何一个具体的复杂的管理活动只有一种问题体系分解结构。

在某种意义上,复杂的管理活动的问题体系是柔性的、动态可变的。例如,两个水平不一致的管理主体,高水平主体会认为复杂性问题相对较少,而低水平主体的观点则恰好相反;即使是同一个管理主体,随着生产与管理信息的不断丰富以及自身能力的不断提高,该主体也会认为顶层的复杂性问题数量在不断减少且复杂性程度在不断降低;而一个水平很高、经验极其丰富的管理主体甚至可能会认为该管理活动中几乎不存在复杂性问题,这样三个层次的问题体系在该主体的认知中就只有两个层次了。

以上认识启发我们,在提出"复杂的生产"活动的感性认知并进行要素诠释的基础上,通过"复杂的生产"与"复杂的管理"的逻辑关联分析对"复杂的管理"活动的外部联系和表面特征可以形成一定的感官直觉认识,并归纳出"复杂的管理"一系列新的体验性特征,这就是关于"复杂的管理"认识的"生动的直观"阶段。

依据人们的认识规律,我们可以进一步对"复杂的管理"这些特征的属性、内部联系和规律进行理性认识的第二阶段,这需要我们运用抽象思维能力提出新的科学概念,这将是下一部分论述的主要内容。

4 管理的复杂性

我们依据管理活动的几个基本要素对"复杂的管理"特征进行了直观梳理,并总结出"复杂的管理"无论哪一个要素出现了一系列新的特征,这些特征在管理活动各要素之间的相互关联与作用下,又会在整体上涌现出管理问题的许多新的特征。例如,"复杂的管理"不仅表现出多层次问题体系结构,而且在问题体系中出现了一类复杂性问题,这类问题在问题边界、要素数量、描述方式等方面都出现了新的特征。

众所周知,在一般的管理活动中,许多针对管理问题的经典分析和解决路径就是把该问题分解成若干部分,把各部分都研究清楚了,整体也就清楚了;如果对部分的研究还不清楚,可以再继续往下进行分解研究,直到弄清楚为止,这种方法论称为还原论。还原论方法主要是由整体往下分解,研究得越来越细,这是它的优势。但对复杂的管理问题,如下原因使还原论难以行得通:

(1) 这类问题与管理环境之间一般都存在非常紧密的关联关系,环境的各种变化都会对问题产生深刻的影响,特别是问题的形态与形成机理往往就是问题自身结构与环境共同作用和相互耦合的结果,因此,如果我们把问题与环境之间的关联切割开,那就无法完整地认识和分析问题了。

(2) 这类问题存在于管理活动与过程之中,任何具体的管理活动与过程如同一个有人、有物、有事、有关联、有因果、有变化并依时空顺序展开的相对独立又有整体性与连贯性的故事。大凡故事都有背景、情节与情节的发展,即都有情景。越是复杂的问题,它越和情景有着"基因"与"血脉"的关联,越需要我们在问题所处的情景中看问题、想问题和分析问题,找出解决问题的方案,这就要求我们在情景整体性中,通过对情景自上而下和自下而上地分析和汇总来解决问题,而不能肢解情景,使情景支离破碎,或者让问题与情景分离。

(3) 这类问题一般还表现出多种复杂动态性,如突变、涌现、隐没、演化等,这些变化的机理非常复杂,究其原因,许多时候都是问题要素之间存在紧密、复杂的显性或隐性关联,各类关联的机理在时间维度上会发生变化并传导至其他要素,而问题正是由这类复杂关联作用造成的。因此,我们无论在物理层面上,还是在逻辑层面上切断这些关联,问题的整体行为的规定性都会受到极大的损害。

(4) 分析和解决这类问题一般都需要跨领域、跨学科、跨专业的技术、手段和方法,因此,需要管理主体构建一个知识齐备、工作机制良好的整体性"平台"。

综上所述,如果我们针对这一类构成要素众多、关联和结构复杂、与环境之间又有着各种相互作用的"复杂性问题",在研究和解决问题的过程中运用还原论,把整体问题分解为相互独立的各个部分,再一步步单独研究各个部分,这势必会把问题各部分之间的复杂关联与结构切断,原有的涌现机理也被破坏了,这样,即使把每个部分都研究清楚了,也解决不了整体性问题。这告诉我们,对待管理活动中的"复杂性问题",如果我们仅仅采用自上而下的还原论方法,在许多情况下解决不了它的整体性问题;还说明了"复杂性问题"的这些特征反映了它存在一类与还原论有着深刻关联的新的整体性属性。这是认识"复杂性管理"属性第二阶段的关键一步。

回到系统科学体系,关于复杂性问题,钱学森先生在 20 世纪 80 年代研究复杂系统方法论时就明确指出:凡不能用还原论方法处理的,或不宜用还原论方法处理的问题,而要用或宜用新的科学方法处理的问题,都是复杂性问题。

钱学森先生以能否运用还原论来解决整体性问题来判断问题是否具有"复杂性",体现了他深刻的系统思想。事实上,20 世纪 80 年代中期,国外出现了复杂性研究,很长时间,国外学者把不同学科领域中出现的大量"五花八门"的、不能或者难以用传统理论和方法来解释和分析的"复杂"现象与问题归结为"复杂性问题",并在各自的、主要是自然科学专业领域内进行分析、概括和提炼,建立了不同专业的复杂性概念与思维,对推动科学的发展有着很大的贡献。钱学森先生在自然科学、社会科学与人文学科的更大、更广的范围内构建了现代系统科学体系,并通过方法论来区分不同系统类型的属性,充分体现了系统思想的"高屋建瓴"的作用。

这样,复杂的管理活动中的"复杂性问题"就其本质特征,实际上与钱学森先生提出的系统科学中那一类"不能用还原论方法处理的,或不宜用还原论方法处理的"复杂性问题是一致的。

因此,管理活动在系统性属性基础上,又揭示了复杂的管理活动所具有的复杂性属性,这是关于管理属性的一个新的重要论断,其主要内涵为:

(1)"复杂的管理"中的复杂性问题与系统科学体系中的复杂性问题具有学理上的一致性,这使我们对"复杂的管理"的认识从"生动的直观"阶段向"抽象的思维"阶段升华:人们直观认识的"复杂的管理"不仅具有复杂性问题的具象,而且还具有复杂性属性的抽象(这一抽象可称为管理复杂性)。依据管理复杂性思维的管理活动称为复杂性管理。

(2)为什么要运用还原论来区分问题是不是"复杂"的?钱学森先生实际上还是以系统概念中的整体性属性为其思维出发点。事实上,人们在现实系统整体形态中发现了系统的整体性可以分为以下两种情形:一类系统的整体属性就是组成系统的所有要素(子系统)属性之和;另一类系统的整体属性中则出现了系统组成要素及子系统不具有的属性,我们把这一情况称为系统在整体层面上的"涌现现象"。显然,前者是可以用还原论来解决的,而对后者,仅仅运用简单可加性的还原论是不能认识其整体性的。因此,还原论可以用来"检验"系统的整体性是不是"复杂"的。

(3)作为一种科学概念的"复杂性"并不等同于人们在日常交流中使用的"复杂性"。后者仅仅是人们对事物的表面和外在的表述,而前者则已经是对事物属性抽象认知的凝练,是一个以科学术语为表述形式的抽象概念。20世纪中期左右,人们在许多学科领域先后发现了被认为是"复杂的"现象,并力求明确它们形成的原因、程度和抽象意义等,于是出现了"复杂性"这一概念。但是,不同学科提出的"复杂性"概念往往都与特定的现象、机理和一系列的专业领域特色相联系,或者说,每个"复杂性"都深深打上了那个学科的烙印,必须用那个学科的知识和话语来描述、说明和解释。为什么会出现这一现象,就因为"复杂性是复杂的"。因此,在管理领域中谈"复杂性"也必须让它"沉浸"在管理活动的情景之中:要么与管理的其他话语组合成复合术语,要么在特定的语境中使用。由此,我们在探讨管理领域"复杂性"时采用诸如"复杂性(管理)问题"[一种不能用还原论解决的(管理)问题]、复杂性属性(复杂性问题的属性)和复杂性管理(包含复杂性管理问题的管理活动)等这样的复合型话语方式。

(4)随着人类复杂的生产活动形态的出现,与之"形影相随"的管理活动中出现了复杂性管理问题,即人类的生产复杂性引发、催生了管理复杂性,复杂管理活动实践也是管理复杂性的系统实践。随着人类社会的发展,这类具有复杂性管理问题的管理活动在所有的管理类型中数量越来越多、比重越来越大、形态越来越丰富、内涵越来越深刻。因此,随着认识的深化,当我们可以用复杂系统的眼光来审视管理活动所依托的系统时,就形成了管理从(简单)系统性到复杂(系统)性的演变大趋势。

5 复杂性管理

5.1 复杂管理思维

管理属性从系统性到复杂性的演化趋势,最重要的意义是让我们无论是进行管理学术研究,还是开展管理活动实践,都要有建立管理复杂性思维的意识。

首先,管理的系统性要求我们在系统性思维下进行管理实践和学术研究,此即系统性管理。系统性管理的主要内涵是:依据系统的概念、原理和方法来认识、分析和解决生产的管理问题,在把生产视为一个完整系统的思维下,通过系统的要素分析、关联分析、功能分析和组织行为分析,从整体上规划、设计、组织生产实践。在具体技术层面,采用明确目标、严格分析、注重定量化和程序化进行生产活动的规划、设计与现场生产活动,以实现生产的整体目标与优良的综合效果。概括地说,系统性管理就是坚持和保证管理活动和过程的整体性、关联性、动态性的统一。

而管理的复杂性则要求我们在复杂性思维下进行管理实践与学术研究,此即复杂性管理。复杂性管理的主要内涵是:管理主体首先对管理活动中直觉感受到的一类难以表述清楚、分析透彻、预测准确,以至难以找出原因、做出决策、拿出办法、提出方案的现象与问题进行梳理和分析;并主要从管理多主体在利益、偏好、价值观等方面的异质性,对管理主体行为的自适应性,管理主体的自组织功能,管理活动要素之间的非线性等复杂关联,管理环境的深度不确定性、突变与演化等动态性,管理活动架构的层次性、层次之间的动态关联性,管理过程中的信息不对称和不完全、不确知等方面进行归纳,对不能运用还原论来完整认识的管理问题形成认知抽象,此即为管理复杂性的提炼;进一步,主体在复杂管理活动虚体"可变性"思维基础上,通过多种适应性行为来"降解"这一复杂性,并且在管理活动实体阶段将复杂性"复原",实现复杂生产与管理实践的真实和完整。

管理复杂性思维能够帮助我们梳理和构建新的复杂管理体系。复杂管理体系是个综合概念,它可以分为功能体系、职能体系与组织平台体系。其中,功能体系是在管理宏观层面上的管理功能架构,职能体系是管理具体活动实践模块划分与模块关联架构,管理组织平台体系则是实施管理活动的主体组织架构。

5.2 复杂管理功能体系

一般来说,复杂管理功能体系包含对复杂性问题的认识、协调与执行三个功能,即复杂管理功能体系是由三个子系统构成的(如图3所示):

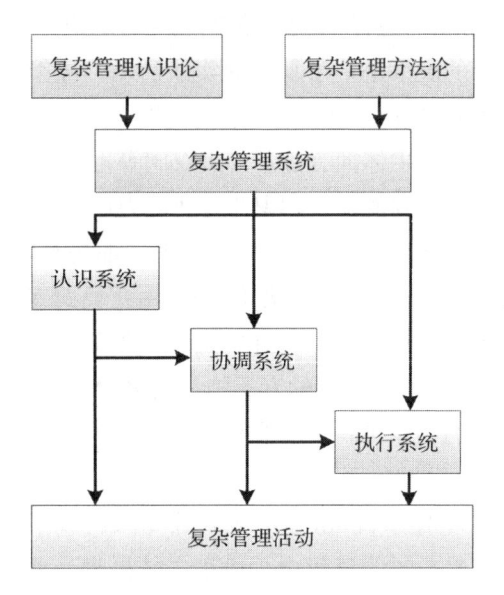

图3 复杂管理的基本结构

(1) 复杂管理认识系统。它的主要功能是揭示和分析生产活动物理复杂性与系统复杂性,并由此对管理复杂性进行分析。

(2) 复杂管理协调系统。它的主要功能是设计并通过管理组织的运行机制与流程,对管理问题的复杂性进行降解和实施适应性、多尺度等一系列独特的管理技术。

(3) 复杂管理执行系统。它的主要功能是在管理现场的各个阶段、各个层次,根据管理目标与协调原则确定相应策略并执行生产现场的多主体协调与多目标综合控制。

5.3 复杂管理职能体系

复杂管理职能体系是主要职能模块及模块关联形成的架构,主要包括决策模块、总体决策支持模块和总体执行模块三部分。

在复杂的生产活动初期，人们首先是产生某种生产的意图，这时有一批人，可能就是产生上述意图的人，也可能是受他人委托，先要在宏观上研究并决定这一生产活动究竟要不要、能不能、在什么地方、在什么时候、怎么开展等，这实际上就开始了该复杂生产活动的前期决策活动，这一批人就是复杂生产的决策人，一般将他们称为复杂生产决策主体体系，简称决策主体。

决策主体的主要任务与职能是在宏观和全局上明确生产活动的总体规划、目标等重要方案的分析与选择，决策主体必须拥有对决策问题做出决定的事权。

另外，复杂生产的决策是一项复杂的实践活动。决策主体必须拥有对这些决策问题做出正确、恰当决定的本领与能力，即决策主体要拥有必要的经验、知识与智慧，这一点与决策主体拥有必要的事权同等重要，否则决策主体即使有了决策权，也可能因缺失必要的决策知识与专业能力而做出错误的决策。

但是在实际中，任何个人，其个体的决策水平都是有限的，而复杂生产决策问题太多、太专业，特别是一些复杂决策问题，由于其跨专业、跨学科、跨领域的特点，不是某一个个体，也不是某一、两个领域的决策群体所能完成的，需要把一批不同专业、不同学科、不同领域的专家组织起来，形成一个具有有效工作机制的专家群体，依靠他们在该机制作用下发挥出集体智慧，以帮助决策主体完成决策任务。

这样，对于决策主体来说，由一批多领域专家组成了一个总体决策支持体系，他们的主要任务是在决策过程中为决策主体提供必要的智力支持。总体决策支持体系有以下基本职能：

(1) 该体系在跨专业、跨学科、跨领域的基础上，运用定性、定量、科学实验与计算机模拟等手段与方法，通过分析、实验、建模、仿真、评估与优化方法为决策主体服务，并通过反复比对、逐步迭代逼近，得出备选决策方案供决策主体参考。

(2) 该体系在工作中不仅研究、分析复杂生产问题，如生产硬系统的物理结构与功能、生产技术方案、生产经济效益以及生产活动与环境的相互影响等，也研究、分析如何整合和配置生产资源，以及如何以较低的成本在较短的时间内高质量地完成生产任务。这就需要该体系在对复杂生产硬系统进行总体规划与论证的同时，也要对体制、机制、流程、计划、办法等复杂管理软系统进行总体规划与设计，更要把这两个系统紧密关联、耦合在一起，形成这个整体系统的总体规划、总体认证和整体设计。

(3) 如果说，决策主体的资源主要是事权，那么，总体决策支持体系的资源主要是多领域专家群体以及所产生、涌现出来的决策智慧，前者保证了决策活动的权威性,而后者则保证了决策方案的科学性。

此外,在总体决策支持体系的支持下,决策主体最终形成了关于复杂生产的整套决策方案,接着,将要由一个总体执行体系(部门)将这套方案付诸实施。其中,决策主体制定的关于生产硬系统的总体结构、功能、技术等决策方案,将由总体执行体系组织生产活动主体(承包商、供应商等)形成现实生产能力和完整的造物功能;决策主体制定的关于管理软系统的总体体制、机制、战略规划、协调方法等,则将由总体执行体系(或者他们的代理人)形成现实管理能力与管理过程。如果把后者(软系统)理解为复杂生产管理体系,前者(硬系统)理解为复杂生产管理对象,它们之间的集成与耦合就组合成完整的复杂生产活动。这样,从复杂生产活动的全过程而言,决策主体体系、总体决策支持体系与总体执行体系的全部活动都包括在复杂生产管理活动范畴之内,并以这三部分管理活动为基础形成了复杂生产整体管理活动,为方便起见,将决策体系与总体决策支持体系的活动称为复杂生产决策活动。

综上分析,我们得到如下的复杂管理职能体系架构图(如图4所示)。

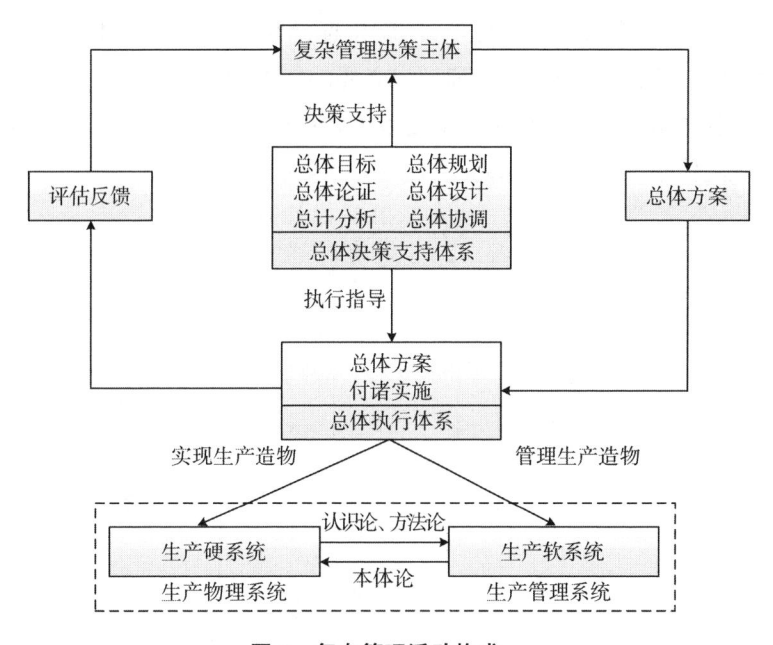

图4 复杂管理活动构成

5.4 复杂管理组织平台体系

明确了复杂管理的整体活动,自然要有实施这些活动的主体和由主体群构成的管理组织。那么,复杂管理活动中的管理组织形态会有哪些新的特点?

在一般管理活动中,因为管理活动比较简单,人们只要根据管理任务的需要,对管理组织进行岗位设计,确定每个岗位的职能以及相应的运行机制,就完成了一个结构固化的管理组织,这样的"刚性"管理组织在管理的全部过程中一般能够具备所有必要的管理能力。

但是,面对复杂管理活动中的各类复杂性问题,这样的"刚性"管理组织难以完成所有的任务,需要管理组织设计者特别是序主体,根据复杂性问题的内容变更和优化组织主体群中的单元主体、重构管理组织结构与运行机制,这充分反映了复杂管理的组织主要功能已经不是直接为解决复杂性问题提供具体的方法和方案,而是以其柔性与自适应性能力来提供形成解决方法与方案的环境与条件,再由相应的环境与条件"涌现"出不同的功能来,这实际上是复杂管理组织平台的思想。

"平台"一词借喻计算机科学,如软件开发平台、运行平台等,它主要指一种环境和条件。有了"平台"便可以支撑、扩展和重构新的功能,复杂管理组织模式需要的正是这样一个"平台"。依据此认知原则,复杂管理的组织体系模式本质上是一种管理"平台"设计,具体地说,就是选择和优化平台主体要素,制定平台相应的机制与流程,以保证平台涌现出必要的能力。

由于管理组织平台主要负责实施各类管理职能,所以,管理组织平台体系基本上同职能体系(如图 5 所示)。

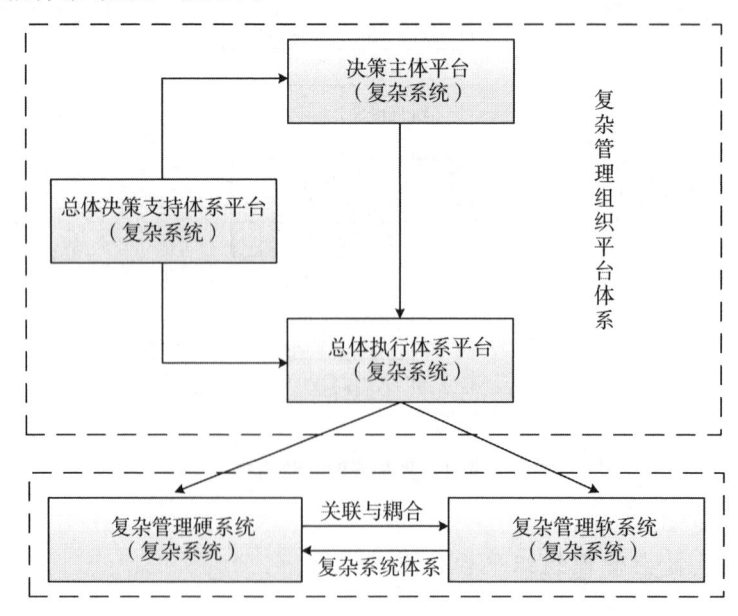

图 5　复杂管理体系基本认知

5.5 复杂管理的方法论

管理复杂性思维还能够帮助我们运用新的方法论来解决实践中的复杂性管理问题。

对于管理活动属性认知的演变反映出人们对管理这一人类实践属性认知的升华,根据认识论与方法论的辩证关系,这一升华必然导致人们在这一领域内的方法论变革,反之,基于不同的方法论又可以凝炼出不同的管理模式。今天,当我们形成了管理复杂性的新认知后,不妨对基于方法论的管理模式的历史演进进行大体的梳理,这应该能够帮助我们在大时间尺度上认识这一新认知的历史方位与学术价值,具体如表1所示:

表1 基于方法论的管理模式的发展

管理模式	管理对象	关键管理技术	管理方法论
经验管理	个体	归纳	复制
科学管理	亚系统	共性提取	标准化
系统管理	简单系统	系统分析	系统控制
复杂性管理	复杂系统	复杂性分析	综合集成

注:亚系统在科学管理中已有对管理要素相互关联的考虑。

通过以上梳理可以看出,随着人们对管理本质属性认知的不断升华,管理思想、管理模式与管理方法论也在不断发展与丰富,并以此不断提高对管理对象复杂性的分析和驾驭能力。这应当是人类管理认知发展进程的基本现象与基本规律。

我们对管理属性认识的理性深化是对管理本质的深刻揭示,也是在学理上形成正确的管理认知范式,并超越实际管理的具象建立起管理研究辩证的认识论与方法论。本文通过现代科学技术体系的层次结构框架,分别探讨了系统性与管理、复杂性与复杂管理的学理内涵,并揭示了管理活动在本质属性上所表现出的从系统性到复杂性的演变趋势。

关于管理属性的探讨在今天有着特别重要的学术意义。当今,随着人类经济、社会和科技高速发展与进步,各个领域的管理活动普遍出现了各种各样"复杂的"特征,要有效面对和驾驭这一挑战,除了在管理技术、方法层面上开展创新,更重要的是,还要在管理技术、方法层面之上,在与管理领域有着紧密关联的更高层面、更大范围中,把握对管理属性的认知。而运用现代系统科学的思维与话语体系能够帮助我们在今天纷繁多变的环境下,深刻认识各种多姿多彩的管理现象,揭示它们的内在规律,还可以帮助我们在管理学学术研究中,利用系统科学话语体系的内涵与学养来增强管理学术的活力。

(刊于《管理科学学报》2019年第3期)

参考文献

［1］CILLIERS P. Complexity and postmodernism: understanding complex systems[M]. London:Routledge,2002.

［2］SHENG Z H. Fundamental theories of mega infrastructure construction management: theoretical considerations from Chinese practices[M]. Cham:Springer,2018.

［3］钱学森,于景元,戴汝为.一个科学新领域:开放的复杂巨系统及其方法论[J].自然杂志,1990(1):3-10,64.

［4］钱学森.创建系统学[M].太原:山西科技出版社,2001.

［5］钱学森.大力发展系统工程,尽早建立系统科学的体系[N].光明日报,1979-11-10.

［6］钱学森.一个科学新领域:开放的复杂巨系统及其方法论[J].上海理工大学学报,2011,12(6):526-532.

［7］任佩瑜,张莉,宋勇.基于复杂性科学的管理熵、管理耗散结构理论及其在企业组织与决策中的作用[J].管理世界,2001(6):142-147.

［8］盛昭瀚,游庆仲.综合集成管理:方法论与范式——苏通大桥工程管理理论的探索[J].复杂系统与复杂性科学,2007(2):1-9.

［9］盛昭瀚,游庆仲,陈国华,等.大型工程综合集成管理:苏通大桥工程管理理论的探索与思考[M].北京:科学出版社,2009.

［10］宋学锋.复杂性、复杂系统与复杂性科学[J].中国科学基金,2003(5):8-15.

［11］席西民,韩巍,尚玉钒.面向复杂性:和谐管理理论的概念、原则及框架[J].管理科学学报,2003(4):1-8.

［12］于景元.集大成 得智慧:钱学森的系统科学成就与贡献[J].航天器工程,2011,20(3):1-11.

［13］于景元.钱学森的现代科学技术体系与综合集成方法论:祝贺钱学森院士

九十华诞[J]. 交通运输系统工程与信息,2001(4):267-275.

[14] 于景元. 钱学森系统科学思想和系统科学体系[J]. 科学决策,2014(12):2-22.

[15] 于景元. 系统工程的发展与应用[J]. 工程研究:跨学科视野中的工程,2009,1(1):25-33.

[16] 于景元. 系统科学和系统工程的发展与应用[J]. 科学决策,2017(12):1-18.

附录 2

管理理论：品格的时代性与时代化

摘要：管理理论的时代性是理论对管理的时代特征和重大问题的深度关切与回应，管理理论的时代化是管理理论能够随时代发展而与时俱进的能力属性。时代性是管理理论的生命表征，时代化则是管理理论的鲜活度；时代性与时代化的统一构成了管理理论的基本品格。管理理论的时代化和中国化是管理学在中国实践与发展的两种基本形式。时代化是普遍原理，中国化是时代化在中国的具体形态，是管理理论在中国发展的现实道路。时代化通过中国化走向中国管理实践；中国管理实践与理论的发展又促进和推动了理论的时代化，并以此融入人类先进的管理理论文明之中，这既是中国管理的基本现实，又是中国管理理论的发展道路。

关键词：管理理论；时代性；时代化；中国化

引言

学术，如果粗略理解为学问，那么，理论无疑是全体学问中最核心的部分，在所有学术活动中也占据着最重要的地位。首先，从学理上讲，理论承上启下，上依据理论哲学思维，接受思维原则的规定性和引导性，下扎根实践，以问题为导向。其次，学术界最普遍、最基本的工作就是开展理论研究，理论的创新价值一般就是学术贡献的标志。在学术界，理论研究能力强、水平高的人往往被称为学者，可见理论概念的重要性。

因此，关于管理学领域中的管理理论，特别是理论基本品格的思考，一定有其重要意义。

1 管理理论的哲学思维

"管理理论"在管理学研究领域内是一个极其重要的概念。在一般意义上，管理理论是人们在管理实践活动与思维活动中，依据一定的哲学思维，以核心概念、基本原理、科学问题及方法体系为基本要素建立起来的系统化与逻辑化管理知识体系。

管理理论之所以要以理论哲学思维为依据是因为管理领域的理论研究都有其逻辑起点,需要在认识论与方法论层面,即在哲学思维层面确立对该领域问题本质属性的认知。而要做到这一点,一般不能仅在该领域之内、该领域局部范围内或者该领域具体技术和方法层面上解决,而要在与该领域有着紧密关联的更高层次、更大尺度、更多维度上进行思考,并明确该领域问题的本质属性与学术研究的基本范式,这就进入了哲学思维的层次。另外,哲学思维要求认识论与方法论的统一,因此,确立了哲学思维也将能够明确该领域理论研究的方法论与方法体系。

哲学思维的辩证性、批判性以及强调实践第一的基本原则为我们开展管理理论研究提供了一种正确的理性思维模式。具体地说,当今的管理哲学思维尤其需要强调以下四点:

第一,复杂性。当今几乎所有管理活动、管理现象与管理问题,无论如何细分为不同的领域、方向和类型,我们都可以在"复杂性"意义上凝练、抽象它们本质属性的同一性、普适性与规律性,并从复杂性这个"根"上发现管理活动与行为的基本规律。

第二,全球性。普适性的管理理论是人类共同的文明。在一般意义上,管理活动、管理经验、管理知识、管理理论与管理方法是人类管理实践与认知共同的积累和升华,体现了人类的共同关切。受人类历史发展历程的影响,在一段较长时间内,西方管理思想与学说在管理学领域占据了主导性地位,也产生了重要的作用。而当前,中国管理学界经过几十年的成长,正逐渐成为当代世界管理理论供给侧格局中的一个独立的重要力量并将不断对人类管理理论做出贡献。这一重要历史性转折要求我们必须把人类管理活动与管理认知的共同关切作为哲学思维的认知基点与逻辑起点,以全球化时代的视野,积极推动构建人类共同的管理理论文明。

第三,变革性。当前,世界正处于大发展大变革大调整时期,从而导致人类管理学学术发展道路出现了需要做出重要战略性选择的"岔路口",并需要我们在"岔路口"的转折点上辨识与确定管理学术发展道路的战略性前进方向。完成这一历史重任的最重要任务是要强化我们重大理论问题意识,提高发现问题理论价值的能力。

第四,统领性。在某种意义上,管理是人们依据"设计的知识"来实现的,这样,管理理论不仅直接为人类的管理实践提供认知引导与方法支持,更为管理主体传递一种思维的力量与行为遵循的规则。这两种情况既有在条件具备的情况下,如何用好现成的知识来解决问题;更有在条件不完全具备的情况下,创造出原本不存在的知识来解决问题。对这两点的实现,唯有在正确哲学思维的指引下方能做到和做好。

文明是人类思维活动的积淀。正是在哲学思维的引导下,人类在每个时代都创造出管理理论文明。但是,基于不同的管理实践领域、不同的思维方式以及对知识的不同理解和论述,人们会根据不同的视角、不同的层次对管理理论的内涵进行边界划分与特征界定,从而形成了各种各样的管理理论学说,这就是所谓的管理理论丛林。

在如此繁茂的管理理论丛林中,有些是专门针对某一类问题的专题性理论,也有仅仅是对一个具体问题提出某些理论观点,但最重要的是充分体现某一领域的基础性、全局性、深刻性的理论。它们对该领域管理实践活动具有广泛的适用性和强大的指导力量,它们自身也往往因具有严密的系统性与学理逻辑而形成理论体系,因此成为该管理领域的"基本理论"。显然,这一类理论对于管理学术研究与发展有着"举足轻重"的引领和奠基作用,本文探讨的主要就是这类理论。

2 管理理论的基本品格

任何管理理论形态都属于主观的存在,它来自人类的管理思维对于管理活动与现象世界原因解释的主观构造,相当于人类"制造"出的一类精神产品。凡是人造产品,不论是物质型还是非物质型都有功能与效能意义上的属性,这就是所谓产品品格的概念。品格,即品性与风格,可以理解为一种质量属性,如人有人品,此为个人立足于社会之根本。而管理理论的品格主要是理论立足所在时代并能够适应时代变化以持续发展的根基,此即管理理论的时代性与时代化。

2.1 管理理论的时代性

所谓时代是政治、经济、科技、文化等领域各自发展及相互影响而形成的具有一定特质与时空边界的历史阶段。时代对处于该时代的人类活动、行为、文化、思维有着强烈的制约与催化作用。

马克思、恩格斯在谈到理论体系时说过:"一切划时代的体系的真正的内容都是由于产生这些体系的那个时期的需要而形成起来的。"这样,管理理论,特别是作为人类管理实践活动规律全局性、整体性提炼与论述的一类重要的基本理论,必然会反映那个时代管理实践的典型特征,必然要深切关注那个时代重大管理问题的内容与解决方案,也必然会使自身带有那个时代的烙印,这就是管理理论时代性的基本内涵。这一点,当世界正处于重大发展与变革的时代时尤其鲜明,而当前我们正处于这样的时代。

正因为任何管理理论都是那个时代的理论,因此管理理论都具有时代性,即时代性是管理理论的生命表征。但是,比较而言,有些管理理论有着对管理现实更深透的洞察力,对时代性重要管理问题有着更敏锐的捕捉与追踪能力,这类理论可谓具有优质的时代性品格。反之,管理理论缺乏现实洞察力导致其面对的问题只能是历史的而非现实的,理论的实际作用也很难与现实需求对接,难以有效解决现实问题,这就是时代性品格较低的管理理论。

下面,我们重点讨论两个问题:

第一,如何使管理理论具有优质的时代性品格,这首先要从关注以下三方面入手:

(1) 管理活动中的"复杂"人。人是一切管理活动的主体,是管理活动中最生动、最核心、最本质、最复杂的要素。特别是在当今时代,关于"人"或者人的"秉性"的预设与管理理论的基本逻辑起点有着极其重要的关系。

根据管理复杂性的基本观点,在当今管理理论研究中,预设人是"复杂"人是需要和恰当的,相反,任何形式的关于人是"简单"人的预设必然只能是历史的而非现实的。"复杂"人的核心内涵为人的秉性的多样性与人的行为的适应性,并在此基础上向管理的各个维度拓展。这将使管理理论研究中"人"原有的理念原则、价值取向、行为偏好及目标习惯都产生一系列重大转变,并因此形成新的管理理论原理和解决问题的方案。

例如,当今的"复杂人"开始重新审视过去的直至工业文明时代的物质利益最大化的管理价值观,重新思考人与自然环境的和谐与融通关系的意义,从而领悟到人不应再是通过征服自然环境而成为物质利益至上者,而应该将自己与环境的改造、征服关系变成和谐、共生关系。

再如,以社会系统中人的行为决策为例,美国著名管理学家道格拉斯·麦格雷戈说过:"在每一个管理决策或每一项管理措施的背后,都必有某些关于人性本质及人性行为的假设。"他又说:"这种人性本质和人性行为的假设,在一定程度上决定了管理的出发点、过程和归宿。"事实上,为了达到自身目的,决策主体会适应性地根据环境变化,不断调整自己的行为,而正是适应性造就了复杂性。例如,决策主体会乐于重复使自己过去满意的行为,拒绝再次使用相反结果的行为或者根据自身的记忆和知识库尝试解决新问题等。人在这里实际上已经表现出系统广义进化过程中复杂的遗传、交换和突变模式,并且形成了一套完备的自演化机制,而要完整表述"复杂"人决策主体的决策心理和行为,需要在管理决策理论研究中提出主体的储元(主体记忆、偏好、知识)、识元(主体感觉、认知、判断)、适元(主体学习、复制、改变)、事元(主体决策后行为)以及心智(主体生理、心理、文化)等人性要素来构成"复杂人"虚体和建立决策行为科学的新的理论概念与原理。

(2) 管理的信息技术环境。当今时代,以互联网、物联网、云计算、大数据、人工智能以及区块链技术等为标志的现代信息技术飞速发展并成为推动社会进步的强大力量。在短短的二三十年之内,这股力量不仅使人类的生产、工作、生活方式发生了巨大的变化,同时也深刻地改变了人类的管理观念、思维习惯、行为方式、人际关系、自我认知以及意识与情感的体验与表达。

更为深刻的是,在过去,人是管理活动中唯一的智能体。但今天,在人工智能时代,管理活动中除了人类智能体,开始有了一类非人类智能体——机器人。它们不像过去人发明的机器那样完全被人控制、任人摆布,而其自身具有一定的并在不断提高的智能。这样就可能在某一管理场域中,人类智能体与非人类智能体在一定的社会规范与行为准则下成为非完全人类的智能体,这将大大深化前面关于管理的"复杂人"的内涵。例如,他(它)们可能会"合伙"成为新的管理活动中的"一体化"主体或对象,并在整体上对人类管理活动复杂性发起挑战。因为当人类与非人类智能体结合在一起,特别是当非人类智能体的智能性越来越强、智能层次越来越高、智能特征及具体表现形态越来越复杂时,我们或将在未来的管理活动中面临一种新的"人与非人"共存状态,他(它)们可能会相互结合成为新的能力更强大的复合型智能主体,或者成为管理主体的能力更强大的智能博弈对手。至少今天我们已经能够看到,以深度学习为基础建立起来的人工智能技术能够运用大数据解决小问题,而人类智能往往能够以小数据解决大问题。这样,这类复合型智能体可以在这两方面的基础上,凭借自己的才智与灵性涌现出超水平的主导与自适应行为,做出最终的决策价值判断,这一趋势必将对今后管理活动和管理情景的复杂性产生重要而深刻的影响。

(3) 世界性的新工业革命。当今,在大数据、人工智能、互联网等现代信息技术推动下,人类技术和经济发展方式又一次出现了新的重大变革,此即所谓的第四次工业革命。

第四次工业革命不仅发展快、范围广,而且对人类经济结构与管理模式的影响之深远更是空前的。例如,已经开始出现了以新一代信息技术贯穿于产品研发、生产、管理与服务等制造全过程的各个环节,使制造具有深度自感知、智能优化决策与精准管控等功能的所谓"智能制造";基于互联网、大数据和人工智能技术研究供应链、服务链、客户或用客户信息等,为企业开发新产品、开拓新市场、重构新的营销模式以及价值链的所谓"智能工商管理";随着机器人识别、分析、判断能力的大幅度提高,人工智能在某些分析、博弈领域也显示出强大能力,从而不仅能胜任重复性操作的工作,而且能从事某些非重复性,需要通过自我学习来提高认知能力的工作,这就是会使社会劳动方式发生巨大变化的"智能工业工程"。

第四次工业革命必然在全球范围内引发和催化宏观层面上的经济制度、产业结构、管理体制的深刻变革与全面创新,否则,落后和不适宜的治理体系将会制约与减弱新的技术变革激发出来的新动能。

虽然当今能够体现管理理论时代性和对理论高品格形成具有重要影响的要素很多,但比较而言,以上三方面更具促进、推动和催化作用。换言之,当今能够体现时代性的管理理论都将以不同形式打上以上三个方面的印记。

第二,如何加强管理理论研究的时代性意识。

既然我们正面临着人类深刻的时代性社会变革,那必然会在世界范围内引发广泛的社会经济发展与治理模式的深刻转变,这是当今最现实的时代性所形成的管理复杂性。虽然我们在过去的几十年内,依靠20世纪中叶前后一大批管理思想家的管理哲学思维并充分运用各个领域的技术进步,在管理理论研究中取得很大进步。然而总体上讲,与不断增长的解决新的时代性管理问题的现实需求相比,还需要管理学术界增强管理理论时代性意识,既不能对新的时代性问题缺乏敏感性,也不能将注入新的时代要素的现实问题削足适履地硬塞回到传统的管理理论框架中去。具体地说,需要我们提高从当今现实问题中提炼出时代性内涵的能力并掌握研究时代性复杂问题的新技术和新方法。

综上所述,在总体上,要通过加强以下认知来提高管理理论时代性意识:

(1) 一个时代的管理理论首先是对那个时代的管理实践活动与管理主体行为本质属性的提炼,只有当理论充分汲取了那个时代的精神与历史方位,才能体现出相应的管理理论的生命形态。

(2) 一个时代的管理理论只有把握住那个时代发展的基本规律,才能真正诠释清楚管理活动中的基本道理。无论这些道理是对客观规律性的揭示,还是从管理实践活动中"创造"出来的"行为规则",它们都能够充分体现时代性,这也是管理理论真理性的体现。

(3) 一个时代的管理理论既包括那个时代重大实际问题本质的综合,又包括解决这些问题方法论与方法体系的集成,因此,必然成为推动那个时代管理文明进步的重要力量,这也是管理理论的实践指导作用的体现。

平时,人们在开展管理理论研究时,在判别和凝练理论问题时,常常会遇到所谓管理"热点问题",这一概念主要是表达在一个时段内社会或者学界对某一管理问题的关注,它往往是基于某一重要政治或社会事件而涌现出来的某个现实或理论问题。虽然也禀赋了一定的时代性内涵,但它与管理理论整体层面上的时代性不是一个概念,常呈现"来得快,去得也快"的脉冲状,特别是一个时段的时间尺度远比一个时代小得多。那些肩负对时代性管理理论问题开展深入而系统性研究重任的学者们,要保持学术静气,珍惜这类问题的重大理论价值,一般不宜频繁更换"热点问题"研究来取得"短平快"成果。

2.2 管理理论的时代化

任何一个时代都是人类历史发展长河中的一个阶段,在它之后,有着"过去的"时代,在它之前,有着"未来的"时代。所以,任何一个时代一定是承上启下、承前启后的。这意味着,任何一个时代的管理理论,一定包含着对过去时代人类管理理论的肯定和继承,也一定会包含着相对于未来时代理论的不足和局限。正如马克思、恩格斯所说:"我们只能在我们时代的条件下去认识,而且这些条件达到什么程度,我们就认识到什么程度。"这意味着,管理理论的品格中还蕴含着一种自我批判、否定,不断被修正和重构的品格,这即为管理理论的另一个基本品格,即管理理论的时代化。

在一般意义上,理论的时代化是指理论能够根据时代的发展、需求的变化进行自我审视并通过自修正及自组织过程来满足因时代发展而产生的新需求的能力。显然,时代化首先源于时代对理论需求的变化,其次是理论自身的与时俱进的能力。因此,理论的时代化集中体现了理论自身强大的生命力以及对理论生态环境与理论问题变动的适应性与创新性。管理理论只有自身具备了这种时代化的"秉性",才能在固有的思维原则与逻辑关联的"刚性"基础上,持续回应管理问题因时、因地、因情景的变化,保持理论的鲜活度。

简言之,管理理论的时代化是指理论能够运用自身的自适应和自组织能力根据时代的发展变化而不断修正、发展和完善自己,做到理论在与时代相互作用中与时俱进。

就管理理论而言,时代性是它的基本禀赋,即任何管理理论都具有时代性。但是,只有当它表现出内容与形式的与时俱进的能力时,它才有了时代化的品格。

时代性是管理理论的基本生命形态,而时代化则是管理理论生命的鲜活度。

综上所述,可以对管理理论时代化的内涵进行如下三点解读:

第一,管理理论时代化的基本动因是其自身的自我反思与自我批判精神。任何管理理论,哪怕是某个领域的基础理论体系也都是那个时代管理活动规律相对广度、深度与高度的总结与凝练,无论如何都有自身相对的不周、不足与不真。因此,凡是有高度生命活力的管理理论必然具有不断完善、深化和修正自己的能力,即理论要使自身在否定之否定的过程中不断发展和升华,这是管理理论时代化的基本动因。

在现实中,管理理论的时代化路径要么由鲜活度高的理论自身通过内容(理论内涵)的时代化或者形式(话语方式)的时代化来实现;要么由人们重构新的理论来替代原来鲜活度弱的理论。管理理论的这种持续不断的新陈代谢现象,不仅在整体上源源不断地为人类提供了新的管理理论以适应变化着的时代,同时,也创造了枝繁叶茂的"理论丛林"。

第二,管理理论时代化的"灵魂"是管理理论创新。时代永远是发展的,鲜活的、生动的,管理实践活动本身就是培育、生长新鲜管理理论的肥沃土壤。因此,不论多么完善的管理理论,它必然无时无刻不在面对新的管理实践的挑战,而且力求以新的思维原则来准确分析和解决它们。在这一过程中,如果理论自身原有的学养不够,那就需要用新的需求与理论自身局限碰撞中涌现出新的理论要素丰富自己、创新自己,并且通过理论自身概念、原理及科学问题之间的系统性与逻辑性来延展和提升理论的学理与学养。不难看出,管理理论的这一时代化过程实际上就是管理理论的创新过程。当然,根据上面所说,这里的创新,既包括理论的自我创新,又包括对原有理论的重组或者重构,甚至是理论整体上的突破与颠覆。

第三,管理理论时代化的"中国化"原则。中国学者如何进一步理解理论的时代化呢?既然管理实践是管理理论的源泉,那么,管理理论的时代化不仅需要关注"时代的发展变化"的时间维度,而且要关注管理实践的空间所在。对管理这一类人类实践活动,"空间"不仅仅指物理空间,更指在某个管理活动空间中的人、人的行为、人的价值偏好、人与人的关系以及由此为基本要素组成的情景,如人情、社情、国情、地域情、文化情与历史情等。这样一来,管理理论的时代化不仅会充满着时代气息,同时还会充满着浓厚的"地域"气息。

例如,管理理论的"中国化",主要是指在融汇古今、中外管理文明的基础上,基于中国管理实践,回应我国社会经济发展与改革中的重大问题,在解决中国实际管理问题过程中自主形成的管理理论。其中除了包括东西方普适性管理原理,更有现实意义的是通过管理原理与中国国情、社情、人情的结合,运用科学方法,提炼科学问题,形成和发展符合我国实际并能够解决实际问题和指导实践的管理理论,同时站在全球和历史的高度对国外管理理论成果进行总结。这样的理论从最初的问题设定、问题情景与价值观的"嵌入"到最终理论的形成都经历了自洽融通的自主性创新或重构,进而形成具有中国特色的管理理论特质。这告诉我们,在我国,管理理论的时代化是通过中国化成为实践形态,而中国化又通过自身实践来推动时代化。

显然,这里包含着一条重要的理论原则:必须根据时代特征、历史条件、具体国情和实际情况,在创造性地学习、运用人类共同的管理文明的过程中,探索和丰富我们中国自己的管理理论发展与实践进步的现实道路。要充分认识到管理理论的时代化总是与管理实践本国化紧密联系在一起,管理理论时代化过程,既是管理理论的基本原理同时代特征在纵向维度上相结合的过程,同时又是管理理论的基本原理同本国具体国情与实际问题在横向维度上相结合的过程。对于中国管理学界而言,管理理论时代化的鲜活劲儿寓于中国管理实践之中,脱离中国管理实践的理论时代化是凋零、萧疏的。

特别在今天,中国正发生如火如荼的历史性社会变革,我国管理学者更要深刻地认识到,管理理论的时代化和中国化是管理学在中国实践与发展的本质一致的两种基本形式。时代化是普遍原理,中国化是时代化在中国的具体形态,是管理理论在中国发展的现实道路。时代化通过中国化走向中国管理实践,中国化又通过中国管理实践与理论发展促进和推动理论的时代化,并以此融入人类先进的整体管理理论文明之中。

3 立足我国管理实践,回应重要时代命题

当前,增强我们关于管理理论的基本品格,特别是理论时代化认知的实际意义在于要求我们努力立足我国管理实践,回应重要时代命题。这不仅仅是个理论问题,更是一个重要的实践问题。大量事实表明,我国越来越多的管理问题、管理规律、管理经验需要通过管理理论时代化过程来总结和提炼。其中,我们可以按照管理理论时代化与中国化相结合的原则,注重我国管理实践和问题所蕴藏的理论内涵与对人类管理文明的潜在贡献,既按照普适性又秉持自主性地立足我国管理实践,回应重要时代命题,努力形成具有自主性、原创性和中国学术特色的管理理论与话语体系。

在这方面,我国学者在过去的若干年中,有过一次构建重大工程基础理论体系的实践,这也是一次我国重大工程管理理论时代化的实践。

3.1 理论问题概述

工程是人类造物和用物的实践。工程中一类规模巨大、环境复杂、技术先进、建设与生命期长的工程称为重大工程。其中,主要为社会经济发展提供长久

性基础构筑物的工程,一般称之为重大基础设施工程(以下简称重大工程),如大型水利工程、交通运输枢纽工程、自然环境保护与改造工程等。

在工程造物活动中,有一类专门从事获取和配置工程资源,分配和安排工程造物人群任务,协调人群、任务、流程之间的关系,使工程造物与用物的实践更为有序和有效的活动,称为工程管理活动,简称工程管理;重大工程管理活动,简称重大工程管理。

实践表明,相较于一般工程,重大工程管理活动要复杂得多,会涌现出许多新的复杂现象和问题。例如,中国港珠澳大桥工程管理主体涉及粤、港、澳三方,"一国两制"体制造成的三方法律体系、行政流程、公共事务、技术标准的差异,给港珠澳大桥管理体系的构建、管理主体之间的结构关系和权力边界、管理组织平台设计等都带来了一系列难题,解决这些难题已远远超出一般工程管理理论所能提供的思想与方法。

3.2 理论时代化的诉求

从总体上分析,随着重大工程管理主体越来越多元化、管理组织的适应性要求越来越高、管理目标越来越多维和多尺度化等,特别是面对重大工程规划立项决策、投融资及建设营运模式选择、工程复杂性风险分析、工程现场综合控制与协调、工程技术创新管理、工程可持续发展与社会责任履行等一系列复杂问题时,只有通过重大理论创新才能够在学理上解决这些问题。对中国学者来说,要遵循工程管理理论时代化与中国化统一的理论创新道路,并将这一工作融入人类先进的重大工程管理理论时代化中去。

为此,我国学者遵循管理理论时代化基本原则,清晰地进行了如下完整的系统分析:

(1) 根据理论时代化禀赋的理论自我批判精神,在充分肯定传统的项目管理体系重要作用基础上,明确指出传统的项目管理体系是以系统还原论与工程本体论相结合的工程思维产物。面对重大工程管理复杂性的挑战,以项目管理知识体系为代表的传统工程管理思想和方法功效日渐式微,甚至已达"紧张点"。这种理论的自我反思与批判性思维是重大工程管理理论时代化的基本动因。

(2) 理论时代化推动着国际工程管理学术界的不断探索,并在近年来形成如下共识:要真正从学理上解决这个问题,必须"跳出"传统的工程思维,构建引领性的重大工程管理理论体系。2014年国际著名工程管理学术刊物 Project Management Journal 专门发表文章,呼吁全世界工程管理专家共同"寻找"重大工程管理经典理论体系。最近,一批多国学者通过对过去若干年在学术刊物上发表的重大工程管理研究文献进行推荐、评价,希望选出若干篇"经典"文献,并将它们拓展和升华为重大工程管理理论体系。然而,2017年7月,国际学术界对此做了总结,他们认为目前尚未能从"经典"文献中找到重大项目管理的理论,这一理论研究目前还缺乏统一的认知和理论框架体系,需要今后从跨学科视角,开展持续的讨论甚至争辩,形成高质量的研究成果,甚至颠覆已有的传统理论解释,涌现一个新的"经典理论"。

(3) 当今,无论在重大工程建设总量,还是在单体工程规模方面,我国都在全世界首屈一指。我国重大工程建设的伟大实践,给重大工程管理理论时代化提供了强大动力和广阔空间。因此,中国学者要开展重大工程管理理论创新研究,必须遵循理论时代化与中国化紧密结合的原则,扎根中国重大工程管理实践,在中国重大工程管理实践基础上提炼理论再运用到实践中去。另外,开展源于中国实践的重大工程管理创新研究,应该有与之匹配的话语体系,以富有感染力、说服力的中国式话语来表达好我们的自主性学术主张,在世界学术体系中发出中国声音。在这方面,我国系统科学家创立的系统科学体系和思想为我们提供了理论思维与系统科学话语体系的支撑平台。

3.3 理论时代化的阶段性成果

多年来,伴随着我国重大工程建设与管理的实践,我国学者努力保证对中国重大工程管理实践的尊重、对中国工程管理经验的深度解读、对工程管理理论抽象的精准提炼,并依据理论时代化基本原理,在构建重大工程管理理论体系这一国际工程管理学界公认的具有原创性、全局性与前沿性的重要学术问题上,走上由中国学者所把握的理论时代化的中国化道路,取得了较系统的阶段性成果,综合起来主要成果如下:

3.3.1 理论体系的整体性的学术思想

关于重大工程管理理论创新,不能沿袭传统的项目管理体系路径,也不能仅仅描述一些重大工程管理新的现象和零散的问题,而必须讲时代性鲜明的系统性学术主张,设计最能够体现学理品质的整体性理论架构,包括具有基础性、根本性特点的理论原则、核心概念、基本原理、科学问题与相应的方法体系。

重大工程管理活动最为核心的"两极",一个是管理客体的复杂性,一个是管理主体行为的适应性。没有主体的自适应行为,就没有重大工程管理活动;没有复杂性,就不是重大工程管理活动,"两极"形态的耦合就是工程管理活动的复杂整体性。也就是说,以管理主体的自适应行为与管理客体的复杂性为核心所形成的重大工程管理现象、情景,它们的演化趋势以及演化路径等构成了重大工管理抽象理论的全部实践基础。

3.3.2　理论体系中突出"人"的时代性

重大工程管理的主体和核心要素是"人",重大工程是"以人为本"的工程,因此,必须在重大工程管理理论体系构建过程中,改变传统的更注重工程物理硬系统与物质性资源的倾向,充分体现管理思维"以人为本"这一时代性原则,明确而深入阐述:

——(管理主体)在重大工程管理活动中的基本思维与行为原则;

——人在重大工程管理活动中的思维与行为的基本形态及基本原理;

——人与管理环境、管理客体与管理问题综合形成的重大工程管理活动的基本形态与基本原理;

——基于人的重大工程管理活动的基本形态与基本原理而形成的科学问题;

——为解决这些科学问题而提出的独特的方法论与相应的方法体系。

3.3.3　理论体系的基本内涵

在上述基础上,我国学者提出了重大工程管理理论体系中的核心概念,如重大工程—环境复合系统、管理复杂性、深度不确定性、情景、管理主体与序主体、管理平台、多尺度、适应性与功能谱等。

进一步地,把重大工程管理复杂情景下的关系原则和行为准则表述为相对独立的理论模块,如复杂性降解、适应性选择、多尺度管理、"迭代式"生成与递阶式委托代理等,从而构成了理论体系中的基本原理。

再以核心概念为基础,通过基本原理推导形成若干基础性科学问题,例如,关于重大工程管理组织的动力学机理、深度不确定决策及基于情景鲁棒性的决策质量认知、重大工程金融、技术管理、现场综合控制与协同管理、基于复杂性的工程风险分析,以及工程可持续发展与社会责任等。

另外,在我国著名科学家钱学森提出的综合集成方法论原则的指导下,提出了以下三类专门性研究方法:全景式质性分析方法、情景耕耘方法和联邦式建模方法。

上述成果形成了完整的"思维原则—核心概念—基本原理—科学问题—方法体系"学理链,率先在国际工程管理学术界构建了重大工程管理基础理论体系,这不仅体现了当前我国工程管理学界正以自主性的学术创新成果让世界听到中国学术声音,也标志着我国管理学界在工程管理理论时代化与中国化统一道路上跨出了可贵的一步。

4 结论

当今,我们正面临着人类深刻的时代性社会变革,这必然在世界范围内引发广泛而深刻的社会经济发展方式与管理模式的深刻转变,这是当今时代性形成的最现实的管理复杂性。

具体地说,当今管理理论领域普遍出现了如下品格特质:

(1) 由时代性而出现了完全崭新的管理现实形态并导致需要原创性的理论创新;

(2) 虽然在某种程度上仍然可以因袭传统的管理思想与理论路径,但已经不可避免地注入许多时代化的新要素,需要理论内涵的变革。

这是当今人类发展道路重大变革对管理学领域理论时代性与时代化优良品格的呼唤。可以预见,我国管理学界一定会坚持不懈地把管理理论的时代化与我国管理实践紧密结合在一起,直面当今时代性管理真学问与真问题,既为我国管理理论也为国际管理理论发展做出更大贡献。

(刊于《管理科学学报》2019 年第 4 期)

参考文献

[1] FLYVBJERG B. What you should know about megaprojects and why: an overview[J]. Project management journal, 2014, 45(2):6-19.

[2] MCAFEE A, BRYNJOLFSSON E. Big data: the management revolution[J]. Harvard business review, 2012, 90(10):60-68.

[3] MCGREGOR D. The human side of enterprise[M]. New York:Mcgraw-hill, 1960.

[4] MILLER H G, MORK P. From data to decisions: a value chain for big data[J]. IT professional, 2013, 15(1):57-59.

[5] SHENG Z H. Fundamental theories of mega infrastructure construction management: theoretical considerations from Chinese practices [M]. Cham: Springer. 2018.

[6] SIMON H A. The architecture of complexity[M]// KLIR G J. Facets of systems science. Berlin:Springer. 1991.

[7] ZHOU Z H. Ensemble methods-foundations and algorithms[M]. Lon-

don: Chapman and Hall/CRC, 2012.
[8] 马克思. 马克思恩格斯全集:第三卷[M]. 北京:人民出版社,1960.
[9] 马克思. 马克思恩格斯选集:第四卷[M]. 北京:人民出版社,1995, 337-338.
[10] 盛昭瀚,游庆仲,陈国华,等. 大型工程综合集成管理:苏通大桥工程管理理论的探索与思考[M]. 北京:科学出版社,2009.
[11] 杨善林,倪志伟. 机器学习与智能决策支持系统[M]. 北京:科学出版社,2004.
[12] 杨善林,周开乐. 大数据中的管理问题:基于大数据的资源观[J]. 管理科学学报,2015,18(5):1-8.
[13] 于景元,刘毅,马昌超. 关于复杂性研究[J]. 系统仿真学报,2002(11):1417-1424,1446.
[14] 约翰·H.霍兰. 隐秩序:适应性造就复杂性[M]. 周晓牧,韩晖,译. 上海:上海科技教育出版社,2000.
[15] 张劲文,盛昭瀚. 重大工程决策"政府式"委托代理关系研究:基于我国港珠澳大桥工程实践[J]. 科学决策,2014(12):23-34.

附录 3

问题导向:管理理论发展的推动力

摘要:问题是理论研究的起点。在人类管理理论时代性贡献与实践性关系上,主要的困难不是答案,而是问题。真正有价值的实际问题既能使管理理论具有旺盛的生命力,又能使管理理论保持与时俱进的鲜活度,并且理论的学术价值与真理性最终只能用解决实际问题的实践来证明。反之,长久地脱离生动的管理问题,忘记实践本身就是伟大的思想者,或者一味生活在别人的思想栅栏和理论围城中,终究会使我们自己的学术生命力慢慢衰落。

问题导向原则要求我国管理理论研究不仅要坚持实践化,更要从本国国情出发,以解决我国现实问题和指导我国管理实践为主旨,最终推动管理学术中国化的实现。

当前,我们需要认真弄清楚这一作用的基本形态、学术逻辑与范式,弄清楚如何在问题导向原则中保持这种作用的持久张力,并使这种作用超越民族与地域的局限而融入人类管理学术整体文明之中。

关键词:问题导向;管理理论;学术中国化

引言

理论研究的问题导向是指以问题需求为引导方向开展理论研究。关于这一点,马克思在《莱茵报》第 137 号刊论《集权问题》中说得非常直白:"世界史本身,除了通过提出新问题来解答和处理老问题之外,没有别的方法。"

世界上凡是具有旺盛生命力的管理理论研究活动的出发点与归宿都是在回答和解决人类社会面临的重大管理问题,体现出鲜明的问题导向性。就管理理论研究而言,问题导向是指人们自觉地发现问题,敢于直面问题,科学剖析问题和正确解决问题的认识路线、研究路线与方法路线。

无论是理论研究还是实践工作,总体上都要以问题导向为原则,这一原则贯穿于管理理论研究的完整过程,并在该过程中表现出不同的关键节点,如最初的实际问题向理论问题的转化、理论问题的抽象化、最终的理论结论的管理真理性检验等,能否把这些关键节点上的关键问题处理好,直接关系到管理理论研究的质量与水平。

本文在对管理理论研究中问题导向的内涵、意义、原则等进行论述的基础上,重点对问题导向过程中的两个关键要点进行分析,以提高管理理论研究过程中问题导向原则的精准性和功效性。

1 问题概论

1.1 管理问题概述

在《管理:从系统性到复杂性》一文中我们曾经指出,管理(活动)之所以必要和重要,是因为它在工程、生产、制造等各类生产活动中能够根据活动的预期目标(目的),使该生产活动更为有序和有效。这暗示着,在现实的管理活动中,的确存在着管理者依据期望目标而不满意、不认可并力图改变现状以提高其有序性或有效性的情况。这一类"情况"首先是一个客观存在的事实或现实,即客观存在的"原生态"管理问题,也就是所谓的实际管理问题(现象)。

管理者在管理活动中通过自己与外界的直接接触,眼中看到、耳朵听到"原生态"管理问题的种种现象,并且将各种感知传导给大脑,经过初步的思考形成对实际问题最初的反映和印象。比如在头脑中对实际问题有了大致边界与轮廓、对问题的关键要素与性质有了初步的判断等,并且在管理者心里有了想进一步搞清楚问题属性与规律性的愿望,此即人们常说的形成了"研究问题"。

研究问题与实际问题最大的不同是,实际问题是客观的、原生态的,而研究问题已经在主体的头脑中形成了初步的主观认知,如在对实际问题各种感觉基础上形成了知觉等,但这类认知相较于实际问题的客观属性和规律性往往还不尽完整、不尽准确。

研究问题根据不同的目的可以被分为不同的种类。例如,如果我们想设计一种工具解决某个实际问题,那研究问题就成为技术问题;如果我们是想揭示问题禀赋的客观规律和属性,那就成为理论问题。不同类型的研究问题在研究过程中遵循不同的研究路径,例如,技术问题主要是通过发明工具来解决问题;理论问题则主要是通过抽象化来发现规律或者设计规则。

举一个例子,苹果从树上掉落下来摔坏了,这是个实际问题。有人想办法保护苹果,这是技术问题,比如在地上铺一块毯子解决问题;而牛顿思考为什么苹果总是落到地面,其中有什么道理和尚未发现的规律,这就是理论问题,牛顿由此最终发现了万有引力定律。

综上所述,管理理论研究有一个从初始的实际问题通过感官认知形成研究问题再提炼为理论问题这样一个完整的过程。主体之所以要把管理活动中的"实际问题"抽象成"理论问题",是因为研究问题被抽象后,主体更容易通过规范的研究范式揭示实际问题具体性之上的普适性,把握住超越其独特性的规律性,从而改变主体对问题本质与规律的知之不深、知之不全、知之甚少甚至完全不知的状况,这就是研究理论问题对理论发展的贡献。

管理理论所研究的基本上都是理论问题,或者说是具有理论贡献的研究问题。不作特别说明,后文在理论研究语境中提及的问题都是指这类理论问题。

1.2 理论问题的价值

前文说到,在研究问题阶段,虽然人们已有了对实际问题属性的某些判断,但其中不少是主体的初步认知,表现出问题的表象性、直接性,不都是客观的、深刻的、本质的,还需要我们通过规范的方法对理论问题进行研究才能得到实际问题本身固有的、物质的、第一性的东西,使我们的认知更客观、本质,这就是理论研究的价值。

从理论价值概念出发,可以认为理论问题是这样一类问题:它们具有一定的现实形态,但对它们表现出来的现象、现象背后存在的规律用已有的管理理论难以解释得深刻、周全,甚至解释不了,需要通过研究理论问题而形成的新理论去做到、做好这一切,理论问题这种引导、催化新理论诞生的功效就是它的理论价值。

从学理上讲,具有较大社会影响的理论问题将孕育着那个时代较旺盛的理论生命力及鲜活度,自然具有较高的理论价值。一般地,问题越重大,可解释的覆盖面就越大,学理就越深刻,理论价值也就越大。

2 问题导向的原则与价值

2.1 问题导向的原则

管理理论研究的问题导向根本上是由管理活动的目的决定的。因为人类管理活动自身是一个在管理现实中不断发现、认识和解决问题的实践过程,而管理理论研究则是在此基础上的理性认知升华,所以,管理实践活动与管理理论活动在认识世界和改造世界的基本范式上是一致的和统一的,即无论在实践应用层面、理论研究层面,还是理论与实践结合层面,管理的出发点与归宿都是以解决问题为原则。

关于问题导向与理论时代性的辩证关系,恩格斯有着精辟的阐述,他指出:

"我们的理论是发展着的理论,而不是必须背得烂熟并机械地加以重复的教条",而发展着的理论是发展着的实践的"时代精神上的精华"。

习近平总书记也明确指出:"问题是创新的起点,也是创新的动力源。"

上述的深刻论述首先使我们明确问题导向应该坚持以下基本原则:

(1) 以问题为导向首先要树立"问题意识"。所谓问题意识就是学者不仅应该坚持从客观实际问题出发,洞察和发现问题并发掘问题的理论价值,还应该具备开展问题研究与解决问题的主动性能力以及科学的研究方法和技术。问题意识是学者的抽象思维、具象思维,强烈的自我反思与批判性思维,理论创新性思维和注重研究实际效应的建设性思维的综合体现。

(2) 以问题为导向不仅仅是理论研究的"起点",更是一个发现、分析与解决问题的完整链。它应该完整地体现管理理论研究的动力来源、理论价值选择与优化、理论研究路径设计、理论结论真理性检验及管理实践的改进等。学者在理论研究过程中必须具备全局性和整体性观念,避免只陷入某一节点或某一阶段的局部环节,切勿因没有"瞻前顾后"而使管理理论研究的完整链条脱节。

(3) 以问题为导向不应该把问题限于逻辑存在而非现实存在,即问题的组成要素、关联与整体都应该具有明晰的物理、管理与行为内涵,而不能只是符号形态与抽象的逻辑体系,更不能仅仅依靠同义反复式的逻辑证明来构建被揭示的理论规律。这就要求我们在管理理论研究过程中,避免仅仅用逻辑推理或者用概念来证明概念,避免只从可能性推断现实性、从预设性推断合理性,这样的理论研究结果既缺乏经验证明,往往又空洞而论,没有应有的实际意义。

2.2 问题导向的价值

就当前管理学理论研究而言,既需要我们站在更高的理论哲学思维层面进行思考,又需要我们在理论层面揭示问题的本质属性,还要求我们在方法论上提出新的解决问题的方法与技术,最终还要求我们用实践来验证所有这些理论与技术的科学意义与真理价值,而所有这一切,都是在问题导向过程中实现的,因此,我们必须整体、系统地明确问题导向的学理价值:

(1) 问题导向原则保证了管理是时代性的致用学问,保证了管理理论研究直面时代问题,回应时代问题呼唤的基本品格。一般地,理论研究的问题导向原则尽可能要求我们捕捉到理论价值高的问题,一方面,要求我们尽可能站在理论哲学思维的高度,提高看透问题本质属性的能力,或者给人以思想的力量;另一方面,在面对管理复杂性或面临资源不足、经验不够的情况下,要求我们具有获得解决复杂问题能力的能力,并且在解决问题的过程中不断增强自适应能力。

这种"获得性能力"与"自适应能力"是当今管理主体坚持问题导向时的"上乘"表现。

（2）问题导向原则保证了中国化为管理理论研究的主旨。当前现实情况是,在我国重大社会经济变革实践中产生了众多复杂管理问题。面对这些问题,无论从现实逻辑还是理论逻辑上,既不可能完全从西方管理思想与理论中找到现成的样板,也不能简单地从我国过去的管理经验中轻而易举地找到解释和解决的模板,只能根据当下中国化现实问题,提高我国管理理论与实践相互融合的自洽性,做出原创性的中国化理论创新。要持久、稳定地保持这一研究范式,必须在问题导向原则引导下,坚持我国管理理论研究主要从本国国情出发,以解决我国现实问题和指导我国管理实践为主旨。

（3）问题导向原则保证了我国管理理论研究的时代化与中国化的统一。我国管理理论研究中作为"导向"的问题固然包括我国情景与文化背景下具有独特性的具体问题,但主要还是那些源于中国管理实践并具有普适性、基础性与拓展性的理论问题。这类问题中既包含在国内外管理实践中均出现,但中国学者自主性地以新的知识变革与理论创新来进行诠释和解决的问题；也有至今仅仅在我国管理实践中形成、国外罕见但表现出鲜明的前瞻性、普适性理论价值的问题。因此,问题导向原则要求我们不能囿于我国地域概念,而应该展现世界大国的文化开放情怀,在充分学习、发挥和拓展国外管理思想与理论文明的同时,更注重扎根于我国管理的实践土壤,用发展的实践创新发展的理论,以发展的理论指导发展的实践。在让国际管理学术界听到中国管理学术创新声音的同时,使中国管理学术逐渐成为当代世界管理学术格局中一个相对独立的重要组成部分。

（4）问题导向原则保证了我们重点关注原创性理论问题研究。要认识到作为问题"母体"的管理实践本身就是伟大的思想者,真正有价值的理论创新研究不可能完全诞生在别人的思想栅栏和理论围城中,更不能依傍别人的理论道路,从别人论文的"狭缝"中拾遗。特别对于年轻学者,如果长久地脱离生动的管理实践,或主要用中国的事实来证明国外管理理论正确,终究会使自己的理论研究能力逐渐衰弱,研究工作价值逐渐"贬值"。

3　问题导向中关键要点分析

不难看出,以问题导向为主线的理论研究活动主要由一定的研究平台、研究主体行为和研究范式组成。其中,基本研究范式为:实际问题—经研究问题形成理论问题—理论问题抽象化—理论研究—结论真理性检验—实践应用与改进。

上述管理理论研究基本范式中有两个关键节点,一个节点是从实际问题经研究问题凝练成理论问题,使用了从原生态情景中剥离出实际问题的手段;另一个节点是对理论问题抽象化,一般使用了问题数学化手段。这两个节点使用的手段成为问题导向过程的两个关键要点,它们对于完整的问题导向流程是基本的、必需的,但也往往可能会对问题导向原则与理论研究整体质量造成负面影响。本小节主要对这两个关键要点进行探讨。

3.1 关键要点之一:情景剥离

第一个关键要点在从实际问题经研究问题凝练成理论问题这一节点处,主要是如何降低剥离原生态实际问题情景的损失。

3.1.1 情景

直观上讲,任何具体的管理活动与过程,如同一个有物、有事、有主体、有对象、有关联、有因果、有变化并且依时空顺序展开的各个环节相对独立又有整体性与连贯性的"故事"。凡故事都有背景、情节与情节的发展,此即所谓的管理情景。实际问题就存在于情景之中并与情景融为一体。这一基本事实告诉我们,任何实际问题都与管理情景有着"基因"与"血脉"的关联,在这些问题上会永远打上情景的烙印。所以,当我们要在理论研究中研究一个问题时,必须通过抽象和凝练手段从原生态问题的特定情景中"剥离"出它的研究问题。

从理论研究逻辑上讲,这种剥离是合理且必要的,因为理论研究属于抽象思维,是在一般意义上认知实际问题的"普遍道理",这就要求在一定程度上抛弃个别具体实际问题细节的独特性和差异性,揭示问题的共性本质与基本规律。但在这一过程中,要剥离原本附着在实际问题身上的情景要素,有可能会对实际问题属性造成"伤害"。所以,研究问题并不完全等价于原生态实际问题,会有适当的"损失",这相当于为了揭示实际问题的共性本质与基本规律而付出的"代价"。

这样,理论问题所揭示的属性与规律就不能简单地完全代表或等价于那个(类)实际问题的属性与规律。从逻辑上讲,只有将理论问题的研究结论再"放回"到原来的情景之中,这些结论与原来情景再度融合并得到修正、完善和补充后,原来问题的固有属性与规律的现实表现才能以最可能的真实性显现出来。因为,一个问题的整体属性与规律永远是问题自身与情景共同作用的结果,所以在管理理论研究过程中,如果尽量在原情景中,或者尽可能地保留一部分情景来研究问题,就能够保证"被抽象和提炼"的理论问题与"原生态"实际问题之间尽量一致,也可以尽可能减小两者之间由于情景剥离而造成的属性与规律的损伤。

特别是,当今管理问题的复杂性越来越强,问题的属性与情景的关联度越来越大,这就更需要我们尽量在情景中研究理论问题并挖掘它们的属性与规律。所以,对一个理论问题的研究应该更深一步地在这个问题所处的情景环境中看问题、想问题和分析问题。这样找出的问题属性、规律与解决问题的方案将会与实际问题的真实情况更加接近,这恰恰是我们问题导向的初心。

以上学术思想将催化我们在复杂性管理思维下,提出一个更具深刻内涵的情景概念:所谓情景,是管理活动环境或管理活动—环境复合系统在整体层面上形成的宏观形态、形态的演化及形成该形态的可能路径,是人的管理活动与过程所有细节信息的整体形态。

对这一概念有几点需要强调说明:

(1) 连续性。在管理活动的任何一个时间点上,现在、过去或未来都有情景的生成与演化,并且是一个连贯过程。

(2) 涌现性。管理情景包含了丰富的物理、管理、行为、文化、心理等要素,既有反映客观自然规律的结构性成分,又有反映行为、系统等社会规律的半结构性成分,还有反映文化、价值偏向等人文规律的非结构性成分,更有三者的相互融合。在情景的动态变化上,既有客观规律和人的他组织表现,还有自组织涌现的结果。

(3) 演化性。一般情况下,情景在管理理论研究中是一个普遍且普通的现象,并且有着自身复杂的形态。在复杂性意义下,管理学情景概念的内容出现了鲜明的从系统性到复杂性的演化。

(4) 在管理学领域,有一个与"情景"概念类似的"情境"概念,但是侧重点略有不同。情境是人物所处的特殊环境,情景是未来将发生的事件集合,情景更注重因果。情境理论着重研究环境对于人的行为影响,而情景更侧重表述管理复杂整体性。

3.1.2 问题导向中的情景分析

由此可见,在把实际问题从其存在的情景中剥离成为理论问题的过程中,不应该忽视情景的复杂性以及可能对理论研究造成的影响。对此,我们拟确立以下几点:

(1) 关注情景重构的嵌入性。问题导向中的问题情景在时间维度上一般都是连贯的,都有着过去、现在和未来的连续演化。因此,对管理理论研究而言,研究者除了要关注未来的情景,还应关注过去和现在的情景,即除了要关注情景的预测,还要关注情景的重构与再现。因为在人类管理活动中,一个管理方案的形成与实施本身就是在原来的情景系统中"嵌入"了一个新的"情景"。这表示我们不再仅仅承认未来情景的不确定性,过去与现在又何尝不曾是处在不确定性之中呢?

进一步地，当我们把"未来"与"现在""过去"串联起来，不难发现"今天包含着过去，但今天未必包含在过去之中，明天也不完全包含在过去与今天之中"。

（2）关注情景预测的深度不确定性。复杂管理问题的未来情景的形态本质上是复杂和深度不确定的。传统的情景类预测方法过于依赖决策者的主观直觉，容易出现人因性失误。虽然管理者在一定程度上能够依据经验与知识以及可推导的因果关系来构建、预测与想象未来情景，但不能认为人可以完全凭借自身的意志来设计和指定未来情景，未来还可能会出现我们从未见过，甚至很难想象到的"意外"情景，而这些意外的、令人"大吃一惊"的情景，远远超过了人的预测能力，并会给我们造成巨大的潜在风险。

（3）关注情景演化的复合性。复杂的管理环境或管理决策中的未来情景，除了包括环境系统自身的情景，还包括管理活动—环境复合系统涌现出来的新情景，即管理活动形成的物理新系统与原来环境复合在一起组成的系统所表现出的情景，这是在复合系统整体层面上涌现出的新的在低层次系统中没有的情景。因此，管理主体不能完全站在管理活动之外来"旁观"情景，而应该认识到：一方面，管理活动会受到环境情景的影响；另一方面，管理主体的管理活动及行为本身还会在管理活动—环境复合系统整体层面上"制造"出新的情景。如同人们坐在船上看河岸，岸上尽是"风景"，而人与船从河中驶过，这连同岸上的风景在一起何尝不是一道"新风景"呢？

（4）关注情景的路径依赖性。任何管理活动都具有后效性，因此，在原环境情景以及复合系统情景双重意义下，未来情景空间的构成和到达未来空间某个"情景点"的演化路径都会受到这两类变动和演化着的情景复杂性的影响，所以充满着深度不确定性。因此，管理者需要做好必要的情景风险防范，既不能只关注自以为有更大可能性出现的情景（前景），也不能依据价值偏好而只关注更期望出现的情景（愿景），更不能把自己不希望出现的情景从未来情景空间中主观地剔除掉。

综上所述，通过对问题导向的具体实施路径的情景分析，我们看到了实际问题与理论问题之间由于情景剥离而可能造成的深刻的相互影响。根据学理逻辑，我们要么把抽象后的理论问题尽量放回到原来的情景中去研究，以避免理论问题因失去情景而"变形"；要么在对抽象的理论问题研究后，尽量对研究结论给予情景作用的补偿性再思考，使理论问题与原来的实际问题之间因情景剥离造成的"损伤"得到一定的"修复"。近年来，学界已经在这方面开展了相关研究，如"情景耕耘技术""情景鲁棒性决策"等。

3.2 关键要点之二：数学化

第二个关键节点是对理论问题的抽象。因为理论问题的表述要尽可能抛弃个别具体的实际问题的细节及独特性，实现这一过程的主要手段就是抽象。抽象是许多学科理论研究的通用手段，一般的抽象方法是所谓的模型化。模型被定义为现实问题的一个抽象代表（表示），是人们为了研究问题方便，把一个现实问题组成要素以及要素之间的关联抽象化的结果。提出、设计、建立、论证及使用模型的过程称为模型化，模型化亦称为建模。从不同的视角出发，可以构造出不同类型的模型，如物理模型、数学模型、仿真模型等，比较而言，其中数学模型最抽象、灵活，成本也低，对问题构建数学模型简称问题的数学化，这也是管理理论研究过程中最普遍使用的一种方法。下面，针对数学化这一关键要点进行探讨。

3.2.1 管理问题数学化的"来龙去脉"

问题数学化作为方法论，其基本思想为：尽可能撇开问题的具体特性，只抽取出各种量、量的变化以及各类量之间的关系。在一定的前提下，使概念或原理符号化、公式化，再利用数学语言（即数学工具）对符号系统进行逻辑推导、运算、演算和量的分析，以形成对问题的数学解释和预测，或从量的方面揭示研究对象的规律性。管理理论研究中的数学化现象有其历史逻辑、理论逻辑和现实逻辑。

（1）问题数学化的历史逻辑

在历史上，西方经济学的发展和工具路径依赖对管理理论研究方法论有着很大的影响。在科学哲学范式上，培根的归纳法和笛卡尔的演绎法不仅对现代自然科学方法贡献极大，而且深刻影响了早期西方经济学研究模式的形成。具体地说，西方经济学仿照物理、数学等自然科学强调研究的实证性，并努力把经济学变成"像自然科学一样"的科学。

经过一百多年的发展，严密的实证方法，特别是数学模型的运用逐步成为经济学研究的基本范式，同时也使经济学越来越"科学"。而管理学的学术历史则要短得多，在最初相当长的一段时间内，管理学研究什么问题、如何研究、用什么方法研究等都在模糊和混沌中探索。这样，借鉴和模仿便成了最容易和有效的办法。由于经济学与管理学在学术思维、研究问题内涵等基本点上比其他学科更为一致，而且经济学在漫长的发展道路上运用数学方法尤为成功，于是，管理学在理论研究中模仿经济学的数学化做法，"拜其为师"是最自然不过了。20世纪以来，西方科学哲学把经验科学视为哲学问题的理论来源，这种自然化的研究趋势深刻影响了社会科学的研究模式，所有这些就是管理研究数学化的历史逻辑。

(2) 问题数学化的理论逻辑

另外应该看到,过去的管理问题无论是环境、目标、主体、对象等都比较简单,整个管理问题的结构化成分多、确定性比重大,因此,采用结构化数学模型或比较"规矩"的不确定数学方法等相对简单的数学化手段,便能够较准确地实现对管理问题属性的抽象描述,加之所采用的数学模型比较简单,许多时候数学模型都"可解"或者能够对数学模型开展性质分析、趋势分析、阈值分析。特别是当时管理问题的情景不是很复杂,情景剥离对理论问题的损伤也不严重,所以数学化研究结论与实际问题状况"差距"较小,从而更易使研究者看到管理问题数学化方法的成功。这样,管理理论研究的数学化的合理性以及后来出现的数学化路径依赖性就很自然了。这是管理研究数学化的理论逻辑。

(3) 问题数学化的现实逻辑

近代以来,西方自然科学与社会科学的发展相对更为先进和发达,从而在相当长的时期内,自然科学取得的成就使西方学术界对自然科学研究范式一直非常恭敬和崇拜。同时,现代管理学的发展也起源于西方,西方以其发达的经济体系和管理平台,不仅创造了大量的管理理论,而且取得了牢固的学术话语权和裁量权,如制定学术行为规则,并以这些规则背后的话语强势来强化自己的学术地位。例如,美国福特基金会和卡耐基基金会于1959年发布"管理研究和教学应着重于科学与学术化"的报告;20世纪80年代,AMJ(Academy of Management Journal)宣布其全部版面只接受所谓严谨的实证科学研究论文。容易理解,这样的学术价值倾向在其各种学术与文化资源的支撑下,必然具有其强势性和强制性,甚至在管理学学术共同体内形成了这种由于"设计的文化"挟持而非客观规律引起的学术价值观与行为方向。这一现实背景进一步使管理研究数学化成为管理学界的一种重要的价值追求。

几十年来,由于中国管理学历史传承较少、发展时间较短,在一段较长时期内,中国学者的工作主要集中在引进、介绍、传播、跟从国外管理思想和理论体系,导致不少学者也不同程度地接受了管理数学化学术价值观。另外,随着我国学术开放性的增强,更直接或间接地刺激了这一学术价值观的扩散,甚至成为高校管理学科对人才评价的重要标准。这是管理研究数学化的现实逻辑。

3.2.2 问题数学化的认知

面对当前这样的现实情况,我们应该对管理理论研究问题数学化有所反思。一般地,管理问题数学化过程就是数学模型化过程,其基本流程为:模型化构思—模型化方向表述—问题原型机理分析—模型化假说(管理假说与数学假设)—模型的构造与推导—模型的数学性质研究—性质的背景分析—算法的设计与公式化—程序开发—辅助支持系统配备—模型化结果验证与调整—完善与迭代。

因此，根据问题导向的完整流程，管理问题数学化在问题导向过程中能否发挥作用和发挥作用的大小关键在于是否较好地满足以下三点：

(1) 管理实际问题要能够通过一定规则映射到数学空间中，如问题概念要明确且建模需要的数据、信息必须齐全；假设要合理并在数学空间中存在与假设对应的数量关系或逻辑关系；能够通过推导或证明得出有意义的数学结论。

(2) 数学模型在数学空间中是可研究的，需要的数学理论与方法是完备的，模型具有可解、可计算、可挖掘性质(稳定性、周期性、非线性等)，且结果必须由数学逻辑推导得出或者由计算机实现。

(3) 所有的数学结论与计算结果的管理真理性都要映射回管理现实空间，验证其正确性、合理性。管理结论的可解释性与实际意义必须接受实践的检验。

由上三点可知，管理问题数学化是研究主体在现实空间与数学空间之间进行多次信息和思维变换并形成新的管理思想和理论的完整过程。所以，需要建立以下两点认知，否则认知上的偏差与实际操作上的缺失必然会对问题导向造成负面影响。

(1) 问题数学化仅仅是管理理论研究过程中某个节点处所采用的一种方法论，而且要运用得当。如果我们不能把实际问题的属性与特征比较完整地"映射"到数学空间中去，或者没有对所得数学结论的管理真理性进行实践验证，那么即使数学模型和计算技巧再"漂亮"，也难以说明问题数学化有什么真正的管理理论研究上的意义。例如，在从现实空间转换到数学空间的过程中，如果以过度简化问题的现实性来迎合数学模型可解、可研究的局限性，从而活生生地使一个原本鲜活的实际问题"枝叶破败"，或者非得让实际问题"削足适履"，最终必然会伤害实际问题现实性"元气"。另外，到了数学化必不可少的要用实践检验数学结论管理真理性的时候，如果检验的真实性和严格性不够，最终会导致数学化只有数学意思而不再能够体验出管理的"本味"，这些数学化过程中的"掐头去尾"现象必然会影响问题数学化的实际价值。

(2) 当今人类管理活动中，各类复杂性、不确定性和难以结构化的情况日趋普遍，实际问题中大量半结构化、非结构化关联、复杂情景及演化等都难以用结构化数学模型来描述。其中，最突出的例子是"人"，"人"是管理的核心，管理问题中人的心理、感知、思维、顿悟、文化、价值取向等都充分表现出了各类复杂性、不确定性和难以结构化的特点。因此，针对实际管理问题中人的心理与行为的要素及复杂形态、人作为主体的管理情景及情景演化等，至少目前我们是难以精准数学化的。这需要采用由数学化和其他方法组成的综合"符号系统"才能较完整地抽象和提炼问题属性,硬性地使用单一的数学化方法来抽象一个复杂管理问题在学理上是欠缺的。

从更深层次上讲,管理理论研究要关注管理问题的现实性与独特性、关注管理过程细节与情景的相互依存性、关注人的社会性与适应性、关注解决问题方案的操作性与有效性,这些目标将同时涉及自然科学、社会科学、人文科学等多个领域,仅仅依靠数学化手段难以实现。这不仅是由于数学模型自身结构化的局限性,还因为数理论证过程的封闭性以及管理科学自身"像自然科学一样的科学"的自洽意识,排斥或阻断了实践与经验对管理研究结论的科学性与真理性验证。这导致在微观的管理学学术研究中出现以抽象的数学命题替代具象的管理实际;在宏观上出现管理数学替代管理工程与管理实践的扭曲现象,这显然都不是我们希望的。

总之,在"问题导向"上,问题数学化是一种重要的研究方法,数学化在管理理论研究中已经发挥并还将继续发挥重要作用,随着管理复杂性的不断增强,服务于管理研究的数学思想、工具和方法不是过剩的,而是需要更新颖、能力更强的数学知识的帮助和支持。无论如何我们要明确数学化仅仅是手段,而不是原则;是工具,而不能成为"工具主义",更不能以管理数学化中的数学化比重的多少与水平的高低作为衡量管理学术水平的标准。

4 问题导向与研究模式

除上面两个要点外,研究模式与学术价值取向对问题导向也会产生不同的作用。

4.1 研究模式中的多学科协同

面对当今时代性管理理论问题,必须在整体层面上直面问题的复杂整体性,例如,在研究层次上,不能将体制性问题降格为机制性问题,再降格为技术性问题,最终落点成操作性问题,从而失去重大问题原有的全局性理论意义;再如,不能为了避开重大问题整体性的复杂难点,而把一个局部小问题的简单研究结论不加制约地放大成对全局大问题的复杂研究结论,如此等等都不是以问题为导向的正确态度,也不是应有的做大学问、真学问的态度。

简言之,能够回应时代性重大问题的理论创新就是大学问;无论问题大小,探究其真实、深层次规律就是真学问。面对这类理论研究,就要冲破学科的人为划分和隔离,开展多学科协同的整体性理论研究模式。

众所周知,随着管理学知识体系的丰富和发展,在整体性理论体系内部,出现了学科的概念。所谓学科,就是在管理知识整个大体系内部,某个相对独立且具有一定边界的知识体系。一个学科往往存在一个"志趣相投"的学术共同体,大家有一致或者相近的学术目标、研究原则、研究宗旨、研究方向,以及主要的研究工具、手段和方法等。面对同一个理论问题,不同的学科通常会根据本学科的研究视角和研究范式开展研究,并得出符合本学科逻辑和规范的结论。

然而,复杂管理问题不应该成为被学科透镜处理过的"问题谱",就像自然光被三棱镜折射出红橙黄绿蓝靛紫7种颜色的光带。因此,不能仅仅用还原论,而要用还原论与整体论相结合的系统论,运用系统思维来认知、分析和解决整体问题。因此,研究复杂管理问题不宜采用单学科思维,也不能仅仅采用某一个或某几个学科的工具和方法,需要在研究过程中充分体现学科的综合性而不是排他性。这就要求我们在基于"问题导向"原则开展重大管理理论研究时,要做好顶层设计,组织多学科协同的研究团队,仔细分析各学科的独特视角和优势,安排好各学科的研究切入点,并在不同学科之间处理好研究程序的衔接与认知互补,既认识到解决重大问题需要多学科融合,也要充分发挥各学科的优势。因此,要坚持问题导向,回应重大管理问题,复杂性已经不允许单学科孤立作战,多学科协同研究已成为基本模式,多学科人员形成的团队也已成为有效的组织形态。这时,最重要的是多学科综合团队的总协调人要有复杂整体性思维和整合多学科资源的能力,而整个团队要形成协同、协调和协作的文化。

4.2 学术研究中的价值取向

在管理理论研究过程中,作为"导向"的问题有大有小、有难有易、有重大有一般,而重大、一流的管理理论创新,一定是以重大问题为起点的。尤其,当今的中国作为世界大国,在世界管理学领域应该有与国之地位相称的学术建树与理论贡献。虽然我们并不要求所有的学者都以这一类重大问题为导向,但学界一定要有一批理论研究人员以它们为主题开展研究,并争取在理论发展上取得重要突破。为此,当前亟须构建良好的理论研究环境,树立正确的理论研究价值观,让一批有能力的学者在比较稳定和宽松的环境中聚焦于管理大问题、真学问,经过一段较长时间取得影响力广、贡献度大的理论成果。

这里所说的大问题主要应该是宏大的、具有全局影响力的理论问题,这样的成果必然是真学问,不仅是前沿性成果,还可能是突破性成果。突破性理论成果是管理理论研究成果的"最高境界",所谓突破性是相对于已有的学术思想、理论体系新开辟的理论道路,例如,提出了"颠覆性"新概念、新原理,设计出基于新原理的重要科学方法等,这样的成果已经不是简单的用罗列几个创新点来表述其学术贡献的成果,而是要能够用清晰、准确的科学语言表述清楚在学术体系上突破了什么、用什么科学方法取得了突破、突破的具体科学结论是什么和突破的学术意义是什么。事实告诉我们,要能够对这些具有整体学理性的问题有高质量和实实在在的回答,绝非两三年时间就可以做到,可能需要在寂寞的环境中坐上十年甚至更长时间的"冷板凳"。此外,由于这类突破性成果原创性强,对传统学术的批判和反思力度大,因此往往需要一个较长的时间才能够被学术共同体认可和达成共识,这一过程中充满了学者学术前途的风险,就研究成果载体形式而言,以发表论文的形式为自己"发声"真的非常不易。

以上种种,不仅是对学者研究大理论问题能力的考验,还是对学者学术品格的考验,更是对学术大环境的拷问。尤其是当前,我们的学术和人才评判主要以论文为标准,单这一点就容易令研究管理理论大问题的学者萌生退意;再加上如果职位晋升靠论文数量,连"饭碗"都不保,谁还愿意静下心来研究大问题、做真学问?因此,在学术管理和水平评定上,要看论文但不能"唯论文",宜进行分类管理。例如,通过一定的甄别程序,为一部分具有优秀理论研究潜质并执着于重大理论创新研究的人提供一定的宽松环境,让其"安心地"开展一类重大问题研究。要明白重大理论问题研究者不仅要具备高度的理论兴趣和自觉性,面对研究道路上的巨大困难和风险还要具备一定的信念、韧性和耐性。因此,不宜对他们一味地"逼论文""数论文"。设想倘若当年要求李白、杜甫每年都上交一定数量的诗篇,恐怕他们也只会疲于应付,导致产生许多平平之作,不仅其个人历史地位,甚至连唐文化瑰宝也都会因之受损。

5　问题导向与管理学术中国化

从学理上讲,管理研究的问题导向原则自然会引起推动管理学术中国化这一话题,特别是当我们把这一话题放到我国现代学术体系形成的大环境、大背景中去思考,它的重要性与意义会更清楚。

在过去较长一段时期内,我国管理学术的"大头"属于"在中国的管理学术"阶段。这一阶段的基本形态是在中国社会文化环境与语境中,中国学者主要按照西方管理研究的范式、遵照西方管理思想与理论研究和国外学者提出的管理学术问题解释、说明、分析中国本土形成的管理学术问题。这是中国现代管理学术体系发展的初始阶段。

目前,这一阶段正在向"管理学术中国化"阶段提升和演化。"管理学术中国化"的基本含义是:中国管理学术界在学术研究上逐渐形成了从以"照着讲"为主到"接着讲"为主的重要转变,从以"学徒状态"为主到"自主创新"为主的重要转变。在学术研究过程中,在继续充分学习、发挥和拓展国外管理思想与理论文明的同时,更注重扎根于我国管理的实践土壤,坚持问题导向原则,回应国家重大实践需求,并让国际管理学术界听到中国管理学术创新的声音。这强烈体现了中国管理学界经过几十年的成长不断成熟并表现出强烈的主体意识、文化自信、理论自觉,同时也反映了中国管理学术正逐渐成为当代世界管理学术格局中的一个相对独立的重要组成部分。

管理学术中国化重要的不仅仅是围绕某个具体的管理学术观点和方法,或某个具体的管理概念与问题讨论具体的管理中国化创新,更是要弄清楚当前是否存在这种转变的历史必然性、转变的客观规律与基本的学术范式,要弄清如何保持这种转变的持久张力以及使这种转变超越民族与地域的局限而融入人类管理学术整体文明之中。这时中国现代管理学术体系发展进入自主性创新的新阶段。

这一阶段意味着我国管理学术发展与理论创新的步伐滞后于管理实践脚步的现状将得到改变,长期以来的"向欧美看齐"的学术研究标准的自我学术失语现象将得到纠正。这是我国管理学术发展的新的现实道路和美好前景,它已经显露出萌芽和曙光。

管理学术中国化发展的顶端是构建具有中国特色的管理学派。回顾中华民族在历史上对人类文明曾经做出的巨大贡献,以及我国当今世界大国的地位,毫无疑义地,构建中国特色管理学派既是当今我国管理学界的必然发展方向和历史责任,又是我们民族与国家在管理学术界应有的学术尊严。

学派指的是拥有共同学术研究领域、共同基本学术思想、共同研究方法体系并取得公认的历史性学术成就的科学共同体,是人类在该领域认知水平和能力的最高标志与象征。一个学派基本上要具有以下几个要素:一个有战略眼光的带头人并开辟了一个重大学术领域,在该领域内形成了完善的基础性学术思想、理论、方法体系;沿着上述路径有持续性的研究队伍不间断地拓展和深化相关研究,并不断丰富学术成果;该共同体的影响持久扩大,并形成更大学术范围内的地位、影响力和话语权。

人类管理思想史告诉我们,管理学派无不是在那个时代重大管理实践变革的基础上与理论突破性创新的催化下,经过作为代表人物的管理思想家的引领、科学共同体长期坚持不懈的探索而诞生和形成的。在我国,以钱学森先生为代表创立的系统科学思想、理论与技术体系就是我们国家自主创立的科学学派的光辉典范。

虽然我国管理理论研究从"在中国的管理学术"阶段到"管理学术中国化"阶

段再到形成中国特色管理学派的道路是漫长而崎岖的,但是,我们应当有这样的理论自信,理论自信的基础是理论自觉,理论自觉就是坚持以问题为导向,以自主创新为动力,以学术创新为目的开展自主性学术活动;就是坚持管理学术与管理实践的紧密结合、相互促进与共同发展。

特别是以下两点,为实现我国上述管理学术阶段的升华与递进提供了重大的平台优势:

(1)管理学术中国化深厚的实践平台。当前,我国各个领域大量、丰富的变革性管理实践正催生着管理思想、理论与方法的全面而深刻的变革。虽然管理学术发展的具体路径和重要里程碑事件具有这样或那样的偶然性,或者说,虽然"浇灌同一时,萌芽或先后",但管理学术中国化重要创新的幼芽正在"破土而出"。

(2)管理学术中国化理论哲学思维平台。只有确立正确的理论思维原则,才能实现对当今复杂管理本质属性的准确把握。在这一重要问题上,中国特色的系统科学体系对我们正确认识复杂管理的本质属性具有重要指导意义。另外,理论思维原则要求认识论与方法论具有一致性,针对复杂性问题,我国学者构建的综合集成方法论与方法体系也使我们可以设计具体的复杂管理问题研究方法体系。

不难看出,在上面两个重要的基础性平台支撑下,从现在起,只要我国管理学界数代人不懈奋斗并长久保持我国管理学术发展与创新的张力,诞生中国特色管理学派不会遥不可期。

6 结论

当前,我们在管理理论研究中秉持问题导向原则,其根本宗旨是基于中国管理实践构建解释中国管理现象的理论,不仅以中国的理论创新指导中国的管理实践,同时也以中国学界的管理思想与理论创新为人类共同的管理文明发展和繁荣做出贡献。

所有的这一切,都与管理学理论的时代性、时代化、实践性、中国化密切相关。这要求我们站在时代的高度,确立中国管理学术的历史担当意识,秉持理论自信之精神,直面中国管理实践的问题与需求,努力做管理学术的真学问、大学问。

可以预计,当今我国管理学术这一新气象以及关于管理认识论、方法论、实践论的进一步辩证统一将会越来越充满活力,并在我国管理学学术发展的进程中,通过广大管理学者的努力践行,形成可持续发展的前行态势。

(刊于《管理科学学报》2019年第5期)

参考文献

[1] CURTIN L L. Learning from the future[J]. Nursing management, 1994, 25(1):7.

[2] FILDES R. Scenarios: the art of strategic conversation[J]. Journal of the operational research society, 1998, 49(7):773-774.

[3] KAHN H R C. The year 2000: a framework for speculation on the next thirty-three years[J]. Political science quarterly, 1967, 83(4):663.

[4] SHENG Z H. Fundamental theories of mega infrastructure construction management: theoretical considerations from Chinese practices[M]. Cham: Springer, 2018.

[5] SIMON H A. Theories of bounded rationality[M]// MCGUIRE C B, RADNER R. Decision and organization. Amsterdam: North-Holland Publishing Company, 1972.

[6] 本刊特约评论员.再问管理学:"管理学在中国"质疑[J].管理学报,2013,10(4):469-487.

[7] 刘益东."互联网＋代表作"是拔尖人才试金石[N].中国社会科学报,2018-10-30(1).

[8] 马克思恩格斯全集:第四十卷[M].北京:人民出版社,1982.

[9] 马克思恩格斯文集:第十卷[M].北京:人民出版社,2009.

[10] 钱学森.一个科学新领域:开放的复杂巨系统及其方法论[J].上海理工大学学报,2011,12(6):526-532.

[11] 盛昭瀚,游庆仲.综合集成管理:方法论与范式:苏通大桥工程管理理论的探索[J].复杂系统与复杂性,2007(2):1-9.

[12] 盛昭瀚.计算实验:社会科学研究的新方法[N].光明日报,2012-04-11(11).

[13] 习近平.在哲学社会科学工作座谈会上的讲话[M].北京:人民出版社,2016.

[14] 于景元.钱学森系统科学思想和系统科学体系[J].科学决策,2014(12):2-22.

[15] 赵建军.西方社会科学哲学研究的基本图景[N].中国社会科学报,2019-01-31(7).

附录 4

话语体系:讲好管理学术创新的"中国话"

摘要:话语是学术和理论的载体,话语体系不仅包括话语内容而且在平台和体制层面上赋予了话语生命力与权力表征;没有自主和有影响力的话语体系,学术思想、理论观点和知识主张就难有通过话语进行叙事和表述的场所和机会,学术就像在真空中呼吸,是不可能的。

当今,我们在推进管理学术中国化的进程中,应该加速构建与我国世界性大国管理学术地位相称的话语体系,这就是讲好管理学术创新"中国话"的内涵。否则,有可能使我们仍然在国际学术话语平台上"跟着讲"或者跌入"追赶者陷阱"。

构建我国自主性管理学术话语体系要以我国高水平管理学术研究为基础,提高我们自身的学养水平,取得国际前沿性、突破性理论成果,这是我们构建自主性话语体系的资格和底气。在构建过程中要正确选择构建技术路线和操作"抓手",以体现时代性的原创性学术成果作为标识性话语内容,进一步优化话语平台体制,并让具有中国特色的话语体系贡献融入世界管理学术话语体系文明之中。

关键词:管理学术;学术创新;话语体系

引言

近年来,一个关键词在着力推进我国管理学科建设和学术创新中频频出现,并上升到一个非常重要的地位,这个关键词就是"话语体系"。

相比较而言,长期以来学术界对学科体系与学术体系更熟悉,也更重视,而对"话语体系"这一概念相对生疏,重视程度也不够,这一状况对我们加强理论自觉、推进管理学术中国化的战略任务是极有影响且亟须改变的。

基于我国管理学术话语体系的现状和面临的重要任务,本文在阐述学术话语基本内涵的基础上,分析了话语体系禀赋的社会属性与权力表征,分析了我国在推动管理学术中国化道路上构建自主性管理学术话语体系的必要性和紧迫性、构建原则要点及主要操作层面上的"抓手",特别指出了在这一过程中,提高我们的理论自信、学养水平、想象力和"大科学"思维的重要意义。

1 学术话语与学术话语体系概述

1.1 话语与学术话语概述

在最初的人类社会活动中，人们主要通过说话进行交流。语言是说话的工具，运用语言进行交流的过程叫言语。随着社会的进步，语言这一交流工具在不断发展，先是由人发声形成口头语言（口语），后来发明了文字，进而形成了书面语言。

既然言语是一种行为活动，就会产生一定的结果，这就是用口头语言说出来的"话"或用书面语言写出来的"文"。这时，无论是说出来的"话"，还是写出来的"文"，不仅承载着相应语言的图像和符号，更重要的是还记录着主体的思想、理论和观点。这意味着形成了一种高于语言的由语言与思想共同组成的综合体，称其为话语。在社会活动层面上，"话语"是一类在特定群体中使用某种语言的社会交往活动，具有普遍性、社会性等特征。

综上所述，语言是人们交流的基本工具，人们运用语言进行交流并产生言语行为，言语的结果便是话语，话语的功效是使人们在叙事时确定"讲什么和如何讲"，人们依靠它通过语言符号表达自己的主张和开展相互交流。因此，语言是话语的符号，话语是思想的载体。

当有了学术研究实践以后，在人们的学术交流与传播活动中，除了以各民族自然语言为基础，更需要使用专门的、跨民族的且被某一个领域科学群体普遍认可和使用的科学语言来实现学术思想和理论的表达、传播、交流与传承并形成特定的学术话语。学术话语不仅是常态下的学术交流和传播载体，还是构建学科体系、推动学术发展的重要方式，正如恩格斯说："一门科学提出的每一种新见解都包含这门科学的术语的革命。"所以，学术话语是学术发展与进步的重要标志。

学术话语反映了人们对学术问题的思考、认知与价值观念，是学者研究问题的学理性诠释和学术表达，具有科学的力量，而力量的大小取决于思想与理论的深刻性与普适性，思想与理论越深刻，相应的话语才有力量传之广泛、传至久远，体现出巨大而广泛的学术影响力。

1.2 一般话语体系概述

只要不是"自言自语"，人与人之间交流的话语就是一种社会活动的结果，因此，话语必然具有社会活动中的各种社会属性。例如，话语是在社会群体中进行的,一方面,所有的话语内容都负载着话语者的思想、理论和观点;另一方面,话语主体的社会身份使话语活动具有某种社会结构特征,这表明"谁在讲"和"讲了什么"一般都会"转换"成一定的社会属性,如话语的影响力、引导力、传播力与价值力。进一步地,话语群体还会创造一定的话语制度、规则等为人们有序和稳定地开展话语活动提供基本环境与条件。所有这些都表明,人的话语活动实践在整体上形成了一个包括话语内容在内的体制性平台(环境与条件),我们称此为话语体系。

在社会治理意义上,话语与话语体系是两个不同的概念。话语主要是个体说什么、怎么说、如何说得好;而话语体系则主要通过构建平台明确话语在哪儿说、依据什么规则说、谁来制定规则等。因此,话语体系主要是指由话语主体、话语内容、话语工具、话语规则、话语制度等组成的系统,简言之,话语体系为话语内容与话语平台(环境与条件)构成的综合体。

1.3 学术话语体系概述

所谓学术话语体系就是帮助学术共同体开展学术话语活动与实现话语功能的话语平台。该平台为某一领域的学术话语交流与传播提供了基本的环境与条件,并以一定的机制维系着学术话语内容的稳定生长和发展,保证着学术话语功能的持久和有序。显然,凡在学术研究语境中提到的话语体系一般都是指学术话语体系,而不是一般话语体系。由于下文均处在学术研究语境中,因此,为方便表达,下文将学术话语体系简称为话语体系。

就管理学领域而言,当前正是管理学术中国化发展启动的关键时期,当我们把话语体系的功能和作用与管理学科体系、学术体系放在一起时,会立刻认识到它们三者是一个相互关联、相互促进的整体。其中,学科体系包括对社会所需要的专门性人才应具备的知识体系进行设计和人才培养,它是学术体系与话语体系的基础,直接决定了相应的学术体系的知识范围以及话语形态;学术体系是学科体系建设的核心,它主要以问题为导向,实现管理思想与理论的创新;而话语体系则是学科体系与学术体系的载体与具体表述,是管理理论哲学思维、管理思想与管理理论时代性、时代化、中国化成熟度的表现,是管理理论创造与规则设计能力的反映,更是我国管理学术在人类管理文明中地位与影响力的体现。概括地说,学科体系是基础,学术体系是内核,话语体系是表述载体。

在一个学科领域,或是在一个学术研究群体中,其理论创新之所以表现出旺盛且经久不衰的生命力与鲜活度,必然有很多积极的原因,其根本原因是该领域内的学科体系、学术体系与话语体系三者之间相互促进和相互推动,而学术话体系这一平台对学术话语内容的不断丰富和生长、对学术话语活动强有力的支持是非常重要的原因。反之，如果学界在学术活动中表现出缺乏自主性的"跟着讲"行为，很大程度上是学术话语力量不强的原因，更可能是自主性学术话语体系缺失造成的。所以，要拓展、提升和创新我国管理学术的发展，首先要构建和完善强健的中国管理学术话语体系，这是实现管理学术中国化的一项基础性任务。

2 我国管理学术话语体系的构建

2.1 话语体系构建的基本认知

如前所述，话语体系是一个由话语内容与话语平台构成的综合体。关于管理学术话语内容，我们在《管理理论：品格的时代性与时代化》一文中指出，时代性与时代化是管理理论的基本品格，时代化与中国化的统一又是我国管理理论发展的现实道路，这就决定了我国管理话语必然指向管理理论的时代关怀并由此决定了管理学术中国化的话语风格，这就是所谓讲好我国管理学术研究的"中国话"。

因此，当前构建我国管理学术话语体系首要的任务是需要我们站在时代的高度，确立我国管理学术发展的历史担当，直面我国管理实践需求和问题，努力做好管理学术研究的真学问、大学问。

当前，从管理实践供给、实际问题需求、理论创新能力和先进技术运用等方面来看，我国管理学术发展已经处于实质性突破的"临界点"，正如习近平总书记所说，"在解读中国实践、构建中国理论上，我们应该最有发言权"。总之，中国管理问题，首先应该看中国人说什么、怎么说、怎么用自己的话语方式说，还要能说好、说清楚、说深刻，争取说出中国经验的普适性与国际认同的"中国话"范式。如果我们仍然依傍国外学术思想与话语方式"跟着讲"，或者仅仅做出一般性、重复性而缺乏前沿性、突破性的学术成果，我们就无法达到构建自主性话语体系的学术高度。在这个问题上，一定要夯实管理学科建设和学术建设，谨记学术话语创新不是语言技巧，而是学术思想经千锤百炼的升华，理论研究经水滴石穿的结晶，不是轻而易举更不能一蹴而就。

另外，话语体系建设包括不断提高话语平台运作规则的正义和公正性，不断防范学术规则的行为异化。在这个问题上，要认识到虽然管理学术研究是人们对管理真理性的探求，但在现实中，话语本身特定的思想认知、话语主体的价值观与社会地位都使话语体系表现出一定的甚至强烈的主体意志和利益取向。特别是在管理学的一些领域,不少管理学术和理论是通过主体"设计的知识"来实现的,这就更渗透了话语主体的文化价值理念,并通过某种话语渠道传播和推广,最终形成广泛的管理价值形态和行为规制。由此可见,话语体系除了一般意义上的学术内涵,还有某些社会关系的内涵。

对此,20世纪哲学家米歇尔·福柯对一般话语体系的作用就做过很透彻的分析。他指出,前现代的权力建构在暴力基础上,而现代的权力建构在知识基础上。他说:"话语是权力,人通过话语赋予自己权力。"因此,不要认为话语体系只是人们"讲了什么"和"如何讲"的小问题,它会涉及思想、理论与文化影响力大小和传播力度等一系列大问题。像经济管理这一类深刻反映了人类价值取向、利益追求和各种复杂社会关系的领域,其话语体系更会体现出这样的社会价值属性。这样,话语体系实际上就为话语活动提供了一种制度背景与权力关系的基础,从而需要我们在制度化层面透过历史语境和权力特征来解读话语行为。这样说并不是对学术问题理解的泛化,而是让我们能够更全面、深刻地理解当今管理话语体系中客观存在的某些社会属性与价值取向,更清楚地认识到体系中存在的不尽合理的运作规则的客观性并思考如何改变这种现状,也使我们在构建话语体系的过程中增强自觉性、提高针对性、减少盲目性。

2.2 话语体系构建的基本现状

构建我国自主性管理学术话语体系是我国话语体系现状与现实迫切需求双向"紧逼"的结果。总体上讲,我们面临的现状是比较严峻的:第一,多年来,我们主要是在学习、沿袭和模仿国外管理学术体系与话语体系的基础上开展我国管理学学术研究的;第二,我国当前改革发展的"转折点"形成的大量新的复杂问题既难以用我国传统文化和经验,也难以用国外管理学理论与话语体系解释透彻和分析准确;第三,我国管理学话语体系建设总体上缺乏历史传承,经验尚不多,在话语创新意识、能力及建设水平方面亟待提高。但是,这些问题正在逐步得到改善,有利于构建自主性话语体系的各种因素正在形成和积累。

当前,重要的是要辩证看待国外话语体系的作用与局限性,便于在国际视野下明确我们所处的现状。

从人类近现代历史发展的总体上说,在工业革命以来的世界历史进程中,西方管理学话语体系在其自身管理实践及经验总结基础上逐渐形成并成熟起来,国外学者在用他们的话语方式讲述发生在他们自己身边的"管理故事"时,选择了最能表述他们的故事情景,最能体现他们的传统、思想、行为、习惯及文化内涵的话语与逻辑形式。其中一些普适、深刻、简洁的部分经过广泛而长期的检验已经成为人类管理文明的共同财富，这部分已经不再有地域的局限而成为全人类管理话语基本范式。另外，在长期向全世界大力传播、推介西方管理思维模式、组织与行为方式的过程中，也构建了功能齐全的话语平台，包括各种媒介、工具、载体、组织和相应的向西方管理文明中心论倾斜的话语规则，其中有许多机制、流程、规制等都具有普适性价值，对推动学术界的交流和传播、促进学术繁荣都具有积极作用，值得我们学习和借鉴。

应该看到，这一现实状况对我国管理学界以及我国管理学术发展的影响是深刻的。首先，由于我国现代管理发展时期较短、历史传承较少，在过去几十年中，我们主要集中于学习、引进、传播、研究国外（主要是美国）管理学术和话语体系，并将其中的理论和方法应用到我国管理实践中，取得了丰硕的成果并有许多创新。由此可见，国外管理学术和话语体系对于促进我国管理学术发展与进步发挥了重要的作用，且今后仍将继续发挥重要的作用。同时，我们也必须看到，在我国管理实践与学术研究工作中，也经常出现不加分析地把用西方管理思想与理论来分析中国管理问题和提出解决中国管理问题方案当作一种"学术规范与预设"意义上的话语范式，好比我们不仅向西方学习做西装的手艺，而且还按照外国人的身材特点为自己裁剪西装。久而久之，这种学术思维习惯导致一方面我国在管理实践与学术研究上发展的步伐越来越快，成果累累；但另一方面，我们反倒在思维模式、思想、成果表达、话语方式等方面越来越丢失话语自主权，这是极不正常的。

应该如何辩证看待西方管理学术话语体系呢？首先，西方管理话语体系中有着相当多的普适性话语内容和话语平台运作机制，这部分是西方管理学家对过去长时期管理实践的科学总结与理论提炼，是西方也是人类管理文明的共同财富，其中有许多内容不论是在过去还是将来，不论是对西方还是对全人类都有着普适性意义。但是，如果从管理理论的时代性与时代化基本品格出发，我们也要认识到：任何管理理论的真理性都是相对的，都有时代、本土和情景的局限性，都不是"放之四海而皆准"的。特别是当今全世界都呈现出重大政治、社会和科技的变革，即使对西方国家自身，许多传统管理思想与理论的有效性也在衰减，反映到话语体系上，管理话语的历史语境、制度语境、条件语境也都发生了重大改变。因此，无论是面对当代世界范围内新的管理实践，还是当前我国展现的人类历史上最为宏大而独特的管理变革，国外管理话语体系与中国实践的脱节及应用上的失效情况必然会日趋严重。

这是当前发生在我们面前的严峻挑战，同时也是历史给我们构建我国管理学术话语体系的一次难得的机会。这一机会来源于这样一个"临界点"，即全球整体性的管理学术话语体系的原有格局、秩序与资源正开始发生变化,其中就应该包括与中国全方位崛起同步的管理学术中国化以及相应的中国特色管理学术话语体系的构建。

这就是在国际视野下我们构建管理学术话语体系所处的现状。

2.3 话语体系构建的基本定位

管理学术共同体有局域性的,如一个国家、一个区域等;也有全局性的,如全世界、全人类范围的,因此,与之对应的学术话语体系也有"小体系"和"大体系"之分。但是,不论哪一种体系,都会为某一学术共同体提供支撑学术主体之间进行交流和传播的制度、体制和规则的平台。在这个基本功能意义上,全世界学术话语体系应该体现出全人类的整体普适价值,即人类管理认知文明的共有成果以及普遍的、不具广泛争议的学术公序良俗。而对一个国家来说,相应的学术话语体系本质上就是这个国家管理叙事平台,是国家管理思想水平与理论创新能力的标志,也是对国家管理学术价值、地位与尊严的实现和维护。任何这样的话语体系自然也应该体现出必要的普适价值,否则,人类管理话语体系的普适价值就不可能确立。

我国管理学术话语体系应是以全人类管理文明为基础的,它不仅不排斥而且要努力学习和包容东西方一切管理话语体系的文明成果,因此,我们自己更不能提出狭隘的地域性话语要素和构件。学术话语表述不能自说自话,更不能自说大话,而应当体现国际化与面向未来的大国情怀,在深刻的管理思想与理论创新基础上,在全球性学术交流中让国际管理学界听得懂、听得进并乐于接受。绝不能成为既难以在国内交流更难以在国际上交流的学术话语"方言"。我们本意是要摆脱对西方话语体系中心论的"依傍",所以,我们自己更要谨防民族主义倾向。例如,我们在自主性的话语体系构建中会充分吸收中华传统文化中的管理智慧与思想,但不能因此就在"四书五经"体系框架中构建我国管理学术话语体系。

全人类管理学术话语体系是各个国家、地区、各种形态话语体系的综合体,我国管理话语体系是其中一个重要的组成部分。全人类管理话语体系是"世界语",我们是其中的"中国话",另外还有各种"外国话",所有的"话"都是平等、互补、互鉴、包容并蓄和不具排他性的。目前,以西方管理文明与话语体系为中心的现状是人类历史发展至当今阶段的一个事实,有其历史逻辑和现实逻辑,但不能迷信西方学术话语体系何时何地都是权威和必须作为标准的体系形态,或者永远要以西方话语体系为中心。随着人类社会的进步,这一单一中心的局面将逐渐被更均衡、更完善、更丰富的多元话语大体系局面所替代，这是人类管理文明和话语文明走向更高阶段的必然趋势和标志。

3 构建我国管理学术话语体系的原则要点

构建管理话语体系的本质是设计和建立一个整体性平台，这个平台既包括主体讲什么、用什么语言讲，还要确定在哪里讲、依据什么规则和方式讲、谁拥有话语的自主权等。所有这些，都让我们体验到管理学术话语体系的构建在一定意义上也是管理学术自主权的争取和确立，这是一项复杂系统工程，需要做好顶层设计，首先要确立体系构建的基本原则，具体内容如下：

3.1 确立构建话语体系的主体意识

这里所谓的主体意识（或称主体性）主要是要求我们扎根和面向我国自己的管理实践，主要以我国实际问题为导向，从实践中总结经验、提炼理论问题，形成理论再应用到实践中去。在这一过程中，要保证对我国管理实践本体的尊重、对我国管理经验的深度解读、对管理理论抽象的精准提炼。所有这些都不能也不可能完全承袭国外话语体系，而使我国管理研究成为国外话语体系的注脚。这里面对的是完全不同于国外的我国国情、环境、情景、问题、哲学思维与文化逻辑等，而这些对话语内容与形式的形成都有着决定性的意义。因此，在我国管理实践和理论的双向互动创新过程中，才可能不断产生新的话语元素与逻辑，并因此保持话语的鲜活度。

另外，还要根据目前我国管理学术话语体系的现状和突出问题，有针对性地自主设计和完善话语平台机制和规则，加强话语体系对我国管理学科体系与学术体系建设的促进与推动作用。

3.2 坚持构建话语体系的理论自信

构建我国管理学术话语体系将面临现有话语基础薄弱、创新能力不强、成功案例不多以及国外话语体系历史悠久、成熟度高、占据着话语"制高点"的双重挤压，但对此我们要有充分的理论自信。

学术话语体系中的管理理论话语内容是核心、是基础。我们要确信理论是从实践中产生的，管理理论根本上源于管理实践。而当前我国管理实践在复杂性、前沿性与标识性方面，在不少领域已经成为世界管理实践的"领跑者"。这样，研究中国某些领域的前沿管理问题就是在研究世界前沿管理问题，解决中国的这些管理难题就是在解决世界管理难题，因此，许多源于中国管理实践的思想与理论创新不仅是在直接为我国管理需求服务,也是中国学术界在为人类管理文明发展做原创性贡献。

特别是,在我国几十年来如此丰富的管理实践成就与经验中,必定有超越我国界域的普适性理论与规律,这不仅使我们在管理学术领域有可能创造出具有普适价值的理论贡献,同时也应该由中国人创造的话语方式来阐述这样的价值和贡献。

这样,我们构建的管理学术话语体系必然是一个国际化水平和包容度都很高的平台,是一个以全人类管理文明为基础的开放体系。

3.3 把握构建话语体系的主要方向

根据当今管理活动和问题属性演变的总体趋势,构建我国管理学术话语体系可以首先从话语内容创新与平台运作规则两个维度的三个方向出发,确立技术路线。

3.3.1 从基于认识论变革出发的话语创新

我们在《管理:从系统性到复杂性》一文中指出,关于管理属性的探讨在今天有着特别重要的学术意义。当今,人类经济、社会和科技高速发展与进步,各个领域的管理活动普遍出现了各种各样"复杂的"特征,要有效面对和驾驭这一挑战,除了在管理技术、方法层面上开展创新,更重要的是,还要在管理技术、方法层面之上,在与管理领域有着紧密关联的更高层面、更大范围中,把握对管理属性的认知。而运用现代系统科学的思维与话语体系能够帮助我们在今天纷繁多变的环境下,深刻认识各种多姿多彩的管理现象,揭示它们的内在规律,还可以帮助我们在管理学术研究中以系统科学话语体系的内涵与学养来增强管理学术的活力。特别是在我国,钱学森确立的现代系统科学体系本身已经构建了一整套具有中国特色的学术话语体系,其核心为对复杂整体性管理属性的话语表达。我们应该充分利用它作为构建管理学术话语体系的宝贵学术思维原则。当然,这绝不意味着对系统科学话语的直接搬用,而是在复杂性思维下对管理内涵的重新深度解读和重构。

3.3.2 从基于方法论变革出发的话语创新

当前,互联网、大数据与人工智能等现代信息技术与管理活动深度融合,并由此引发了一系列管理方法创新。管理学术话语体系必然要充分表达和回应这一创新。在这一点上,20 世纪 80 年代初,钱学森就提出了在复杂管理问题上,以"人机结合,以人为主"的话语创新确立了新的技术路线。而今天,随着互联网技术的快速发展,我国管理学界也在基于现代信息技术的管理方法创新方面起步早、探索多。例如,笔者与天津大学张维教授就社会科学计算实验的技术路线提出了"定性定量、科学实验、虚实结合、综合集成"的新的话语表达,并且设计了包括管理计算实验模型结构与研究框架、计算实验研究范式、计算实验技术路线等话语方式。所有这些,都为我们以新方法为抓手构建新的话语体系提供了探索性经验和实例。

3.3 从基于规则变革出发的话语平台创新

以上两点主要是在话语内容创新维度上,着眼于提高体系内话语的基本品格进行的讨论。另外,体系还包括话语平台,平台又提供了话语活动的环境与条件,如需要设计平台基本规则、话语活动基本流程、主体的社会属性与平台结构等。所有这些与话语体系构建主体的目标战略、思维原则、价值取向、文化传统、现实国情、行为习惯等都有着密切的关联,也与体系目前的成熟程度与面临的主要任务有着密切联系,这些基本上不属于学术范畴而属于体系治理范畴,但这些工作做得好坏,对话语体系功能的完整性与稳定性有着很大的影响。所以,我们在努力提高管理学术研究水平,完成充实和丰富学术话语质量这一根本任务的同时,还要从话语平台制度建设的视角,进一步根据我国当前管理话语体系的现状和国情特征,在汲取国外学术话语体系运行宝贵经验的基础上,设计包括新的平台规则在内的体系治理机制,提升我国管理学术话语体系运行的自成长和自发展能力。

4 构建我国管理学术话语体系的"抓手"

在明确了上面所述的原则要点、主要方向等问题后,就需要在操作层面上确定构建体系的"抓手","所谓"抓手"就是实际操作过程中的"切入点"。例如,在提升和丰富话语内容总任务下,可以以完整的学理链为纲,创立某个管理领域的理论体系,也可以通过把提出标识性新概念、新议题、新方法等学理链的某个节点作为切入点,提出学术话语新的表述方式。在完善平台规则总任务下,可以进行多视角的机制与程序安排,具体表述如下:

4.1 讲好中国管理故事

所谓"中国管理故事"是发生在我国的具有浓厚中国国情、中国文化背景的管理现象与问题,是一类当前只有中国具有而在全世界"独一无二"的管理现象与问题。随着我国社会经济的全面迅速发展,这类问题数量越来越多、难度越来越大、标识性和普适性也越来越高。因此,从学理上讲,解释和解决这类问题在历史逻辑与本土化逻辑的交汇点上"逼着"我们去创新一种国外没有、我国过去也没有的新的管理理论和话语方式。这种源于当前我国独特管理实践的特点本身就体现了相应的话语方式的原创性,是构建话语体系最具中国特色和最宝贵的话语资源。

当然,在这一过程中,不仅要保持中国管理故事"本土化"的"原汁原味",还要用最"传神"的概念和定义来抽象故事的学理普适性。这既是讲中国故事的过程,也是构建我国新的话语构件的过程,这里的关键是要能够用中国管理新话语讲清楚和解释清楚中国管理故事产生与发展道路背后的规律性与普适性。

4.2 设置新的话语议题

在当今经济全球化、新工业革命、新信息技术快速发展的进程中,我国管理实践必然产生许多新的、意义重大但认知尚不充分、需要认真探讨和研究的问题,即议题。提出并探讨这类议题往往能够引发和催化出新的学术话语来,因此需要我们在管理构建话语体系过程中努力提高设置新议题的能力。

在这方面,设定新议题,特别是设定现实意义大、学术价值高、充分体现前瞻性、普适性的新议题,往往能够多层次、多视角地吸纳国内外学术界的关注并引起深入的讨论,有利于已构建或重构的话语体系在反复锤炼过程中取得共识,扩大学术影响。

议题连着故事,故事连着情景,情景连着人物,人物连着思想,思想连着行为,行为连着情感,情感连着文化。中国人用深度嵌入自主性思想与文化的新思维、新逻辑、新句式、新语汇的"新话语"讲这类源于中国实践,同时包含着管理思想、情景、文化、行为、概念、原理和理论的新议题必然最贴切、最准确也最传神,也一定能够使话语表达方式最精准、最深刻、最动人且最具感染力。

在设置原创性新议题方面,可以以三个角度为标准:(1)直接源于中国情景、中国经验和中国问题的自我"学术主张",或者加入中国情景元素的中国化"学术扩容"的新议题;(2)坚持实践导向并保持对实践具有解释性、应用性、指导性、预见性的新议题;(3)努力摆脱对国外学术的"依傍性",对构建具有主体性、原创性话语体系有突出贡献的新议题。

我国当前存在着大量的这类新议题。如"中国经济新常态"这个新议题,它包含了经济恰当的中高速增长、经济结构的不断优化、动力转为创新驱动等综合性发展新思维、新理念、新理论,是一个内涵丰富的重大管理议题。其他如"供给侧结构性改革""国有企业混改""高质量发展"等都是管理学术研究中对自主性构建学术话语体系有着重要影响的好议题。

另外，在分析和解决中国管理新议题时，要充分考虑到中国是一个具有悠久历史文化的国家，不可能简单地被西方话语体系同化，但当今中国又是一个具有巨大前进、变革和创新力量的国家，这一时空新方位决定了我们构建的管理学术话语体系必然既是中国的，又是世界的。

举个例子，当前我国最具国际性和影响力的议题当算"中国治理模式"。这一议题不仅在我们国内有着全局意义、战略意义、现实意义和学术意义，而且在国际上有着广泛的影响。不久前，具有全球影响的世界未来学家约翰·奈斯比特夫妇来华访问。约翰·奈斯比特在学术论坛上明确指出："在未来近十年里，全球将出现系统的、整体的变革……除一系列技术创新引发的大趋势外，还会出现从以西方为中心的世界到一个多中心的世界。从全球范围看，在这一过程中，中国治理模式将受到国际广泛关注。"他阐述道："中国模式是一种垂直性治理体系，首先是由上至下的治理方式，其次是基层需求往上推动。这两种系统向中间靠拢就会找到一个重合点……就是这种自上而下和自下而上的力量的平衡，这是中国稳定的关键……中国高效的治理模式培育了它的竞争优势，其管理与统治体系显然拥有长期的战略意义。"

由此可见，"中国的模式"在国际学术界确实是个具有重要战略与现实意义的议题，其科学内涵与话语价值也很深刻。议题中关于这一模式的平衡不仅涉及中国当今政府与市场关系平衡这一核心议题，而且这一议题还向包括管理学在内的所有社会科学领域延伸，催化了许多方面的学术与话语创新。

综上，我们应该看到，对我国当今一些重大管理现实议题，对议题的最初设定，对国情、社情、民情的表述，管理主体的价值取向与文化逻辑等，都突破了国外学术话语的框架支配，充分体现了基于中国管理学术新话语解决新议题的研究路线。

4.3　凝练标识性新概念

管理话语表达方式首先需要以专门的科学语言为基础，这一基础就是概念。概念能够推动人们在学术研究中从具象思维提升到抽象思维，成为科学共同体成员之间相互交流与传播的学术话语的"基元"。

管理学术研究对管理活动、现象、问题的理解和分析首先需要概念化和定义，提出反映本质属性的概念，为我们表述问题并在科学共同体达成共识和认可的平台上进行交流和传播提供了基本构件。因此，中国的管理学术创新需要有对自主性理论体系中概念的提炼意识与定义权，否则难以认为我们取得了"自我学术主张"。

越能体现管理本质属性的概念在管理理论体系中越具根本性和实质性,故这一类概念要"精选",它们是概念体系中的"精品",一般被称为核心概念或标识性概念。标识性概念是指一个学科中基本的、有别于其他学科的语言符号聚合体。提炼标识性概念可能是创造完全的"新话",也可能是对已有的甚至是传统的概念赋予新的内涵,这属于对已有概念的"重构",这两种方式都是可行和有效的。但无论是哪一种方式,它必须有深刻的思想和理论内涵,并且能在学理链中释放出包容、拓展、联想与升华的功能。如果提出的概念缺乏原创性,那它只是在重复别人的思想,研究工作的意义往往只局限于再一次证明别人思想的正确。

要充分认识到,学术话语中积淀着我们对世界的认知和理解,而概念,尤其是标识性概念凝练了我们的学术思想的核心,正如爱因斯坦所说,"如果没有界定范畴和一般概念,思考就像在真空中呼吸,是不可能的"。

显然提炼这样的概念又要说"新话"绝非易事。一般地,随着人们对事物认知的不断深刻,表达的方式逐渐由"大白话"转换为学术性语言或分析性语言,虽然这一转换让许多人感觉不再那么容易理解,但在学术界内部这是一次具有重要进步意义的转换,因为这时的概念附着了许多新的规范性、本质性、可延展性,在学术交流中它们也就成为"国际性语言"。当然,这一转换过程的实现主要不是依靠语言技巧,而是依靠在其中注入的丰富的管理思想与理论学养。思想与理论越深刻,越能用最深刻、最精练和最具本质性的话语来表达。

作为例子,在《问题导向:管理理论发展的推动力》一文中我们提到了在研究管理问题复杂整体性时,在传统的相对简单的情景概念基础上,我们重构了情景概念内涵并使之成为标识性概念。这一新的基本话语的提出,让我们重新梳理与丰富了对问题导向学理逻辑的重要认知:理论问题是由情景牵连出来的,为了使其不致失去现实性,需要尽可能把理论问题放回原生态情景中去感知理论结论的真理性。研究者在研究问题过程中不仅是"旁观者"看到问题的情景,而且还是"在场者"感到自己置身于情景之中,甚至自己还是"亲为者",直接制造了新的管理情景。进一步地,以情景为标识性新概念,我们提出关于深度不确定决策的情景鲁棒性基本原理,形成深度不确定决策这个新的科学问题,再设计出有针对性的联邦式建模方法体系用于解决国家重大现实问题。以上每一步既体现了标识性概念的基础话语作用,又体现出它对构建新的话语体系的推动作用。

当我们认识到概念,特别是标识性概念创新或重构对于构建学术话语体系的重要意义后,我们应该认识到:在我们面对现实问题并以问题为导向开始研究问题时,不能一开始就"浅尝辄止"地预设一套概念作为话语框架;相反,当真正从问题中凝练出反映问题本质属性的概念时,自然就有了自主性学术话语,再坚持运用中国话语回答问题,就能形成自主性系统性的话语内容。在这一过程中,如果我们没有提炼出具有属性深度的概念,或者提炼出的概念趋于同质化,或者新概念无法由感知拓展成为可分析的科学概念,我们就难以在理论研究中提出基于概念的基本预设和前提,也难以构建出自主性的学术话语体系。

4.4 拓展新的语言使用

话语的基本工具是语言。最初,人们的口头语言是以语音为物质形态,由词汇和语法两部分组成的一种符号系统。后来,语言的表达方式被定义为人们使用语言的形式,人们在发明了文字之后,使用语言的形式主要是文字,广义的文字还包括图形、数学符号等。这样,以"语言使用"为基础的话语体系的核心要素可以进一步抽象理解为规则、逻辑、指令、程序化处理和思维方式,这一拓展性认知使我们不难理解,学术话语的范式与人们最近作为哲学普遍性思维方式的"算法"之间具有一致性或高度相近性。

以色列历史学者尤瓦尔·赫拉利所著《未来简史》把"算法"作为当代一种具有哲学普遍性的思维方式,"算法是指进行计算、解决问题、做出决定的一条有条理的步骤"。由此,凡是能够把一件事情放置到一个逻辑化的程序中,并用包括计算机在内的某些方法来处理,这套路径(规则、流程、步骤)就是一个"算法"。于是,除了传统的自然语言,实验科学、理论推演、计算机仿真与数据密集型科学这四种范式都是在"算法"意义上的话语活动方式。

这一结论的本质性意义在于期望通过话语体系内涵的进一步深化与外延的进一步拓展来增强我们对管理问题,特别是复杂管理问题研究的描述、诠释与解决的能力。在这个意义上,除了通过管理理论思维原则创新、理论体系创新等路径来提高管理研究能力,还可以充分基于大数据、人工智能等先进信息技术来进行推动。这样,对话语体系的理解也已经从传统的自然语言、科学语言、计算机一般性功能等进一步扩展到增添如广义算法、新的符号系统、数据驱动以及人工智能等。

不难理解,随着管理在本质属性上出现了从系统性到复杂性的整体演化趋势以及现代信息技术的广泛运用,必然会引发关于应对管理复杂性的新的话语需求,同时也会出现技术与管理、技术与伦理、技术与人的行为之间的潜在冲突和供需不均衡。另外,随着管理学与自然科学、工程技术科学相互融合而成的交叉学科、复合学科的不断涌现,在基本学理的合理性、兼容性与拓展性等一系列基础性问题上都将产生大量的新问题。而对这些新问题的研究,思维、表述、传播与交流等基本行为方式都会造成话语体系上的匮乏甚至空白。上述这些情况都说明,当代先进信息技术在为我们提供强大能力的同时,还形成了巨大的"话语空白地带"亟须我们去填补,而新技术本身就是参与填补这一空白的主角之一。可以想象,一旦在这方面有所突破,将大大增强构建学术话语体系的能力。

在运用方法创新推动话语体系构建方面,钱学森提出的综合集成方法体系是一个经典范例。综合集成方法体系是钱学森长期以重大工程管理为背景,融合多学科、多领域的技术和方法提出的一种用来认识、分析和解决复杂性管理问题的整体性方法。本质上,这类问题的复杂性主要来源于主体认知能力不足、客体本身及环境的深度不确定性等,由此可见,综合集成方法论与管理复杂性问题的特点以及解决原则与路径是吻合的。应该看出,综合集成方法体系是在系统论指导下对解决管理复杂性问题方法的整体设计,它既能够保证我们在系统论指导下的方法论的科学性,又能够保证我们用一套新的话语方式来描述和抽象理论问题的研究过程的科学性。

在钱学森综合集成方法论指导下,近年来我们探索着提出以下专门的、有针对性的新的方法,在有效解决复杂整体性问题的同时,也构建了相应的新的话语表达。这些新方法主要有全景式质性分析方法、情景耕耘方法、联邦式建模等,具体内容可参见《重大工程管理基础理论》。

4.5 实现学理链大循环

问题导向与理论创新是话语创新的学术基础,我们可以从这一基础出发再到话语创新这样一个"大路径"来系统化地创新话语内涵。

在当今管理学术研究中,存在着某一管理领域的基础性、根本性重大理论问题,如某一领域的基本理论体系研究。像这样的问题,不可能通过几个零散的理论问题或者经验总结就能解决,而要在普适性意义上首先构建如下完整的学理链:理论哲学思维—核心概念体系—基本原理体系—科学问题体系—方法论与方法体系。这里,不仅要在学理链的每一步都有具体的反映问题本质属性的内容,而且在学理链的每个转折节点处都应有合理的转换逻辑。这样的理论研究路径最终形成的不是某一具体和局部理论专题创新,而是一个领域的一般性基础理论体系。不难看出,这样的理论成果必然是管理学某一领域具有重要学术价值的新的"学术主张",因此,从影响力而言,这实际上是一种最重要、最完整、最具标志性的学术话语创新路径。

当然,这样的系统性话语方式构建需要遵循理论体系形成的基本规律和形成范式,它的构建路线为:基于管理实践基础上的问题导向—理论思维的完整程序与形成学理链—理论思维成果形成范式。这既是我们关于管理理论体系创新也是关于话语体系创新的"大循环"。在这方面,《管理理论:品格的时代性与时代化》一文中"立足我国管理实践,回应重要时代命题"部分讲述的我国学者构建重大工程基础理论体系的研究就是这样一次按照理论体系完整学理链开展的话语体系构建的探索性实践。

完整学理链对于学术环境的完备以及理论元素、模块与逻辑关联等体系构件的齐全会有更高要求,完全满足它们将花费更长的时间。例如:

——理论体系中的新的学术思想与理论观点要"齐全"需要较长时间;

——理论体系中的各个理论元素和模块之间如何理顺成一个系统性整体,不仅费时,而且要试错;

——理论成熟必须有成熟的实践支撑,而实践的萌芽、生长要有一个较长时期才能达到催生和形成理论体系的成熟"阈值";

——理论体系会充分体现多学科交叉和融合,这也需要多学科提供逐渐成熟的学术环境。

因此,基于学理链"大循环"的话语体系创新是比较复杂的,需要有更好的顶层设计。

以上我们用了较多篇幅论述了与学术话语体系中话语内容相关的几个操作层面的"抓手",着重指出话语体系最根本的还是管理思想和理论自身所拥有的基本品格,以及学术话语内容的真理性与普适性,这是人类管理文明的普适价值体现,是别的任何要素都不可比拟和无法替代的。这告诉我们,我们必须坚持问题导向原则,在研究中国重要管理问题为主的基础上,取得国际前沿性、突破性理论成果,这样我们才有构建自主性学术话语体系的资格和底气。

4.6 优化话语平台规则

我们必须承认,话语体系的权力表征,如话语评价规则的制定以及规则背后蕴含的利益取向也是话语体系中的现实存在,对我国话语体系的运作和作用发挥有着重要的实际导向作用。

所谓话语评价规则主要指在现实话语活动中由谁来制定学术话语的评价标准以及制定什么样的标准等,这些都反映了在话语体系中的话语裁量权问题。本来,科学共同体内部的话语活动主要是对科学真理的追求、交流与传播行为,但由于话语体系的社会属性与权力表征使得在话语过程中不同话语主体之间出现了等级和地位的差异,也就会形成主体的利益倾向与利益排他性,所有这些往往都能够通过话语规则来体现。

具体地说,规则制定者将历史语境和其他资源通过人为的制度设计与机制安排转化为自身的话语优势,并进一步利用这些优势来推行他们自身的学术价值、固化他们的话语中心地位,成为某种话语规则的利益获得者。

在这个意义上,我们不难理解,当今国际学术评价体系的设计和评价标准的制定在许多时候的确能够保持它应有的科学性、权威性、公正性和普适价值的引导性,但又可能在实际中产生话语活动的偏见与不公正现象,更有可能会出现利益输送异化行为。

所有这些,对于我们如何高质量构建自主性话语体系都能提供重要的启发和借鉴。下面仅以话语平台的学术评价规则为例作一简述。

当前,以西方管理学术话语体系为中心的现实、话语体系社会属性中渗透出来的利益倾向、学术界一个时期以来依傍国外学术话语体系的实际状况以及目前我们行政和学术管理部门的一些政策缺陷等等相互纠缠混杂在一起,形成了一些有悖于我国管理学术创新发展的倾向性问题,有些问题长期存在、涉及面广、负面效果深刻,其主要原因就与话语平台规则有关。

众所周知,在学术研究活动中,话语是学者研究成果的载体,而学术论文就成为学界交流、传播和展示成果的一种基本方式。发表论文的本意是为了接受共同体的评价和包括理论、实践等多方面的检验,如果论文经得起检验并能证明自身的理论意义或实际应用价值,那自然会受到共同体甚至全人类的尊敬。在这个意义上,其实不必夸大在哪一个刊物上发表的人为附加意义,如刊物的影响因子(JCR)有多高,显然,这是正确的、符合人类学术研究活动本源和初心的话语平台规则。

在这方面,有一个可称为典范的例子。去年,诺贝尔物理学奖授予三位物理学家,其中有一位加拿大女性物理学家 Donna Strickland,她是自居里夫人之后第三位获此殊荣的女科学家。她的主要科学贡献是在 1985 年发表在光学通讯杂志(Optics Communication)的一篇仅 3 页的论文,那还是她博士期间和她导师共同发表的一篇文章,因为该刊物并不著名,影响因子仅为 1.0,所以发表比较快,也没有什么人引用,以致在她自己介绍自己学术生涯的全部 6 篇代表作中都没有这篇论文。20 年间,她连教授也没有评上,去年她 59 岁正准备退休之际获得诺贝尔物理学奖,很快该论文被引用近 5 000 次,她也被学校长聘为正教授。

这件事能够诠释的问题太多,但至少我们看到了一个不以刊物名头等其他非学术本质的附加值为科学成果价值背书的例子,这应当是话语平台秉持的科学成果评价的方向。

但在现实中,就说提供影响因子分析的数据平台,这本来是 20 世纪中期美国人加菲尔德开发的一个营利性的数据衍生产品。后经国外学术界有针对性地引导和推销,使其成为当今许多国家都遵循的具有极高学术话语能量的世界性学术话语评价规则,其影响极大,甚至严重扭曲了原本正确的学术价值。本来,看一篇论文的价值,主要是看它的理论贡献与解决现实问题的作用,如今,文章影响因子之风盛行,学者以此作为自身工作意义的标签,而文章的实际价值与应有的接受检验已经不再那么重要和令人关心了。

又如,当前国外一些出版社一改过去不向著作者收取出版费的做法,明确向中国学者发出收费出版著作的邀请,而且这种规定只限中国学者。显然,这样的催生学术成果的行为都是与构建我国高质量学术话语体系的初心格格不入的。

出现这一状况的原因是多元而复杂的,而长期以西方话语平台规则为基础建立起来的我国人才和成果评价机制是其中一个重要的原因。当今,我国管理学术研究已经由最初的追求成果数量型转变为追求成果质量型的新模式,无论创新驱动还是成果供给机理都发生了整体性的深刻变革,亟须我们增强学术自信和提高理论勇气,我们必须改变这种建立在国外话语规则认可度之上的学术行为习惯。

在这方面,各级主管部门是可以大有作为的,例如,制定有利于提高国内学者学术自信的激励和评价机制,改变国内学术出版能力过低、供给量过小和学术评价机制简单、"跟风"等状况;依据学术刊物质量对出版物进行分类管理,打造一批具有权威性和国际影响力的优秀学术刊物作为各学科的中国学术品牌;加长学术研究学理链的长度,通过提高深度创新能力以获得战略性学术研究成果等。这些都是各级主管部门当前亟须要做和可做的。

5 提高构建主体学养水平

5.1 保持韧性与想象力

构建我国管理学术话语体系是一项沉甸甸的历史性任务,我国管理学术话语体系的萌芽、生长、发展和完善是一条漫长、崎岖的道路,我们除了要认识到任何想快速甚至"毕其功于一役"的预设都是不切实际和违背客观规律的,还要注重学术韧性与想象力的学养提高。

(1) 我们要认识到完成这一任务的艰巨性。当今以经济全球化、后工业化与现代科技迅速发展为标志的人类社会巨大转型给人类管理实践和理论带来的深刻变革;管理自身发展的历史逻辑形成的思维惯性和行为习惯构成的障碍;传统的话语体系等级观念与既得利益获得者做出的排斥行为等必然混杂形成一股阻力。我们不能无视更不能绕过这一阻力，只有坚持学术自觉和理论自信，在管理实践的基础上，通过自主性的"中国话语"体现中国管理学术话语体系的自主性和原创性，用学术创新的实际成果开创前进的道路，这是一次永续的前行，需要我们一直保持着韧性的精神。

（2）在当今世界性变革实践基础上形成的新的管理学术话语体系不是传统话语体系的惯性延伸，这就要求我们重新确立和选择新话语体系的逻辑起点，确立管理理论思维哲学原则。另外，新话语是对新的问题、新的认知、新的解决方案的回应与表达，其中有许多无经验、无案例、无样本、无数据，这时我们又不能回到传统话语思维、内容和表述方式中去，因此必须充分发挥自身的想象力。这将是一个对未来的整体性想象，是对管理情景大时空尺度演化路径的想象，是对深度不确定管理问题不可预测的想象。想象力就是创新力，比较过去任何时候，想象力从来没有像现在这样重要，虽然它极具挑战性，但没有这样的能力就难有创新的话语体系构建。

5.2 确立综合集成思维

说到底，构建新的话语体系的能力是对构建者学养的考验，特别要求学者具有尽可能完整的知识结构和掌握全面深刻的知识体系。恰恰在这方面，我们需要花大力气改进和改善。从总体上说，构建我国管理学术话语体系既涉及管理实践与学术研究，又涉及自然科学、社会科学与人文科学在当今"大科学"时代的相互集成与融合。这就需要具有综合能力的复合型人才承担这一重要任务。

这样的人才除了要有"大科学"哲学思维，还要有广阔的知识面并掌握跨学科研究的手段与技术。如果一个管理学研究人员在整个受教育阶段仅仅接受传统的"文科"知识教育与单一学科训练，而对"本行"之外的自然科学、技术科学，特别是对现代系统科学、信息科学基本不知或知之甚少，那他必然很难在构建我国学术话语体系这样一个复杂系统工程面前产生"大科学"思维和研究的联想，更无力运用跨学科手段来分析、解决具体问题。类似地，一个在整个受教育阶段仅仅接受传统的"理工科"知识教育与训练的管理研究人员也会存在同样的问题。

当今，面对互联网、大数据与人工智能现代信息技术的挑战，国内管理学界在人才培养、知识体系设计、理论和实践能力的均衡等方面的改革反应缓慢、行动迟疑，这直接导致不仅当前工作在教学科研第一线的中青年学术骨干，而且一大批在校学习的大学生、研究生都不同程度地出现了知识陈旧老化和不适应社会实际需要、解决实际问题"先天不足"与"乏力"等窘迫状况，特别是随着社会与科技发展的速度越来越快,这样的情况可能会更加突出。对此,就当今管理教育领域来说,整整一两代人将面临着一个宏大的知识更新的自学习运动,实现从工业社会守成时期的思维模式与知识体系到后工业社会新时代的知识转换与提升,才能以新的精神风貌和综合能力承担起构建我国学术话语体系的历史性任务。

话语体系创新其实是对学科体系、学术体系与话语体系的同步协同创新,是综合性的"大创新",将涉及自然科学、工程技术科学、社会科学与人文科学等多个学科。从科学哲学意义上讲,历史上的这些学科曾经从哲学中分离出来又被不断分化,而现在又出现了学科间界限不断被打破、边界不断被重新划分的学科交叉与融合的所谓"大科学"趋势。因此,当今构建管理学术话语体系需要更多的"复杂性"和"大科学"思维,充分借鉴和利用多学科交叉与融合的研究思路、方法与工具,这既是当代管理学内涵不断丰富的反映,也是管理学术时代化基本品格的体现。

交叉,主要指汇集。如各种方法、各种资料、各种技术在同一个问题研究中分别使用,最终将它们的能力与作用汇集在一起。"汇"从"水",更似水流聚集。因此更多的是在物理层次、量变层次的汇集。这实际上就是系统科学中的"集成"思想。融合,更强调相互渗透,合为一体。而"一体"后的事物,既不是融合前原来的"这个",也不是原来的"那个",而是产生了"非此非彼"的新内涵。所以,融合更多的是在化学层次、生命层次、质变层次上的结合。这就是系统科学中的"综合"思想。

当今构建管理话语体系,既要运用学科交叉,又要运用学科融合,这在系统科学思想中,就是既要集成,又要综合,还需要在集成之上的综合,在综合之上的集成,即运用"大科学"的综合集成思想。

6 结论

管理学领域中的学科体系、学术体系与话语体系互相关联并构成一个整体。其中,学科是基础、学术是核心、话语是表述,没有自主性和有影响力的话语体系,学术思想、理论观点和知识主张就没有叙事和表达的场所和机会,学术就像在真空中呼吸,是不可能的。

要认识到管理学术话语体系是管理哲学思维、管理思想与管理理论时代性、时代化、价值观的现实表达,是管理话语内容创新与规则设计能力的体现,更是我国管理学术在人类管理文明中地位与影响力的体现。

构建学术话语体系除了要形成自主性的学术话语内容,更主要的是争取学术发声的机会、平台和权利。当今构建我国管理学术话语体系是需求和挑战倒逼的结果。一方面,作为一个世界性大国,我们有责任为人类提供更多的管理文明;另一方面,我们又因话语体系长期缺失而难以有顺畅的大声发声机会。因此,我们应当抓住当前国际学术话语体系新格局正在形成、话语权多极化趋势日渐明显的关键当口,全力加快构建我国管理学术话语体系,这是摆在我国管理学界面前一项重要的历史任务。如果我们从现在起能够用五到十年时间初步构建一个自主性的、功能比较齐全的管理学术话语体系,无疑会大大提高我国管理学科体系和学术体系建设的整体速度和质量。

从总体上讲,构建我国管理学术话语体系任务艰巨,但是,我们一定要认识到,管理理论的生命力和鲜活度永远依存于话语体系这一载体,学术思想与理论"失语"的根本原因就是话语体系的缺失,只有当我们构建了自主性的学术话语体系,并且把管理学科发展优势与学术创新优势转化为话语体系优势,我们才能够在国际管理学术界真正站立起来并且为人类管理文明做出贡献。

(刊于《管理科学学报》2019 年第 6 期)

参考文献

[1] SHENG Z H. Fundamental theories of mega infrastructure construction management: theoretical considerations from Chinese practices [M]. Cham: Springer, 2018.

[2] 爱因斯坦. 爱因斯坦文集:第一卷[M]. 北京:商务印书馆,1976.

[3] 胡键. 中国学术话语应走出"洋教条"[N]. 解放日报,2016-09-27.

[4] 马克思. 资本论:第一卷[M]. 北京:人民出版社,2004.

[5] 米歇尔·福柯. 话语的秩序[M]. 肖涛,译. 北京:中央编译出版社,2001.

[6] 潘玥斐. "三大体系"建设引领哲学社会科学迈向未来[N]. 中国社会科学报,2019-02-22.

[7] 钱学森. 一个科学新领域:开放的复杂巨系统及其方法论[J]. 上海理工大学学报,2011,12(6):526-532.

[8] 盛昭瀚,薛小龙,安实. 构建中国特色重大工程管理理论体系与话语体系[J]. 管理世界,2019,35(4):2-16,51,195.

[9] 盛昭瀚,张维. 管理科学研究中的计算实验方法[J]. 管理学学报,2011,14(5):1-10.

[10] 盛昭瀚.管理:从系统性到复杂性[J].管理科学学报,2019,22(3):2-14.

[11] 盛昭瀚.重大工程管理基础理论:源于中国重大工程管理实践的理论思考[M].南京:南京大学出版社,2020.

[12] 习近平.在哲学社会科学工作座谈会上的讲话[M].北京:人民出版社,2016.

[13] 尤瓦尔·赫拉利.未来简史[M].林俊宏,译.北京:中信出版社,2017.

[14] 游宇明.学术不是为标签而生[N].江苏科技报,2017-08-09.

[15] 于景元.钱学森的现代科学技术体系与综合集成方法论:祝贺钱学森院士九十华诞[J].交通运输系统工程与信息,2011(4):267-275.

[16] 于景元.钱学森系统科学思想和系统科学体系[J].科学决策,2014(12):2-22.

[17] 于景元.系统科学和系统工程的发展与应用[J].科学决策,2017(12):1-18.

[18] 约翰·奈斯比特,多丽丝·奈斯比特.掌控大趋势:如何正确认识、掌控这个变化的世界[J].杭州(周刊),2018(12):54-55.

附录5

复杂系统管理：一个具有中国特色的管理学新领域

摘要："复杂系统管理"是基于复杂系统思维与范式，通过复杂系统与管理科学融合而形成的管理学新领域；在实践上，它主要是在解决重大现实复杂问题的需求导向下，对复杂社会经济重大工程系统中一类复杂整体性问题的管理活动和过程；体现了研究问题的物理复杂性、系统复杂性与管理复杂性的完整性与融通性，具有重要的现实意义与鲜明的中国特色；同时，复杂系统管理又是国际学术界广泛关注的重大科学议题，具有重要的学术引领性、前沿性、交叉性与厚重感。

钱学森的复杂系统学术思想、科学建树与实践贡献已成为我国复杂系统管理学术体系的内核与底蕴。

当今，我国正"进入新发展阶段，贯彻新发展理念，构建新发展格局，需要解决的问题越来越多样，越来越复杂"。因此，可以认为，复杂系统管理将成为我国发展新阶段、新格局下的越来越重要的一类新的管理思维范式、实践范式与研究范式；进一步深化钱学森复杂系统管理学术思想研究是我国管理学发展道路重大转折对当今管理学理论时代化与本土化优秀品格的呼唤，是在新的历史阶段和历史高度创立我国自主性管理学术的新标志。任重道远，需要我国学者淡泊宁静、行稳致远，做出时代性贡献。

关键词：复杂系统；复杂系统管理；中国特色；钱学森

2016年5月17日，习近平总书记主持召开哲学社会科学工作座谈会并发表重要讲话，提出"着力构建中国特色哲学社会科学，在指导思想、学科体系、学术体系、话语体系等方面充分体现中国特色、中国风格、中国气派"。今天，我们在新的历史背景下，分析和思考我国管理学的发展道路，更加感受到讲话精神的深刻内涵与意义。

当前，管理理论的时代化和中国化是管理学在中国实践与发展的两种基本形式，时代化是普遍原理，中国化是时代化在中国的具体形态，是管理理论在中国发展的现实道路。时代化通过中国化走向中国管理实践；中国管理实践与理论的发展又促进和推动了理论的时代化,并以此融入人类先进的管理理论文明之中,这既是中国管理的基本现实,又是中国管理理论的发展道路。

本文通过对复杂系统管理这一管理学新领域的形成背景、科学内涵、现实意义与学术价值的分析,诠释了该领域的学理逻辑、中国特色与钱学森系统思想的内核及底蕴,进一步激励我们根据时代特征、历史条件、具体国情和实际情况,在创造性地学习、运用人类共同的管理文明的过程中,探索和丰富我们中国自己的管理理论发展与实践进步的现实道路。

1 管理:从系统性到复杂性

1.1 管理的系统属性

自古以来,在人类生产、造物等实践活动中,通常都有一类组织、协调、配置资源和协调各类关系从而使生产、造物实践有序或有效进行的活动,一般称这类活动为管理活动,简称为管理。

从总体上讲,任何生产、造物活动都有特定的整体目的、整体结构,并且表现为一个完整的过程,因此,任何管理也必然具有自身的整体性和过程的完整性,整体性与功能性是管理活动两个最基本的属性。

20世纪初起,随着科学的发展,人们开始思考和探索关于各个领域与各种类型的整体性与功能性的共性科学问题。辩证唯物主义认为,客观世界的事物是普遍联系的,能够反映和概括客观事物普遍联系并形成一个整体和具有某种功能的最基本的概念就是系统。

钱学森先生对系统给出了一个直白的定义:系统是"由相互作用和相互依赖的若干组成部分结合成的具有特定功能的有机整体"。这表明,"系统"的基本属性即为功能性和整体性,这样,管理的属性与系统的属性是同一的。

对于系统科学的诞生,钱学森指出,系统科学的出现是一场科学革命,是人类认识客观世界的飞跃。钱学森还认为,系统科学是一个独立于自然科学、社会科学等科学的独立门类。如果自然科学、社会科学等是按照它们所研究的对象领域的纵向性来划分,系统科学则不论它们所研究具体领域和具体问题的特质性,仅仅把它们当作抽象的"系统"来看待和研究。这一特点决定了系统科学的横断科学属性,即它是一门运用系统的思想和视角来研究各纵向科学所涉及领域的各门类问题,并在系统意义上形成这些问题共同的本质属性和规律,建立相应的理论与技术体系的学科。

因此,可以认为,在现代人类科学技术体系中,系统科学体系中的许多思想、概念、原理等都对各纵向学科及管理学科有着更高层次和更深刻的概括与解释性。例如,管理的系统属性就为我们运用系统的思想和视角来研究管理提供了学理逻辑。例如,管理既然是一个具有某种功能的完整整体与完整过程,因此,依据系统概念,任何管理都是一类人造系统。

另外,从认知规律看,人们首先是从直观上感受管理活动的现实物理性,即管理活动中各类物质性资源要素及其相关关系与结构;接着,人们在思维上将管理现实物质性进行系统意义上的抽象,并运用系统范式提炼出管理活动的系统属性。这样,依据钱学森系统科学思想,任何管理实践既是系统的实践,又是实践的系统,一切管理的基本属性就是系统的"系统性",即系统的整体性与功能性。

利用系统性凝炼管理的基本属性,有助于我们理解如何通过系统的要素分析、关联分析、功能分析和组织行为分析,从整体上规划、设计、组织管理活动;并在具体技术层面上采用明确目标、严格分析、注重定量化和程序化执行管理活动流程,以实现管理的整体目标与综合效果。概括地说,这就帮助了我们坚持和保证管理活动和过程的整体性、关联性、动态性的统一。

因此,系统性不仅把人们原本对管理混杂、破碎的认知梳理出一条有条理的逻辑路径来,而且成为人们设计、构造、实施和执行管理活动的一种范式,这一基于系统性的管理思维原则被称为系统性管理。

这一思维原则十分重要,它告诉我们,因为系统科学与管理科学之间有着基本属性的同一性,因此,它们之间就存在相互融通的学理性,并且随着系统科学、管理科学自身复杂程度的增加,还可能拓展出新的学科领域,本文介绍的复杂系统管理就是这样的一个示例。

1.2 复杂的管理

随着人类生产、造物实践活动范围与规模越来越大,涉及的要素越来越多,活动内部的关联形态越来越多元化,人们有了"简单的生产造物"与"复杂的生产造物"的直接感知,进而就有了相应的"简单的管理"与"复杂的管理"的直观体验。

需要指出的是,我们很难用精密的语言给"复杂的管理"中"复杂的"下一个定义,因为从人的认识基本规律来看,对"复杂的管理"的认识必须经历以下两个阶段:先运用感官认识"复杂的管理"的外部联系和表面特征,具有直接性、形象性特点,这是认识的"生动的直观"第一阶段;接着是人们运用抽象思维认识"复杂的管理"的内部联系和本质规律,具有间接性、抽象性特点,需要利用概念、判断和推理等思维形式完成,这是认识的第二阶段。

在复杂的管理认识的第一阶段,直接性、形象性感知,如管理的环境开放性和动态性变强了,管理主体行为的目的、方式、价值出现了多元异质性,管理目标之间产生了冲突等,这使我们直觉体验到"复杂的管理"的一系列新的复杂形态与特征。

"复杂的管理"中最基本的是出现了"复杂的问题"。当然,复杂的管理中不是所有的问题都是"复杂的",关于这一点,我们可以依据管理复杂程度与管理环境复杂程度这两个维度对复杂的问题进行简略分类。

管理环境复杂程度	一般不确定或系统性问题	复杂的问题
	简单问题	一般系统性或不确定问题

管理复杂程度（低→高）

图 1　复杂的管理中的问题分类

首先,只要不是管理复杂程度与管理环境复杂程度都高的情况,其相应的管理问题都属于以下三类:简单问题、一般系统性或不确定问题、一般不确定或系统性问题,对这三类管理问题,可以运用管理中的常规管理或系统性管理方法来解决。

但是,对于管理复杂程度与管理环境复杂程度都高的问题,如异质主体管理组织平台设计、深度不确定管理决策与决策方案的"迭代式"生成方法、复杂性引起的风险分析与防范、管理现场多主体协调与多目标综合控制等,一般不能够仅仅采用上述相对简单的方法来解决,而需要根据新的思维原则才能有效地解决它们,我们称这类问题为复杂的管理中的复杂的问题。

这里,我们首先是对"复杂的问题"的外部联系和表面特征进行"生动的直观"认识,总体上,这类问题常常让人们感到难以表述清楚、分析透彻、预测准确、找出原因、做出决策、拿出办法、提出方案,故而产生了这类问题是"复杂的"直观感知。

再进一步究其原因,管理中的这类问题的边界往往是模糊和不清晰的,问题内部要素之间除了有确定的输入/输出关系,还有不完全确定甚至非常不确定的关联关系;问题要素之间除了有显性的可确知的关联关系,还有隐性的难以确知的关联关系,而且有一些被我们认定的关联要素或关联方式,在实际过程中还可能因受其他因素影响而变异,所有这些都会导致人们对这类问题的认知往往是模糊、不确定甚至是盲知的。

其次,这类复杂的管理问题往往同时包含着工程技术、社会经济与人的心理行为及文化价值观等要素。其中,工程技术要素一般可以用结构化方式来描述;社会经济领域要素可以用半结构化方式来描述;而人的心理行为和文化价值观要素往往只能用非结构化方式来描述,因此,这一类问题整体上就必须同时用结构化、半结构化甚至非结构化方式才能完整地描述。

再次,这类问题还会涉及多个学科和领域的交叉,需要运用多学科、多领域的知识才能解决。而根据人的认识规律,管理主体对这类问题的认识必然是一个由不知到知、由知之不多到知之较多、由知之片面到知之全面、由知之肤浅到知之深刻的过程,因此,解决这类问题方案的产生将主要表现为主体的一个不断探索的"试错"过程。从总体上讲,这是一个由阶段性中间方案沿着一条从比较模糊到比较清晰、从比较片面到比较全面、从品质较低到品质较高的有序路径,不断迭代、逼近,直至收敛到最终方案的过程。

最后,根据以上分析,复杂的管理中将产生一类复杂的管理问题,而对这类问题的分析与解决需要确立新的思维、模式、流程与方案形成路径,为此,需要我们提出新的科学概念,研究新的科学原理。

1.3 复杂性管理问题

在管理现实中,人们认定一个问题是复杂的问题,除了问题自身存在的各种客观复杂因素,还往往受制于人们自身对问题的认知、分析或者解决问题的能力,因此,在传统的管理活动中,分析和解决管理问题的经典路径是把这类问题分解成若干部分,把各部分都研究清楚了,整体也就清楚了;如果对部分的研究还不清楚,可以再继续往下分解进行研究,直到把每个部分都弄清楚为止,再由最底层的各部分逐一汇总和逐层向上直至把问题整体分析清楚或者解决。

这种解决问题的方法论在系统科学中被称为还原论。还原论方法主要是由问题的整体往下分解,研究得越来越细,这在处理关联或结构比较简单的问题时有其优势,但对复杂的管理问题,还原论往往行不通,主要原因如下:

(1) 复杂的问题一般与管理环境之间都有着非常紧密的联系,环境的各种变化会对问题产生深刻的影响,即使影响仅仅作用于问题的某个局部,但由于问题自身相互关联的紧密性,局部的作用也会产生对问题的整体性影响,因此,如果我们把问题局部孤立开,那就无法完整地认识和分析整个问题了。

(2) 复杂的问题源于管理原生态的管理活动与过程之中,而任何具体的管理活动与过程都是一个有人、有物、有事、有关联、有因果、有变化并依时空顺序展开的相对独立又有连贯性与整体性的情景及情景流。越是复杂的问题,它的情景与情景流越复杂,并且越和情景与情景流有着紧密的关联,这就要求我们在情景整体性、过程性与演化性中,通过对情景自上而下和自下而上地分析和汇总才能看清、看准和解决问题,并且在这一过程中不能肢解情景与情景流,使情景与情景流支离破碎,或者让问题与情景分离,这都反映了还原论方法论对分析和解决这类复杂的问题的实际功效的缺失。

(3) 复杂的问题的性状一般会表现出多种复杂动态性,如突变、涌现、隐没、演化等,这些变化的机理非常复杂,究其原因,许多时候都是问题要素之间存在紧密、复杂的显性或隐性关联,各类关联的机理在时间维度上会发生变化并传导至其他要素,而问题的复杂形态正是这类复杂关联作用及传导机理造成的。因此,无论在物理层面、系统层面、还是管理层面上,如果因还原论切断或者改变这些关联,问题的整体性形态就可能会受到极大的损伤或无法搞清楚复杂形态背后的机理。

(4) 分析和解决复杂的问题一般都需要跨领域、跨学科、跨专业的技术、手段和方法,因此,需要管理主体构建一个知识齐备、工作机制良好的整体性平台,而还原论缺乏使这类组织模式设计与运行的能力。

综上所述,如果我们对这一类构成要素众多、关联和结构复杂、与环境之间有着各种紧密相互作用的复杂的管理问题,在研究和解决问题过程中还仅仅运用还原论把整体问题分解、细化为各个相互独立的部分,单独研究各个部分再简单汇总叠加,这势必就会把问题各部分之间的复杂关联与结构损伤、切断了,原有的整体性机理也被破坏了,这样,即使把每个部分都研究清楚了,还原论也解决不了整体性问题。

这告诉我们,对管理中的这类复杂的问题,如果我们仅仅采用自上而下的还原论方法,在许多情况下解决不了它的问题整体性,即复杂的问题在方法论意义上具有一种还原论不可逆属性,或者说,还原论不可逆属性导致了一类问题的复杂性,这是认识"复杂的管理"抽象的思维第二阶段的关键一步。

在管理学术研究领域,还原论不可逆问题是一类具有重大挑战意义的问题。因为长期以来,人们基本上都是遵循着还原论路径思考和解决问题的,现在一旦面对"还原论不可逆"问题,问题就复杂了,人们要么不知所措,要么感到方法缺失。在20世纪初,人们在初创系统概念时,就已经感悟到系统整体性中蕴含着这样的复杂的特性,但一直没有能够再深入下去找到破解这一难题的"切入点"。

到了大约20世纪70年代,随着科学技术的发展,国外科学家在无生命的物理世界里发现了如"自组织""从无序自行产生有序"等"复杂的"现象,科学家把这类现象统称为复杂性,并创立了许多"复杂性词汇"来描述或者揭示各种"复杂性",如信息熵、分数维、随机复杂性、复杂适应系统、混沌边缘等,林林总总多达好几十种,这些概念在研究方法上确实有许多创新之处,如提出的遗传算法、演化算法,开发的Swarm软件平台,基于Agent的系统建模,用Agent描述的人工生命、人工社会等,它们极大地深化了对这类复杂性现象的探索。

但是,在研究思路上,这类研究基本上都沿袭了定量化、形式化范式,用某种定义来刻画复杂性,试图从方法层次入手探索复杂性。复杂性本身是个综合性的难以精准认知的概念,仅仅从某个具体方法入手难以撬动它的厚重内涵,因此,需要通过方法论变革,从方法论入手寻求新的认知路径。

在我国,钱学森首先把这类具有还原论不可逆属性的"复杂的问题"称为"复杂性问题",因为正是"还原论不可逆"才使得这类问题表现出许多复杂性形态;其次,这类"复杂性问题"广泛存在于社会经济系统之中,这对我国社会经济建设具有重要的现实意义。

钱学森认为,复杂性问题,现在要特别重视,因为我们国家的建设、社会的建设,都是复杂性问题,解决这一问题,科学技术就会有一个很大的发展,我们要跳出从几个世纪以前开始的一些科学研究方法的局限性。他进一步从系统方法论出发明确指出:凡不能用还原论方法处理的,或不宜用还原论方法处理的问题,要用或宜用新的科学方法处理的,都是复杂性问题。

这样,复杂的管理活动中的"复杂的问题"就其本质属性与钱学森先生提出的复杂性问题相一致。这是在管理系统性基础上,进一步揭示了复杂的管理问题的复杂性属性这一新的论断,有着如下深刻的内涵:

(1) 管理中的复杂的问题不仅具有"复杂的"具象,而且还具有"复杂性"的抽象,这一抽象即为管理复杂性;依据管理复杂性思维的管理活动被称为复杂性管理。

(2) 运用钱学森系统方法论原则来辨识管理中的复杂的问题,可以精准锁定这类问题中的复杂整体性与涌现性等特质。

(3) 钱学森关于"复杂性问题"定义中的"复杂性"是对事物属性的凝炼,具体到管理,是对复杂的管理中蕴含的复杂性属性的抽象,即复杂的管理引发、催生了管理复杂性。

(4) 随着管理活动的发展,管理复杂性在所有的管理活动类型中数量越来越多、比重越来越大、形态越来越丰富、内涵越来越深刻,整体上出现了管理从系统性到复杂性的演变趋势。

综上所述,本文认为,在当今管理学领域,特别是在研究当前我国复杂社会经济重大工程系统中的复杂管理现实问题时,或者论及管理复杂性、复杂性管理等基本概念时,主要是依据钱学森先生提出的广泛存在于社会经济重大工程系统之中、不能用还原论方法处理,或不宜用还原论方法处理的复杂性问题,而要用或宜用新的科学方法处理的问题,这与依据国外用"复杂性词汇"所描述或揭示的各种"复杂性"现象与问题的认知路径有着原则上的不同。

2 复杂系统管理概论

2.1 复杂系统概述

前面的论述凸显了一个科学现象,就是从20世纪70年代开始,许多自然科学领域都出现了一个新概念:复杂性。紧接着,这一概念被系统科学高度关注和在系统方法论层面上给予诠释,体现了多层次、跨学科的大科学思想对当代科学的整体性进步的积极意义。

随着复杂性研究的深入,人们认识到许多复杂性形态都存在"整体上有,局部没有"的涌现性,这与一般系统概念中的整体性特征非常相近,于是就将复杂性隐喻为某一类系统特有的系统形态,如具有层次性结构、要素存在复杂关联的系统就会出现"整体上有,局部没有"的复杂性系统形态,并将这类系统起名为"复杂系统"。"复杂系统"就是在这样的背景下,为了应对复杂性研究而被提出的一个新概念,在一定意义上,复杂系统是复杂性的隐喻。

正因为如此,国外学者更倾向于聚焦一般复杂性研究,认为"复杂系统"概念是用来诠释"复杂性"的,而"专一的复杂系统理论并不存在",甚至干脆认为,复杂系统就是复杂性的"别称"。

钱学森在20世纪80年代,以"系统学讨论班"的方式,开始了创建系统学的工作。在讨论班上,他根据系统结构的复杂性,提出了系统新的分类,并在自主创建的系统科学体系中,将系统分为简单系统、简单巨系统、复杂系统、复杂巨系统和特殊复杂巨系统。如生物体系统、人体系统、人脑系统、社会系统、地理系统、星系系统等都是复杂巨系统,其中社会系统是最复杂的系统了,又称作特殊复杂巨系统。

这里,钱学森不把复杂系统看作复杂性的隐喻,而是系统科学体系中一个实实在在的层级,这样,复杂系统就是系统体系内一类有着自身独特属性的系统类型。根据钱学森的思想,复杂系统的属性就是一类还原论不可逆,或者非可加的复杂整体性,亦简称为复杂系统的复杂性。

至于复杂系统与复杂性问题的关系,钱学森认为,复杂巨系统中就有复杂性问题。系统整体性,特别是复杂系统和复杂巨系统(包括社会系统)的整体性问题,就是复杂性问题;探讨复杂性,宜从研究各类具体的复杂系统入手,寻找解决具体复杂系统复杂性的机理问题,在不断积累的基础上,建立新的理论体系。

这样,钱学森通过复杂系统这一平台,不仅用复杂性问题,而且用复杂系统的复杂整体性来刻画复杂管理活动中一类现实的复杂的管理问题的抽象属性,从而构建了复杂系统与管理科学之间的学理融通性,这一点正是本文介绍的复杂系统管理的学术思想精髓。

2.2 复杂系统管理的学理逻辑

有了上述复杂系统以及复杂管理活动中一类现实的复杂的管理问题的复杂整体性属性抽象,就可以明确构建复杂系统管理的科学概念。

本文所谓复杂系统管理是基于钱学森复杂系统思维与范式,即在对复杂系统的认知范式、方法论及核心知识架构基础上,通过复杂系统与管理科学融合而形成的对复杂社会经济重大工程系统中一类"复杂整体性"问题的管理实践活动;在学术上,它是关于复杂整体性问题管理知识逻辑化与系统化的科学体系。

当今,中国正经历着历史上最全面、深刻、复杂的社会变革,具有复杂系统管理实践最广阔的实践土壤,这也是开展和深化复杂系统管理研究的原动力和新动能,并为中国学者提供了开展具有中国特色的复杂系统管理"知识变革"和"话语体系"的丰富源泉。

一方面,现实深刻反映了在复杂系统管理领域,人们的实践思维与理论思维之间的辩证关系与客观规律起着越来越重要的指导作用,特别是当复杂系统管理的实践已经发展到今天这样一个新的阶段,实践发展催生学术与理论的升华已经达到一个"临界"状况,虽然该学术与理论体系形成的道路和重要的里程碑事件可能有这样或那样的偶然性,但这一总体趋势是必然的、客观的和历史性的。

另一方面,在对待像构建复杂系统管理新的学术主张这样重要的科学议题面前,我们更应该从人类思维范式这样的高度来认识它。事实上,如果我们把复杂系统管理理论体系当作管理学领域的一棵新生大树,那首先要弄清楚这棵大树是长在什么样的实践土壤上的,其生长的自身基因与机理是什么,又必须具备什么样的生态环境与条件,这就需要我们跳出传统管理的单一狭小范围,在更高的学术层面与更广阔的学术空间中思考这一问题。首要的就是探讨清楚以下基本学理问题。

第一,复杂系统管理领域的基础性理论体系是复杂系统管理整个科学体系的"根",形成该基础性理论体系的基本条件与环境是什么?像复杂系统管理这样具有重大原创性、宏大性的新的科学领域,没有深深植入现实土壤中的基础性理论体系为"根",没有必要的思维范式与基础理论为指导,复杂系统管理要在管理学领域真正长成有序的新生大树,并具有优良的学术品格和在实践中发挥指引作用是困难的。

第二,复杂系统管理基础性理论体系的科学内涵是什么?它的标志性理论元素与结构是什么?应该如何保证它的形成过程的规范性?复杂系统管理基础性理论是个完整的体系,如何在构建这一理论体系的过程中,从不同层面、不同视角开放式地进行结构设计、功能设计和逻辑设计,并在广泛的探索中积累经验,所有这些基础性科学问题都必须保持思维方式的科学性和理论形成路径的规范性。如果这些基础性问题不解决,那对复杂系统管理的认知极有可能只停留在"生动的直观"的第一阶段,而未达到"抽象的思维"的第二阶段,这就难免会出现各种歧义认知并存的现象,并使人们对复杂系统管理基本认知模糊和混杂不清。

这样,我们首先要确定构建复杂系统管理学术体系的"原点",并从这一"原点"出发探索复杂系统管理学术体系的形成路径以及该学术体系的逻辑框架。显然,这些必须坚持学理逻辑的适用性与规范性,以保证我们了解和认识复杂系统管理具体的现实情景,并以正确的思维原则揭示复杂系统管理学术形成的一般规律与基本范式。

2.3 复杂系统管理思维原则

复杂系统管理的思维原则,就是关于复杂系统管理本质属性的认识论。因为复杂系统管理学术研究是理论思维范畴内的事,只有经过理论思维,才能实现对研究对象本质属性的把握,达到人们认识的高级阶段,即理性认识阶段。这样,就要明确回答复杂系统管理的本质属性是什么。

复杂系统管理实践、现象与问题是复杂系统管理领域学术之源,虽然现实中的复杂系统管理活动与管理问题特征与形态各种各样,而理论主要是探索和寻找该领域基本科学问题的同一性、普遍性与规律性。因此,理论必须对那些具体的多样化的现象与问题进行抽象,只有通过抽象,复杂系统管理理论体系才能体现自身的品质、功能与价值。而要做到对问题进行抽象,就必然要在一定程度上损失问题的细节、个性以及独特之处,因此,理论研究总是在一定的理想化状态下进行的。需要注意的是,理想化一定要有根据,以复杂系统管理活动来说,它是一类组织协调构建、重构复杂人造系统的实践类型,凡一种稳定的实践类型,实际上就是一种规则或规定性,也就形成了一种区别于其他类型的认知准则。理论研究只有依据这一准则才能对具体现象与问题进行理想化的抽象,才能形成基本的理论元素与理论逻辑。

前面指出,钱学森的复杂系统思想以及由此形成的复杂整体性问题本体的物理复杂性、在复杂系统空间中的系统复杂性以及在管理科学范畴内的管理复杂性三者具有融通性,从而在更高层次、更大尺度、更多维度的哲学思维层面上为我们提供了对复杂系统管理问题本质属性的认知,明晰了复杂系统管理的思维原则与学术研究范式;反之,如果仅仅依靠多源头"复杂性词汇"开展复杂系统管理的研究,不仅很难在管理学领域构造一个基于复杂系统与管理科学紧密融合的学理同一性的平台,而且还会因为复杂性词汇本身缺乏管理内涵的深刻性,从而导致在诠释复杂系统管理现象、挖掘潜在的管理机理时,难有彻底和可持续的功效。

明确了复杂整体性是复杂系统管理理论的思维原则,就确立了对复杂系统管理的认识论。也就是说,不论复杂系统管理理论研究问题的具体形态怎样,问题的本质属性都被规定在复杂系统属性范畴内。这样,复杂系统科学的逻辑体系与话语体系将对我们确立理论研究思路、保证研究的规范性提供了极大的支持,管理科学也因此被复杂系统科学注入了强大的学术营养。

2.4 复杂系统管理实践思维

上述理论思维原则告诉我们,在一般意义上,研究复杂系统管理问题应该首先和主要研究它们的复杂整体性这一内核,并从内核上揭示问题的规律。但是,我们还要注意到,任何一个具体的复杂系统管理问题,都是个别的、实在的、独特的,甚至是独一无二的,最终都要形成一个完整、唯一、具体的人造复杂系统"完形"。

这样,就一个具体的管理问题而言,它既需要思维原则提供一般性道理作指导,还需要通过人的直观、直觉和各种非逻辑思维获得对该管理问题独特性、实在性的认识,并且在此基础上形成把一般性道理变成独特管理实体的意图、计划和方法。即要有从"虚体管理"的蓝图到完整的"实体管理"的筹划,包括具体的计划、流程、方法和技能等,只有在操作层次上把"筹划"一一落实了,复杂系统管理活动才有最终的实际意义。复杂系统管理中将这种以"筹划"为主要任务、旨在将"虚体管理"变成"实体管理"的思维方式称为"实践思维",这是复杂系统管理活动中区别于理论思维原则之外的另一种重要的思维方式。

复杂系统管理的实践思维主要内涵是:管理主体首先是对管理活动中直觉感受到的一类"复杂的"问题进行梳理和分析,并主要从管理多主体在利益、偏好、价值观等方面的异质性。管理主体的适应性与自组织行为,管理活动要素之间的各类复杂关联,管理环境的深度不确定性、突变与演化等动态性,管理活动架构的多层次、层次之间的涌现或者隐没,管理过程中的信息不对称和不完全、不确知等方面进行分析、归纳,形成不仅仅运用还原论来完整认识管理问题的认知路径,即此为管理复杂性的认知的综合集成。

进一步地,主体在复杂管理活动虚体"可变性"思维基础上,通过多种适应性行为来"降解"问题的复杂性,并在管理活动中将复杂性整合与"复原",实现问题原来复杂性的真实和完整。

以上实践思维简称复杂性思维,运用复杂性思维范式应对复杂整体性问题的管理活动被称为复杂性管理,复杂系统管理就是一类复杂性管理。复杂性管理是一类新的管理思维范式与形态,是传统管理思维融合了复杂系统思维范式,应对当今管理复杂整体性而与时俱进出现的适应性和时代化产物。

由此可见,在实践中,复杂系统管理不是仅仅考虑到问题与外部环境的相互作用与影响、问题内部要素之间的关联性、结构的完整性、功能的多目标等,这些主要是问题的一般系统性的反映;而复杂系统管理更关注和致力于破解问题的复杂整体性,复杂整体性既有各种形态的复杂性,又有复杂性基础上的"非可加"整体性,还有整体性引发的复杂性以及复杂性与整体性相互之间的纠缠与耦合,如问题的深度不确定性、整体层面上的还原论不可逆性等,因此,对人们而言,复杂整体性问题中出现的目标多元甚至冲突、问题前景难以预测、需要多次"试错"才能形成解决问题的方案、目标常常做不到"最优",有时只能够得到次优或者比较满意的方案,甚至只能从底线思维出发,考虑如何不使问题出现最坏的情况等等,所有这些,都是问题复杂整体性带给我们的挑战。

2.5 复杂系统管理基本范式

人的认识总是从具体到抽象、从感性到理性的,因此,在复杂系统管理过程中,人们首先是从直观上感受到复杂系统中复杂整体性问题的物理复杂性,这往往是人们在复杂整体性问题物质性资源组成的硬系统层面上对系统物理形态的感性、直观认知;接着,人们将复杂整体性问题的物理复杂性在系统科学思维层次上进行抽象,并运用系统科学话语体系进行表述,提炼出如复杂整体性问题环境高度开放性,工程主体多元异质性,问题要素之间强关联、多约束,问题状态或者主体行为和功能具有演化和自组织等系统复杂性属性,复杂整体性问题的系统复杂性是其物理复杂性在复杂系统范畴内的凝炼与抽象,也是复杂整体性问题物理复杂性在复杂系统空间中的"映像"。进一步地,人们再在管理科学范畴内,结合前述系统复杂性,并依据管理思维原则、基本原理、方法论等,对复杂整体性问题管理的理论逻辑与话语体系进行转换,运用复杂性思维来认知、分析和解决问题。这就构成了复杂系统管理在管理过程中基本的物理复杂性—系统复杂性—管理复杂性学理链的完整性与融通性,可以把这一路线理解为复杂系统管理的基本范式或者基本模式。这符合钱学森提倡的"宜从研究各类具体的复杂系统入手,寻找解决具体复杂系统复杂性的机理问题,在不断积累的基础上,建立新的理论体系"的思想。

2.6 复杂系统管理学术内涵

学术,粗略地可以理解为学问,理论无疑是学问中最核心的部分,理论研究也就在所有学术活动中占据最重要的地位,因此,理论的创新价值一般就是学术发展的标志。根据理论的一般性定义,复杂系统管理理论就是相关管理知识系统化与逻辑化的体系。

从前面我们知道,复杂的管理问题由简单问题、系统性与不确定性问题以及复杂性问题三个层次组成,每个层次的问题都有相应的管理知识,因此,复杂系统管理的知识自然主要是指关于复杂性问题的管理知识。

总体上说,复杂系统管理知识不仅需要将多个学科的知识进行汇总,而且在许多情况下,更需要我们把多领域、多学科的知识相互渗透,形成新的知识与方法,例如,对于复杂整体性问题的决策,需要我们把科学理论、人的经验、知识、智慧与计算机技术、数据科学融合在一起,形成新的分析力与判断力。这说明,复杂系统管理的知识既包括知识单元之间的集成,又包括知识单元之间的综合,体现了复杂系统管理知识的系统化。

另外,复杂系统管理的知识元素要通过彼此的隶属关系、包含关系、并列关系、联结关系、反馈关系等各类逻辑关系,通过推导、判断和推理帮助我们认识复杂系统现象,分析复杂整体性管理问题,还要能够利用系统化的知识群与知识链生成、拓展出新的知识。这样,知识的逻辑化才能保证和支撑复杂系统管理知识体系成为"活的"、自生成、自发展、鲜活有生命力的"演化型"知识体系。

例如,复杂整体性是复杂系统管理的本质属性,具体而言,这是通过管理本体复杂性、管理主体行为复杂性与管理环境复杂性及彼此之间的逻辑关联形成的复杂系统管理这一人造复合系统的综合复杂性,因此,需要通过对各方面复杂性知识的逻辑化来形成描述和分析这一人造复合系统综合复杂性的整体知识,并以此为核心开展一系列复杂整体性管理问题的研究。

这样,经知识系统化与逻辑化形成的复杂系统管理理论才能够指导我们在认识复杂系统管理本质特征的基础上,通过规范的思维方式和逻辑推导研究该领域反映复杂系统管理本质属性的那一类复杂整体性问题。

综上所述,复杂系统管理理论是人们在复杂系统管理实践活动与思维活动中建立起来的由知识为基本要素的系统化与逻辑化体系。在这一体系的支撑下,人们更有条理地描述和理解复杂系统管理实践活动中的各种现象,也更深刻揭示管理问题与活动的本质特征与一般规律,因为该体系已经被赋予了系统化与逻辑化研究对象本质属性的品质。

2.7 复杂系统管理方法论

钱学森于20世纪70年代首先在方法论层次上,创新性地将整体论与还原论统一在一起,提出了认识、分析和解决复杂系统组织管理的方法论。20世纪80年代初,钱学森又在系统论的基础上明确提出了系统论方法。系统论方法的基本路线是从系统整体出发将系统进行分解,再综合集成到系统整体,最终从整体上研究和解决问题。

由此可见,系统论方法不仅吸收了还原论方法和整体论方法各自的长处,同时弥补了它们的局限性,这对研究和解决复杂系统管理中的复杂整体性问题具有重要的指导意义。钱学森把这种解决复杂整体性问题的整体论与还原论统一在一起的方法论称为综合集成。

在复杂系统管理实践中,需要建立一个由管理主体群体组成的管理组织来操作、运用系统论方法。该管理组织将把管理活动的各个部分和各个问题作为整体性系统的管理活动的一个部分进行研究和解决,各个部分的目标和解决方案都要从实现整体管理系统来考虑;同时,该组织又要把复杂系统管理活动作为各个部分构成的整体来设计和看待,而每个部分的目标都要从整体管理目标实现的角度来考虑,管理组织对管理过程中的各个部分和问题之间的冲突,也都要在遵循整体性目标的原则下解决。

运用系统论方法,对复杂系统管理活动进行组成要素选择、关联与结构设计、总体功能分析、活动与环境及其他系统之间的协调等,需要运用跨领域、多学科的手段与方法,包括自然科学、社会科学与人文科学的各种工具和方法,要对各类管理问题进行定性定量分析、系统建模、仿真、实验,在一定的科学程序下得到总体解决方案,并把这样的方案作为决策的依据或参考。

2.8 复杂系统管理方法体系

到了 20 世纪 80 年代,钱学森的系统论思想更加清晰。他认为,在分析、解决复杂系统管理问题时,需要在整体层面上进行,为此需要运用多领域、多专业的知识;需要采用人与计算机相结合、但以人为主的方法;需要多领域专家的合作和智慧;还需要运用定性、定量及科学实验等方法。钱学森在此基础上将其发展为综合集成思想,并提出了将还原论方法与整体论方法辩证统一起来的综合集成方法体系。

综合集成方法体系是钱学森长期以复杂系统管理为背景,融合多学科、多领域的技术和方法提出的一种用来认识、分析和解决复杂系统的复杂性管理问题的整体性方法。本质上,这类问题的复杂性主要来源于主体认知能力不足、客体本身及环境的深度不确定性等,而运用综合集成方法体系来处理这类问题时,具有以下优势。

(1)管理主体可以通过集成各类管理资源和各种方法,来提高对复杂性管理问题的认知、分析与驾驭能力。

(2)管理主体可以在实践中形成一个对复杂性管理问题认知与分析的过程。在这一过程中,将形成一个对问题相对无序、相对模糊、相对不准确,但不断完善的方案序列来逐步逼近最终解决复杂性管理问题的方案。

由此可见,综合集成方法体系与复杂系统管理复杂整体性问题的特点以及解决原则与路径是匹配的,与复杂系统管理思维原则也是一致的。

在指导复杂系统管理实际活动中,综合集成方法体系形成了一个具有分析、判断和解决复杂整体性管理问题功能的管理系统,这一系统包括以下部分:

(1) 对复杂系统管理的复杂整体性管理问题开展分析的认识系统。

(2) 对复杂系统管理活动进行运作的协调系统。

(3) 对复杂系统管理进行现场综合协调的执行系统。这也是复杂系统管理体系的三大实际功能。

综上所述,综合集成方法体系是在系统论指导下对解决复杂系统管理复杂整体性问题方法体系的整体设计,并非针对某一个具体的复杂性管理问题所使用的具体方法的选择。但是,确立了上述综合集成方法体系的理念,既能够保证我们在系统论指导下确立方法论,保证方法论的科学性,又能够保证我们比一般方法论更结合管理问题的实际而选择恰当的方法,使系统论在复杂系统管理实践中发挥实在的可操作的作用。

当前重要的是要在复杂系统管理学术研究中,大力将综合集成方法体系转换成实际管理现场各种管理方法并形成方法体系,切忌简单地把"综合集成"当作概念化的"标签"。

3 复杂系统管理的中国特色

任何管理学术形态都属于主观的存在,它来自人们的思维对于现象世界原因解释的主观构造。凡构造物都有品格,即品性与格调,品格可以理解为一种质量属性,所以,管理学术是有品格的。管理学术的品格有多个维度,其中,"时代化的本土化"是其基本品格之一。

管理学术的"时代化"是指学术在与时代相互作用中与时俱进;而管理学术的"本土化"则是指学术要关注管理实践的空间位置。这样一来,管理学术的时代化不仅会充满着时代气息,同时还会充满着浓厚的"乡土"气息。

复杂系统管理主要是对我国社会经济重大工程人造复杂系统中一类复杂整体性问题的关切与回应,因此,要充分认识到复杂系统管理学术的时代化总是与管理实践中国化紧密联系在一起。特别在今天,时代化是普遍原理,中国化是时代化在中国的具体形态;时代化通过中国化走向中国管理实践,中国化又通过中国管理实践与理论发展促进和推动学术的时代化。这就是复杂系统管理中国特色属性的渊源与品格的现实意义。

3.1 我国传统文化的滋润

复杂系统管理最初的渊源是复杂性概念。西方科学哲学强调实证主义,以现象论观点为出发点,认为一切科学知识都是建立在观察和实验的经验事实基础上,认为通过现象能够把握感觉材料,归纳得到科学定律。因此,在 20 世纪 70—80 年代,西方科学家在物理实验基础上感知到本体的"复杂性"现象,并试图设计各种基于现象的定义得到复杂性的科学定律。

中国文化中的本体却更具理学精神,如儒家的"仁"、道家的"道"、佛家的"性"等都表达了人的思维精神与观念本体。在这里,本体已经不只是物理、物质性,而更有物理、物质性之外、之上的人的理性。正是从中华传统文化这一本体内核出发,钱学森既看到物理、物质性本体,又看到人的"内为心性"的观念本体,在物理、物质、社会的一类"复杂系统"本体的认知基础上,凝炼出表达人的思维与观念的"复杂性",作为复杂系统本质属性,这一理念突破了还原论对复杂性思想的桎梏,并以一种理性思维的方法论来辨识复杂性,从而确立了一条自主性的认识复杂系统的路线,充分体现了复杂系统管理内涵中的中华民族文化精髓。

另外，历史学家潘岳的研究指出，近几十年来陆续出土的战国缣帛简印证了战国时期的儒、道、法、墨等诸子各家不同流派"诸家杂糅"的相融相合的现实，认同"万物虽多，其治一也"。这是两千多年前经过几百年文武两条战线我国思想熔炉锤炼而成的治理思想"集大成者"，它是我国传统文化体系，特别是我国治理思维逻辑体系的源流。

钱学森正是继承了我国传统文化中这一"集大成"文化精髓，即把一个非常复杂的事物的各个方面综合集成起来，达到对整体的认识，以集大成得智慧。所以，他把关于复杂系统管理的这套综合集成方法称为"大成智慧工程"，再将大成智慧工程进一步发展，在理论上提炼成一门学问，就是"大成智慧学"。所有这些，不仅说明了中国传统文化对两千多年中国历史长久发展的有力推动，也成为今天构建复杂系统管理思想体系的强大基因。

3.2 钱学森系统思想的内核

钱学森是以复杂系统复杂整体性来界定和辨识复杂系统管理中"复杂性"的，这让我们确立了实践中的复杂的问题、系统空间中的复杂性问题以及管理空间中复杂整体性问题之间的学理同一性。没有这一学理同一性，就没有复杂系统管理的整体化内涵，也难有研究复杂系统管理的共同平台、逻辑起点与思维原则；复杂系统管理研究极可能缺乏自主性，如陷入国外"复杂性词汇"的学术话语依傍。

另外，钱学森还自主提出了如下关于复杂系统管理的认知范式。

第一，复杂系统管理活动由管理决策主体与组织、总体决策支持体系、总体执行体系三个部分构成，各个部分分别有不同主体并有各自的组织运行方式及基本功能，部分之间相互关联、耦合，构成了一个更为复杂的递阶分布式管理组织系统，它是以复杂系统为子系统的复杂系统。

第二，通过决策主体部分与总体决策支持体系之间的相互作用，主要开展复杂系统全局性与战略性的决策工作，最终形成一整套关于复杂整体性问题的整体决策方案。

第三，总体执行体系部分主要将复杂人造系统造物与管理的一系列方案付诸实施。其中，管理主体的主要职能是通过对人造物硬系统与管理软系统进行整体协调、统筹与资源优化配置，从而保证有序和有效地实现管理总体目标。

第四，复杂系统管理活动中的各个部分、管理系统以及管理对象之间共同形成了递阶式的复杂系统，而复杂系统管理表现出的综合功能，如自适应、自调整功能不仅体现在该系统内部和整体功能上，而且体现在对外部自然、政治、社会、经济环境变动与演化的适应性和鲁棒性上。

钱学森上述关于复杂系统管理的思想已经成为复杂系统管理学术的内核,促进了复杂系统管理从系统科学到管理科学的转换与"落地"。

3.3 我国航天工程的积淀

复杂系统管理在我国有着极其丰富的实践基础,并源源不断地成为复杂系统管理思想、经验与理论的源泉。最能体现我国复杂系统管理实践与学术思想紧密结合的就是我国几十年来航天工程与"两弹一星"的复杂系统管理实践,其中,既包括复杂系统管理思想与理论等方面的原创性成果,也包括驾驭复杂系统管理实践方面的系统性贡献,所取得的巨大成就在全世界都首屈一指,充分彰显了复杂系统管理在我国的强大力量。

钱学森以他从事数十年的重大航天工程实践为基础,于20世纪70年代在方法论层次上,创新性地将整体论与还原论统一在一起,提出了认识、分析和解决复杂系统管理问题的方法论。

20世纪80年代初,钱学森在系统论的基础上进一步明确提出了系统论方法,复杂系统管理在方法论上属于系统论管理。系统论管理首要的是从整体上去研究和解决问题,通过系统论的优势,既要把管理对象的复杂整体性显现出来,还要把管理对象的复杂性驾驭住,进一步地,钱学森在此基础上提出了关于我国航天工程复杂系统管理的综合集成方法体系。

3.4 我国丰富的重大现实需求

当今,复杂系统管理在我国已经是社会经济重大工程等各个领域普遍的重要实践形态。

习近平总书记指出:"进入新发展阶段,贯彻新发展理念,构建新发展格局,需要解决的问题会越来越多样,越来越复杂。"并进一步指出"全面深化改革是一项复杂的系统工程"。系统工程是组织管理的技术,所以,我国全面深化改革实践既是实践的复杂系统,也是复杂系统管理的实践,给我国全面深化改革指明了复杂系统管理的思维原则。习近平总书记还指出:"实施好关键核心技术攻关工程,尽快解决一批'卡脖子'问题。"一般说来,破解"卡脖子"技术的研发过程与最终复杂技术人造物的实现必然涉及社会、经济、科学技术、管理和文化等多个领域,需要把自然科学、技术科学、工程科学、社会科学与人文科学相结合,把政府职能与市场职能相结合,把专家经验与科学理论相结合,把多种学科知识相结合并使这些结合相互渗透融为一体;需要科学分析各种要素与资源的系统性与复杂性,以及如何"涌现"和驾驭复杂技术人造物形成的新动能,因此,破解"卡脖子"关键技术问题是一类典型的复杂系统管理活动。

又如,太湖是我国第三大淡水湖、重要水源地。长期以来,良好的太湖水环境对我国长三角地区社会经济发展起了巨大的保障支撑作用,但太湖水环境问题也非常突出和敏感。目前,太湖流域水环境问题虽然得到了较大缓解与改善,但是,总体上太湖治理效果的脆弱性、反复性、不稳定、不均衡等顽症一直存在。这些严峻的现实告诉我们:因为受制于边际效应递减规律,太湖治理已经进入爬坡过坎攻坚阶段。特别是,当前太湖水环境治理面临着"生态文明建设新时期""经济增长转型升级期""治理攻坚克难期"三期叠加带来的复杂性巨大挑战,治理要求更高、工作难度更大、治理投资的持续增加出现困难,很多体制机制类水环境治理弱点以及治理机理性动能不足和不均衡现象逐渐凸显。事实表明,太湖水环境问题及太湖水环境治理变革需要以现有治理体系理念、认知、模式与技术存在的问题为导向,以补齐系统性治理短板、深化对治理复杂性认知、提升治理绩效与鲁棒性为目标,通过水环境治理模式与技术的变革性重构,对太湖水流域自然关系、社会关系、经济关系、技术关系进行综合性改进、完善与优化,形成新的治理动能,推动太湖流域"人与水环境生命共同体"的实现,所有这些综合在一起,就形成了我国太湖流域水环境治理变革这一重大复杂系统管理问题。

综上各例,可以清晰看到复杂系统管理领域中国特色体现和反映在多个方面。

4 复杂系统管理:管理学的一个新领域

4.1 复杂系统管理是管理学的新领域

管理学是人类管理实践在科学层面上形成的理论、方法与应用体系,管理学体系内部,又因为管理思想、范式、主题、内涵、方法论不同而形成一个个相对稳定、特征鲜明的门类,即领域,每个领域都具有自身标志性的、能够区别于其他领域的独特属性和特征。

在这个意义上,复杂系统管理因为已经具有自身的学理逻辑、思维原则、实践思维、基本范式、基本内涵、方法论与方法体系,而具备了一个学科领域自我成长的逻辑起点、生态环境与内生动能,因此,复杂系统管理已经形成了管理学一个新的领域的基本雏形。特别是,复杂系统管理还因为以下特征表现出自身生命力的强壮性与鲜活性。

(1) 复杂系统管理不是用复杂系统科学取代管理科学,也不是管理科学完全照搬和套用复杂系统科学,而是管理科学在充分汲取复杂系统学术营养的基础上,通过揭示人与复杂社会经济重大工程系统中人对复杂整体性问题的管理行为与规律,增强自身应对复杂整体性管理问题的能力与活力。

(2) 复杂系统管理基于复杂系统思维与范式,通过将复杂系统与管理科学融合而形成了新的学术理念、模式与内涵。在实践上,它主要是对复杂社会经济重大工程系统中一类"复杂整体性"问题的管理活动和过程;体现了研究问题的物理复杂性、系统复杂性与管理复杂性的完整性与融通性。

(3) 复杂系统管理主要源于我国管理实践,有着长期的实践积淀与当今重大现实需求,充分体现着中华传统文化的滋润,因此具有鲜明的中国特色。

(4) 一般情况下,复杂系统作为人们对客观事物属性认识凝练的话语表述,是一个相对独立和具有特定背景的语义。复杂系统管理中关于复杂系统的认知源于钱学森构建的系统科学体系,这样,钱学森就在原创性的系统科学体系与管理活动类型之间以系统方法论为纽带,把原本混杂、无序、复杂的管理认知条理化和逻辑化了,使复杂系统管理在学理上具有合理性、适用性与规范性。

(5) 复杂系统管理是个高度开放的系统,具有不同的学术流派和方向,但是,钱学森的系统科学体系与方法论已成为复杂系统管理最基本的学理逻辑链的内核与底蕴。

因此,根据"科学是一种特殊的社会建制"和"生产的目的与科技发展水平之间的矛盾是推动科技进步的基本动力"的重要论断,复杂系统管理已经形成了我国管理学体系中一个具有中国特色、自身学理逻辑、方法论特征和实际应用优势的新领域的基本雏形。

4.2 复杂系统管理新领域的发展要旨

虽然复杂系统管理在多方面已经具备了一个领域的基本雏形,但是,如何深化与完备领域的学科体系、学术体系与话语体系建设,如何把"三个体系"融合成一个相互关联、相互促进的整体,如何实现复杂系统科学与管理科学融合,保证在管理学意义下复杂系统范式的适用性,从而使复杂系统管理跨学科研究范式转移具有必要的逻辑前提;特别是,如何根据当前现实情况,在领域"三个体系"整体层面上,做好将"复杂系统管理系统工程"向"复杂系统管理"转化,并让复杂系统管理植根于管理学学术生态中,都需要逐步完善和完备。因此,不能认为复杂系统管理在管理学范畴内已经是一个成熟的领域,相反,它强烈表现出作为管理学的一个新领域的变革性内涵与发展要旨,需要做大量的原创性、体系性知识创新与变革。

附录 5 复杂系统管理：一个具有中国特色的管理学新领域

总体来说，复杂系统管理可在整体性框架下，开展如下系统性研究：(1) 复杂系统管理逻辑前提与基础理论体系；(2) 复杂系统管理组织管理系统工程体系；(3) 复杂系统管理知识形成范式转移与路径变革；(4) 复杂系统管理综合集成方法论体系；(5) 复杂系统管理综合集成方法论下的方法体系；(6) 复杂系统管理典型重大应用。

另外，以下一些科学问题对于当前复杂系统管理研究具有重要的学术意义：(1) 社会经济重大工程领域复杂系统与复杂整体性问题基本属性与特征；(2) 复杂系统与管理科学融合的适应性与范式；(3) 复杂系统管理活动中主体的基本思维原则；(4) 复杂系统管理组织治理模式变革与关键技术；(5) 复杂系统管理复杂整体性模型化与综合符号系统；(6) 复杂系统管理交叉学科研究范式与新机制；(7) 社会经济重大工程领域复杂系统管理若干重大科学问题研究；(8) 基于现代技术环境下复杂系统管理方法新的拓展与突破。

哲学的基本原理告诉我们，不仅理论的"真"源于实践的"实"，而且理论的丰富、发展及方法论与方法体系的构建，也要依靠实践。因此，复杂系统管理理论体系研究必须扎根于现实的复杂系统管理活动实践之中，才不致使理论成为无源之水、无本之木，特别是要源于我国丰富的社会经济重大工程复杂系统管理实践，由对实践认知的"生动的感觉"逐渐升华为"理性的抽象"，在理论层面上形成共性知识和原理。例如，中国特色社会主义制度和国家治理体系对于"集中力量办大事"破解大规模、全局性复杂系统管理难题具有巨大的推动力，因此要深入开展复杂系统管理中如何完善和发展国家治理体系和治理能力现代化的理论研究等。

在实践中，复杂系统管理理论思考与学术创新始终表现为一个继承过程，是对前人思想、学说的借鉴与学习过程，更是一个宏大的知识创新系统工程，要把创新放在第一位才可能取得发展与进步。因此，我们绝不能仅仅重复钱学森近40年前提出的那些思想和"金句"，而要充分以我国当前重大战略性新需求为导向，充分保持学术韧性和想象力，实现系统科学思维在管理科学领域"落地"，并形成管理科学应对复杂整体性问题的新动能。

4.3 复杂系统管理发展正在路上

现实和学理分析表明，复杂系统管理不仅已具领域的基本雏形，又有着巨大的发展、完善空间，因此，特别要注意研究过程中学理的规范性和范式的适用性。

虽然，学术思维的高度开放性有利于鼓励复杂系统管理在很多方面可以从其他学术领域学习到很多东西，但作为复杂系统管理基础性的认知范式与逻辑起点,应在统一的思维原则下,鼓励多学科交叉与融合,而不是、不宜,更不能以另一个领域的学术体系为基准,把复杂系统管理学术体系"投影"到该基准上,然后用该领域的学术思想、概念与话语来"翻译"复杂系统管理学术。这样的"寄生型"做法不是也不可能成为复杂系统管理理论研究的规范化路径。另外,也不能在没有统一的思维原则的情况下,仅仅以某个或多个其他领域的现成结论和方法为基础,再将它们"拼装"起来作为复杂系统管理学术体系。

以上种种模式因为都不能深刻反映复杂系统管理自身活动与科学问题在实践层面和认知层面上的本质属性,所以,无法保证获得知识的系统化与逻辑化、完整性与深刻性;至于用一些新科学领域的概念与名词来诠释复杂系统管理问题,可能具有小范围或孤立的意义,但同样因为缺乏哲学思维同一性与实质性内涵而导致科学研究的内卷化。凡此种种都在提醒我们,开展复杂系统管理研究必须遵循学术发展的基本规律与范式。

当前,在复杂系统管理研究中,要特别注意防范以下几种可能的倾向。

4.3.1 忽视基础性理论研究

复杂系统管理研究具有学术上的突破性,需要原创性基础理论的支撑,但是,基础性理论的构建是困难的。因此,研究者不能为了快速取得研究成果而忽视和避开理论研究,而仅仅沿袭某一现成的技术方法体系开展研究,这样不仅会使得复杂系统管理自身难以实现真正的学术突破,而且对复杂系统管理技术方法的研究也难以取得与基础性理论学理一致的方法体系创新成果。

4.3.2 研究问题逻辑模糊

复杂系统与复杂系统管理都是宽泛而模糊的概念,这给复杂系统管理研究带来了实际上的困难。从基本逻辑讲,复杂系统管理主要研究对象是社会经济重大工程复杂系统中一类复杂整体性问题,因此,那些完全遵循自然规律而不具有社会性规律的复杂系统问题不宜纳入复杂系统管理问题范围之中。进一步地,对复杂系统管理中的人的行为准则与现象的复杂性研究,相当大的程度上不宜采用传统意义上的"管理""管控"思维与手段,而需要采用共享、融通、共治、多中心等现代治理思维与新的研究范式转移,这里要特别注意的是,不能以事实上的简单系统还原论思维研究复杂系统管理。

4.3.3 数学工具化倾向

管理问题数学化在管理科学研究中发挥了并将继续发挥重要作用。同时,我们也要充分注意到,复杂系统管理中的复杂整体性以及综合集成方法体系的内涵告诉我们,数学不仅不具备对复杂性问题的全部描述与分析的功能,而且由于在面对现实复杂性时往往不得不"大力度"地降低复杂性来"适应"数学化范式

附录5 复杂系统管理：一个具有中国特色的管理学新领域

的制约，这必然会"损伤"复杂系统管理的真实世界情景与人的行为的复杂性。这样，即使数学模型很新颖和很有技巧，也仅仅是用一个严重"失真"的复杂的问题来替换原本实实在在的复杂整体性问题，这样的脱离实际核心情景的数学化谈不上真正的科学价值。

任何理论体系，它发现的道理、揭示的规律都是相对的真理，即它们都是相对正确、相对深刻和相对全面的。因此，理论只有相对的真理性，不能指望依赖一个理论体系解决复杂系统管理的全部实际问题。特别是在复杂系统管理实践活动中，除了逻辑思维，还有非逻辑思维与其他种种思维。因此，在复杂系统管理实践活动中，没有理论是不能的，但也不能存在"理论是万能"的想法。

另外，复杂系统管理模式不应理解为是唯一的，如同管理学领域内众多其他管理思想一样，在构建和发展复杂系统管理的态度上应该是开放的、包容的，要形成"百花齐放，百家争鸣"的态势，才有利于复杂系统管理学术的发展与进步。

构建复杂系统管理理论不是一件容易的事情，将其修正、完善、拓展和提升更需要长期艰苦的探索。考虑到复杂系统管理是一个含义广泛、深远的概念，它与时空、地域、实践类型、环境、文化、制度、历史、政策等紧密关联，又受到主体观察问题的视角、思考问题的方式与水平等影响，因此，复杂系统管理的学术发展必然是一个要经过长时期努力才能一步步完成的任务，甚至永远没有彻底完成之日。

综上所述，当前，复杂系统管理现实对管理理论的构建提出越来越强烈的需求。同时，不断丰富的复杂系统管理实践、越来越壮大的研究队伍以及不断积累的研究成果也都为构建复杂系统管理学术体系准备和提供了许多基础性条件。在这个意义上，我国复杂系统管理实践与理论的发展正在前行的路上。

5 深化钱学森复杂系统管理学术思想的基本思考

综上所述，钱学森的系统科学思想、理论与他作为领军人物的我国航天工程与"两弹一星"的复杂系统管理实践，让我们强烈、明晰而深刻地感受到：几十年来钱学森对我国复杂系统管理领域的学术内核与底蕴的形成做出了重大的奠基性贡献。

与此同时，时代的发展也需要我们在钱学森复杂系统管理领域的学术内核与底蕴基础上，根据新时代对我国管理学学术品格、贡献与特色等维度上的新要求，进一步凝练钱学森学术思想的时代内涵，深化管理论域，彰显文化精神，强化在国际学术舞台上的话语影响力。

钱学森关于复杂系统管理的核心内涵自20世纪80年代开始形成，至今已有近40年了。在近40年间，复杂系统管理的基本形态、现实需求、问题内涵、相关哲学思想、理论与方法的探索都发生了重大变化与进步,也面临许多新的挑战。另外,复杂系统管理作为管理学领域的科学建制,需要进一步把钱学森的系统科学思想及其话语体系按照管理学的思维与话语体系进一步系统化与逻辑化。在这个意义上,深化对钱学森系统科学学术思想管理内涵的认识与拓展,发扬他的学术精髓的韧性,是我们深化钱学森复杂系统管理思想时代性使命的基本背景与学理。

深化钱学森复杂系统管理思想的基本内涵是:在当今全球进入复杂的系统性大变革形势下,以钱学森复杂系统管理的内核和底蕴为基础和逻辑起点,努力继承、创新和发展钱学森学术思想,同时融合当代世界多元知识文明与现代科学技术,加快对钱学森复杂系统科学与系统工程学术的管理学内涵、范式、话语体系的深度挖掘与体系化是我们管理学界的一项有着深刻现实和前瞻性意义的工作。这一工作需要我国管理学界的广大学者进一步在复杂系统思维范式与逻辑前提下,进一步注入管理科学领域新的思想、新的学理、新的论域、新的格局、新的话语与新的时代元素,使钱学森复杂系统科学与系统工程学术思想更深刻、更鲜活地彰显对当今复杂系统时代的管理活动特质、形态、行为和规律的洞见与驾驭,并作为一个具有中国特色的复杂系统管理"知识变革"与"学术主张"新体系在世界学术舞台上发出"中国声音"。

深化钱学森复杂系统管理学术思想不仅包括许多高端的学术提升和创新工作,也包括许多基础性的学术探索和铺垫工作,任重道远,总体上是一条漫长而艰辛的前进道路,需要我国学者们在若干年内默默无闻、坚持不懈地努力工作;这也是当今我国管理学发展道路重大转折对管理学理论时代化与本土化品格的呼唤,是对我国管理学界直面时代性管理真学问与大学问的检验,我们应该为此做出时代性的贡献。

6　结语

当今,人类已经进入复杂系统时代,复杂系统管理实践不仅对落实中央重大战略方针、加强国家治理顶层设计与整体谋划具有重要现实意义,并且复杂系统管理学术研究在当今全球管理学研究领域中具有重大引领性、前沿性和厚重感,同时是在新的历史阶段和历史高度创立我国自主性管理学术的新标志。

钱学森复杂系统思想、学术成就与实践贡献已经成为我国复杂系统管理的内核与底蕴;在当前新的形势下,深化钱学森复杂系统管理学术思想是当今我国管理学界一项时代性使命。

(刊于《管理世界》2021年第6期)

参考文献

[1] ROTMANS J, LOORBACH D. Complexity and transition management, journal of industrial ecology[J]. Journal of industrial ecology, 2009, 13(2):184-196.

[2] 潘岳. 被误读的"百家争鸣"[N]. 文摘报, 2020-09-15.

[3] 钱学森, 许国志, 王寿云. 组织管理的技术:系统工程[N]. 文汇报, 1978-09-27.

[4] 钱学森, 于景元, 戴汝为. 一个科学新领域:开放的复杂巨系统及其方法论[J]. 自然杂志, 1990(1):3-10,64.

[5] 钱学森. 创建系统学[M]. 太原:山西科学技术出版社, 2001.

[6] 钱学森. 大力发展系统工程,尽早建立系统科学的体系[N]. 光明日报, 1979-11-10.

[7] 钱学森. 论系统工程[M]. 湖南科学技术出版社, 1982.

[8] 钱学森. 再谈开放的复杂巨系统[J]. 模式识别与人工智能, 1991(1):1-4.

[9] 钱学森. 再谈系统科学的体系[J]. 系统工程理论与实践, 1981(1):2-4.

[10] 盛昭瀚, 薛小龙, 安实. 构建中国特色重大工程管理理论体系与话语体系[J]. 管理世界, 2019, 35(4):2-16,51,195.

[11] 盛昭瀚, 游庆仲. 综合集成管理:方法论与范式——苏通大桥工程管理理论的探索[J]. 复杂系统与复杂性科学, 2007(2):1-9.

[12] 盛昭瀚, 游庆仲, 陈国华, 等. 大型工程综合集成管理:苏通大桥工程管理理论的探索与思考[M]. 北京:科学出版社, 2009.

[13] 于景元. 创建系统学:开创复杂巨系统的科学与技术[J]. 上海理工大学学报, 2011, 33(6):548-561,508.

[14] 于景元. 从系统思想到系统实践的创新:钱学森系统研究的成就和贡献[J]. 系统工程理论与实践, 2016, 36(12):2993-3002.

[15] 于景元. 钱学森系统科学思想和系统科学体系[J]. 科学决策, 2014(12):2-22.

[16] 于景元. 系统科学和系统工程的发展与应用[J]. 科学决策, 2017(12):1-18.

后 记

一

本书名为《复杂系统管理理论纲要——基于中国哲学概观》，是对复杂系统管理这一当代管理学新领域理论学理逻辑与知识体系架构的探索。

为什么要将本书称为"纲要"呢？"纲"，本义原指网上的大绳，起着固化大网的结构与形状的作用，后引申为对一个事物的关键部位的设计与规划；"要"，重要的意思，与"纲"有异曲同工之意。"纲""要"并用，成为"纲要"，即为提纲挈领的要点。复杂系统管理理论纲要，意为关于复杂系统管理理论的整体架构、核心提纲以及基本要点。

为什么本书只限于复杂系统管理理论的"纲要"呢？其根本原因是，复杂系统管理作为当今管理学领域全球性、前沿性的新学问，理论建构工作处于萌芽和起步阶段，还因为在理论研究中，突出表现出以下几方面的现实状况：

第一，全球性的复杂系统管理实践活动不断涌现、层出不穷、丰富多彩，复杂系统管理理论种子扎根在这样的实践土壤中，因此，理论体系的萌芽、生长和逐渐成熟必然需要一个较长的过程。

第二，作为一个新的领域，复杂系统管理理论应该首先搞清楚自身包含的管理哲学思维、科学范式、学理逻辑、知识形成路径与重大管理议题等重大学理问题，不能主要依靠对传统管理思想与学术体系进行简单移植与改进来完成理论的建构，只有通过自身的理论思维范式转移，才能够提出一系列原创性的"学术主张"与"知识变革"，形成自主性的话语体系，这都需要一点点思考与积累。

第三，新的理论需要在实践中检验其正确性、科学性和在实际应用的有效性与普适性，这也要通过大量实例的验证和修正完善，不可能一蹴而就。

第四，复杂系统管理涉及多学科、跨学科，需要不同学科相互促进和推动，而相关学科的成长与相互渗透都需要新的学术生态环境支撑与时间积累。

因此，虽然当今现实世界对复杂系统管理理论、技术与知识体系有着迫切的需求,但建构复杂系统管理理论体系必然是一个艰难而持久的探索过程,不能够在复杂系统管理发展的起步探索阶段,就形成完整的理论体系,应该保持积极而严谨的科学态度,不可违背理论创新的客观规律,否则,欲速则不达,无法保证理论的品质。正是在这个意义上,本书作者仅仅是对复杂系统管理理论的思维原则、学理逻辑和知识体系架构尝试着做了一点探索工作,初步提出了复杂系统管理理论体系的提纲挈领的要点,故将其称为"纲要"。

为什么本书又是基于"中国哲学概观"呢?"概观"这一词语,第一个字"概"表示概括、总结、总体上等;第二个字"观"表示观察、看待。"概观"的基本含义是指通过从总体上观察和总结来概括某事物的情况或特点,强调从整体的角度来看待,而不是片面地看待问题,因此,在科学研究上,对一个相对比较复杂的科学主题或者议题,概观可以帮助我们在宏观、全局和整体层面上把握主题或者议题的内涵或者属性。

哲学概观是指人们对哲学和与哲学相关的某个事物(问题)的根本观点,而这样的根本观点和看法集中体现为以一种哲学思维为逻辑起点和用这一哲学思维来概括总结某事物的整体情况或特点。

从本书内容看,复杂系统管理中的"复杂系统"充分体现了"还原论不可逆"这一哲学思维根本观点,具体地说,这里的哲学思维主要是中国传统哲学关于本体论的思维概观,因此,本书内容主要体现了基于中国哲学对复杂系统管理整体情况或特点的概括总结,故为基于"中国哲学概观"。

此外,本书中关于中国传统哲学概观作为复杂系统思维底蕴的内容,以及大模型与复杂系统情景建模的逻辑关联性内容,体现了复杂系统管理思维中的传统哲理与现代前沿科学技术的融通。

二

本书作者对复杂系统管理特别是对其理论的思考持续了较长时间,但在科学发展的大时间尺度上,从探索建构一个新领域理论架构的目标看,这只能算作迈出了一小步。掩卷沉思,倒是有一段持续的理论层面与实践层面互相推动开展科学研究的历程值得回顾和总结。

从2002年到2008年,本书作者的主要精力在投资量近500亿的长江口苏通大桥复杂工程管理研究上,该工程当时在技术先进水平方面荣获四项世界第一,我们从工程实践中提炼科学问题,取得了一批关于复杂工程系统管理的理论成果;接着转战伶仃洋上的世界顶级复杂工程——港珠澳大桥,作为其管理顾问单位服务至2019年大桥竣工通车后,并在新的高度凝练出若干新的复杂工程系统管理理论问题。

特别有意义的是,在2014年到2018年这四年内,我们承担了国家自然科学基金重大项目"我国重大基础设施工程管理理论、方法与应用创新研究",基金项目强大的理论力量与我国重大复杂工程丰富的实践导向相互融合,涌现出复杂工程系统管理巨大的理论创新能量来。

二十多年来,为了应对复杂系统管理问题新的挑战,在方法论方面,我们从2002年起,系统地开展了计算实验方法及应用探索。其背景是,当面对越来越复杂的管理问题时,传统的定性、定量,或者定性与定量相结合的方法往往表现出"力不从心"的状况;同时,随着计算机技术的快速发展,基于计算机技术和新的方法论思维,许多原本无法解决的社会经济领域的管理问题都可以通过广义符号系统的计算实验技术逐渐"被计算"。这一技术运用计算机技术模拟复杂管理系统中异质主体的类似文化基因和生物基因的竞争、复制、遗传、变异、组合,管理系统中的"自组织"复杂行为、机制与结构,复杂管理系统的系统涌现现象以及管理系统的整体行为与演化等,而这些恰恰都是管理复杂性的突出表现。

我们及时将这一先进技术运用到重大复杂工程系统管理中,不仅促进了复杂工程管理研究方法论的创新,更因此推动了一般意义上的复杂系统管理理论与学术的发展。传统的管理学研究在方法论上主要偏重于还原论,强调分解、结构化,从时间断面分析问题,相对忽视管理系统的复杂性、整体性和动态演化性,以及系统不同层次之间的相互影响和整体涌现。

面对这一全局性的新挑战,在这二十多年的前期,我们先发挥我国重大工程实践优势,牢牢把握住重大复杂工程系统管理这一大背景,力图在重大复杂工程管理领域中凝练普适性科学问题,在夯实理论基础的前提下开展深度、持续的研究,而在中后期,我们主要把复杂工程系统领域的研究拓展至一般的社会、经济、科技等领域,逐渐形成更具前沿性、突破性和时代性的复杂系统管理这一新学术思想、范式与理论体系。本书就是这一探索历程中当前的一个阶段性理论成果。

综上所述,二十多年来,从长江入海口的一座复杂大桥工程管理开始到《复杂系统管理理论纲要》的出版,在复杂系统管理学术研究的道路上,基本形成了以下明晰、有序的学术探索主线:从重大工程管理系统管理实践到对复杂工程系统管理理论的思考,从计算实验技术的探索到大数据驱动复杂系统管理情景建模原理研究,这些工作一点点地积累了这么一些东西。

中国有个成语叫作"抛砖引玉",直意为主动拿出一块泥土做的砖头,敬请别人拿出一块美玉供大家欣赏,表明虽然本人的想法还不成熟,但希望能请大家提

后 记

出高明的见解，形成无数"美玉"般的新的学术观点，开展学术交流与合作，依靠大家一起来推动学术发展与进步。

本书既然仅仅是"纲要"，那无论是宏观层面的整体性构架的逻辑性，还是细微之处的深刻性都会有各种不足与遗憾，特别是当今，复杂系统管理的实践不断丰富，相应的理论研究不断升华，作为作者个人，唯一衷心的愿望就是通过本书的"抛砖引玉"，请更多、更优秀的国内外管理学者组成"联盟"类的学术共同体，从不同领域、层次、视角将复杂系统管理的学术事业向前推进。

本书在南京大学出版社出版之际，几乎同步，本书的英文版 *Outline of Complex Systems Management Theory—Based on Irreversibility of Reductionism Thinking* 在美国 Springer 出版社出版。比较而言，本书的内容比英文版更加丰富一些，例如，本书增加了"复杂系统管理理论的中国哲学概观"和"大模型与复杂系统管理情景建模"等内容。

三

在本书写作过程中，东南大学王海燕教授，上海海事大学胡志华教授，南京大学刘慧敏副教授，南方科技大学郭悦副教授，南京审计大学燕雪副教授，南京大学梁茹博士、陶莎博士、曾恩钰博士研究生、常河博士研究生等都对本书的写作给予了重要帮助，向他们致谢。

南京大学出版社为本书出版提供了宝贵的支持，并对本书的编辑出版给予了细致的指导，向他们表示衷心的感谢。

作者夫人李力女士长期辛勤劳作承担了繁重的家庭事务，为本人的学术研究工作，特别是为本书的写作提供了良好的环境和条件，作者向她深表谢忱。

2024 年 1 月 1 日于南京

索　引

1.1　管理
　　　管理活动
1.2　管理环境
　　　管理主体
　　　管理组织
　　　管理目标
　　　简单的管理
　　　复杂的管理
1.3　复杂的管理问题
2.1.2　系统（贝塔朗菲）
　　　系统（钱学森）
2.2.1　整体
　　　功能
2.2.2　涌现
　　　可加整体性
　　　非可知整体性
　　　复杂整体性
2.2.3　系统性
　　　属性
2.3　复杂的系统
3.2　非线性系统
　　　随机系统
　　　多层次系统
　　　多尺度系统
　　　自组织系统
3.3　复杂性

　　　　复杂性词汇

　　　　复杂系统

　　　　复杂性(钱学森)

　　　　复杂系统(钱学森)

　　　　还原论

　　　　还原论不可逆

4.1　范式

　　　　范式转移

　　　　模式

4.2.1　思维范式转移

4.2.3　真实世界研究方法

5.1　系统性管理

5.1　复杂性问题

5.3　管理复杂性

5.4　复杂性管理

　　　　复杂系统管理

6.2.1　理论思维

　　　　实践思维

6.2.2　知识体系

6.3.2　算法

7.1　复杂系统管理—环境复合系统

7.2　复杂整体性

7.3　本质不确定性

　　　　计算不可化约性

　　　　遍历性

7.4　多尺度

7.4.1　时间多尺度

　　　　空间多尺度

　　　　层级多尺度

　　　　结构多尺度

7.4.2　整体性功能谱

7.5.1　适应性

　　　　主体行为适应性

　　　　　管理方案适应性
7.5.3　自组织
7.6　情景
7.7.1　序主体
7.7.2　柔能力
　　　　　柔能力组织平台
8.2　情景导向
　　　　　情景重构的嵌入性
　　　　　情景预测的本质不确定性
　　　　　情景演化的复合性
　　　　　情景的路径依赖性
8.3　不可分相对性
　　　　　底线思维
8.4　独特性
　　　　　语境
　　　　　元结构验证
8.5　物理—系统—管理链式递进
　　　　　重大工程决策基本范式
8.6.1　多尺度管理
8.6.2　多尺度的还原论划分
　　　　　多尺度特征提取
　　　　　多尺度作用
8.6.3　多尺度的整体性综合
8.7.1　适应性选择
8.7.2　适应性选择机制
　　　　　目标适应性
　　　　　组织适应性
　　　　　适应性机制设计
　　　　　适应性评估
8.8.1　主体行为迭代
8.8.2　技术路线的迭代
9.1.1　科学议题
9.2.1　复杂整体性破解

索　引

　　　　复杂性降解
　　　　整体性剖分
9.2.2　系统虚体
　　　　复杂性降解基本范式
　　　　战争推演
9.2.3　复杂性降解路径
　　　　凝练和统筹目标
　　　　未来情景紧缩
　　　　关联性切割
　　　　强关联复杂性
9.2.4　整体性剖分模式
9.3.1　质性转折新范式设计
9.3.3　质性转折的时间窗口
9.4.1　复杂性谱线
9.4.2　复杂性谱线品质
　　　　复杂性认知盲区
　　　　复杂性谱线分析
9.4.3　复杂性谱线分析价值
9.5.1　管理质量
　　　　管理方案质量
　　　　管理过程质量
9.5.2　管理情景鲁棒性
　　　　管理方案显鲁棒性
　　　　管理方案隐鲁棒性
9.5.3　鲁棒性管理
　　　　情景鲁棒性管理流程
9.6.1　本质管理
9.6.2　正常性事故
　　　　本质安全
　　　　全景鲁棒性与韧性
　　　　本质治理
　　　　工程复杂性超支
　　　　工程复杂性超支风险

403

9.6.3　本质管理对策
　　　　集中式风险控制模式
　　　　分散式风险控制模式
　　　　综合式风险控制模式
9.7.1　功能性平台
　　　　组织动力学机理
　　　　组织力系
9.7.2　委托代理关系
　　　　组织行为的自组织机制
　　　　组织行为的广义进化机制
　　　　组织中现层面动力学
9.8.1　知识形态
9.8.2　复杂系统管理知识形态
9.8.3　复杂系统管理知识获取路径
　　　　基于先验知识的机理性认知
　　　　基于原理的相关性认知
　　　　基于本质的独特性认知
　　　　情景耕耘
10.1　建模（模型化）
10.2　情景建模
10.3　情景建模内涵
10.4　情景建模方法论
　　　情景性语言
　　　建模符号系统
11.1　大数据
　　　大数据特征
11.2　总体
　　　样本
　　　小数据时代
　　　情景模型化大数据观
11.3　情景价值
　　　价值外部化
　　　大数据化

　　　　大数据环境

　　　　大数据背景

11.4　数据驱动

　　　　大数据驱动

　　　　大数据驱动的认知思维

　　　　大数据驱动的技术赋能思维

　　　　大数据驱动的增强优化思维

　　　　大数据驱动的综合集成思维

　　　　大数据驱动的涌现与适应性思维

　　　　大数据驱动的范式转移思维

11.5　大数据驱动的基本原理

　　　　复杂整体性导向原理

　　　　数据容错原理

　　　　核数据提取（复杂性降解）原理

　　　　复杂整体性整全化原理

　　　　反馈学习校核原理

12.1　情景可计算性

　　　　人工情景

　　　　虚拟数字情景

12.2　大数据驱动情景建模

　　　　广义算法体系

12.3　情景复杂整体性原理

　　　　情景数据容错原理

　　　　情景复杂性降解原理

　　　　数据情景规整化原理

　　　　情景模型反馈学习原理

12.4　概念情景分析

　　　　情景结构化

　　　　情景数据的大数据化

　　　　核情景数据提炼

　　　　情景耕耘

　　　　反馈学习校核

12.5　大模型情景建模

　　　　　大模型
　　　　　人与技术发展进化
　　　　　复杂整体性与大模型
　　　　　情景建模要点与大模型
　　13.1　情景转换技术
　　　　　现实情景界定
　　　　　情景结构化
　　　　　情景结构化运算
　　　　　情景结构化展示
　　13.2　大数据集形成
　　13.3　核情景提炼
　　　　　核情景正交性
　　13.4　大数据驱动的情景耕耘
　　　　　异构情景数据融合
　　　　　耕耘模型数据结构设计
　　13.5　情景模型化校核
　　13.6　情景建模流程
　　　　　情景切片
　　　　　情景切片流
　　14.1　重大工程核心决策
　　　　　情景鲁棒性
　　　　　决策范式要点
　　　　　降解与综合
　　　　　组织的适应性与柔性
　　　　　方案的迭代及收敛
　　　　　港珠澳大桥工程桥位
　　　　　中华白海豚保护
　　14.2　太湖环境治理
　　　　　数字资产市场化配置
　　　　　水环境长时间尺度泛化
　　　　　基于GEP生态补偿机制
　　　　　水环境情景建模

图书在版编目(CIP)数据

复杂系统管理理论纲要：基于中国哲学概观 / 盛昭瀚著. -- 南京：南京大学出版社, 2024. 8. -- ISBN 978-7-305-26721-5

Ⅰ．C931.2

中国国家版本馆 CIP 数据核字第 2024UQ1957 号

出版发行　南京大学出版社
社　　址　南京市汉口路 22 号　　邮　编　210093

书　　名　复杂系统管理理论纲要——基于中国哲学概观
　　　　　FUZA XITONG GUANLI LILUN GANGYAO——JIYU ZHONGGUO ZHEXUE GAIGUAN
著　　者　盛昭瀚
责任编辑　束　悦

照　　排　南京布克文化发展有限公司
印　　刷　南京爱德印刷有限公司
开　　本　718 毫米×1000 毫米　1/16　印张　27.25　字数　516 千
版　　次　2024 年 8 月第 1 版　2024 年 8 月第 1 次印刷
ISBN 978-7-305-26721-5
定　　价　198.00 元

网　　址　http://www.njupco.com
官方微博　http://weibo.com/njupco
官方微信　njupress
销售热线　025－83594756

* 版权所有,侵权必究
* 凡购买南大版图书,如有印装质量问题,请与所购图书销售部门联系调换